家藏文库

朱子读书法

〔南宋〕朱熹 著　　魏冬 注译

中州古籍出版社
·郑州·

图书在版编目（CIP）数据

朱子读书法 /（南宋）朱熹著；魏冬注译. —郑州：中州古籍出版社，2021.9（2024.1重印）
（家藏文库）
ISBN 978-7-5348-9807-5

Ⅰ.①朱… Ⅱ.①朱…②魏… Ⅲ.①朱熹（1130-1200）-读书方法-研究 Ⅳ.① B244.75

中国版本图书馆 CIP 数据核字（2021）第 194122 号

JIACANG WENKU：ZHUZI DUSHU FA

家藏文库：朱子读书法

选题策划	卢欣欣　赵发杰
约稿统筹	卢欣欣
责任编辑	董祐君
责任校对	唐志辉
封面设计	王　歌
版式设计	曾晶晶

出 版 社	中州古籍出版社（地址：郑州市郑东新区祥盛街27号6层 邮编：450016　电话：0371-65723280）
发行单位	河南省新华书店发行集团有限公司
承印单位	河南新华印刷集团有限公司
开　　本	640 mm×960 mm　1/16
印　　张	31
字　　数	454 千字
版　　次	2021 年 9 月第 1 版
印　　次	2024 年 1 月第 2 次印刷
定　　价	59.00 元

本书如有印装质量问题，请联系出版社调换。

导 读

（一）

朱熹（1130—1200），号晦庵，我国南宋时期著名的大教育家、大思想家。朱熹是宋明理学的集大成者，他最重要的著作《四书集注》，影响了中国八百多年，但却很少有人关注到朱熹还是一位教书先生，他一生持教五十多年，在读书和学习上有丰富的经验和体会。他曾在对皇帝的疏奏——著名的《甲寅行宫便殿奏札二》（以下简称《甲寅奏札》）中提出："为学之道，莫先于穷理；穷理之要，必在于读书"，认为学习首先在于能够搞明白道理，而搞明白道理则必须读书。他还进一步提出："读书之法，莫贵于循序而致精；而致精之本，则又在于居敬而持志"，这就把读书的方法总结为"循序渐进"和"熟读精思"，并最终落实于"居敬持志"的心性修养。朱熹认为自己所说的这些都是"不易之理"，是颠扑不破的真理，这实际上就把学习和修养、认知和实践结合起来。不仅如此，朱熹对读书方法还提出了具体要求，他说："大抵观书先需熟读，使其言皆若出于吾之口。继以精思，使其意皆若出于吾之心"，认为读书的基本功，首先在于通过熟读精思，达到使圣贤之言如出于自己之口，圣贤之意如出于自己之心的效果。另外，在长期的教学过程中，朱熹因材施教，根据其弟子的不同情况做了大量有针对性的指导，这些指导意见，大都体现在朱熹与其弟子的书信往来、师生问答之中，是其读书思想更为丰富和具体的体现。后来朱熹的弟子和后学对他的读书思想不断提炼总结，从而形成了不同内容和版本的《朱子读书法》。这对我们如何读书,特别是如何阅读经典、学习经典有着重要的指导意义。

最早对朱熹的读书方法做出总结的,应该是朱熹的弟子辅广。辅广(生卒年不详),字汉卿,号潜斋,南宋福建崇安人,朱熹非常欣赏他。他在朱熹所提出"循序致精""居敬持志"这两条的基础上,将朱熹读书法的要旨概括为"居敬持志""循序渐进""熟读精思""虚心涵泳""切记体察""着紧用力"六条,并采撷朱子的论述编成《朱子读书法》,这是《朱子读书法》首次成书。紧接着,南宋咸淳五年(1269),鄱阳人张洪和齐熙,又在辅广的基础上进一步补充增广。辅广整理的《朱子读书法》原本今已不可见,但张洪、齐熙在他编本基础上完成的本子,则见存于《四库全书》中。到了元代,四明程端礼又在张洪、齐熙的基础上精简择要、更改次序,形成了更为简明扼要的六条本,并将之收在其所编《程氏读书纪年日程》中,清儒陈宏谋又将之收入《养正遗规》并有按语辨证。因为这个系统都是按照"居敬持志""循序渐进""熟读精思""虚心涵泳""切己体察""着紧用力"这六条对朱子读书法进行编撰整理的,因此都属于"类编本"。程端礼、陈宏谋的本子精要简略,辅广、张洪、齐熙的本子引述丰富,因此我们把程端礼、陈宏谋的本子,叫做"类编精要本",把辅广、张洪、齐熙的本子,叫做"类编广述本"。

除此之外,对朱子读书法的整理汇编做出贡献的,还有南宋人黎靖德。黎靖德曾在咸淳六年(1270)辑集朱子九十七名弟子所记朱子四十岁之后的语录,编成《朱子语类》一书。在这部书的卷十、十一,即标明《读书法》上、下,这是对朱子读书法进行总结汇编的另一版本。将黎靖德《朱子语类》中这两卷"读书法"与上述辅广、张洪和齐熙先后完成的读书法比较,就会发现黎本的特点:黎靖德并没有像辅广等人版本对朱子读书法做进一步总结和分类。以上两个系统的整理本,内容重合的地方不足各自的五分之一,由此可见朱熹读书方法论述的丰富。因此,我们可以把黎靖德《朱子语类》的这个读书法,叫做"荟辑本"。

除了以上介绍的版本,南宋开庆元年(1259)真德秀编辑的《西山读书记》卷二十五也有朱子读书法的内容,明代永乐年间编纂的《性理大全》卷五十三、卷五十四也列有《读书法》专章,而明吾峤(见《千顷堂书目》卷十一)、清王澍(见《清文献通考》卷二百二十六)等人,也续编有《朱子读书法》,由此可见朱子读书法的影响以及后人对它的重视。

《朱子读书法》不仅在古代对读书人影响巨大,在现代也得到很高的评价。著名学者钱穆、徐复观、余英时都极力推荐《朱子读书法》。钱穆先生极为推崇朱熹,将之誉为孔子后第一人。他曾撰写《朱子读书法》一文,集中论述朱熹关于读书的方法,并赞美说:

朱子教人读书法,其实人人尽能,真是平易,而其陈义之深美,却可使人终身研玩不尽,即做人道理亦然,最美好处,亦总在最平易处也。[1]

徐复观先生在谈论如何才能读好书的时候,也曾向读者推荐:

至于进一步的读书方法,我愿向大家推荐宋张洪、齐熙同编的《朱子读书法》。朱元晦真是投出他的全生命来读书的人,所以他读书的经验,对人们有永恒的启发作用。[2]

著名历史学家余英时先生就这一问题也有过这样的表述:

中国传统的读书法,讲得最亲切有味的无过于朱熹……朱子不但现身说法,而且也总结了荀子以来的读书经验,最能为我们指点门径。我们不要以为这是中国的旧方法,和今天西方的新方法相比

---

[1] 钱穆:《朱子读书法》,见钱宾四先生全集编辑委员会编《钱宾四先生全集》,中国台湾:联经出版事业公司,1998年5月第1版卷24之《学籥》,第19页。
[2] 徐复观:《应当如何读书》,见徐复观《中国知识分子精神》,华东师范大学出版社2004年2月第1版,第200页。

早已落伍了。我曾经比较过朱子读书法和今天西方所谓诠释学的异同，发现彼此相通之处甚多，诠释学所分析的各种层次，大致都可以在朱子的《语类》和《文集》中找到。[1]

就此可见，朱子读书法虽然是传统的阅读方法，但并不代表它不适合今天的读书人。对想要了解传统文化的人来说，《朱子读书法》堪称能为学者指导门径的好书，更值得我们学习。

（二）

《朱子读书法》对指导阅读方法意义重要，但近年来对《朱子读书法》做出整理注释的书籍并不是很多。主要有：

1. 张二江注释的《恭读〈朱子读书法〉》（广西人民出版社，2013年12月第1版）；

2. 李孝国、董小平译注的《朱子读书法》（天津社会科学出版社，2016年10月第1版）；

3. 冯先思点校的《朱子读书法》（浙江美术出版社，2017年1月第1版）；

4. 何雪燕、杜均译注《朱子读书法》（中国致公出版社，2018年8月第1版）；

5. 袁津琥的《读书有个法——朱熹读书法译注》（光明日报出版社，2012年4月第1版）；

6. 陈晓浒的《向〈朱子读书法〉学读书》（凤凰出版社，2014年4月第1版）；

上述著作中，前四种都是以张洪、齐熙的《四库全书》本为底本译

---

[1] 余英时：《我们今天怎样读中国书》，见《教师博览》，2005年第9期，第47页。

注、点校的；后二种主要是就黎靖德《朱子语类》中的内容进行译注的。[1]但目前为止，还没有一本相对更为完整地体现朱子读书法思想的现代版本出现。我们认为，朱子的读书法固然有其宗旨，但在以上各个著作中，也有不同学者指导的特点，于是我们决定把朱熹关于读书的《甲寅奏札》和《读书之要》，陈宏谋所编《养正遗规》中程端礼编订、陈宏谋加按的朱子读书法六条，《四库全书》所收辅广、张洪和齐熙等人编撰而成的《朱子读书法》，以及黎靖德《朱子语类》中的《朱子读书法》汇为一编并予以校勘注译，以期能为大家学习《朱子读书法》提供一个相对完整的版本。

在具体的编排上，我们遵循朱熹所提出的"循序渐进"的读书原则，以总纲、提要、类编、荟辑为基本类别和先后次第对以上文献进行编排。即：首先以《甲寅奏札》和《读书之要》作为"总纲"，为读者初步了解朱子读书法提供基本的视角；继之以《养正遗规》本作为"提要"，为读者了解朱子读书法提供基本的要点；接着以《四库全书》本作为"类编"，为读者分门别类地了解朱子读书法提供基本的文献；最后以《朱子语类》本作为"荟辑"，为读者进一步有针对性地深入学习朱子读书法提供补充。除此之外，为了便于对比和阅读，本书在编撰体例上还具有以下几个特点：

其一，对原编各本基本内容全面录入。由于朱子读书法是不同时期不同人采集朱熹的著述言论汇编而成的，所以其中内容不免重出。比如《甲寅奏札》的部分内容，即在后来《四库全书》本中再次出现，而《四库全书》本中的条目，也有一部分在《朱子语类》本中再次出现。但前后重出的条目，也有节选不同和文字差异的现象存在。对于这种前后重出、大同小异的现象，本书没有予以删减，而是抱着尊重原书内容完整性

---

[1]另外，中国台湾学者陈仁华著有《朱子读书法：宋儒朱熹读书心法彻底研究》（中国台湾：远流出版事业股份有限公司，1991年版）是基于黎靖德本《朱子读书法》的研究成果；台湾学者吕铭崴著有《从朱子的读书法论其修养工夫》（中国台湾：花木兰文化出版社，2012年版，作为《中国学术思想研究辑刊》第十三编第17册出版），是专题研究《朱子读书法》的著作，均未见。田智忠辑校的《辅广集辑释》（福建教育出版社，2017年3月第1版）是"朱子后学文献丛刊"的一种，其中将辅广和张洪、齐熙的《四库全书》本《朱子读书法》全部收入点校。

的原则全部录入。

其二，对原书的编次做了适度的调整。其中最主要的，就是对《四库全书》本原有结构的调整。原书的结构是：将所辑内容先划分为"辅广辑录""张洪、齐熙增补"两部分，每部分均按照"纲领""循序渐进""熟读精思""虚心涵泳""切记体察""着紧用力""居敬持志"七个主题予以归类编排。两部分各有两卷，如此全书共四卷。这种编排方式固然对文献整理有其特定价值和意义，但为了突出朱子读书法的学习效果，本书编次调整为：七个主题顺序不变，每个主题的下列条目中将"辅广辑录"与"张洪、齐熙增补"的内容合并列入。

其三，对原书的条目做了统一编序、校勘、注释和今译，同时对条目进行了编码。编码采取三级制，按照先后次序标识出本条目在书中的位置。如3.4.16，即表示本书第三章第4节第16条。在此基础上，本书对各条目进行了相应的校勘、页下注，说明条目的文献来源、重出现象和文字差异；随文注，重点解释了条目中出现的难点词语、人物典故等内容。注释时特别突出了人物在各条目的相关性，在某一人名首次出现时予以重点解释，再次出现时则指向首次详解条目。本书为每一条目提供了现代译文以供参考。此外，为书中重要人名做了索引，作为该书附录，以便读者检索使用。

笔者期望这样的编排能为读者较全面了解《朱子读书法》提供一定借鉴，对读书和修身起到真正的指导作用。当然，由于水平所限，其中还存在许多不足，期望读者能给予批评指导，共同推进对《朱子读书法》实践价值的发掘。

（三）

最后想提醒大家的，是如何来读《朱子读书法》一书，有三点需要注意的地方。

其一，要对《朱子读书法》的"法"有全面的理解。古人所讲的

"法",虽然包含了现代方法的意义,但并不止于单纯的"方法"。有些人在读书上很急躁,总想获得某种快速记忆、快速理解的"法门",这都是不切实际的空想。读书固然需要方法,但也与个人读书的目的、状态、态度有很大的关系。朱熹所谓的读书法,实际上也并不止于方法论层面的介绍,他要给人们提供的,是一种读书时应有的目的和态度,是一个综合性的"法"。所以对于《朱子读书法》,我期望大家不要仅仅停留在"方法"的层面去理解,而是能通过对这本书的学习,全方位地调整自己的读书状态。

其二,要用这本书来检点自己在读书中存在的问题,切实改善读书时的不良习惯。读书,本身就是我们和书交流的过程。很多人在读书的时候,只是"客观"地去看,却没有将这本书所讲的问题体之于身。比如说,朱熹要求我们读书的时候要"居敬持志",但有的人躺着读书、卧着读书,一点儿也做不到"居敬持志"。所以读这本书,首先要将书中所说的读书人的那些"毛病"求诸己身,如果自己有那样的毛病,就要"着紧用力",马上改正。

其三,本书所谈的主要问题虽然是"应该怎样读书",但其指导并非只适用于读书,同样适用于修身治心、为人处世。比如朱熹讲读书要"循序渐进",其实做任何事岂不都需要"循序渐进"?这个道理是通的。期望大家在读这本书的时候,进一步将书中对读书的指导转化为对身心行为的指导,进一步提高我们的修养功夫。只有如此,读这本书才会有更大的收益。

魏 冬

2020年春于西北大学关学研究院

目　录

一、总纲 …………………………………………………… 1
二、提要 …………………………………………………… 13
三、类编 …………………………………………………… 25
四、荟辑 …………………………………………………… 347

附录：重要人名索引 ……………………………………… 470

一、总纲

1.1 甲寅行宫便殿奏札二^①

1.1.1 臣窃闻皇帝陛下祗膺骏命^②，恭御宝图^③，正位之初，未遑^④它事，而首以博延儒臣、讨论经艺为急先之务，盖将求多闻以建事、学古训而有获，非若记问愚儒词章小技，夸多以为博、斗靡^⑤以为工而已也。如是则劝讲之官，所宜遴选，顾乃不择，误及妄庸，则臣窃以为过矣。盖臣天资至愚极陋，虽尝挟策^⑥读书，妄以求圣贤之遗旨，而行之不力，老矣无闻，况于帝王之学，则固未之讲也，其何以当擢任之宠而辱顾问之勤乎！是以闻命惊惶，不敢奉诏。然尝闻之：人之有是生也，天固与之以仁义礼智之性，而叙其君臣父子之伦，制其事物当然之则矣。以其气质之有偏、物欲之有蔽也，是以或昧其性以乱其伦，败其则而不知反。必其学以开之，然后有以正心修身，而为齐家治国之本。此人之所以不可不学，而其所以学者，初非记问词章之谓，而亦非有圣愚贵贱之殊也。以是而言，则臣之所尝用力，固有可为陛下言者，请遂陈之。

[注释]

①甲寅行宫便殿奏札二：甲寅，是1194年的干支。是年十月，朱熹受命入京，在行宫便殿奏事，先后共上奏折五封。这是第二封，所以题名为《甲寅行宫便殿奏札二》。②祗膺骏命：祗，诚心；膺，承受、承当；骏命，大命，指上天或帝王的命令。③宝图：象征天命的图箓，这里代指皇位、帝业。④未遑：没有时间，来不及。遑，闲暇。⑤斗靡：以辞藻华丽竞胜。⑥挟策：手拿书本，喻勤奋读书。

[译文]

微臣私下听说皇帝陛下您诚心承当上天之命，恭敬治理天下大业，在刚登上皇位的时候，来不及去处理其他事情，而首先把广泛延聘儒臣、深入探讨经艺当做急切重要的事务，这是为了求得增多见闻以处理事务、学习古人的训导而有所收获，并非像记诵问学的愚陋小儒那样只关心做文章的小技巧，夸耀博学、以辞藻竞胜为工巧而已。如果是这样，那么负责劝勉讲习的官员，就应该好好遴选，如果不用心选择，而让虚妄庸陋之人担任此职，微臣私下认为这是不对的。微臣天生禀赋极为愚昧粗劣，虽然曾经勤奋读书以求能理解古代圣贤留下的要旨，但在实践方面却做得不够，到年老了仍没有名声，何况对于帝王家的学问，一直没有讲述，又怎么能担当得起提拔的恩宠，有辱于咨询的频繁呢！因此微臣听到授命之后内心惶恐，不敢接受诏书。然而微臣也曾经听过：人一旦有了生命，上天自然也就赋予他仁义礼智的天性，并且安排好了他在君臣、父子之间的伦理，制定下了他对待事物所应当遵守的准则。只是因为人的先天气质有偏差，且受到物欲的遮蔽，因此可能埋没自己的本性而混淆了做人的伦理，败坏了做事的准则而不知回归自己的本性。必须通过学习来开导他，然后他才能正心修身，并将之作为齐家治国的根本。这就是人之所以不可以不学习的原因，也是之所以要学习，最初并不是记诵考问词章的意思，而且在学习上并没有圣人和愚夫、高贵和低贱差别的原因。就此而言，则微臣也曾经用力学习过，自然也有可以为陛下您讲述的内容，请您让我陈述吧！

1.1.2 为学之道，莫先于穷理；穷理之要，必在于读书；读书之法，莫贵于循序而致精；而致精之本，则又在于居敬而持志。此不易之理也。

[译文]

做学问的准则，没有不把穷通道理作为首要的目的；穷通道理的关键，必然在于读书；读书的方法，最重要的是遵循阅读的次序而达到精湛的境界；而达到精湛境界的根本，则又在于心存恭敬而志向坚定。这是亘古不变的道理。

1.1.3 夫天下之事，莫不有理。为君臣者有君臣之理，为父子者有父子之理，为兄弟、为夫妇、为朋友，以至出入起居、应事接物之际，亦莫不各有其理。有以穷之，则自君臣之大以至事物之微，莫不知其所以然与其所当然，而亡①纤芥②之疑。善则从之，恶则去之，而无毫发之累。此为学所以莫先于穷理也。

[注释]
①亡：通"无"。②纤芥：纤，纤毫。芥，芥子。形容极其微小。

[译文]
天下的事情，没有不蕴涵道理的。君臣之间有为君为臣的道理，父子之间有为人父为人子的道理，兄弟之间、夫妻之间、朋友之间，以至于出入起居、应事接物之间，都各有各的道理。如果能够穷尽这些道理，那么从为君为臣这样的大事，到万事万物的细枝末节，就不仅能够知道为什么是这样的，而且知道应当怎样做，再也没有丝毫的疑惑。好的就坚持，不好的就抛弃，再也没有丝毫的负累。这就是要做学问就必须把穷通道理作为首要目的的原因。

1.1.4 至论天下之理，则要妙精微，各有攸当，亘古亘今，不可移易。惟古之圣人，为能尽之，而其所行所言，无不可为天下后世不易之大法。其余则顺之者为君子而吉，背之者为小人而凶。吉之大者，则能保四海而可以为法；凶之甚者，则不能保其身而可以为戒。是其粲然①之迹，必然之效，盖莫不具见于经训史策之中。欲穷天下之理，而不即是以求之，则是正墙面而立耳。此穷理所以必在于读书也。

[注释]
①粲然：形容清楚明白。

[译文]

　　至于讨论天下的道理，其微妙与细节之处，各有恰当的地方，从古到今都恒久不变。但只有古代的圣贤能够穷尽它，圣人所做的事、所说的话，没有一处不是天下后世永恒的典范和准则。其他的人能够按照圣人的言行立身处事，则为君子而处处吉祥，违背的则是小人而凡事凶险。吉祥到一定程度，就能保有四海，成为天下的榜样；凶险到一定程度，就连自己的性命也难以保全，只能做反面教材而警诫后人。那些鲜明的例证，必然的结果，无一不记载在古代的经史典籍之中。想穷尽天下的道理，却不去了解这些典籍，犹如面对着墙壁站立，什么也看不见啊！这就是穷究道理必须读圣贤之书的原因。

1.1.5 若夫读书，则其不好之者，固怠忽间断，而无所成矣。其好之者，又不免乎贪多而务广，往往未启其端而遽已欲探其终，未究乎此而忽已志在乎彼，是以虽复终日勤劳、不得休息，而意绪匆匆，常若有所奔趋迫逐，而无从容涵泳之乐。是又安能深信自得，常久不厌，以异于彼之怠忽间断而无所成者哉？孔子所谓"欲速则不达"，孟子所谓"进锐者退速"，正谓此也。诚能鉴此而有以反之，则心潜于一，久而不移，而所读之书，文意接连，血脉贯通，自然渐渍浃洽，心与理会，而善之为劝者深，恶之为戒者切矣。此循序致精所以为读书之法也。

[译文]

　　说到读书，不喜欢读书的人固然会懈怠疏忽、间接中断，以至于最终一无所成；而喜欢读书的人，则不免有贪多求广的毛病，往往还没开始便急急忙忙地探究结果，还没搞清楚这个就已经将兴趣转移到了那个上面，因此虽然整天勤奋用功，连休息的时间都没有，但心浮气躁，常常表现得急切匆忙像有人逼迫追赶似的，从而感受不到从容体会、沉浸其中的乐趣。这又怎么能对学有所获产生信心，以便保持长久的兴趣而不厌倦，从而与那些懈怠间断、一无所成者区分开来呢？孔子所说的"欲速则不达"，孟子所说的"进锐者退速"，说的正是这个道理。如果真能借鉴于此而反省自我，则心思自然会沉潜专注，时间长久也无所转移，那么所读之书自然会文意流畅，脉络贯通，自然浸润其中，和谐融洽，内心也与书中的道理相会如一，从而面对善劝勉深切，面对恶戒除恳切。这正是遵循次序逐步提高、进而达到精湛境界的读书方法。

1.1.6 若夫致精之本，则在于心。而心之为物，至虚至灵，神妙不测，常为一身之主，以提万事之纲，而不可有顷刻之不存者也。一不自觉，而驰骛飞扬，以徇物欲于躯壳之外，则一身无主，万事无纲，虽其俯仰顾盼之间，盖已不自觉其身之所在，而况能反复圣言，参考事物，以求义理至当之归乎？孔子所谓"君子不重则不威，学则不固"，孟子所谓"学问之道无他，求其放心而已矣"者，正谓此也。诚能严恭寅畏①，常存此心，使其终日俨然②，不为物欲之所侵乱，则以之读书、以之观理，将无所往而不通；以之应事、以之接物，将无所处而不当矣。此居敬持志所以为读书之本也。

[**注释**]

①严恭寅畏：出自《尚书·无逸》："严恭寅畏，天命自度。"蔡沉《书集传》："寅则钦肃，畏则戒惧。""严恭寅畏"结合起来，也就是庄严、恭敬、钦肃、戒惧的意思。②俨然：形容庄重、严肃。

[**译文**]

要达到精湛境界的根本，在于自己的内心。心这种东西，最虚阔也最灵动，它的作用神妙难测，常常是身体的主宰，掌握着万事万物的纲领，人一刻也不能不留意存养它。心一旦不自觉地驰骋飞奔，为物欲所俘获而出离躯壳之外，那么身体就没有了主宰，事情就失去了纲领，虽仰头俯身四下顾盼，却已不能感受到自我的存在，更何况研读圣贤书，处理天下事,寻求义理的最为恰当之处呢?孔子所说的"君子不重则不威,学则不固",孟子所说的"学问之道无他,求其放心而已矣",说的正是这个道理。如果真的能够做到庄严恭敬、敬畏戒惧,并能长久地保持此心,使其终日庄重严肃,不受物欲干扰侵乱,用这种心态去读书,去体会道理,就没有什么地方不通畅;用这种心态去处理世务,去应对人事,就没有什么地方做得不恰当。这就是持身恭敬、心志坚定之所以是读书根本的原因所在。

1.1.7 此数语者,皆愚臣平生为学,艰难辛苦已试之效。窃意圣贤复生,所以教人,不过如此。不独布衣韦带①之士所当从事,盖虽帝王之学,殆亦无以易之。〔1〕特以近年以来,风俗薄陋,士大夫间闻此等语,例皆指为道学,必排去之而后已,是以食芹②之美,无路自通,每抱遗经,徒窃慨叹。今者乃遇皇帝陛下,始初清明,无他嗜好,独于问学孜孜不倦,而臣当此之时,特蒙引对,故敢忘其固陋而辄以为献。伏惟圣明深赐省览,试以其说验之于身,蚤寤晨兴,无忘今日之志而自强不息,以缉熙于光明,使异时嘉靖邦国如商高宗,兴衰拨乱如周宣王,以著明人主讲学之效,卓然为万世帝王之标准,则臣虽退伏田野,与世长辞,与有荣矣,何必使之勉强盲聋、扶曳跛躄,以污近侍之列而为盛世之羞哉!干冒宸严③,不胜战栗,惟陛下留神财幸④。取进止。⑤

[注释]

①布衣韦带:原是古代贫民的服装,后指没有做官的读书人。②食芹:表示自己位卑识浅,虽效忠君上,但贡献微薄,不足当意。③宸(chén)严:帝王的威严。亦喻指君王。④财幸:量情采纳。财,通"裁"。⑤取进止:古代奏疏末所用的套语。犹言听候旨意,以决行止。

---

〔1〕本奏札第1.1.2条至本句,亦见于本书"纲领"部分3.1.12条,文字稍有出入。

[译文]

　　以上这些话，都是愚陋的微臣一生在做学问的过程中，历尽艰难辛苦，反复尝试确有效果的。微臣私下认为，就算是圣人复生，他们教诲人也不过如此。不单是百姓和官员应当这样做，即使是帝王做学问，大概也不能改变吧！近些年来，社会风气轻薄粗陋，士大夫之间听到这一类话，大都指其为道学而必欲去除才行，所以微臣虽效忠君上，但位卑识浅，没有进献的途径，每每我怀抱古人遗留下的经典，只能私下感慨叹息。现在微臣遇到皇帝陛下，您一开始就心清志明，没有其他的嗜好，只在追求学问上孜孜不倦，而微臣在这个时候承蒙您的召唤来对答所问，所以才敢不顾自己的庸陋，将内心的想法说出来献给您。真诚地期望陛下您能赐予微臣恩惠用心浏览这份奏折，并且按微臣说的亲身体验一下，早上醒来就振作，不忘记今天您定下的志向，自强不息，不断将其发扬光大，到时就能像商高宗一样使国家安定澄清，像周宣王一样使国家从衰乱中复兴，向社会展示国君提倡讲学的成效，从而卓然成为万世帝王的表率，那么微臣就是退身隐伏田野，就是与世长辞，也会因此而深感荣耀，又何必使微臣这个体力勉强、眼盲耳聋、手扶拐杖、足不能行的人，有愧于成为您身边的近臣，成为这个盛世的羞辱呢！微臣斗胆冒犯陛下威严说了上面的话，内心惶恐，不觉战栗，还请陛下您能量情采纳。微臣恭敬地听候陛下的旨意，并以之来决定微臣的行为。

1.2 读书之要

1.2.1 大抵观书,先需熟读,使其言皆若出于吾之口。继以精思,使其意皆若出于吾之心,然后可以有得尔。

[译文]

大体来说,读书首先需要把书读熟,使书上所写的话都像我自己说出来的一样。接着要深入地思考,使书上所表达的意思都像是我自己内心所要表达的一样,然后才有可能有收获。

1.2.2 至于文义有疑,众说纷错,则亦虚心静虑,勿遽取舍于其间。先使一说自为一说,而随其意之所之,以验其通塞,则其尤无义理者,不待观于他说而先自屈矣。复已众说互相诘难①,而求其理之所安,以考其是非,则自是而非者,亦将夺于公论而无立矣。

[注释]

①诘难:诘问驳难。

[译文]

至于对书中文句意思有疑惑,各种说法纷纭交错的地方,就需要虚心、平静地思考,不要立即在其中做出取舍。先让各种说法各自成立,追随它所表达的意思去思考,考察它在道理上是贯通还是阻塞;如此则其中特别没有道理的,不需要与其他说法对比就可发现其中不足。进而再拿各种说法来相互比较问难,探求其中道理的安稳处来考察其中的是非,这样那些自以为正确但实际却不正确的说法,也将被公认的道理所取代而不能成立了。

1.2.3 大率徐行却立，处静观动。如攻坚木，先其易者而后其节目；如解乱绳，有所不通，则姑置而徐理之。

[注释]

①节目：树木枝干交接之处为"节"，树木纹理纠结之处为"目"。"节目"原指竹节，泛指树木枝干交接处，其特点是木质坚硬，纹理纠结，这里指文章深奥难懂之处。

[译文]

读书，大抵就是慢慢地看，遇到难处就停下来，用平静的心态审视思路的变化。就像削坚硬的木头，先从简单的地方入手再克服艰深的地方；像解缠绕的乱绳，遇到不通的地方，就要先放下来而后慢慢理清。

二、提要

《养正遗规》本《朱子读书法》

原　序

端礼窃闻之朱子曰："为学之道，莫先于穷理；穷理之要，必在乎读书；读书之法，莫贵乎循序而致精；而致精之本，则又在于居敬而持志。此不易之理也。"其门人与私淑①之徒，会萃朱子平日之训，而节序其要，定为《读书法》六条如左②。

弘谋按：朱子自定读书之法，一曰"循序渐进"③，一曰"熟读精思"④，二者固尽其要。而此六条者，则后人集其说而推明之者也。考庆源辅氏，先以"居敬持志"⑤，次及"循序渐进"；而《江东书院讲义》，则先之"循序渐进"，而以"居敬持志"终焉。夫"居敬持志"，固"循序致精"之本，但在初学，似难遽责之使然。莫若先引以朱子之所自定，然后进之"虚心涵泳"⑥、"切己体察"⑦、"着紧用力"⑧，而终之以"居敬持志"，则由是以渐进于大学，于为学之序似较顺。故是编采程氏所辑，而辅氏之说，则俟善学者参观而自喻之。

[注释]

①私淑：未能亲自受业，但敬仰并承传其学术而尊之为师。②如左：古书自右向左竖排，故"如左"就是"如下"的意思。③循序渐进：按照次序，逐步提高。④熟读精思：反复熟读，精湛思考。⑤居敬持志：持身恭敬，坚定志向。⑥虚心涵泳：谦虚学习，深入体会。⑦切己体察：身体力行，反省考察。⑧着紧用力：抓紧按照计划奋发努力。

[译文]

鄞人程端礼曾经听朱熹先生说过："做学问的准则，没有不把穷通道理作为首要的目的；穷通道理的关键，必然在于读书；读书的方法，最重要的是遵循阅读的次序而达到精湛的境界；而达到精湛境界的根本，则又在于心存恭敬而志向坚定。这是亘古不变的道理。"他的门人和传承其学的后人，把朱熹平时的训导之言汇集在一起，排定次序并总结要点，确定了如下六条读书法则。

邺人陈弘谋通过考察认为：朱熹自己确定下来的读书法，一条是"循序渐进"，一条是"熟读精思"，这两条当然已经说明了读书的要点。而下面的这六条，是后人收集朱熹关于读书的各种说法并进一步推理说明这两条的。经考察，朱熹的弟子庆源人辅广总结的第一条是"居敬持志"，然后是"循序渐进"；但程端礼的《江东书院讲义》则先是"循序渐进"，而以"居敬持志"结尾。我认为，"居敬持志"固然是"循序渐进"的根本，但对于初步学习的人来说，则似乎很难马上能做到这一点。不如先引述朱熹自己所确定的"循序渐进"和"熟读精思"这两条，进而接着"虚心涵泳""切己体察""着紧用力"三条，最后以"居敬持志"总结，按照这样的顺序逐步学到大学，从研究学问的顺序上来说比较顺畅。于是我在《养正遗规》中采取了程端礼所辑的版本，至于辅广的说法，则等待善于学习的人参照学习以后自己去理解。

2.1　循序渐进

2.1.1　朱子曰:"以二书言之,则通一书而后及一书。以一书言之,篇章句字、首尾次第,亦各有序而不可乱。量力所至而谨守之,字求其训,句索其旨,未得乎前不敢求乎后,未通乎此不敢志乎彼。如是,则志定理明,而无疏易陵躐①之患矣。若奔程趁限②,一向趱着③了,则看犹不看也。近方觉此病痛不是小事。元来④道学⑤不明,不是上面欠工夫,乃是下面无根脚。"其"循序渐进"之说如此。

[注释]

①疏易陵躐(liè):空疏、肤浅而无次第。②奔程趁限:指赶日程、赶时限。③趱(zǎn)着:催促,逼迫。④元来:即"原来"。"元",通"原"。⑤道学:儒家学说发展到宋代出现的以探讨"性与天道"为主题的学术形态,也称"理学"。

[译文]

朱熹先生说:"以两本书来说,就是读通一本书之后再去读另一本书。以一本书来说,就是书中的篇目、章节、句子、用字,以及开头、结尾、每部分的先后,也都有其特定的顺序而不可混乱。读书,要根据自己能力的极限制订计划,并且严格地遵守实行,每一个字都要弄明白它的意思,每一句话都要弄清楚它说的主旨,前面还没有理解就不敢看后面的,这里没有明白就不敢想那里的。如此,则心志坚定,道理明晰,而且没有空疏、肤浅、无次第的坏处。如果赶日程、赶时限,逼迫得太紧了,就是看了也和没看一样。近来方才体察到读书的这个毛病不是小事情。原来对儒家学说不明白,并不是在理解领悟上没下功夫,而是在文献阅读上没有基础。"朱熹先生所说的"循序渐进",其意思就是这样的。

2.2　熟读精思

2.2.1　朱子曰:"荀子①说:'诵数以贯之。'见得古人诵书,亦记遍数。乃知横渠②教人读书,必须成诵,真道学第一义。遍数已足,而未成诵,必欲成诵;遍数未足,虽已成诵,必满遍数。但百遍时,自是强五十遍;二百遍时,自是强一百遍。今人所以记不得、说不去,心下若存若亡,皆是不精不熟,所以不如古人。学者观书,读得正文,记得注解,成诵精熟。注中训释文意、事物名件③、发明相穿纽处④,一一认得,如自己做出底一般,方能玩味反覆,向上有通透处。"其"熟读精思"之学如此。

[注释]

①荀子(约前313—前238):名况,字卿,战国末期赵国人,先秦时期孟子之后儒家学派最重要的代表人物。②横渠:即张载(1020—1077),字子厚,因其为凤翔郿县(今陕西眉县)横渠镇人,世称"横渠先生"。张载是北宋时期著名的思想家、教育家,理学创始人之一,"关学"学派的开创者。③名件:名目。④发明:创造性地阐发、发挥。

[译文]

朱熹先生说:"荀子说:'要反复诵读,以求融会贯通。'可见古人读书,也注重遍数。于是知道张载教人读书时,要求必须做到能背诵下来,这真是学习儒家学说的第一要义。诵读的遍数已经够了,但还是没有背诵下来,就一定要达到能背诵下来的程度才行;诵读的遍数还没够,书虽然已经背诵下来了,也必须完成预定的遍数。因为诵读一百遍,自然胜过诵读五十遍;诵读两百遍,也自然胜过诵读一百遍。现在的人,之所以记不住、说不出,心里对书里的内容好像有好像没有,这都是不精准、不熟练的原因,所以比不上古人。学习的人用恭敬之心读书,诵读正文的时候,也记得注解,能精准、熟练地背诵下来方可。对于注释中解释文章意义、解释文中所涉及的事物和名词典故,以及语义相互贯穿承接的地方,每一处都能够记得清楚,就像是自己写出来的一样,只有这样才能对文中的意味反复玩味,才能在需要理解和领悟的地方做到通达、透彻。"朱熹先生说的"熟读精思",其意思就是这样的。

2.3　虚心涵泳

2.3.1 朱子曰:"庄子说:'吾与之虚而委蛇①。'既虚了,又要随他曲折去。读书须是虚心方得。圣贤说一字是一字,自家只平着心去秤停②他,都使不得一毫杜撰。今人读书,多是心下先有个意思,却将圣贤言语来凑。有不合,便穿凿之使合,如何能见得圣贤本意?"其"虚心涵泳"之说如此。

[注释]

①虚而委蛇:对人虚情假意地进行敷衍应酬。虚,不真实,虚假;委蛇,随顺,应付。见《庄子·应帝王》:"乡(向)吾示之以未始出吾宗,吾与之虚而委蛇。"②秤停:衡量,斟酌。

[译文]

朱熹先生说:"庄子说:'我随顺着它的意思。'心既然虚了,还要随着文章的思路前进。读书需要虚心才能有所收获。圣贤说一个字就是一个字,我自己只需要平和心态去衡量它,一点也不能杜撰出他没有的意思。现在的人读书,大多数都是心里先有个主见,然后用圣贤的言语来凑合过来表明自己的意思。如果不能相合,就穿凿附会使之与己相合,这样又怎能理解圣贤本来的意思?"朱熹先生所说的"虚心涵泳",其意思就是这样的。

2.4 切己体察

2.4.1 朱子曰:"入道之门,是将自身入那道理中去,渐渐相亲,与己为一。而今人,道在这里,自家在外,元不相干。学者读书,须要将圣贤言语,体之于身。如'克己复礼',如'出门如见大宾'等事,须就自家身上体覆。我实能克己复礼,主敬行恕否?件件如此,方有益。"其"切己体察"之说如此。

[译文]

朱熹先生说:"理解圣贤道理的门径,是将自己整个身心融入道理中去,渐渐与它相亲,使自己与它融为一体。但如今的读书人,道理在这里,自己却在外面,两者本来就没有融合到一起。求学之人读书,必须将圣贤的言语在自己身上体会。比如书上说的'克己复礼''出门如见大宾'等事情,需要结合自身体会。我是否真的做到约束自己,使言行符合礼仪?是否做到心存尊敬、宽恕别人?圣贤说的每件事都要这样体会,才能真正有所收益。"朱熹先生所说的"切己体察",其意思就是这样的。

2.5　着紧用力

2.5.1　朱子曰:"宽着期限,紧着课程。为学要刚毅果决,悠悠不济事。且如发愤忘食、乐以忘忧,是甚么精神,甚么筋骨!今之学者,全不曾发愤。直要抖擞精神,如救火治病然,如撑上水船①,一篙不可放缓。"其"着紧用力"之说如此。

[注释]

①撑上水船:向上游水,即"逆水行舟"之意。

[译文]

朱熹先生说:"读书要有宽裕的期限,也要有紧凑的计划。做学问要刚强有毅力,果断而坚决,慢慢悠悠成不了事。看孔子读书发愤到废寝忘食、快乐到忘记忧虑,这是怎样的精神,怎样的筋骨!现在的求学者一点都不努力发愤。一定要抖擞精神,就像是要赶着救火与治病一样,就像是撑船逆水而行,每一篙都不可以放缓。"朱熹先生所说的"着紧用力",其意思就是这样的。

2.6　居敬持志

2.6.1　朱子曰："程先生①云：'涵养须用敬，进学则在致知。'此最精要。方无事时，敬以自持，心不可放入无何有之乡②，须是收敛在此。及应事时，敬于应事。读书时，敬于读书，便自然该贯③动静，心无不在。今学者说书，多是捻合④来说，却不详密活熟⑤。此病不是说书上病，乃是心上病。盖心不专静纯一，故思虑不精明。须要养得虚明专静，使道理从里面流出方好。"其"居敬持志"之说如此。

［注释］

①程先生：即程颐（1033—1107），字正叔，北宋理学家和教育家。因其为洛阳伊川（今河南洛阳伊川县）人，世称"伊川先生"。程颐与其兄程颢并称"二程"，共同创立了宋明理学中"洛学"一派，对朱熹影响很大，后世将他们提倡的理学合称为"程朱之学"。其著作有《周易程氏传》《遗书》《易传》《经说》等，被后人辑录为《程颐文集》。同时后人又将其兄弟二人著作合编为《二程全书》。②无何有之乡：出自庄子《逍遥游》，指空无所有的地方。多用来比喻空洞而虚幻的境界或梦境，也用于逍遥自得的状态。③该贯：贯通。④捻合：拈取拼合，胡乱凑合。⑤详密活熟：详尽细密、活络熟悉。

［译文］

朱熹先生说："程颐先生说：'涵养性情一定要恭敬，学习进步则在于理解。'这一句最精辟重要。在没事的时候，恭敬地坚持操守，心思不要放到空洞虚无的地方，必须将心思收敛到这里。应对事情的时候，恭敬地处理事情。读书的时候，则恭敬地读书，这样自然能动静结合，心思没有一刻不在。现在的学者解说书上的话，大多都是胡乱拼凑，但是并不详细缜密、灵活熟练。这个问题不是说书里的内容有问题，而是指读书的心思有问题。因为不专心致志，所以考虑问题也不精细明白。必须把心思养得虚空清明、专一安静，让道理从心中自然流露出来才好。"朱熹先生所说的"居敬持志"，其意思就是这样的。

三、类编

《四库全书》本《朱子读书法》

《钦定四库全书·朱子读书法》提要

臣等谨案①:

《朱子读书法》四卷,宋张洪、齐熙同编。洪字伯大,熙字充甫,皆鄱阳人,事迹无可考。据洪自序,咸淳②中,分教四明③,熙适客游④浙东,遂相与商榷⑤是书而刻诸鄞泮⑥。其书本朱子门人辅广⑦所辑,巴川度正⑧尝属遂宁于和之校刊,鄱阳王氏复广为后编。洪与熙又因而补订之,以辅氏原本为上卷,而以所续增者列为下卷,皆以《文集》⑨《语类》⑩排比缀辑⑪,分门隶属。虽捃拾抄撮⑫,稗贩旧文⑬,不足以言著述,而条分缕析,纲目井然,于朱子一家之学,亦可云覃思⑭研究矣。元时板⑮已不存,至顺⑯中,江南行台御史赵之维重镂⑰于集庆⑱路学,故《永乐大典》全帙⑲收入。原编卷次已不可考,今酌其编帙,厘为四卷。俾讲新安之学⑳者,有所考证焉。

乾隆四十六年九月恭校上
总纂官　臣纪昀㉑　臣陆锡熊㉒　臣孙士毅㉓
总校官　臣陆费墀㉔

[注释]

①谨案:谨慎查考。常引用于论据、史实开端。②咸淳:南宋度宗赵禥的年号(1265—1274),共十年。咸淳十年(1274)七月宋恭帝即位初仍沿用,次年改元德祐。③四明:旧时浙江宁波府的别称,以境内有四明山(传说山上有方石,四面如窗,中通日、月、星宿之光,故称四明山)得名。④游:游学。⑤商榷:商讨,斟酌。"榷",原作"確"。⑥鄞泮(pàn):鄞县县学。鄞,鄞县,隶属宁波;泮,学校。⑦辅广:字汉卿,

号潜庵。祖籍赵州庆源，晚年迁居崇德永新乡，遂为福建崇安人，少年倜傥有大志，专攻周敦颐和二程学说，先后师事吕祖谦和朱熹，深为朱熹器重。著述有《诗童子问》《晦庵先生语录》《朱子读书法》《六经集解》《尚书注》《四书纂疏》《论语答问》《孟子答问》《通鉴集义》等。⑧度正（1166—1235）：字周卿，合州巴川县乐活镇（今重庆市铜梁区少云镇龙归村）人。少从朱熹学，淳熙元年（1174）进士，官至礼部侍郎。著述有《周子年谱》《性善堂文集》《太极图说》《性理纂》及《周濂溪年表》等，曾参修国史。⑨《文集》：指《晦庵先生朱文公文集》。⑩《语类》：指《朱子语类》。⑪缀辑：亦作"缀缉"，犹编辑。⑫捃（jùn）拾抄撮：指收集整理，摘录编撰。捃拾，拾取，收集；抄撮，摘录。⑬稗（bài）贩旧文：转卖以前的文章。⑭覃（tán）思：深思。⑮元时板：元朝时刻印《朱子读书法》的印版。"板"，通"版"。⑯至顺：元朝时元文宗孛儿只斤·图帖睦尔的年号，该年号在元宁宗、元惠宗时使用，共计4年，即1330年至1333年。⑰重镂：重新雕刻，这里指重新雕刻印版。⑱集庆路：今南京市。⑲全帙：全卷，全书。⑳新安之学：即"程朱理学""新安理学"。新安之学是中国思想史上的重大学派，在新安（后称徽州）的传播和影响尤深。奠基人程颢、程颐及集大成者朱熹，祖籍均在新安江畔的徽州（今黄山市屯溪区篁墩），因徽州的前称为新安郡，故这一学派以"新安"定名。朱熹亦自称"新安朱熹"。㉑纪昀（1724—1805）：字晓岚，一字春帆，晚号石云，道号观弈道人，直隶献县（今河北沧州市）人。清代政治家、文学家，乾隆年间官员。历官左都御史，兵部、礼部尚书，协办大学士加太子太保管国子监事致仕，曾任《四库全书》总纂修官。㉒陆锡熊（1734—1792）：字健男，号耳山，上海人，清朝官吏。乾隆二十六（1761）年进士。与纪昀同司总纂，旋并授翰林院侍读。㉓孙士毅（1720—1796）：字智冶，一字补山，浙江仁和人，清乾隆朝进士，原为文官，后封一等谋勇公，谥"文靖"。著有《百一山房集》等。㉔陆费墀（？—1790）：字丹叔，号颐斋。浙江桐乡人。乾隆三十一年（1766）进士，授编修，充《四库全书》总校官。陆费，复姓。

[译文]

臣等谨慎查考：

《朱子读书法》共有四卷，是由南宋的张洪、齐熙共同编撰的。张洪字伯大，齐熙字充甫，都是江西鄱阳人氏，生平事迹无法考证。根据张洪在《朱子读书法》中的自序，南宋度宗咸淳年间，张洪于浙江宁波府讲学，适逢齐熙于浙东游学，于是二人商榷编成此书，并在宁波府鄞县县学刊刻。此书原本由朱子弟子辅广辑录，后来巴川的度正安排遂宁的于和之做过校正，鄱阳王氏又加以增补。张洪和齐熙在此基础上再进行补充、校正，他们将辅氏原本作为上卷，后来持续增补的内容作为下卷。全书都是以《晦庵先生朱文公文集》《朱子语类》当中收录的内容编排整理，分门别类。所以，虽然此书是摘抄散语、转录旧文，谈不上是著述，然而条分缕析，大纲井然，对于朱子之学，也可以说是经过深思熟虑、潜心研究的。此书的印版在元时已经遗失，到元朝至顺年间，江南行台御史赵之维又在集庆的路学里重新雕刻印版，所以《永乐大典》才得以全卷收录。原编卷次已经无法考证，现在根据全书内容分为四卷，期望讲习新安理学的学者能对此作出进一步考证。

乾隆四十六年九月，臣等恭敬校勘，呈上御览

总纂官　臣纪昀　臣陆锡熊　臣孙士毅

总校官　臣陆费墀

《编定朱子读书法》原序一

圣贤之书,圣贤之言也。圣贤之言,圣贤之意也。学者,学为圣贤而已。既为圣贤之学,必将因其言以求其意。得其言而未得其意者有矣,未有不得其言而得其意者也。

[译文]

圣贤的著述,记录的是圣贤的言论。圣贤的言论,体现的是圣贤的心意。学习,乃是通过学习以求达到圣贤的境界。既然要做希求圣贤的学问,就必然要通过圣贤的言论探求圣贤的心意。记住了圣贤的言论却不了解圣贤心意的人是有的,但绝对没有不了解圣贤的言论却能理解其心意的人。

傅说①之告高宗曰:"学于古训乃有获。"吾夫子亦曰:"好古敏以求之。"何必读书然后为学?见哂②于圣门也宜哉!皋、夔③所读何书?世率以斯言借口,岂知帝王盛时,化行俗美④,凡涂歌里咏⑤之所接,声音、采色、乐舞之所形,洒扫应对、冠昏丧祭之所施,莫非修道之教,固不专在书也。三代而下,古人养德之具一切尽废,所恃以植立人极⑥者,惟有书耳。此书之不可不读也。

[注释]

①傅说(fù yuè):古虞国(今山西平陆)人,生卒不详,殷商时期著名贤臣,先秦史传为商王武丁丞相,为"三公"之一。②哂(shěn):讥笑,笑话。③皋(gāo)、夔(kuí):指皋陶(gāo yáo)和夔,舜帝时的贤臣。④化行俗美:施行教化,使得风俗和顺美好。⑤涂歌里咏:大街小巷人人歌咏,形容国泰民安、百姓欢乐的景象。⑥人极:人伦,纲纪。

即人类社会所当尊行的最高准则。

[译文]

殷商时期的著名贤臣傅说曾对其君王高宗武丁说过:"学习古时的训导,方能有所收获。"我们尊敬的夫子孔子也说过:"爱好古代文化,勤于学习而探求之。"然而有人质疑:为什么非得通过读书才能算是做学问呢?如此会被圣贤之门的同道所笑话吧!古代没有文字记载,皋陶、夔读什么书呢?世人普遍以此作为不读书的借口。持这种观点的人其实并不知道,上古帝王鼎盛之时施行教化,各地风俗和顺美好,不管是大街小巷、乡里田间的歌咏,还是朝廷上音乐、颜色、舞蹈的形式,以及家庭生活中的洒扫应对、日常礼节中的冠昏丧祭等各种礼仪的设施,其莫不是教化世人提高修养的方式,所以当时的教化并不仅仅通过书本。夏、商、周三代以后,古人涵养道德的一切设施方法都废弃殆尽,能够用来维护人间伦理纲纪的,只剩下书了。这是这类书不可不读的原因。

然读圣贤之书者为不少矣,鲜能至于圣贤者,读之无其法也。汉唐说义理①如说梦,其间大儒言正心而不及诚意,言诚意而不及致知格物②。法之未立,学者将安适从乎?故以了悟③为高者,直谓格言大训为胸中之障碍,书且无取,何取于法?以记览④为工者,又不过夸多斗靡⑤,务以荣华其言、希世取宠而已。法于何有?过犹不及,等之为无得于道也。不有先觉,何以淑⑥其后?

[注释]

①义理:泛指意义和道理。②格物:推究事物的本质与规律。③了悟:领悟,明白。④记览:记忆,背诵。⑤夸多斗靡:夸,夸耀;斗,竞争;靡,奢华。在此指写文章以篇幅多、辞藻华丽夸耀争胜。⑥淑:使之善良美好。

[译文]

然而,读圣贤书的人虽然不少,可是很少有人能到达圣贤的境界,这是因为读书没有方法。汉唐的儒生，阐释意义道理，如同痴人说梦一般不着边际，此时的大儒言及端正内心时不会提到心意真诚，就算说到心意真诚也不会涉及追求知识、探究事理。正确的读书法没有确立，求学者怎么能有所依从？所以，那些以领悟为极致境界的学者，竟然直言不讳地说圣贤的格言、经典的训诫是内心的障碍，读书既然都不足为取，又何必去关注读书的方法？而那些以记诵阅览为极致技能的学者，又不过靠书写篇幅宏大、辞藻华丽的辞文来相互夸耀、竞胜，这不过是用华丽的言辞来哗众取宠罢了，正确的读书法对他们而言又有什么用呢？事情做得过头，就跟做得不够一样，同样都达不到目的，没有任何效果。没有那些先知先觉的圣贤，又靠什么来教化后人呢？

紫阳夫子①生于建炎庚戌②，上符洙泗③之运，远绍濂洛④之传，吐辞为经，家藏人诵，言满天下，皆法言⑤也。然门人辅公所编读书之法，所以呼迷途而饬稚昧⑥者，尤为深切著明。甲寅便殿奏疏⑦，拳拳以为食芹⑧之献，直谓"此愚臣平生艰难辛苦已试之效，虽帝王之学无以易之"，岂苟云乎哉？洪尝与亲长德胜齐君增多而胪别⑨之。乡友王君复尽索紫阳诸书，仿为后编。辄又同为之编定，于是首尾具备、条贯秩然。学者倪慨然知俗学之可厌、圣学之可传，于文公⑩之法信之笃、行之果，使精神之胥契⑪如师友之相逢，以此而读书，其亦异乎人之读书矣！圣贤之意，如日杲杲⑫，岂待单传密付而后有得于道哉？

[注释]

①紫阳夫子：即朱熹。紫阳，朱熹的别号；夫子，后人对朱熹的尊称。朱熹（1130—1200），字元晦，又字仲晦，号晦庵，晚称晦翁，谥"文"，世称"朱文公"。祖籍徽州府婺源县（今江西省婺源），出生于南剑州尤溪（今属福建省尤溪县）。宋朝著名的理学家、思想家、哲学家、教育家、诗人，闽学的代表人物，儒学集大成者，世人尊称为"朱子"。

朱熹师承"二程"(程颢、程颐)的三传弟子李侗,与二程合称"程朱"。因其在福建讲学,弟子多为福建人,故其学派世称"闽学"。朱熹自号"紫阳",后来学者称其为"紫阳夫子",故闽学又称"紫阳学派"。②建炎庚戌:指南宋高宗建炎四年,公元1130年。③洙泗:即洙水和泗水。古时二水自今山东省泗水县北合流而下,至曲阜北,又分为二水,洙水在北,泗水在南。因孔子在洙泗之间聚徒讲学,后世故以"洙泗"代称孔子及儒家学派。④濂洛:指北宋理学的两个学派。濂指濂溪周敦颐,洛指洛阳程颢和程颐。⑤法言:作为规范的言语,至理名言。⑥稚昧:幼稚无知,年幼愚昧。⑦甲寅便殿奏疏:指南宋光宗绍熙五年(1194),新登基的宋宁宗于巡行处召朱熹奏事,朱熹所上的奏疏。⑧食芹:谦辞,表示自己位卑识浅,虽效忠君王,但贡献微薄,不足当意。⑨胪别:分门别类地陈述。胪,陈列,陈述;别,分类。⑩文公:即朱熹。朱子谥号"文公",世称"朱文公"。⑪肾契:高度契合。⑫杲杲(gǎo):日出明亮、光明状。

[译文]

紫阳夫子朱熹先生出生于南宋高宗建炎四年(1130),他的学说既符合孔子学说的正统,又能绍续周敦颐、程颢、程颐等先生的传承,他说的话已经成为举世公认的经典,家家收藏,人人传诵。他的言论已经传遍天下,都是举世公认的至理名言。但在他所有的著作中,只有其弟子辅广先生所编成的《朱子读书法》,在引导读书不得法的迷途者、教导年幼无知的初学者方面,最为深刻、恳切,特点突出,观点鲜明。南宋光宗绍熙五年(1194),朱子奉命在殿前奏对的论疏,更是拳拳忠心,披肝沥胆,他直言"这些都是愚臣平生艰难辛苦尝试后的确有效的方法,即便是帝王之学也不能改变",难道这只是说说而已吗?关于朱子的读书法,鄙人张洪和齐熙先生曾经在辅广先生所编内容的基础上,对《朱子读书法》进一步增加条目和归纳分类。乡友王君又从紫阳夫子的书中再次摘录增补,并仿照此书体例作为后编。然后我和齐先生再次将所有内容加以编定,于是整本书就首尾贯通、条理清晰了。求学者如果真的能认识到流俗之学不足为观，圣人之学所当传承，对朱子的读书方法深信不疑，并努力踏实地践行，高度契合于朱子的思想如同师友相逢，遵照这个方法读书，那就必然会取得与普通人读书不同的效果。圣贤的心意如同太阳明光普照，又怎么会仅仅依靠师徒之间的私密传授才能得到真理大道呢？

咸淳乙丑①，洪分教四明，齐君适游东浙，益相与商榷是正，其书乃成。尝谓：此书之行，可使人人知道，人人为圣贤。而受用之浅深，则在夫人信向之分数②耳。洪一日袖③呈师帅大参④西涧先生，先生捧诵，惊喜谓："足为后学指南，不负儒先⑤真切诲人之意。"助费召匠，亟命锓梓⑥，与学者共之。

[注释]

①咸淳乙丑：即咸淳元年，公元 1265 年。②信向之分数：信任的程度。③袖：怀揣。④师帅大参：师帅，地方长官或统帅；大参，参知政事，相当于副宰相。⑤儒先：先儒。⑥锓梓（qǐn zǐ）：刻板印刷。

[译文]

度宗咸淳元年（1265），我在江宁波府任教时，正赶上齐先生在浙东游学，于是我俩进一步商榷、订正，这本书终于定稿完成。我曾经说过，这本书的刊行，可以让人人都了解大道，人人都成为圣贤。至于每个人受用效果的浅深，则完全靠个人对这本书的信任程度了。我某天怀揣这本书稿，将之上呈给师帅大参西涧先生，先生看过之后，非常惊喜，说："这本书足以作为后学读书的指南，也不辜负先儒真切教诲后人的心意。"于是他资助银两，召集工匠，下令立即刻板印刷，以与天下学者共同分享此书。

吁！圣人复起，不易文公之言。文公可作①，所以诲人者，不过如此。此义之存，上帝临②汝，是又非学者为圣贤之一助乎？盍相与懋敬③之哉？虽然，文公尝谓："学不是读书，不读书又不知所以为学之道。"此语殆有深意。昔潘氏《磨镜帖》云："仆自喻为昏镜,喻书为磨镜药。当用此药,揩磨尘垢,使通明莹彻而后已。若积药镜上而不施揩磨之功,反为镜累。"岂非道理合下④皆具,用力之久,一旦豁然贯通焉,反身⑤而诚,万物皆备,岂拘拘⑥寻行数墨⑦间哉!因取晦庵⑧《观书有感》二诗,附于编首,以发言外之意云。

丙寅孟春⑨,后学鄱阳张洪拜手书于鄞泮

[注释]

①可作:复活。②临:眷顾。③懋敬:勉励戒慎。懋,勉励、鼓励。④合下:即时、当下。⑤反身:指反过来要求自己,自我检束。⑥拘拘:拘泥。⑦寻行数墨:指只会诵读文句,而不能理解义理;也指专在文字上下功夫。寻行,一行行地读;数墨,一字字地读。⑧晦庵:即朱熹,号晦庵。⑨丙寅孟春:即咸淳二年早春,公元1266年。孟春为春季的第一个月。

[译文]

呜呼!我想即便是圣人再世,也不会更改朱熹先生的言论。而即使是朱熹先生复生,其教导于人也不过如此啊。此读书法的留存,是上天眷顾我辈读书人,难道不是使求学者成为圣贤的帮助之一吗?读书人何不互相勉励戒慎,努力研习呢?虽然如此,朱熹先生也曾说过:"做学问不仅仅是读书,但不读书又不知道为什么要做学问的道理。"这句话大有深意。昔日潘氏《磨镜帖》说:"我将自己比喻为昏暗的镜子,将书比喻成打磨镜子的良药。只有用这种药,不断地擦拭镜上的尘垢,才能让它晶莹通透。如果只是将药堆积在镜子上,而不去反复擦拭打磨,反而会成为镜子的负担。"这难道不是指当下道理都很具备,下功夫也已久,一旦豁然开朗,诚心反省,万物俱备,又怎么会只拘泥于字里行间呢?于是我又取朱熹先生《观书有感》诗二首,附录于本书卷首,以抒发言犹未尽之意。

丙寅年(1266)初春,晚辈鄱阳张洪拜上,书写于鄞县县学

晦庵先生《观书有感》

（一）
半亩方塘①一鉴开，天光云影共徘徊。
问渠②那得清如许，为有源头活水来。

（二）
昨夜江边春水生，蒙冲③巨舰一毛轻。
向来④枉费推移力，此日中流⑤自在行。

[注释]

①半亩方塘：又称半亩塘，是朱熹小时候读书的地方，至于这个地方位于今天哪里，说法不一。一说在福建尤溪城南郑义斋馆舍（后为南溪书院）内。②渠：同"佢"，他、她、它。这里指方塘。③蒙冲：古代具有良好防护的进攻型快艇。又作"艨冲""艨艟"。④向来：从前，指春水未涨之时。⑤中流：水流的中央。

[译文]

朱熹先生《观书有感》

（一）
半亩方塘似明镜眼前铺开，天光云影在水面一起徘徊。
若问塘水为何会清澈可见？因为源头有活水不断送来。

（二）
昨夜江边春水突然猛增，巨舰轻如鸿毛漂落浮升。
以往花费力气也难挪腾，如今却在水中自由航行。

《编定朱子读书法》原序二

读书法者，文公朱子之所常言，而门人辅公汉卿之所编集也。嘉惠后学，可谓至矣。巴川度侍郎正属遂宁于和之校而刻之，外舅①双涧张先生家藏刊本，熙因得借观。天球琳琅②，不足喻斯宝也。但其间疏略未尽、杂乱无伦者，间亦有之，则恐学者未能见之了然，何以使其守之确然③哉？故窃疑此汉卿草定，而未修改之本。

[注释]

①外舅：岳父。②天球琳琅：精美的玉石。天球，玉石名。③确然：坚定。

[译文]

《朱子读书法》是文公朱熹先生平时教导门人的言论，后来由他的弟子辅广先生编辑整理而成。给予后人的恩惠，可以说是非常大了。巴川的度正侍郎安排遂宁的于和之校正刻印了此书，我的岳父双涧张先生的家里收藏了一本，我因此有机会得以借阅。我认为用天球琳琅这样的美玉，也不足以形容这本书的珍贵。但这本书同时也存在着过于简略、未能充分展开、分类不清、杂乱无章的瑕疵，我担心初学者阅读时不能了解于心，这样又如何能尽信此书、坚持践行呢？因此我怀疑这是辅广先生当时初步草拟、尚未修改的版本。

熙僭①于暇日，与乡亲友龙山张君伯大，因其旧文及取文公之言此而汉卿之未录者，相与搜集附益，更易次第。先定纲领，以载书之所当读之故与读之所当务之说。复于中撮其枢要，厘为六条。曰循序渐进，曰熟读精思，曰虚心涵泳，曰切己体察，曰着紧用力，曰居敬持志。而著其说于每条之下，于是纲领条目，粲然明白。为上下两卷，盖将按为定式，确遵谨守，尚企及文公之万一。凡我同志，皆当从事于斯也。

[注释]

①僭（jiàn）：表示自谦。指超越本分。

[译文]

因此，鄙人私下利用空闲，与我的同乡友张洪先生一起，以辅广先生所辑《朱子读书法》为基础，进一步从朱熹先生的著作中摘录辅广先生所未曾收录的言论，不断收集增补，调整原书顺序。首先确定全书总纲，记载朱子关于要读书的缘由以及书应该怎么读的说法；再提炼出其中的要点，理成六条，叫做循序渐进、熟读精思、虚心涵泳、切己体察、着紧用力、居敬持志，进而把朱子的相关说法著录于相应的条目之下，于是这本书从纲领到条目都清楚明白了。我们将这本书分为上下两卷，打算将此作为固定的格式，坚定地遵从、谨慎地持守，或许这样能达到朱熹先生学问的万分之一吧。希望凡是与我志同道合的朋友，都能够从事于这项读书学习、希圣希贤的事业之中。

窃尝论之：天下之事莫不有法，法莫不有要。得其要而遵守之，则为其事者虽与人同，所以为其事者实与人异。他日所就，必有卓然，非侪流①之所及者。末艺②且然，而况读书为吾儒之大业乎！

[注释]

①侪（chái）流：同辈。②末艺：小技艺。

[译文]

我曾经说过：天下的事情莫不有法则，而法则莫不有要点。掌握了相关要点并且能遵守施行，那么虽然做的事情表面上看起来和别人一样，但做事的原因却与他人有着本质的不同。他日有所成就，也必然卓越可观，非平庸之辈所能企及。一些寻常的小技艺尚且如此，更何况读书是我辈儒生所应当从事的雄伟事业呢！

秦汉以来，知读书者众矣，然皆不足以与闻斯道之传。其务外①者为夸多斗靡，其厌烦者为独观大略，其其平凡暗懜②者，不过寻行数墨，为蠹鱼③、为书肆；其邪僻④者，圣读而庸行；其诡佞者，则借圣言以文奸⑤而已。求其下帷⑥潜心如仲舒者，已寥寥间见，况望其如濂溪关洛⑦诸老先生，明圣道之蕴奥，传圣心之精微乎！是则彼非不读书也，读书而不得其法也。

[注释]

①务外：谓研究学问，只致力于表面，不求深入。②暗懜（gàng）：愚昧。③蠹鱼：一种蠹虫，喜欢蛀蚀衣服与书籍，代指死啃书本的人。④邪僻：指品行不端的人。⑤文奸：掩饰奸诈。⑥下帷：放下室内悬挂的帷幕，引申指闭门苦读。指汉代董仲舒下帷讲学，三年不窥园这件事。⑦濂溪关洛：濂溪，濂溪周敦颐；关，关中张载；洛，洛阳程颢、程颐。

[译文]

秦汉以来，知道读书的人虽然众多，然而都不足以称为吾道的传承者。那些关注表面不求深入的人，为的是炫耀才华、哗众取宠；那些不喜欢读书的人，为的是看个大概；那些平凡愚昧的人，不过是读读字句，不去深究，就像啃死书的蠹鱼，储存书的店铺；那些品行不端的人，表面上读圣贤书而背地里却做昏庸事；那些诡诈奸佞的小人，则凭借圣人的言论来掩饰奸诈的行为。要寻求像董仲舒那样放下帷幕潜心读书的儒生，已经寥寥无几，更何况渴望学者能像周敦颐、张载、程颢、程颐等诸位老先生那样，既通晓圣贤之道的深远奥意，又能传承圣贤之心的精湛微妙呢？所以说，其实并不是那些人不读书，而是因为他们读书不得其法啊。

惟我文公，禀命世之才①，负离伦②之识，而尤笃志于圣人之学。其为学也，穷理以致其知，反躬以践其实，而贯之以敬。其穷理则以读书为本，其读书则以六者为法。平日之所自务与其所以教人，每切切乎此。虽致之圣君，言之贤相，亦必欲其急先乎此，此所以卓然能承道统③之传，启道学④之秘，尽发圣经贤传之蕴，大开天下万世之蒙也。呜呼盛矣！岂非文公之读书与人同，而所以读书与人异，固若是耶？六者之法，有前贤之所已言者，亦有前贤之所未及而出于文公之独见者。诚能确遵谨守，罔有逾越，则穷理尽性修身齐家，以至得时行道而极于尧舜，其君民莫不自是基之。其功用岂浅哉！

[注释]

①命世之才：原指顺应天命而降世的人才，后多指名望才能为世人所重的杰出人才。②离伦：绝伦，独一无二。③道统：儒家传道的脉络和系统。④道学：始见于《隋书·经籍志》，原指老子创立的有关"道"的学说，后为宋代儒家理学所借用。这里指宋代儒家周敦颐、张载、程颐、程颢、朱熹等的哲学思想，即"理学"。

[译文]

只有我们的朱熹先生，禀受主宰世间的才能，负有超出常人的见识，更笃定心志以探究圣贤学问。在做学问方面，他勤学苦研以穷究义理，亲身践行以证真实成效，并且自始至终贯彻虔诚恭敬的精神。他穷究义理以读书学习为根本，读书学习则以六条为法门，平时自己所做和教人的，都和这六条紧密相关。不管是进献于圣君，还是谏言于贤相，也都是先说此六条。这是他之所以能卓越超群，承继儒家的文脉传统，开启理学的心传秘诀，阐发圣贤的经传蕴意，启迪天下万世蒙昧的根本啊！呜呼！吾道如此盛大，难道不是因为文公和其他人虽然读的是相同的书，但他读书的方法却和别人有着根本不同的缘故吗？读书的六条法门，有一些是前辈圣贤已经说过的，也有一些是前辈圣贤没有说过而由文公独创的。如果能够诚心实意地坚定遵从、严格守持，没有逾越，则不仅能穷究天下义理，发挥天赋秉性，修养自我行为，治理家庭事务，甚至还可以把握好的时机推行天下大道，而如尧舜一样君民和乐的盛世，也莫不根基于此，这六条读书法的功用，岂是浅显的啊！

抑①愚②谓从古圣贤，非不言读书也，而每教人读书以穷理，则至文公而愈切。关洛大儒，亦非不言读书之法也，而及于"循序致精"与"先看易晓者"之云，则自先生而始见其愈切者。正如孔子多说"仁"字之意，其始见者，同于孟子"性善""养气"之功，学者尤不可以不知也！

[注释]
①抑：文言发语词，无义。②愚：谦辞，用于自称。

[译文]
鄙人愚陋，认为以前的圣贤不是不谈论读书法，只是就教导人读书时要穷究义理这一点来说，直到朱熹先生的时候才更加切实。关学、洛学的各位大儒也不是不谈读书方法，但对于"循序渐进而至精深思考"以及"先读明白容易之处"的说法，则是到朱熹先生这里才开始愈加切实。这正像孔夫子常常强调"仁"的含义，却是孟子开始明确提出"性善论""养气说"的观点一样功劳甚大，求学之人对此绝不可以不知道啊！

龙山君孝谨①清修，自幼用心于圣贤之所谓学。十五年前，相与编类此书。咸淳乙丑，适留会稽，而张君职教四明。邮传②如织，因得益加是正，而更定之于是，无复遗恨。张君且欲刊之鄞泮，以惠多士，是岂徒此书之幸！学者遵是法而力行之，斯道其幸乎！

其年秋仲，番阳齐庼充甫谨序于越之蓬莱阁③

[注释]

①孝谨：孝顺，恭谨。②邮传：驿传，传递文书的驿站。这里指信件往来。③越之蓬莱阁：位于浙江绍兴卧龙山，为五代时越王钱镠所建。

[译文]

张洪先生孝顺恭谨，注重清修，自幼就对圣人之学有所用心，十五年前，他与我一同编辑这本《朱子读书法》。咸淳乙丑年（1265），我在浙东的会稽一带游学，而张洪先生在宁波府任教，我们之间信函往来密切，对这本书做了进一步的更正、修订，而今终于确定下来，于是再没什么遗憾的了。张洪先生打算将此书在鄞县的县学刊刻出来，以惠及更多的有志之士，这岂止是此书之幸运！求学者遵照这些读书法努力践行，这是圣贤之道的幸运啊！

咸淳元年（1265）仲秋，鄱阳齐熙谨序于浙江绍兴蓬莱阁

3.1 纲 领

◆ 辅广所编部分

3.1.1 陈希周①问读书修学之门。先生曰:"所谓读书者,只要理会这个道理。治家有治家道理,居官有居官道理,虽然头面②不同,然只是一理。如水遇圆处圆,遇方处方,小处小,大处大,然只是一水尔。"[1]

[注释]

①陈希周:建安(今福建建瓯)人,朱熹弟子。②头面:外表。

[译文]

陈希周请教读书治学的法门。先生说:"所谓读书,只是要领会其中的道理。治家有治家的道理,做官有做官的道理,虽然表面上看起来有所不同,但道理却是一样的。这就像水在圆的器皿中就变成了圆的,在方形的器皿中又变成了方的,在小的器皿中就变小,在大的器皿中就变大,然而始终都只是水而已。"

3.1.2 人之生,道理合下皆完具①,所以要读书者,盖是未曾经历见得许多。圣人是经历见得许多,所以写在册子上与人看。而今读书,只是要见得许多道理。[2]

[注释]

①完具:完备,完整。

[1] 此条亦见于《朱子语类》卷一百二十、本书"荟辑"部分4.1.2条。
[2] 此条亦见于《朱子语类》卷十。

[译文]

人一旦出生，先天的道理就立刻具备在他身上了。之所以要读书，是因为还没有经历过、见识过很多事情。圣人经历见识过的事情很多，所以将之写到书册上给人看。现在读书，只是为了从中多见识些道理。

3.1.3 先要读书理会道理。盖先学得在这里，到临时应事接物，撞着便有用处。[1]

[译文]

首先要读书理解领会道理。因为先学会了道理，等到处理事务、待人接物的时候，碰上就有用处。

3.1.4 而今只管说治心、修身，若不见这个理，心是如何地治，身是如何地修？若如此说，资质[2]好底①便养得成，只是个无能底人；资质不好，便都执缚②不住了。傅说云："学于古训，乃有获。事不师古，以克永世，匪说攸闻③。"古训何消得④，读他做甚底⑤？盖圣贤说出，道理都在里面。必学乎此，而后可以有得。[3]

[注释]

①底：相当于结构助词"的"。②执缚：束缚。③事不师古，以克永世，匪说攸闻：做事不效法古训，还想永世安逸，这样的说法我还没有听说。出自《尚书·说命下》。形容做事不遵守古训。师，效法，榜样；克，战胜，攻下。④消得：亦作"消的"。需要，须得。⑤甚底：甚的，什么。

---

[1] 此条亦见于《朱子语类》卷十八。
[2] 据《朱子语类》卷九，此处脱"好"字。
[3] 此条亦见于《朱子语类》卷九。

[译文]

现在的人只说要治心、修身，但如果不明白其中的道理，心怎么治理？自身如何修养？如果说资质好才能修养成，那也只是个无能的人；如果资质禀赋不好就修养不成，那就束缚不住了。傅说说过："学习古人的教诲，才能有所收获。做事不效法古训，还想永世安逸，这样的说法我还没有听说过。"古人的训导有什么必要？读它干什么？这是因为圣贤说出的都在书里面，必须学习它，而后才可以有所获得。

3.1.5 圣人之学与俗学不同。圣人教人读书，只要知所以为学之道；俗学读书，便只是读书，更不理会为学之道如何。[1]

[译文]

圣人的学问和世俗的学问不同。圣人教人读书，只是要人知道之所以要做学问的道理。而世俗的读书，便只是读书而已，根本不去理会之所以要做学问的道理是怎样的。

3.1.6 先生《记婺源藏书阁》[2]①，有曰："道之在天下，其实原于天命之性，而行于君臣、父子、兄弟、朋友之间；其文则出于圣人之手，而存于《易》《书》《诗》《礼》《春秋》，孔、孟氏之籍。本末相须②，人言相发③，皆不可一日而废焉者也。盖天理民彝④，自然之物则[3]⑤，其大伦大法所在，固有不依文字而立者。然古之圣人欲明是道于天下而垂之万世，则其精微曲折之际，非托于文字亦不能以自传也。故伏羲以降，列圣继作，至于孔子，然后所以垂世立教之具，粲然大备。天下后世之人，自非生知之圣，则

---

〔1〕 此条件亦见于《朱子语类》卷二十。
〔2〕 即《徽州婺源县学藏书阁记》，见《朱文公文集》卷七十八。
〔3〕 "物则"，原本误作"初则"，今从《朱子文集》改正。

必由是以穷其理，然后知有所至而力行以终之，固未有饱食安坐，无所猷为⑥，而忽然知之、兀然⑦得之也。故傅说之告高宗曰'学于古训，乃有获'，而孔子之教人，亦曰'好古敏以求之'，是则君子所以为学致道之方，其亦可知也已。然自秦汉以来，士之所求乎书者，类以记诵剽掠⑧为功，而不及乎穷理修身之要。其过之者，则遂绝学捐⑨书，而相与驰骛⑩乎荒虚浮诞之域。盖二者之蔽不同，而于古人之意则胥⑪失之矣。呜呼！道之所以不明不行，不以此欤？"

[注释]

①《记婺源藏书阁》：即《晦庵先生朱文公文集》卷七十八《徽州婺源县学藏书阁记》，是朱熹于南宋淳熙三年（1176）第二次回婺源时，应时任婺源知县张汉所请而作。②相须：亦作"相需"，指互相依存、互相配合。③相发：相感发、相发明。④民彝：犹人伦。指人与人之间相处的伦理道德准则。⑤物则：事物的法则。⑥猷为：建立功业。⑦兀然：兀的，忽然。⑧剽掠：抢劫掠夺。⑨捐：抛弃。⑩驰骛：奔走趋赴。⑪胥：齐，皆，全部。

[译文]

先生在《记婺源藏书阁》中说："圣贤之道畅行于天下，实际根源于上天所赋予人的本性，而体现在君臣、父子、兄弟、朋友等各种社会关系之间；其文字形式则出自于圣人之手，并存留在《易经》《尚书》《诗经》《礼记》《春秋》和孔子、孟子的著作之中。先贤创作的这些经典，本体和作用之间相互配合，行为和言语之间相互发明，都是一天也不能废弃的真理。因为上天确定人世间道德伦理的准则，以及自然界万物运行的规则，都是基本秩序和法则的所在，本来就有不依托文字而可以成立的。但是，古代的圣人想向天下万民阐明其中的道理并垂范后世，那么其中精微奥妙的地方，不依托文字也不能依靠自身传承下去。所以从伏羲以后，历代的圣人都相继致力于此，到孔子的时候，足以垂范后世、借以施行教化的典籍，都基本上齐备了。天下后世的人，并不是生下来就具备智慧的圣人，而必须通过对经典的学习来穷究其中的道理，然后在认知上达到一定境界并在生活中努力践行贯彻到底才行，其中固然没有能整天吃饱闲坐、无所事事，而忽然变得聪明起来，忽然就有知识的人。所以傅说告诫商王武丁"学习古人的训导，才能有所收获"，而孔子在教育他人时也说"人要爱好古代的文化，通过勤于学习去争取获得掌握它"，从此君子做学问、求大道的方法，也就可以知道了。从秦汉以来，士人通过读书所想得到的，却多数是识记背诵、剽窃掠美等功利性目的，并不涉及领会道理、修养身心这件极为紧要的事情。有些人更加过分，干脆放弃治学、扔掉书本，而奔走趋从于虚浮荒诞的事上。上述两种人的错误虽然有所不同，但把古人著书立说以传后世的本意都失去了。悲哀啊！圣贤之道之所以不能彰显、不能通行，不就是因为这个吗？"

3.1.7　先生《记稽古阁》[1]，有曰："人之有是身也，则必有是心；有是心也，则必有是理。若仁、义、礼、智之为体，恻隐、羞恶、恭敬、是非之为用，是则人皆有之，非由外铄①我也。然圣人之所以教，不使学者收视反听②，一以反求诸心为事，而必曰'兴于《诗》，立于《礼》，成于《乐》'③，又曰'博学、审问、慎思、明辨而力行之'④，何哉？盖理[2]虽在我，而或蔽于气禀物欲之私，则不能以自见。学虽在外，然皆所以讲乎此理之实，及其浃洽贯通而自得之，则又初无内外精粗之间也。世变俗衰，士不知学，挟册读书者，既不过于夸多斗靡以为利禄之计；其有意于为己者，又直以为可以取足于心而无俟于他求也。是以堕于佛老虚空之邪见，而于义理之正、法度之详有不察焉。其幸而或知理之在我，

---

〔1〕即《鄂州州学稽古阁记》，见《朱文公文集》卷八十。
〔2〕"理"字原文为"礼"，据朱子以"理"为最高本体的思想和本节上下文意，改为"理"。

与夫学之不可以不讲者，则又不知循序致详、虚心一意、从容以会乎在我之本然，是以急遽浅迫，终不能浃洽而贯通也。呜呼！是岂学之果不可为，书之果不可读？而古先圣贤所以垂世立教，果无益于后来也哉？道之不明，可叹也已！"

[注释]

①外铄：外力、外因。②收视反听：不视不听，指不为外物所惊扰。出自陆机《文赋》："其始也，皆收视反听，耽思傍讯。"③兴于《诗》，立于《礼》，成于《乐》：此引语出自《论语·泰伯》。④博学、审问、慎思、明辨而力行之：此引语见《中庸》："博学之，审问之，慎思之，明辨之，笃行之。"

[译文]

先生在《记稽古阁》中说："人有此身，则必定有此心；有此心，则必定有此理。就像仁、义、礼、智为本体，恻隐、羞恶、恭敬、是非之心就是本体的表现，这是每个人都有的，而并非外力所强加于人的。然而圣人之所以教化世人，并非使学者不看不听，而仅仅把追求反省内心当做唯一的事，他们必定会说'人的修养受启发于学《诗经》，立身于学礼仪，完善于学音乐'，又说'广泛学习、仔细求证、谨慎思考、明晰辨识，并且努力践行'，为什么呢？因为道理虽与我同在，但由于被先天的气质禀性或外来的物质欲望等私念所蒙蔽，所以无法自行显现出来。学问虽在身外，但它讲求的都是这个道理的实在之处，等到融会贯通并有所获得，则又恢复到本初没有什么内外精粗的状态了。世道变迁，风俗衰微，士人不知道如何学习，读书的人也不过是为了炫耀文采、相互竞胜以博取功名利禄；那些真正想要修养自身德行的人，又认为完全可以凭借内心的感悟而无需向外寻求，所以难免沉溺于佛、道虚空缥缈的流俗邪见，而对于义理是否正确、法度是否详明，不去审慎明察。其中偶尔有一些懂得道理与我同在，而且认为学问不可不求的学者，却又不明白做学问应当循序渐进、详密探究、虚心专注，以及从容体会自我本性，所以心态急切躁进，浮浅紧迫，最终也做不到和谐融洽而上下贯通。呜呼！难道学问果真不可做，书果真不能读，古代圣贤用来垂范世间确立教化的训典，对后人也果真没有用吗？圣贤之道不昌明，真是可叹啊！"

3.1.8 先生曰："学者望道未见，固必即书以穷理。苟有见焉，亦当博考诸书，有所证验，而后实有所裨助而后安。不然，则其德孤，而与枯槁寂灭者①无以异矣，潜心大业何有哉？矧②自周衰教失，礼乐养德之具一切尽废，所以维持此心者，惟有书耳。"[1]

[注释]

①枯槁寂灭者：理学家对佛教修行者的称谓。枯槁，憔悴，瘦瘠；寂灭，佛教用语，即涅槃。②矧：况且。

[译文]

先生说："求学者仰望圣贤之道还未得见，所以必定要通过读书来穷究义理。即使有所认识，也应当博览群书，使自己的看法得到印证考验，对自己有所帮助而后方可安心。如果不这样做，就会感到孤立寡合，与那些追求形如枯槁、内心寂灭的人没有什么区别，这样又怎么能潜心专注，开创宏伟的事业呢？况且自周朝衰落，教化丧失，礼乐道德一切设施废弃之后，唯一传承下来能维系此心的，也只剩下圣贤之书了。"

3.1.9 又曰："人尝读书，庶几可以管摄此心，使之常存。横渠①有言：'书所以维持此心。一时放下，则一时德性有懈。'"

---

[1] 此条亦见于《宋名臣言行录》。

[注释]

①横渠：即张载。参见 2.2.1 条注释。

[译文]

先生又说："人只有经常读书，才差不多能控制住自己的心性，使它常存善念。张载先生讲过：'书是用来维持本心的。一时不读书，一时的德行修养就会有所松懈。'"

3.1.10 又曰："读书一举两得。这边理会又到这边，又存得心，讵①可疏轥轹②轻传，遂指为糟粕而不观乎？要在以心体之，以身践之，而勿以空言视之而已矣。以是存心，以是克己③，仁岂远乎哉？"[1]

[注释]

①讵：怎么能。②轥轹（lìn lì）：车轮碾过，指践踏、蹂躏、碾压。③克己：自我约束。

[译文]

先生又说："读书是一举两得的事。不仅可以理解领会道理落实到自己身上，而且还可以存养本心，怎么能粗枝大叶、随意践踏轻蔑，乃至视为糟粕而不去观览呢？关键是要用心体会，亲身践行，而不要把它看成无用的空话。通过读书来存养本心，修养自身，仁的境界难道还会远吗？"

3.1.11 或问："读《论》《孟》之法，奈何？"曰："循序而渐进，熟读而精思，可也。"

曰："请问循序渐进之说。"曰："以二书言之，则先《论》后《孟》，通一书而后及一书。以一书言之，则其篇章文句、首尾次

---

[1] 此条亦见于《宋名臣言行录》，但略有差异。

第，亦各有序而不可紊也。量力所至，约其程课而谨守之。字求其训，句索其旨，未得乎前则不敢求乎后，未通乎此则不敢志乎彼。如是循序而渐进焉，则志定理明，而无疏易凌躐之患矣。〔1〕是不惟读书之法，实乃操心①之要，〔2〕始学者不可不知也。"

曰："其熟读精思何也？"曰："《论语》每章不过数句，易以成诵。成诵之后，反复玩味于燕闲静一②之中，以须其浃洽可也。《孟子》每章或千百言，反复论辨，虽若不可涯者，然其条理疏通，语意明洁，徐读而以意随之，出入往来以十百数，则其不可涯者，将有以得之于指掌之间矣。大抵观书，先须熟读，使其言皆若出于吾之口。继以精思，使其意皆若出于吾之心，然后可以有得尔。至于文义有疑，众说纷错，则亦虚心静虑，勿遽取舍于其间。先使一说自为一说，而随其意之所之，以验其通塞，则其尤无义理者，不待观于他说而先自屈矣。复以众说互相诘难，而求其理之所安，以考其是非，则其似是而非者，亦将夺于公论而无以立矣。大率徐行却立，处静观动。如攻坚木，先其易者而后其节目；如解乱绳，有所未通，则姑置而后徐理之，此观书之法也。"〔3〕

曰："读书亦通其本旨而已，而于众说思之若是其详，将不为支离之甚耶？"曰："不然也。读书所以明理。而明理者，欲其有以烛乎细微之间而不差也。故惟考之愈详，则察之愈密；察之愈密，则吾心意志虑，忧刮③磨砺而愈精；吾心愈精，则天下之理至于吾前者，其毫厘杪忽④之不齐，则吾必有以辨之矣。若乃务为简易，而以略通大指、不求甚解为高，吾恐其弊将至于儱侗颠顶⑤。处义

---

〔1〕自"以二书言之"至此，为《养正遗规》本《朱子读书法》六条中第一条"循序渐进"中"以二书言之"至"而无疏易凌躐之患矣"一段所本。见本书"提要"部分 2.1.1 条。
〔2〕据《朱文公文集》卷七十四，此句"要"字下脱一"尤"字。
〔3〕此条亦见于《朱文公文集》卷七十四、本书"总纲"部分《读书之要》，文字稍有出入。

不精，而于择善诚身之功，亦将有所阙也。道不前定，临事仓卒，然后骇而图之，则其所谓简易者，是乃所以为支离耳。"

（"循序渐进""熟读精思"两条，本此。然此所谓序，乃每书诵读考察之序耳。）

[注释]

①操心：操持心志，不使放纵散逸。②燕闲静一：安闲宁静，专一无虑。③戛（jiá）刮：戛，敲打；刮，削刮。这里有反复推敲、逐步深入之意。④秒（miǎo）忽：亦作"秒曶"，极小的量度单位。多用来形容甚少、甚微。⑤儱侗颟顸（lǒng dòng mān hān）：形容笼统马虎。儱侗，同"笼统"，宽泛不具体，含混；颟顸，糊涂而马虎。

[译文]

有人问："读《论语》和《孟子》的方法应该是怎样的？"先生说："按照次序逐步提高，熟练诵读且精深思考，就可以了。"

又问："请问如何按照次序逐步提高？"先生说："就这两本书而言，应该先读《论语》，再读《孟子》，读通一本书之后，再去读另一本书。以一本书来说，就是书中的篇目、章节、文脉、句子，以及开头、结尾、每部分的先后，也都有其特定的顺序而不可混乱。读书，要根据自己能力的极限制订课程计划，并且严格地遵守实行，每一个字都要弄明白它的意思，每一句话都要弄清楚它说的主旨，前面还没有理解就不敢看后面的，这里没有明白就不敢想那里的。如此，便是做到了按照次序逐步提高，心志坚定，道理明晰，而且没有空疏肤浅、无次第的坏处。这不仅仅是读书法，其实也是操持本心、不使放纵散逸的要害，初学者不可不知。"

又问："如何才能做到熟练诵读、精深思考？"先生说："《论语》每章不过寥寥几句，容易背诵。能背诵之后，在安闲宁静、专一无虑的状态下反复体会其中意味，达到和谐融洽就可以了。《孟子》每章有几百上千字，反复探讨辨析，虽然看上去毫无边际，然而它条理清晰通达，语意简洁明白，慢慢阅读，紧随文意，反复往来阅读几十次上百次，则那些看上去毫无边际的内容，也将有所得而尽在指掌之中了。大体来说，读书首先需要把书读熟，使书上所写的话都像我自己说出来的一样。接着要深入地思考，使书上所表达的意思都像是我自己内心所要表达的一样，然后才有可能有收获。至于对书中文句意思有疑惑，各种说法纷纭交错的地方，就需要虚心、平静地思考，不要立即在其中做出取舍。先让各种说法各自成立，追随它所表达的意思去思考，考察它在道理上是贯通还是阻塞；如此则其中特别没有道理的，也就不需要与其他说法对比就已经屈服了。进而再拿各种说法来相互比较问难，探求其中道理的安稳处来考察其中的是非，这样那些好像是对的但实际却不正确的说法，也将被公认的道理所屈服而不能成立了。读书，大抵就是慢慢地看，遇到难处就停下来，用平静的心态审视思路的变化。就像削坚硬的木头，先从简单的地方入手再克服艰深的地方；像解缠绕的乱绳，遇到不通的地方，就要先放下来而后慢慢理清。这就是读书的方法。"

又问："读书，不过是弄明白它的主旨大意而已，但对于各家解说而言，像这样详尽辨析，是不是过于支离破碎了？"先生说："不是这样的。读书是用来明察事理的。而明察事理，则是希望能洞悉细微之处而丝毫不差。所以考虑愈发详尽，则洞察愈发细密；洞察愈发细密，则我们的各种心态、意向、想法和考虑，才能不断被敲击、刮平、磨砺而愈发精细；我们心志愈发精细，那么当天下大道呈现于眼前时，其中毫厘差异与细微之处，我们必然能辨识清晰。如果只是一心追求简单便捷，而以了解大概主旨、不求彻底明白为高明，我担心这个弊端发展下去将会越来越笼统糊涂。义理探讨不精深，在挑选善事、诚立身行等方面，也将会有所欠缺。不预先进行规划，遇到事情匆忙慌乱，然后在惊恐之中再去谋划，那原本想要的简单便捷，就会变成支离破碎了。"

（"循序渐进""熟读精思"这两条根据此处而来。然而这里所说的"次序"，指的是就一本书吟诵阅读、考究探索的次序。）

3.1.12 又先生尝上疏曰：

"为学之道，莫先于穷理。穷理之要，必在于读书。读书之法，莫贵于循序而致精，而致精之本，则又在于居敬而持志，此不易之理也。

"夫天下之事，莫不有理。为君臣者，有君臣之理；为父子者，有父子之理。为兄弟、为夫妇、为朋友，以至出入起居、应事接物之际，亦莫不各有其理。有以穷之，则自君臣之大，以至事物之微，莫不知其所以然与其所当然，而亡纤芥之疑。善则从之，恶则去之，而无毫发之累。此为学所以莫先于穷理也。

"至论天下之理，则要妙精微，各有攸当，亘古亘今，不可移易。惟古之圣人为能尽之，而其所行所言，无不可为天下后世不易之大法。其余则顺之者为君子而吉，背之者为小人而凶。吉之大者，则能保四海而可以为法，凶之甚者，则不能保其身而可以为戒。是其粲然之迹、必然之效，盖莫不具见于经训史策之中。欲穷天下之理而不即是以求之，则是正墙面而立耳。此穷理所以必在于读书也。

"若夫读书，则其不好之者，固怠忽间断，而无所成矣。其好之者，又不免乎贪多而务广，往往未启其端而遽已欲探其终，未究乎此而忽已志在乎彼，是以虽复终日勤劳、不得休息，而意绪匆匆，常若有所奔趋迫逐，而无从容涵泳之乐。是又安能深信自得，常久不厌，以异于彼之怠忽间断而无所成者哉？孔子所谓'欲速则不达'，孟子所谓'进锐者退速'，正谓此也。诚能鉴此而有以反之，则心潜于一，久而不移，而所读之书，文意接连，血脉贯通，自然渐渍浃洽，心与理会，而善之为劝者深，恶之为戒者切矣。此循序致精所以为读书之法也。

"若夫致精之本，则在于心。而心之为物，至虚至灵，神妙不测，常为一身之主，以提万事之纲，而不可有顷刻之不存者也。一不自觉，而驰骛飞扬，以徇物欲于躯壳之外，则一身无主，万事无纲，虽其俯仰顾盼之间，盖已不自觉其身之所在，而况能反复圣言，参考事物，以求义理至当之归乎？孔子所谓'君子不重则不威，学则不固'，孟子所谓'学问之道无他求，其放心而已矣'者，正谓此也。诚能严恭寅畏，常存此心，使其终日俨然，不为物欲之所侵乱，则以之读书、以之观理，将无所往而不通；以之应事、以之接物，将无所处而不当矣。此居敬持志所以为读书之本也。

"此数语者，皆愚臣平生为学，艰难辛苦已试之效。窃意圣贤复生，所以教人不过如此。盖虽帝王之学，殆亦无以易之。"[1]

（"循序致精"一语，兼"循序渐进""熟读精思"二条。而"居敬持志"一条，正本此疏之语也。）

[译文]

先生又曾上疏说：

"做学问的准则，没有不把穷通道理作为首要的目的；穷通道理的关键，必然在于读书；读书的方法，最重要的是遵循阅读的次序而达到精湛的境界。而达到精湛境界的根本，则又在于心存恭敬，志向坚定。这是亘古不变的道理。

"天下的事情，没有不蕴涵道理的。君臣之间有为君为臣的道理，父子之间有为人父为人子的道理，兄弟之间、夫妻之间、朋友之间，以至于出入起居、应事接物之间，都各有各的道理。如果能够穷尽这些道理，那么从为君为臣这样的大事，到万事万物的细枝末节，就不仅能够知道他为什么是这样的，而且知道应当怎样做，再也没有丝毫的疑惑。好的就坚持，不好的就扬弃，再也没有丝毫的负累。这就是要做学问就必须把穷通道理作为首要目的的原因所在。

---

[1] 此条亦见于朱熹《宋名臣言行录》外集卷十二、本书"总纲"部分《甲寅行宫便殿奏札二》。

"至于讨论天下的道理，其微妙与细节之处，各有恰当的地方，从古到今都恒久不变。但只有古代的圣贤能够穷尽它，圣人所做的事、所说的话，没有一处不是天下后世永恒的典范和准则。其他的人能够按照圣人的言行立身处事，则为君子而处处吉祥；违背的则是小人而凡事凶险。吉祥到一定程度，就能保有四海，成为天下的榜样；凶险到一定程度，就连自己的性命也难以保全，只能做反面教材而垂教于后人。那些著名的例证，必然的结果，无一不记载在古代的经史典籍之中。想穷尽天下的道理，却不去了解这些典籍，犹如面对着墙壁站立什么也看不见啊！这就是穷究道理必须读圣贤之书的原因所在。

"说到读书，不喜欢读书的人固然会懈怠疏忽、间接中断，以至于最终一无所成；而喜欢读书的人，则不免有贪多求广的毛病，往往还没开始便急急忙忙的探究结果，还没搞清楚这个就已经将兴趣转移到了那个上面，因此虽然整天勤奋用功，连休息的时间都没有，但心浮气躁，常常表现得急切匆忙像有人逼迫追赶似的，从而感受不到从容体会、沉浸其中的乐趣。这又怎么能对所学的收获产生信心，以便保持长久的兴趣而不厌倦，从而与那些懈怠、间断，一无所成者区分开来呢？孔子所说的"欲速则不达"，孟子所说的"进锐者退速"，说的正是这个道理。如果真能借鉴于此而反省自我，则心思自然会沉潜专注，时间长久也无所转移，那么所读之书自然会文意流畅，脉络贯通，自然浸润其中和谐融洽，内心也与书中的道理相会如一，从而面对于善劝勉深切，面对于恶戒除恳切。这正是遵循次序逐步提高、进而达到精湛境界是读书方法的原因所在。

"要达到精湛境界的根本，在于自己的内心。心这种东西，最虚阔也最灵动，它的作用神妙难测，常常是身体的主宰，掌握着万事万物的纲领，人一刻也不能不留意存养它。心一旦不自觉地驰骋飞奔，为物欲所俘获而出离躯壳之外，那么身体就没有了主宰，事情就失去了纲领，虽仰头俯身四下顾盼，却已不能感受到自我的存在，更何况研读圣贤书，处理天下事，寻求义理的恰当之处呢？孔子所说的"君子不重则不威，学则不固"，孟子所说的"学问之道无他，求其放心而已矣"，说的正是这个道理。如果真的能够做到庄严恭敬、敬畏戒惧，并能长久地保持此心，使其终日庄重严肃，不受物欲干扰侵乱，用这种心态去读书，去体会道理，就没有什么地方不通畅；用这种心态去处理世务，去应对人事，就没有什么地方做的不恰当。这就是持身恭敬、心志坚定之所以是读书根本的原因所在。

"以上这些话，都是愚陋的臣下我一生在做学问的过程中，历尽艰难辛苦，反复尝试确有效果的。微臣私下认为，就算是圣人复生，他们教诲人也不过如此，即使是帝王做学问，大概也不能改变吧！

（"循序致精"这句话，包含了"循序渐进"与"熟读精思"两个条目，而"居敬持志"这条，也是根据这一奏疏而来的。）

3.1.13 先生答陈福公①书[1]曰："某尝闻之师友：《大学》一篇，乃入德之门户，学者当先讲习。知得为学次第规模，乃可读《语》《孟》《中庸》；究见义理根源体用之大略，然后徐考诸经以极其趣，庶几有得。盖诸经条例不同，工夫浩博，若不先读《大学》《论》《孟》《中庸》，令胸次开明，自有主宰，未易遽求也。为学之初，尤当深以贪多躐等，好高尚异为戒耳。然此犹是知见边事，若但入耳出口②，以资谈说，则亦何所用之？既已知得，便当谨守力行，乃为学问之实耳。"

（"循序渐进"中"群书先后缓急"序本此。）

[**注释**]

①陈福公：陈俊卿（1113—1186），字应求，谥正献，莆田（今属福建）人。宋孝宗时期名相，诗人。有遗文二十卷、奏议二十卷，均佚。《全宋诗》录其诗九首。他敬重朱熹，曾多次上书推荐朱熹。②入耳出口：原指不为外人知道的言论。语出《左传·昭公二十年》："王曰：言出于余口，入于尔耳，谁告建也？'"这里指只把耳闻口说当做为学。

[1] 即《与陈丞相别纸》，见《朱文公文集》卷二十六。

[译文]

先生在答复陈福公的书信中说:"我曾经听老师和朋友讲过,《大学》是进入道德修养的门户,求学之人应首先研习。明白了做学问的顺序和规划后,才可以读《论语》《孟子》《中庸》;了解了义理的根源、本体和作用的基本情况,再逐步考察其他经典,以提升其中的乐趣,这样才差不多能有所收获。因为儒家经典的体例各有不同,内容博杂纷繁,学习起来需要花费的功夫浩大,如果不先读《大学》《论语》《孟子》和《中庸》,使自己的心胸开阔明朗,有一定的主见,是不容易快速求成的。做学问刚开始,尤其应该戒除贪多求快、不按次序、好高骛远、标新立异等毛病。但这依然只是认知层面的事,如果只是耳朵听听,口上说说,用来谈论说话,那又有什么用呢?所以既然明白了这个道理,就应该谨慎遵守并努力践行,这才是踏踏实实地做学问啊!"

("循序渐进"条目下,读各种典籍的先后缓急次序的观点依据此处而来。)

3.1.14 先生答江端伯①书[1]曰:"所议为学之方,足见留意。事物未至,不可逆料,诚如所论。惟有因圣贤之所已言者玩索之,为庶几耳。故为学不可不读书,读书之法又当沉思,反复涵泳,铢积寸累,久当见功。理明心亦自定,若欲为涉躐而求此理之明,又欲求方便以望此心之定,亦难矣。即圣贤之言平易明白处,虚心平气,熟玩而躬行之,玩之深则理自明,行之熟则力自进。持之以久,下学而上达①,则道体②精微之妙,圣贤亲切之传,不待单传密付,而已了然于心目之间矣。"

[注释]

①江端伯:名里不详。②下学而上达:通过学习平常的知识,理解其中的哲理。下学,从身边附近的事物开始学习。上达,通晓德义。出自

―――――――

〔1〕 即《答江端伯·示喻为学之方》,见《朱文公文集》卷六十四。

《论语宪问》："子曰：不怨天，不尤人，下学而上达，知我者其天乎？"
③道体：道的本体，道的主旨。

[译文]

先生在答复江端伯的信中说："来信讨论到做学问的方法，足以看出你的留意之处。事情还没有发生，不可去预料，这正如你所说的，只有凭借圣贤已经说的来玩味探求，才差不多能做到吧！所以做学问不可以不读书，读书的方法又应当深入思考，反复沉浸体会，一点一滴地积累，时间长了自当能见功效。道理明白，心也就安定下来。如果想要不按次序就把其中的道理弄明白，又想贪图方便使得内心安定，也很难啊。在圣贤言论平易清楚的地方，虚心静气，反复玩味并且身体力行，体会深了道理自然能够明白，实践多了能力自然有所长进。持之以恒，通过学习平常的知识而理解其中的义理，那么大道精微的妙处，圣贤亲切的教导，不需秘密私授，就已经了然于心目之间了。"

3.1.15 先生书于读书之所曰："敛身正坐，缓视微吟，虚心涵泳，切己体察。（"虚心涵泳""切己体察"两条本此。）宽着期限，紧着课程。（"着紧用力"一条，盖本此下一句。）研精覃思①，以究其所难知；平心易气②，以听其自得。"

[注释]

①研精覃思：精心研究，深入思考。语出唐孔颖达《尚书序》："承诏为五十九篇作传，于是遂研精覃思，博考经籍，采摭群言，以立训传。"覃，深入。②平心易气：心情平和，态度冷静。

[译文]

先生在他读书的地方写道："要收敛身体，正襟危坐，缓慢浏览，轻微吟诵，虚心体会，沉浸其中，结合自身情况，深刻体会省察。（"虚心涵泳"与"切己体察"两条均源于此。）放宽学习期限，抓紧学习课程。（"着紧用力"一条，依据此处后半句。）精心钻研、深入思考，探究其中难以理解的道理;心境平和、态度冷静,任由自己学习有所得。"

3.1.16 程正思①曰:"读书必正心肃容,计遍数熟读。遍数已足,而未成诵,必欲成诵。遍数未足,虽已成诵,必满遍数。一书已熟,方读一书。毋务泛观,毋务强记。非圣之言勿读,无益之文勿观。"先生嘉其言。

[注释]

①程正思:即程端蒙(1143—1191),字正思,号蒙斋,鄱阳(今江西鄱阳)人。先师事江介,为其高徒。后受业于朱熹,领悟理学要旨,以求道修身为己任,严守礼学教义,修身律己,教育后学,编撰《性理字训》。

[译文]

程正思曾经说过:"读书要端正心态,整肃仪容,要按照事先计划好的遍数熟读。遍数读够了,但仍然不能成诵,那就要达到朗朗成诵才行;计划的遍数还未到,而自己已经能够背诵了,也一定要读满计划的遍数。一本书读熟了,再去读另一本书。不要泛泛地读书,也不要强迫自己记忆。不是圣人的话不去读,没有用的文字不去看。"先生非常赞同他说的这番话。

3.1.17 司马温公①说为学之法,举《荀子》四句②云:"诵数以贯之,思索以通之,为其人以处之,除其害以持养之。"

[注释]

①司马温公:即司马光(1019—1086),字君实,号迂叟。陕州夏县(今山西夏县)涑水乡人,世称"涑水先生"。北宋政治家、史学家、文学家,主持编纂《资治通鉴》。死后追赠太师、温国公,因此也称其为"司马温公"。②《荀子》四句:即本条所引荀子的四句话,语出《荀子·劝学》。

[译文]

司马光先生在谈论做学问的方法时,举了《荀子》中的四句话:"诵读一定的遍数以达到连贯,深入其中思索以能够通畅,把自己设想成当事人去用心体会,除去其中的糟粕以便守持存养。"

3.1.18 大凡读书,少看熟读,一也;不要烦碎立说,但要反复体验,二也;埋头理会,不要求效,三也。三者,学者当守此。

[译文]

大体上讲,读书要少去随意泛览而认真熟读,这是其一;不要琐碎地提出观点,但要反复体验先贤的意思,这是其二;要埋头求索,不要刻意追求效果,这是其三。这三点,读书之人一定要遵守。

3.1.19 凡读书,须整顿几案,令洁净端正,将书策齐整顿放。正身体对书册,详缓看字,子细①分明。读之须要读得字字响亮,不可误一字,不可少一字,不可多一字,不可倒一字,不可牵强暗记,只是要多诵遍数,自然上口,久远不忘。古人云"读书千遍,其义自见",谓读得熟,则不待解说,自晓其义也。余尝谓:"读书有三到:心到、眼到、口到。"心不在此则眼看不子细,心眼既不专一,却只漫浪诵读,决不能记,记亦不能久也。三到之中,心到最急。心既到矣,眼口岂有不到者乎?

[注释]

①子细:同"仔细",细心,小心。

[译文]

凡是读书,必须先整理好书桌,让它干净平稳,要把书整齐地放好。身体坐正,面对书册,详细从容地看书上的文字,要看得仔细清楚。读书要读的每个字都清楚响亮，不可读错一个字，不可少读一个字，不可多读一个字，不可颠倒一个字，不可心中强行暗暗记诵，只要用心多朗诵几遍，自然能朗朗上口，时间长了也不会忘记。古人说："书读千遍，其中的意思自然会显现出来。"就是说书读得熟了，则不需要解释，自己也能明白其中的意思。我也曾经说过："读书有三到，即心到、眼到与口到。"心不在书上，那眼睛就看得不仔细，心和眼都不专注，嘴上读也只是漫无目的地念诵，绝对不能记下，就是记住了也不能长久。这"三到"之中，心到最重要。心既然专注到书上了，眼睛和嘴怎能不关注到书上？

◆ 张洪、齐熙续编部分

3.1.20 人之为学，固是欲得之于心，体之于身，但不读书，则不知心之所得者何事。[1]学不是读书，然不读书，又不知所以为学之道。圣贤教人，只是要诚意、正心、修身、齐家、治国、平天下，所谓学者，学此而已。

[译文]

人之所以做学问，固然要使自己心上有所收获，身上有所体验，但是不读书，就不知道心里的收获究竟是什么。学习不是为了读书，然而不读书，又不知道心中所得的是什么。圣贤教化世人，只是要我们能诚意、正心、修身、齐家、治国、平天下。所谓学习，不过就是学这些罢了。

3.1.21 读书是讲学中一事。

[译文]

读书是研习学问的一部分。

---

[1] 此条亦见于《朱子语类》卷十一、本书"荟辑"部分4.2.1条。

3.1.22 又曰:"读书是格物一事。"〔1〕

[译文]

又说:"读书是探究事物道理中的一部分。"

3.1.23 本心陷溺之久,义理浸灌未透,且宜读书穷理。常不间断,则物欲之心自不能胜,而本心之义理自安且固矣。〔2〕

[译文]

本心浸溺在物欲之中的时间长了,而义理对本心的浸灌还没有透彻,那么就适宜用读书的方式来穷究义理。如果能这样长期坚持而不间断,物欲之心自然不能胜过义理之心,而本心的义理也自然能够安稳而且牢固了。

3.1.24 先生语黄义刚①曰:"读书穷理,便是为学。其他也无陶铸②处。"又曰:"只杜门读书〔3〕,便是所向,别也无所向。只是就书上子细玩味,考究义理便是。"〔4〕

[注释]

①黄义刚:字毅然,抚州临川人,黄义勇之弟。绍熙四年(1193)师事朱熹。《朱子语类》卷二十三多录其言论,两人曾讨论过浑仪的原理,也曾讨论东莱(吕祖谦)之学。②陶铸:原指用陶范铸造金属器物,引申为造就、培育。

〔1〕 此条亦见于《朱子语类》卷一百一十八。
〔2〕 此条亦见于《朱子语类》卷十一、本书"荟辑"部分4.2.5条。
〔3〕 《朱子语类》卷一百一十六此处脱"读书"二字。
〔4〕 此条亦见于《朱子语类》卷一百一十六。

[译文]

先生对黄义刚说:"通过读书穷究义理,就是做学问。除此之外,也没什么其他塑造道德的方法。"又说道:"只有闭门读书,是人努力的方向,其他也没什么方向。只要就书上写的仔细体会、穷究义理就是了。"

3.1.25 不读书,不穷理,则心无所用,遂生出病。[1]

[译文]

如果不读书,不穷究义理,那心就会没有作用,于是就会生出病来。

3.1.26 读书,理会一件又一件。书不可只就皮肤上看,天下无书不是合读底。若一个书不读,这里便阙此一书之理。去圣既远,天下无师,学者必因书记语言以知理义之精微。知之固道也,不然则为溺心志之大穽①矣。[2]

[注释]

①穽:同"阱",捕野兽的陷坑。

[译文]

读书,理解了一本后再接着看下一本。读书不能只在表面上看,天底下没有一本书是不适合读的。如果某本书没有读到,便缺少这本书蕴含的道理。离开圣人的年代已经太久远,天底下没有合适的师长,学者必须凭借书里记录的圣人语言来知晓义理的精微之处。明白了这个道理,自然就会明白圣贤之道是什么,不然就会落入溺人心志的陷阱当中。

---

[1] 此条亦见于《朱子语类》卷一百一十五。
[2] 据《朱子语类》提要,此条系被《朱子语类》编者所删去者。

3.1.27 先生答陈明仲①[1]书曰:"上古未有文字之时,学者固无书可读,而中人以上,固有不待读书而自得者。但自圣贤有作,则道之载于经者详矣,虽孔子之圣,不能离是以为学也。"

[注释]

①陈明仲:即陈旦,字明仲,福建建阳人,朱熹同榜进士。

[译文]

先生在答复陈明仲的书信中说:"上古时期还没有产生文字的时候,求学者当然无书可读,而普通资质以上的人中,固然会有用不着读书就能通晓道理的人。但是自从圣贤有著作之后,经书中记载的义理已经详备了,即使是孔子这样的圣人,也不能不读经书而治学。"

3.1.28 答吕子约①[2]书曰:"夫学者既学圣人,则当以圣人之教为主。今六经、《语》、《孟》、《中庸》、《大学》之书具在,彼以了悟为高者,既病其障碍,而以为不可读;此以记览为重者,又病其狭小,而以为不足观。如是则是圣人所以立言垂训者,徒足以误人,而不足以开人。孔子不贤于尧舜,而达摩贤于仲尼矣。无乃悖之甚耶?"

[注释]

①吕子约:即吕祖俭,字子约,浙江金华人,名儒吕祖谦之弟。

[译文]

先生在答复吕祖俭的书信中说:"学者既然学习圣人,那就应当以圣人的教诲为主。现在六经、《论语》、《孟子》、《中庸》、《大学》这些书都在,那些推崇悟性为主的人,既然认为这些书是障碍,所以也就不必去

---

[1] 即《答陈明仲·为长府与季氏》,见《朱文公文集》卷四十三。
[2] 即《答吕子约·前书所喻正容》,见《朱文公文集》卷四十七。

读；而那些认为记忆阅览更重要的人，又觉得这些书不全，所以也不值得研习。这样的说法就是认为圣人立言教化的这些书，只能是误人子弟，而根本不足以启发他们。进而认为孔子不如尧、舜有贤德，而祖师达摩也比仲尼更有贤能。这样的说法不是很荒谬吗？"

3.1.29 答刘定夫①书[1]曰："学者息却许多狂妄身心，除却许多闲杂说话，着实读书。初时尽且寻行数墨，久之自有见处。最怕人说学不在书，不务占毕②，不专口耳。下梢③说得张皇④，都无收拾，只是一场脱空⑤，真是可恶。"

[注释]

①刘定夫：即刘止，字定夫，南丰（今属江西）人，朱熹门人。又师从陆象山，与乡里人黄几先、彭明甫相讲学。②占毕：诵读，吟诵。③下梢：结果，结局。④张皇：夸大，显耀。⑤脱空：落空，没有着落，弄虚作假。

[译文]

先生在答复刘定夫的书信中说："求学之人要除却过多的狂妄想法，减少过多的闲言杂语，踏踏实实读书。刚开始只管在字里行间下功夫，时间久了自然有见地。最担心有人说求学不在书本，不要诵读，不必讲听，结果说得极尽夸张，不知收敛，到头来却只是弄虚作假，真是可恶。"

3.1.30 先生《记建阳藏书阁》[2]，有曰："古之圣人，作为六经以教后世。《易》以道幽明之故，《书》以纪政事之实，《诗》以导情性之正，《春秋》以示法戒之严，《礼》以正行，《乐》以和心。其于义理之精微，古今之得失，所以该贯发挥，究备穷极，可

---

[1] 即《答刘定夫·所喻为学之意》，见《朱文公文集》卷五十五。
[2] 即《建宁府建阳县学藏书记》，见《朱文公文集》卷七十八。

谓盛矣。而总其书不过数十卷，盖其简易精约又如此。自汉以来，儒者相与遵守而诵习之，转相授受，各有家法，然后训传之书始出。至于有国家者历年行事之迹，又皆各有史官之记，于是文字之传益广。若乃世之贤人君子，学经以探圣人之心，考史以验时事之变，以至见闻感触，有接于外而动乎中，则又或颇论著其说，以成一家之言，而简册所载，箧椟①所藏，始不胜其多矣。然学者不欲求道则已，诚欲求之，是岂可以舍此而不观也哉？而近世以来，乃有所谓科举之业者以夺其志，士子相从于学校庠塾②之间，无一日不读书，然问其所读，则举非向之所谓者。呜呼！读圣贤之言而不通于心，不有于身，犹不免于书肆，况其所读又非圣贤之书哉！以此道人，乃欲望其教化行而风俗美，其亦难矣！"

[注释]

①箧（qiè）椟：竹箱和木箱，泛指书箱。②庠（xiáng）塾：泛指地方学校。

[译文]

先生在《记建阳藏书阁》中说："古代的圣人，写成六经用以教化后世。《易经》用来说明幽深与显明的原因，《尚书》用来记录政治大事的历史事实，《诗经》用来引导世人情性归之于正，《春秋》用来警示法度惩戒的严正，《礼记》用来规范人的行为，《乐记》用来和悦人的内心。它们对于非常精微的义理，古今历史的得失，都能够融会贯通并加以发挥，探究详备而穷尽极致，真可谓非常盛大啊。而这些书全部加起来也不过数十卷，这足以说明它们是多么的精简。从汉代以来，儒者都严格遵守其中的道理并反复诵习，彼此之间相教传授，各有自家的解读之法，随后训释经传的书才开始出现。至于统治者历年来的事迹，又都有史官进行记载，于是文字的传播日益广泛。因此世上的贤士君子，学习经书来探究圣人用心，考察历史来验证时事变迁，以至于所见所闻、感受触发，与外物交接而有心有所动的，又著书立说，成为一家之言，于是竹简当中记载的，书箱当中收藏的，也就越来越多了。学者如果不想探求圣贤之道也就罢了，如果真心想要探求，又怎么能够舍弃它们而不看呢？但是近代以来，又有所谓科举功名之事影响读书人的心志，他们来到私塾学校当中，没有一天不认真读书，然而要问他读的东西，却又全都不是上面所说的。哎！读圣贤的书而不贯通于心上，不落实到身上，那就和书店没什么区别，何况读的又不是圣贤之书啊！用这种方式来引导读书人，而希望他们能够施行教化、美化风俗，真的很难啊！"

3.1.31　先生《记经史阁》[1]，有曰："古之学者无他，明德①新民②，求各止于至善而已。夫其所明之德、所止之善，岂有待于外求哉？识其在我而敬以存之，其亦可矣。其所以必曰读书云者，则以天地、阴阳、事物之理，修身、事亲、齐家及国以至于平治天下之道，与凡圣贤之言行，古今之得失，礼乐之名数，下而至于食货③、源流、兵刑之法制，亦莫非吾之度内有不可得而精粗者，若非考诸载籍之文，沉潜参伍④以求其故，则亦无以明夫明德体用之全，而止其至善精微之极也。然自圣学不传，世之为士者不知学之有本而惟书之读，则其所以求于书不越乎记诵训诂文词之间，以钓声名、干⑤利禄而已。是以天下之书愈多而理愈昧，学者之事愈勤而心愈放；词学愈丽，议论愈高，而其德业事功之实，愈无以逮乎古人。然非书之罪也，读者不知学之有本，而无以为之地也。使二三子者知夫为学之本有无待于外求者，而因以致其操存持守之力，使吾方寸之间清明纯一，真有以为读书之地，而后宏其规、密其度，循其先后本末之序，以大玩乎阁中之藏，则夫天下之理，必有以尽其纤悉而一以贯之。异时所以措诸事业者，亦将有本而无穷矣。"

―――――――

〔1〕　即《福州州学经史阁记》，见《朱文公文集》卷八十。

[注释]

①明德:"明",一为明白、清楚,二为懂得、了解,三为弘扬、彰现;"德",指品行、品质、道德。②新民:一为使民更新、教民向善;二为教育人民、开发民智。③食货:古代称国家财政经济。④参伍:比较,验证。⑤干:求取,得到。

[译文]

先生在《记经史阁》中说:"古代的学者读书没有其他目的,只是为了澄明自己的道德、更新民众的生活,追求彼此都达到至善的境界罢了。要澄明道德、要达到至善,难道依赖他人就能够实现吗?认识到要实现这个目标完全在于自己的努力并且以恭敬的心态去存养它,只有这样才行啊!之所以说一定要读书,那是因为从天地、阴阳、事物的道理,到修养自我、事奉亲人、治理家庭和国家以至于使天下太平的方法,以及圣贤的言行、古今的得失、礼乐的名称数目,再到国家财政、水利、军事刑法等制度,无一不在自身需要了解的范围之内,但其中有一些无法辨别是精细还是粗疏的内容,如果不到典籍文献里去考证辨析,沉心思考、比较验证以探求其中的缘故,那么就没办法明白澄明道德在本体和作用上的全面之处,也无法达到其最高之善的精微极限。然而自从圣贤学问不再在世上流传之后,世上的读书人便不再知道学问之道有其本源而只是读书,这样他们在书上探求的不外乎记忆诵读、解释字词,并以此来沽名钓誉、求得利禄而已。这就是为什么现在天底下的书越多而道理却越来越隐晦;学者读书越刻苦而心态却更加放纵;词章越华丽,论调越高深,而他们的道德学业、处事功绩的实际效果,却越来越赶不上古人了。但这并不是书本的罪过,而是读书人不知道求学有根本,不知道该在什么地方下功夫啊。如果使这些求学者明白求学的根本并不在于向外求取,而在于自己在操行存守方面所下的功夫,使自身的内心能保持清明纯粹,使之能真正成为读书的基础,而后再宏大心的规模、严密心的法度,并遵循先后本末的顺序,全面深入地体味书阁中的经典藏书,那么天下的道理,一定能够细致详尽地考究,继而融会贯通。将来应用于各种事业当中,也必将因为有坚实的根本而发挥无穷无尽的作用。"

3.1.32 先生作《论语训蒙》(后更名《集注》),序曰:"夫其训释①之详且明也,日讲焉则无不通矣;义理之精且约也,日诵焉则无不识矣。通者已知而时习,识者未解而勿忘,余之始学,亦若斯而已矣。呜呼!小子其懋敬②之哉!汲汲③焉而毋欲速也,循循④焉而毋欲惰也,毋牵于俗学而绝之以为迂且诞也,毋惑于异端而躐⑤之以为近且卑也。圣人之书,大中至正⑥之极而万世之标准也。古之学者,其始即以此为学,其卒非离此以为道,穷理尽性,修身齐家,虽以及人,内外一致,盖取诸此而无所不备,亦修吾身而已矣。舍是而他求,夫岂无可观者,然致远恐泥,昔者吾几陷焉。今裁自脱,故不愿汝曹之为之也。呜呼!小子其懋戒之哉!"

[注释]
①训释:对字句的注解、解释。②懋(mào)敬:勉励戒慎。懋,勉励、鼓励。③汲汲:形容努力的样子。④循循:形容徘徊不前的样子。⑤躐:践踏,踩。⑥大中至正:极为公正,不偏不倚。

[译文]
先生在《论语训蒙》(后来改名为《论语集注》)的序言中写道:"这本书的解释详细而且明白,如果每日能坚持研习就没什么不能通透的了;这本书的道理精湛而且简约,如果每日能坚持记诵也就没什么弄不明白的了。已经通透知晓了的要时时加以温习,已经明白但不理解的一定不能忘记,我刚开始学习的时候,也不过是这样做的。哎,你们这些年轻人一定要勉励戒慎啊!好好努力而不要急于求成,慢慢前进而不要贪溺惰习,不要受世俗之学的影响认为它迂腐荒诞而甩手放弃,也不要受歪理邪说的迷惑认为其浅薄低下而肆意践踏。圣贤的书,是公正的极致,千秋万代的标准。古代的学者,从一开始就把这个作为学习的内容,到完成学业

也不脱离其中的大道，穷究事物之理，通达自我本性，保持自我身心，整饬家庭事务，即使用它来对待他人，也内里外在德行一致，都是来自于此而无所不备，也不过是修行自己的身心罢了。舍弃这个而在其他方面探求，虽不能说其中没有可观的，但担心求之于远而深陷其中，过去我就差一点陷溺其中。现在我终于解脱出来，所以也不愿你们重蹈覆辙。哎，年轻人一定要勉励戒慎啊！"

3.1.33 先生答刘仲则①书[1]曰："舍去书册，不复以讲学问辨为事，则恐所以持身接物之际，未有皆能识其原而中于几会②，此子路③'何必读书'之论所以见恶于圣人也。"

[注释]

①刘仲则：即刘榘，字仲则，兴华军莆田（今属福建）人。淳熙八年（1181）黄由榜进士及第。嘉定元年（1208）十一月除著作郎，二年（1209）正月为左司谏。八年（1215）七月，以权工部尚书兼同修国史。②几会：指对细微之处有所理解。几，细微；会，通会。③子路：仲由（前542—前480），字子路，又字季路，鲁国卞人（今山东省泗水县泉林镇卞桥人），孔子弟子。子路以政事见称，为人直而好勇力，跟随孔子周游列国，是孔门十哲之一。

[译文]

先生在答复刘仲则的信中说："如果抛开书本，不再把讲读、力学、审问、明辨当一回事，恐怕在修持自身待人接物的时候，就不能认清事理的本来而切中于其细微之处了。这就是子路说'何必读书'的言论而被孔子讨厌的原因啊。"

---

[1] 即《答刘仲则·示喻学问之道》，见《朱文公文集》卷五十四。

3.1.34 答包详道①书[1]曰:"今谓'圣门之学全然不须讲学,才读书穷理,便为障蔽',则无是理。颜子一问为邦,夫子便告以四代之礼乐。若平时都不讲学,如何晓得?《礼记》有《曾子问》一篇,于礼文②之变纤悉曲尽,岂是块然③都不讲学耶?东坡④作《莲华漏铭》,讥卫朴⑤以己之无目而欲废天下之视,来谕⑥无乃类此乎?"

[注释]

①包详道:即包约,字详道,建昌军南城(今属江西)人,陆象山弟子,包扬、包逊的兄长。②礼文:指礼乐仪制。③块然:独处,安然。④东坡:即苏轼(1037—1101),字子瞻,又字和仲,号铁冠道人、东坡居士,世称"苏东坡""苏仙"。眉州眉山(今属四川省眉山市)人,北宋文学家、书法家、画家。⑤卫朴:北宋天文学家、数学家,安微淮南人。自小酷爱天文和数学,却由于家境贫寒只得白天劳作夜晚读书。久而久之视力损伤厉害,三十多岁便双目失明,从此以占卜为生。⑥来谕:对别人来信的敬称。

[译文]

先生在答复包详道的书信中说:"现在说'圣人的学问都不用讲诵研习,只要是读书穷究义理,便成为障碍',这话完全没有道理。颜回请教如何治理国家,孔子便告诉他要恢复四代的礼乐制度。如果平时对这方面不加以研习,又怎么会明白这是指什么呢?《礼记》中有《曾子问》一篇,对于礼乐仪制的变化讲解得非常详尽,怎么能安心独处而不去研习呢?苏东坡先生写《莲华漏铭》,文中讥讽卫朴自己看不见,而想让天下人都不要去看,你来信中所说的难道不正是同他一样吗?"

3.1.35 答项平父①书曰:"圣贤教人,虽以恭敬持守为先,而

---

〔1〕即《答包详道·示喻曲折皆见》,见《朱文公文集》卷五十四。

于其中又必使之即事即物，考古验今，体会推寻，内外参合。盖必如此，然后见得此心之真、此理之正。而于世间万事，一切言语，无不洞然，了其白黑也。[1]

[注释]

①项平父：即项安世（1129—1208），字平父，一作平甫，号平庵，其先括苍（今浙江丽水）人，后家江陵（今属湖北）。时朱熹任浙东提举，相与讲义理之学，经朱熹推荐为谏官。

[译文]

先生在答复项平父的书信中写道："圣贤教化世人，虽然应该把以恭敬的态度保持操守放在首位，但在这其中又强调让人能贴近身边的事物，去考察于古验证于今，仔细体会又推理寻求，内外参考而彼此相合。大概只有这样，才能明白这个心的真诚、这个理的正确。而对于世间万事万物、一切言语都无不洞察入微，了解它的是非黑白。"

3.1.36 答颜子坚①书曰："辱书②备见雅志，然所谓'古人学问不在简编，必有所谓统之宗、会之元'者。则仆③之愚，于此有未喻也。圣人教人博文、约礼④、学问、思辨而力行之，自洒扫应对、章句诵说，以至于精义入神、酬酢万变，其序不可诬也。若曰'学以躬行心得为贵，而不在于简编'则可；若曰'不在简编，而惟统宗、会元之求'，则是妄意躐等，以陷于邪说陂行之流，而非圣贤所传之正矣。"[2]

[注释]

①颜子坚：建昌（今江西南城）人。陆九渊《与詹子南》（廖倅处送

---

[1] 即《答项平父·录寄启书尤以》，见《朱文公文集》卷五十四。
[2] 即《答颜子坚·包显道在此》，见《朱文公文集》卷五十五。

至四月二十四书）称："颜子坚既以去发胡服，非吾人也。此人质性本亦虚妄，故卒于此。"（《陆九渊集》卷一○）可知其尝从学于陆象山，后出家为僧。②辱书：副词，相当于古代的套话"屈尊"，承蒙您屈尊写信给我的意思。③仆：第一人称的谦称，我。④博文、约礼：知识深广谓之"博文"，遵守礼仪谓之"约礼"。"博文约礼"为孔子之主要教育规训，其言载于《论语·雍也》："子曰：'君子博学于文，约之以礼，亦可以弗畔矣夫。'"

[译文]

　　先生在答复颜子坚的书信中说："从阁下的来信中可以看出你的高雅志趣，但对于你所说的'古人学问不在书本上，而必定有所谓如同嫡宗统领旁支、血脉汇于元首的关键'。鄙人愚昧，对此不能理解。圣人教化世人要广博知识、遵守礼仪、求学问道、慎思明辨并身体力行、努力实践，从洒水扫地、酬对宾客到剖章析句、诵读解说，以至于精研事理入其神妙，交际应酬处理变化，其中的顺序不可否认。如果说'学习最重要的是亲身践行、用心领悟，而并不在于书本上'还可以，如果说'不在书本，而只在于探求嫡宗统领旁支、血脉汇于元首的关键'，那就是虚妄揣测，逾越次第，就会陷入歪理邪说之流，并不是圣贤传承下来的正道啊。"

3.2 循序渐进

序有二：一是群书先后缓急之序，一是每书诵读考索①之序。群书先后缓急，失其序则迂回艰苦，而不切于其身；每书诵读考索，失其序则匆遽②急迫，而无得于其心。皆非读书之法也。序有两样，不可只作一般看。然朱子本意，则主在于每书诵读考索之序。此最为透过致知一关之妙法。朱子所自得处专在此，所以甲寅奏疏，拳拳于"循序致精"之一言，正此之所谓序也，读者详之。

[注释]

①考索：探索研求。②匆遽：匆忙急促。

[译文]

书的次序分为两种：一种是多种书之间的先后缓急次序，另一种是一本书的记诵钻研次序。多种书是有先后缓急的次序的，如果乱了次序，就会来回反复、备加艰辛，但于自身却不能切合；一本书也是有诵读钻研次序的，如果乱了次序，就会仓促匆忙、备加紧迫，但在内心没有所得。这两者都不是读书的方法。读书的次序有两样，不能把它们只当做一个来看。但朱熹先生的本意，则是侧重于读一本书时的记诵钻研次序，这是突破增长知识这一关的绝妙办法。朱熹先生最有心得的地方也在这里，所以他在光宗五年（1194）面圣时所上的奏疏中，反复强调的就是"按照次序逐步提升，以达到精湛境界"这一句话，这也正是读一本书时的次序，诸位读者请详加体会。

◆ 辅广初编部分

3.2.1 群书先后缓急之序。或曰:"程子①之先《大学》而后《论》《孟》,且又不及乎《中庸》,何也?"先生曰:"《大学》,垂世立教之大典,通为天下后世而言者也。《论》《孟》,应机接物之微言,或因一时一事而发者也。是以《大学》之规模虽大,然其首尾该备而纲领可寻,节目分明而工夫有序,无非切于学者之日用。《论》《孟》之为人虽切,然而问者非一人,记者非一端,或前后浅深之无序,或抑扬进退之不齐,其间盖有非初学日用之所及者。此程子所以先《大学》而后《论》《孟》,盖以其难易缓急言之,而非以圣人之言为有优劣也。至于《中庸》,则又圣门传授极致之言,尤非后学之所易得而闻者,故程子之书未遽及之,岂不又以为《论》《孟》既通,然后可以及此乎?盖不先乎《大学》,无以提挈纲领而尽《论》《孟》之精微;不参之《论》《孟》,无以融贯会通而极《中庸》之归趣;然不会其极于《中庸》,则又何以建立大本、经纶②大经③,而读天下之书、论天下之事哉?以是观之,则务讲学者,固不可不急于四书;而读四书者,又不可不先于《大学》,亦已明矣。今之教者,乃或弃此不务,而反以他说先焉,其不溺于虚空,流于功利,而得罪于圣门者,几希矣!"[1]

[注释]

①程子:即程颐。参看2.6.1条注释。②经纶:原指整理丝缕,理出丝绪和编丝成绳,后引申为筹划治理国家大事。③大经:常道、常规。语出《左传·昭公十五年》:"礼,王之大经也。"

---

[1] 此段亦见于《大学或问》卷一。

[译文]

　　博览群书先后缓急的顺序。有人问:"程颐先生提出攻读经典要先读《大学》,然后读《论语》与《孟子》,但并没有提到《中庸》,这是为什么?"先生回答说:"《大学》,是垂范后世、确立教化的根本经典,是对天下后世所有人的通论性文字。《论语》与《孟子》,是随机应变、待人接物的具体言语,或者因为一时某事阐释抒发。所以《大学》的规模虽然宏大,但首尾兼备而且纲领清晰可寻,条目分明而且在指导人下功夫修习时井然有序,归根结底无非切合于学者的日常生活。《论语》和《孟子》虽然也与人事相切,但提问的不止一人,所载事项也不止一面,或者前后、深浅没有一定次序,或者贬低赞扬、推崇排斥没有统一的说法,其中有与初学之人日常生活关系不大的内容。这是程颐先生之所以强调读书要先读《大学》而后再读《论语》与《孟子》的原因,这基本上是从书的难易、缓急来说的,并非是说圣人的言论有高低优劣之分。至于《中庸》,则是圣人之门传道授业的极致言论,更不是学者能够轻易理解的,所以程颐先生没有急于提及,难道不是在指读通了《论语》《孟子》之后,才能去读它吗?如果不先读《大学》,便不能提纲挈领地去体会《论语》《孟子》中的精微奥妙;如果不参研《论语》《孟子》,便不能融会贯通而体悟《中庸》的归旨宗趣;然而如果不能汇通它们而达到《中庸》的极高境界,又怎么能确立根本,筹备常道,进而畅读天下书,谈论天下事呢?由此观之,致力于做学问,固然不可不先读这四部书;而要读这四部书,又不能不先读《大学》,这道理非常清楚明白。如今的教育,居然舍弃这个不做,反而去强调其他说法,这样做而能不沉溺于虚空、流弊于功利,进而不得罪于圣人之门,那几乎没有啊!"

3.2.2 先生跋临漳四经四书[1]①(《易》《书》《诗》《春秋》《大学》《论语》《孟子》《中庸》),有曰:"圣人作经以诏后世,将

---

〔1〕 即《书临漳所刊四子后》,见《朱文公文集》卷八十二。

使读者诵其文、思其义，有以知事理之当然，见道义之全体，而身体力行之，以入圣贤之域也。其言虽约，而天下之故，幽明巨细，靡不该焉。欲求道以入德者，舍是无所用其心矣。然去圣既远，讲诵失传，自其象数②、名物③、训诂④、凡例⑤之间，老师宿儒，尚有不能知者，况于初学小生，骤而语之，是亦安能遽有以得其大指要归也哉？故河南程夫子⑥之教人，必先使之用力于《大学》《论语》《中庸》《孟子》之书，然后及乎六经。盖其难易远近大小之序，固如此而不可乱也。故今刻四古经而遂及乎四书者，以先后之文悉著。凡程子之言及于此者，附于其后，以见读之之法，学者得以观览焉。抑尝妄谓《中庸》虽七篇之所自出，然读者不先于《孟子》而遽及之，则亦非所以为入道之渐也，因窃并记于此云。"

[注释]

①临漳四经四书：宋光宗绍熙元年（1190），朱熹六十一岁出任福建漳州知州时，先后刊刻了"四经"与"四书"两套书，因此称"临漳四经四书"。②象数：易学术语，《周易》的组成要素。在《周易》中"象"指卦象、爻象，即卦爻所象之事物及其时位关系；"数"指阴阳数、爻数，是占筮求卦的基础。③名物：事物的名称、特征等。④训诂：解释古书中词句的意义。⑤凡例：书首说明著书内容、主旨与编辑体例的文字。⑥河南程夫子：指程颐，参见2.6.1条注释。

[译文]

先生为临漳所刊刻四经与四书（即《易经》《尚书》《诗经》《春秋》与《大学》《论语》《孟子》《中庸》）的题跋中，有这样的说法："圣人创作典籍用来昭明后世，为的是让读书人诵读他们的文章，思考他们的用意，借此明白道理的正当规则，掌握圣贤之道的整体风貌，然后切身体验、努力笃行，以此达到圣贤的境界。圣人的言语虽然简约，然而天下的道理，无论幽暗昏明、巨大细微，无不包括啊。要想求得途径以修养德行，舍弃圣人之书也就无地方用其心思了。但是今天圣贤已经远去，对经典的讲诵也失传很久，对于经典中的象数、名物、训诂、凡例等，即便是博学多识的先生也有不知道的，更何况那些刚刚开始求学的年轻人？马上给他们讲这些，他们又怎么能了解其中的宗旨和归趣呢？所以河南的程颐先生教育人，必然是先让他在《大学》《论语》《孟子》《中庸》上下功夫，然后再进一步学习六经。因为这些书的难易程度以及与日常生活的距离远近、作用大小都有次序，只能如此而不可混乱。因此今天刊刻四经并及四书，是为了让读书的先后次序显明，又把程颐先生言论中谈及这些的附录在书后，来体现他的读书方法，学者可据此读书。我自己也曾妄言《中庸》一书是《孟子》七篇的源头，但读者若不先读《孟子》而急于去看它，那也并非是进入道德的渐进次序，所以也将它一并记录在这里。"

3.2.3 《大学》是为学纲目。先通《大学》，立定纲领，其他经书，杂放在里。[1]

[译文]

《大学》是做学问的纲领和目录。先读通《大学》，掌握了这个纲领和目录，那其他经书的内容，也就自然地体现在其中了。

3.2.4 今人读书，且从易解处去。读如《大学》《中庸》《论》《孟》四书，道理粲然，人只是不去看。若理会得此四书，何书不可读，何理不可究，何事不可处也？

[译文]

今天的人读书，应该从容易理解的地方开始。比如读《大学》《中庸》《论语》《孟子》这四部书，其中的道理都写得明白晓畅，但人却不

---

[1] 此条亦见于《大学或问》卷十四。

去看。如果能理解领会这四部书，又有什么书不能读，什么道理穷究不了，什么事情不能处理呢？

3.2.5 看文字，且要看其平易正当处。孔子教人，句句是朴实头①。

[注释]

①头：句末语气助词。朱熹等南宋大儒多用之以加强语气。

[译文]

看文字，要先看那些浅显易懂、道理正当的地方。孔子教育人，每一句话都是朴实的。

3.2.6 张元德①问《春秋》《周礼》疑难。先生曰："此等皆无证佐，强说不得。若穿凿出来，便侮圣言。不如且研穷义理，义理明则皆可通矣。"因曰："看文字且先看明白易晓者。此语是某②发出来，诸公可记取。"

[注释]

①张元德：即张洽（1160—1237），字元德，号主一，朱熹弟子。江西清江人。南宋嘉定元年（1208）进士，南宋著名理学家。尤以专治《春秋》而名噪一时。②某：自称之词，指代"我"或本名，旧时谦虚的用法。

[译文]

张元德向先生请教《春秋》《周礼》疑难之处。先生说："这些都没法佐证，牵强解说是不行的。如果穿凿附会地解说出来，便是侮辱圣贤言论。不如先去深入穷究书中义理，义理明白则一切都可以通达明白了。"因此说："看文字，要先看清楚明白、容易理解的地方。这话是我提出来的，诸位可以记下来并借鉴之。"

3.2.7 人自有合读底书，如《大学》《语》《孟》《中庸》，读此便知人不可不学底道理与为学之次第。然后更看《诗》《书》《礼》《乐》。某才见人说看《易》，便知他错了，未尝知为学之序。《易》自别是个道理，不是教人底书。故《记》中只说先王"崇四术①，顺《诗》《书》《礼》《乐》以造士"，不说《易》也。《论语》中亦不说，《左传》《国语》方说，然亦是卜筮②耳。盖《易》本为卜筮作。熹尝语学者，欲看《易》时，且将孔子所作《十翼》③分明易晓者看。如《文言》④中"元者，善之长"之类，如《中孚》⑤"九二，鸣鹤在阴，其子和之"，亦不必理会鹤如何在阴？其子又如何和，且将《系辞》⑥中所说言行处看。此虽是浅，然却不差了。盖为学，只要理会自己胸中事耳。熹尝谓上古之书莫尊于《易》，中古后书莫大于《春秋》，此两书皆未易看。今人才理会，便入于凿。若要读此二书，且理会他大义。《易》则是个尊阳抑阴，进君子退小人，明消息盈虚之道。《春秋》则是个尊王贱霸，内中国外夷狄，明君臣上下之分。[1]

[注释]

①四术：即《诗》《书》《礼》《乐》。"术"即经术，就是经学。《礼记》原文为"乐正崇四术"，此处为"先王崇四术"。②卜筮：古时预测吉凶，用龟甲称卜，用蓍草称筮，合称"卜筮"。③《十翼》：旧传为孔子所作，是对《易经》及其卦辞和爻辞的注释和解读的十篇文章，因其具有对《易经》的解释功能而如同《易经》的羽翼，故称《十翼》，也称《易传》。这十篇文章分别为《彖》（上、下）、《象》（上、下）、《系辞》（上、下）、《文言》、《说卦》、《序卦》、《杂卦》。④《文言》：《十翼》中的一篇，主要解释乾卦和坤卦。⑤《中孚》：《易经》中的《中孚》卦。⑥《系辞》：《十翼》中的两篇，主要通论《易经》的思想，并解释卦爻

[1] 此条亦见于《朱子语类》卷六十七。

辞的意义及卦象爻位。

[译文]

人人都有适合自己读的书，比如《大学》《论语》《孟子》《中庸》，读这些书便可知道人不能不学的道理以及学习的次序。然后，再来看《诗经》《尚书》《礼记》《乐记》。我一见有人说要看《易经》，便知道他错了，因为他并不知道学习的次序。《易经》自然有它的道理，但它不是教化人的书籍。所以《礼记》当中只说先王"推崇四部经学，按照《诗经》《尚书》《礼记》《乐记》来塑造人才"，并没有提到《易经》。《论语》里也没有说，《左传》《国语》方才说，但也不过是就卜筮而言。这是因为《易经》本身就是为卜筮而作。我曾经告诉求学者，想读《易经》，就先把孔子所作《十翼》中清楚明白、容易知晓的地方好好看一下。比如《文言》中的"元者，善之长"之类。再比如《中孚》卦九二爻的"鸣鹤在阴，其子和之"，并不需要先去明白鹤是怎样在阴，鹤子又怎么去和它，而是先要去看《系辞》中解说言行的地方。这样读书虽然粗浅，但却不会出现差错。因为做学问，只是要理会自己心中的事情罢了。我曾经说过，上古时期的书中没有比《易经》更尊贵的，中古时期的书中没有比《春秋》更尊贵的了，但这两本书都不太容易看。今天的人刚接触，便容易穿凿附会。如果读这两本书，就先要领会其中的大义。《易经》的大义是尊阳抑阴，进君子退小人，阐明事物满盈亏虚的道理。《春秋》的大义则是尊君王贬霸主，崇尚中原排斥夷狄，阐明君臣上下本分的义理。

3.2.8 学《礼》之意甚善，然此事头绪多，恐精力短，包罗不得。今且读《诗》，俟所编书成，读之未晚。书虽读了，亦更宜温习。如《大学》《语》《孟》《中庸》，则须循环不住温习，令其烂熟。《春秋》从前不敢容易令学者看，今恐不可断读正经，且读三传[①]。当看史，工夫未可，便穿凿说褒贬道理，久之却别商量，亦是一事也。(按《文集》,此条系《答潘子善②书》。)[1]

[注释]

①三传:指《左传》《公羊传》《穀梁传》三部解释《春秋》的著作。②潘子善:即潘时举,浙江临海人,朱熹门人。

[译文]

学习《礼记》的想法很好,但这件事(指编书一事)纷繁复杂,头绪太多,恐怕你的精力不够,无法兼顾。现在还是应该先读《诗经》,等正在编的书完成了,再读《礼记》也不晚。一本书读完了,还要时常温习。像《大学》《论语》《孟子》《中庸》这些书,都需要反复温习,使之能够烂熟于心。《春秋》这本书先前我从不敢轻易让人去读,现在也还是担心不可读经文,而只是先读《左传》《公羊传》《穀梁传》。权当是读史,功夫不到不可穿凿附会、议论其中的褒贬和道理。时间久了再来讨论,这也算是留给你的一项课业。(按《朱文公文集》,这一条是《答潘子善书》。)

3.2.9 先生书谓黄直卿①曰:"《春秋》难看,尤非病后所宜。且读他经《论》《孟》之属,如'不食马肝②,未为不知味也'。('食马肝',出《汉书·儒林传》。)名数制度之类,略知之便得,不必大段深泥③,以妨学问。

[注释]

①黄直卿:即黄榦(1152—1221),字直卿,号勉斋,宋福州闽县(福建福州)人,朱熹四大弟子之一。少年时从朱熹学,后成为朱熹女婿,并被朱熹视为道统继承人。著有《朱熹行状》《孝经本旨》《四书通释》等。②不食马肝:相传马肝有毒,食之能致人于死。比喻不应研讨的

---

[1] 此条亦见于《朱文公文集》卷六十,文字稍有出入。

事不去研讨。语出《汉书·儒林传·辕固传》:"上曰:食肉毋食马肝,未为不知味也。言学者毋言汤武受命,不为愚。"③深泥:过于拘泥。

[译文]

先生写信给黄榦说:"《春秋》很难读,尤其不适合生病了去看。姑且先读别的经典,比如《论语》和《孟子》之类。这就好比不吃马肝不算不知道肉的滋味(古人认为马肝有毒。相应典故出自《汉书·儒林传》)。至于名位、礼数、体制、度量等,稍微了解一下就可以了,不必过于拘泥深究,以免妨碍真正的学问。"

3.2.10 先生答梁文叔①书[1]曰:"略于制度之说,不知谓何。往往都是考得繁碎,非学者所先。或是从来剖判不得,如《论语》'道千乘之国'②,注家自是两说,此等如何强通?况又舍去所急义理而从事于此,纵得其说,亦何用乎?昨有问看史之法,某告之当且治经,求圣贤修己治人之要,然后可以求此。想见传闻又说不教人看史矣。"

[注释]

①梁文叔:即梁琛,字文叔,福建邵武人,朱熹门人。②道千乘(shèng)之国:语出《论语》:"道千乘之国,敬事而信,节用而爱人,使民以时。"意思是治理拥有千辆兵车的诸侯国,要恭敬对待工作,讲求诚信,节省用度,仁爱他人,在农闲时间役使老百姓。

[译文]

先生在答复梁文叔的信中说:"讨论制度简略的说法,不知说的是什么?此类考证往往过于繁琐零碎,不是求学者首先要做的,抑或从来都难以辨别,如《论语》中'道千乘之国',后人作注形成两种说法,这又如何强求贯通?更何况又舍弃所应先研习的义理而做这个,即使理解其中的

---

[1] 即《答梁文叔·澹台石刻已领》,见《朱文公文集》卷四十四。

说法，又有什么用呢？昨日有人来问读史的方法，我告诉他首先应当研习经书，探求圣贤修养自身对待他人的要领，然后才能读史。想来又有传闻说我不让人读史了。"

3.2.11 先生答赵佐卿①书[1]曰："大抵圣经惟《论》《孟》文词平易而切于日用，读之疑少而益多。若《易》《春秋》，则尤为隐奥而难知者，是以平日畏之而不敢轻读也。"

[注释]

①赵佐卿：即赵善佐（1134—1185），字左卿，一曰佐卿，南宋宗室，受学张栻、朱熹。

[译文]

先生在答复赵佐卿的书信中说："通常来说，圣人的经典中只有《论语》和《孟子》用词平实易懂，而且和日常生活相贴切，读起来疑惑很少而获益很多。但《易经》和《春秋》，则是经典中特别隐晦而且难懂的，所以平日里心有敬畏而不敢轻易去读。"

3.2.12 今人读书未多，义理未至融会，[2]便去看史[3]，考古今治乱，理会制度典章。譬如作陂塘①以溉田，须是陂塘中水已满，然后决之，则可以流注滋植田中禾稼。若是陂塘中水方有一勺之多，遽决之以灌田，则非徒无益于田，而一勺之水亦无矣。读书既多，融会胸中，尺度已分明，而不看史，考古今治乱，理会制度典章，则是陂塘之水已满矣，而不决以溉田也。[4]

---

[1] 即《答赵佐卿·所示易说足见玩意之》，见《朱文公文集》卷四十三。
[2] 据《朱子语类》卷十一，此处脱"处若"二字。
[3] 据《朱子语类》卷十一，此处脱"书"字。
[4] 此条亦见于《朱子语类》卷十一、本书"荟辑"部分4.2.132条。

[注释]

①陂（bēi）塘：池塘。

[译文]

今天的人读书还不多，义理还没能融会贯通，就要去读史书，考查古今的兴衰成败，研究各朝的典章制度。这就像挖个池塘来灌溉农田，必须等到池塘的水满了，然后挖堤放水，这样水才可以流进农田灌溉庄稼。如果池塘里的水只有一勺子那么多，就急于挖堤灌溉田地，那么非但对农田无益，就连那一勺子水也没有了。书读得多了，义理自然融会贯通心中，对事物判断的法度了然分明，这时如果不读史书，考察古今的兴衰成败，研究各朝的典章制度，就好比池塘里的水已经满了，却又不挖堤去灌溉农田啊。

3.2.13 看史先看《史记》及左氏①，却看《西汉》《东汉》②及《三国志》，次看《通鉴》③。

[注释]

①《左氏》：指《左传》。②《西汉》《东汉》：指《汉书》和《后汉书》。③《通鉴》：即《资治通鉴》，常简称《通鉴》，由北宋司马光主编的一部多卷本编年体史书，共294卷，历时19年完成。

[译文]

看史书要先《史记》和《左传》，再看《汉书》《后汉书》和《三国志》，之后再看《资治通鉴》。

3.2.14 《通鉴》却是连记去，一事只一处说，别无互见，散在编年。虽是大事，其初却小，后来渐渐做得大，故人初看时不曾着精神，只管看，后却记不得，不若先草草看正史一过。正史各有传可见，始末又有他传可互考，所以易记。每看一代正史记，却去看《通鉴》。

[译文]

《资治通鉴》按照年代顺序记事，一件史事只在一处讲，不会在其他地方相互参照，相关事件散在不同年份中。即使是大事件，刚萌芽时也不起眼，直到后来才逐渐发展壮大。所以人刚开始看的时候会不用心，只是粗略一过，等到看到后面时却已经记不得了。不如先粗略地把正史看一遍。正史中有传记可以看，整个事件的始末又有其他传记相互参照，所以更容易记住。每当看完一个朝代的正史记下了，再去看《资治通鉴》。

3.2.15 先生答陈福公①书[1]曰："伊洛②文字亦多，恐难遍览。只前此所禀《近思录》③，乃其要领。只此一书，尚恐理会未彻，不在多看也。"

[注释]

①陈福公：即陈俊卿。参看3.1.13条注释。②伊洛：北宋程颢、程颐的合称。二程为洛阳人，长期在洛阳讲学，后来程颐又居临伊川，二人讲学于伊河、洛水之间，因合称为"伊洛"。③《近思录》：该书是朱熹和吕祖谦为初学者把握北宋周敦颐、张载、程颢、程颐的思想理论而编辑的理学基础读本。

[译文]

先生在答复陈俊卿的书信中说："程颢、程颐两位先生的文字也很多，恐怕难以全部读完。此前我给你说的《近思录》，是两位先生文字中最重要的要害和纲领。但是就这一本书尚且担心不能理解透彻，并不在于读的书多啊。"

---

[1] 即《与陈丞相别纸》，见《朱文公文集》卷二十六。

◆ 张洪、齐熙所编部分

3.2.16 问:"初学当读何书?"曰:"六经、《论》、《孟》,皆圣贤遗书,皆当读。但初学须知缓急。《大学》《语》《孟》,是圣人为人切要处。惟《大学》一书,说古人为学大方①,玩味此书,却读《论语》。"[1]

[注释]
①大方:大道理,根本道理。

[译文]
有人问:"刚开始学习应该读什么书?"先生说:"六经、《论语》、《孟子》,都是圣贤留下来的经典,都应该研读。但刚开始学习必须知道轻重缓急的顺序。《大学》《论语》和《孟子》,是圣人讲的做人贴切紧要的地方,而其中只有《大学》这本书,讲的是古人做学问的根本方法,应该首先体会玩味这本书,然后再去读《论语》。"

3.2.17 学须以《大学》为先,次《论语》,次《孟子》,次《中庸》。《中庸》工夫密,规模大。[2]

[译文]
做学问必须先读《大学》,再读《论语》,然后读《孟子》,最后读《中庸》。《中庸》功夫周密、规模宏大。

3.2.18 《论》《孟》《中庸》,待《大学》通贯浃洽,无可得

---
[1] 此条亦见于《朱子语类》卷三十,文字稍有出入。
[2] 此条亦见于《朱子语类》卷十四。

看,后方看,乃佳。[1]

[译文]

　　《论语》《孟子》《中庸》,要等《大学》融会贯通,再也不需要看了,再去看它,效果才好。

3.2.19　先看《大学》,次《语》《孟》,次《中庸》。果然下工夫,句句字字,涵泳切己,看得透彻,一生受用不尽。[2]

[译文]

　　先看《大学》,再看《论语》和《孟子》,再读《中庸》。如果真的能下一番苦功,对其中的每一句话每一个字,都要反复体会切合自身,看得通透明白,那一生都会受用无穷。

3.2.20　人自有合读底书,如《大学》《语》《孟》《中庸》等书,岂可不读?读此四书,然后看《诗》《书》《礼》《乐》。上古之书,莫尊于《易》;中古后书,莫大于《春秋》。然此两书皆未易看。[3]

[译文]

　　每个人都有适合他读的书,像《大学》《论语》《孟子》《中庸》等经典,怎么能不读?读完这四本书,再去读《诗经》《尚书》《礼记》和《乐记》。上古时候的书中,地位最尊贵的是《易经》;中古以后的书中,地位最崇高的是《春秋》。然而这两本书都不容易看懂。

---

〔1〕此条亦见于《朱文公文集》卷五十二《答吴伯丰·读书甚善》。
〔2〕此条亦见于《朱子语类》卷十四。
〔3〕此条亦见于《朱子语类》卷六十七。《朱子语类》分两条。

3.2.21 先生问刚中①平时读何书。刚中说:"看《语》、《孟》、荀、杨、庄、老、王通②诸书。"先生云:"须看《语》《孟》。若荀、杨,乃误人之书;庄、老,乃坏人之书。"

[注释]

①刚中:即刘刚中(1165—1233),字德言,南宋福建建宁客坊龙溪村人。理学家,朱熹门人。②王通(584—617):字仲淹,道号文中子,河东郡龙门县通化镇(今山西万荣县通化镇)人,隋朝著名儒家、教育家、思想家。

[译文]

先生问刘刚中平时都读什么书。刚中说:"读《论语》《孟子》,以及荀子、扬雄、庄子、老子、王通等人写的书。"先生说:"一定要读《论语》《孟子》。至于荀子、扬雄写的,是误人子弟的书;至于庄子、老子写的,是坏人心志的书。"

3.2.22 问:"看书以何为先?"曰:"先读《大学》,可见古今为学首末次第。"

[译文]

有人问:"应该先读什么书?"先生说:"先读《大学》,可以从中看出古今做学问的先后顺序。"

3.2.23 又曰:"致知、格物,是穷此理;诚意、正心、修身,是体此理;齐家、治国、平天下是推此理。要做三节看。"[1]

──────────

[1] 此条亦见于《朱子语类》卷十五。

[译文]

又说:"致知、格物,是探究这个道理;诚意、正心、修身,是体验这个道理;齐家、治国、平天下,是推行这个道理。要将此当做三个阶段来看。"

3.2.24 《大学》,是圣门最初用工处。"格物",又是《大学》最初用工处。[1]"致知"一章,此是《大学》最初下手处,若理会得透彻,后面便容易。[2]

[译文]

《大学》是进入圣贤之门最初需要用功的地方。"格物",又是《大学》中最应先用功的地方。"致知"一章,是学习《大学》最应先下手的地方,如果理解透彻了,后面的也就容易了。

3.2.25 先读《大学》,可见古人为学首末次第。且就实处理会却好,不消得专去无形无影处理会。[3]

[译文]

先读《大学》,可以从中了解古人读书做学问的先后顺序。先就实在的地方去理解领会就好了,用不上专门去无形无影的地方理解领会。

3.2.26 读书之序,须是且着力去看《大学》,又着力去看《论语》,又着力去看《孟子》。看得三书了,这《中庸》半截都了不用问人,只略略恁①看过。不可掉了易底,却先去攻那难底。

---

〔1〕 此条亦见于《朱文公文集》卷五十八《答宋深之·大学是圣门》。
〔2〕 此条亦见于《朱子语类》卷十八。
〔3〕 此条亦见于《朱子语类》卷十四。

《中庸》多说无形影,如鬼神,如"天地参"②等类,说得高;说下学处少,说上达处多。若且理会文义,则可矣。[1]

[注释]

①恁:那么,那样,如此,这样。②天地参:与天地参,语出《中庸》:"唯天下至诚,为能尽其性。能尽其性则能尽人之性;能尽人之性,则能尽物之性;能尽物之性,则可以赞天地之化育;可以赞天地之化育,则可以与天地参矣。"意为尽性则可以与天地并列为三。

[译文]

读书的顺序,必须是花大力气去读《大学》,然后又花大力气读《论语》,再花大力气读《孟子》。看懂这三本书了,那么《中庸》的一半也都不用再去请教别人了,只需要简略地看一下就可以了。不要忽视了容易理解的地方,却先去攻克难以理解的地方。《中庸》很多地方都是说些没有形影的话,比如鬼神,比如"天地参"之类,说得非常高深玄妙。这本书说做学问具体操作的地方少,讲做学问理解通达的地方多。若暂且先理解领会文义,也就可以了。

3.2.27 《易》难看,不若且看《大学》《中庸》.《语》《孟》《诗》《书》,较好商量。

[译文]

《易经》很难看懂,不如暂且先看《大学》《中庸》《论语》《孟子》《诗经》《尚书》等,这些都比较好探讨。

3.2.28 《易》书自是难看,须经理世故,多识尽人情物理,方看得入。盖此书平淡所说之事,皆是见①今所未尝有者。学者须

---

[1] 此条亦见于《朱子语类》卷六十二。

先读《诗》《书》。他经有个见处，及曾经历事，方可以读《易》，得其无味之味。此初学者所以未可便看。如《论语》，所载皆是事亲、取友、居乡党，目下便用得者；所言皆对着学者，即今实事。《孟子》每章先言大旨了，又自下注脚。《大学》则前面三句总尽致知、格物而下一段纲目，"欲明明德"以下一段又总括了传中许多事。一如锁子骨②，才提起便总说得来，所以教学者且看此二三书。若《易传》，则卒乍③里面无提起处，盖其间义理阔多。[1]

[注释]

①见：即"现"。②锁子骨：指得道之人的骨节，对应肉体凡胎。③卒乍：卒，通"猝"，仓促、突然。

[译文]

《易经》本身就难读，必须是经历世事变故，多了解人情世故及事物道理了，才能读得进去。因为这本书平平淡淡所说的事情，都是现今所没有过的。求学者必须先读《诗经》《尚书》。等对其他经书有一定的见地了，加上有一定阅历了，才可以读《易经》，品出其中没味的味道。这就是初学者为什么不能随便读《易经》的原因。比如《论语》，当中记载的都是侍奉双亲、选择朋友、居住乡里等这些眼下用得着的事情，其中说的话都是针对求学者而言的，也是如今生活中实际的事情。《孟子》的每一章先说主旨大意，然后自己加上注脚进行解读。《大学》也是开头三句是"致知格物"一段大纲和条目，"欲明明德"以后的一段又总结概括了传文中的很多事情。好比是锁子骨，一提起来，便能整体上说出来，所以我教导求学者要先看这两三本书。《易传》的文句仓促，没有提纲挈领的地方，这是因为里面的义理太过于广阔繁杂。

---

[1] 此条亦见于《朱子语类》卷一百一十七。

3.2.29　《易传》先须读他书。理会得义理了,方有个入路,见其精密处。盖其所言义理极妙,初学者未曾使箸[1],不识其味,都无启发。如《遗书》①之类,人看着却有启发处。非是《易传》不好,是不合使未当看者看。须是已知义理者,得此便可磨礲入细。此书于学者,非是启发工夫,乃磨礲工夫。[2]

[**注释**]

①遗书:上古帝王遗留下的《三坟》《五典》《八索》《九丘》等经典书籍,是指中国最古老的书籍。

[**译文**]

看《易传》前先要读其他书。理解领会其中的道理了,才有个入门的路径,才能见识到《易传》的精密。这是因为《易传》所讲的道理非常玄妙,对初学者来说,就像没有筷子,就没法品尝其中的味道,也不会有所启发。像《三坟》《五典》《八索》《九丘》这类上古经典,虽年代久远,但初学者至少还有所启发。不是说《易传》不好,而是说它不适合于还未到恰当时候的人看。必须是先前已经了解义理的人,拿到这本书才能更好地磨砺所学。这本书对学者来说,不是用来启发思考,而是用来磨砺学问的。

3.2.30　先生与陈丞相①书曰:"《易》书难读。今之说者,多是不得圣人本来作经立言之意,而缘文生义,便说道理,故虽说得行,而揆②以人情,终无意味。顷尝极意研索,仅得一二,而所未晓者尚多。窃意莫若且读《诗》《书》《论》《孟》之属,言近指远,而切于学者日用工夫也。"[3]

---

[1]《朱子语类》卷六十七作"看"。

[2]此条亦见于《朱子语类》卷六十七。

[3]即《与陈丞相书·窃闻侍祠之诏》,见《朱文公文集》卷二十七。

[注释]

①丞相：即陈俊卿。参看3.1.13条注释。②揆：揣度，估量。

[译文]

先生在给陈俊卿丞相的书信中说："《易经》很难读。现在解读《易经》的人，大多都是没能理解圣人著书立言的本意，而望文生义、随意解说道理，因此虽然说得好，但用人之常情来考察，还是没什么意思。我曾经努力研习探索，也才得到少许收获，不明白的地方还有很多。我私下认为，读书不如先读《诗经》《尚书》《论语》《孟子》之类，这类书语言贴近意味深远，故而能切合学者日常修身处事的实际。"

3.2.31 先生答江德功①书曰："若要读书，且读《论》《孟》《诗》《书》之属。就平易明白有事迹可按据②处，看取道理体面，涵养德性。"[1]

[注释]

①江德功：即江默，字德功，福建崇安人，朱熹门人。②按据：依据。

[译文]

先生在答复江德功的书信中说："如果要读书，就读《论语》《孟子》《诗经》《尚书》之类。就这类书平易明白、有事实依据的地方，去仔细体会其中道理的整体和各个方面，用来涵养自己的道德品性。"

3.2.32 今人耳学①，都不将心究索。大抵诸经文字，有古今之殊，又有传注障碍，若非理明义精，卒②难决择。不如且读《大学》《论》《孟》《中庸》，平易明白而意自深远，只要人玩味寻

---

[1] 即《答江德功·所示经说孟子大意》，见《朱文公文集》卷四十四。

绎③，目下便可践履④也。[1]

[注释]

①耳学：仅靠听闻得到的学问。语出《文子·道德》："故上学以神听，中学以心听，下学以耳听。以耳听者学在皮肤，以心听者学在肌肉，以神听者学在骨髓。故听之不深，即知之不明。"②卒：终究，到底。③寻绎：抽引推求，反复探索。④践履：履行，实践，意即亲自实行、亲自去做。

[译文]

现在的人靠听闻做学问，大部分都不肯用心求索。大致而言，各类经书文字，既有古今的时代差别，又有传注造成的障碍，如果不是道理明白义理精微，终究还是难以抉择。不如先读《大学》《论语》《孟子》《中庸》这些书，道理平易明白而意义深远，只要人反复体会其中的意味而且努力探索，眼下就可以付诸实践。

3.2.33 答符复仲①书曰："《易》书明白而精深，易读而难晓。须兼《论》《孟》及《诗》《书》明白处读之，乃有味耳。"[2]

[注释]

①符复仲：即符初，字复仲，朱熹门人。

[译文]

先生在答复符初的书信中说："《易经》一书文字明白而道理精深，容易阅读却难以知晓。必须同时和《论语》《孟子》以及《诗经》《尚书》中清楚明白的地方结合起来读，才有味道。"

---

〔1〕 即《答陈□仲·所论诗序之疑》，见《朱文公文集》卷四十九。
〔2〕 即《答符□仲·且读易传甚佳》，见《朱文公文集》卷五十五。

3.2.34 答方宾王①书曰:"《易》之一书,最不易读。而今人喜言之,正所谓画鬼神者。殊不知只是瞒得不会底,于自己分上成得何事?而世人自有晓得者,亦不可得而欺也。"[1]

[注释]

①方宾王:即方谊,字宾王,浙江嘉兴人,朱熹门人。

[译文]

先生在答复方宾王的书信中写道:"《易经》这本书,最不容易读懂。但是现在的人都喜欢谈论它,这正是所谓不知鬼神而画鬼神啊。殊不知这样,只能瞒骗那些不懂的人,对自己而言又能成就什么?世人当中自有知晓《易经》者,这样做也欺骗不了他们啊。"

3.2.35 答陈明仲①书曰:"经书难读,而《易》书为尤难。盖未开卷时,已有一重象数②大概工夫。开卷之后,经文本意又多被先儒硬说杀了。今人看得意思局促,不见本来开物成务③活法。"[2]

[注释]

①陈明仲:即陈旦。参看3.1.27条注释。②象数:指卦象和数术,二者是学习占卜的基础。③开物成务:指使人通晓万物的道理,根据这样的道理去办事,就能把事情办好,取得成功。《周易·系辞上》:"夫《易》开物成务,冒天下之道,如斯而已者也。"

[译文]

先生在答复陈明仲的书信中说:"经书难读,而《易经》尤其难读。大概因为还没打开书时,就得先对卦象爻数下一番功夫。而打开书

---

[1] 即《答方宾王·熹前日看所寄》,见《朱文公文集》卷五十六。
[2] 即《答陈明仲·示喻读书遗忘》,见《朱文公文集》卷四十三。

之后，经文中本来的意思又多被先辈儒生牵强附会地解说坏了。所以今天的人读起来就觉得其中义理有限紧迫，看不出其通晓万物、成就事务的灵活处。"

3.2.36 读《礼记》，复读《仪礼》。《仪礼》是经，《礼记》是解。如《仪礼》有《冠礼》，《礼记》便有《冠义》；《仪礼》有《昏礼》，《礼记》便有《昏义》。其他皆然。[1]

[译文]

先读《礼记》，然后再读《仪礼》。《仪礼》是经书，《礼记》是对它的解读。比如《仪礼》中讲到了《冠礼》，《礼记》中就有《冠义》；《仪礼》中讲到了《婚礼》，《礼记》中便有《婚义》。其余也都是这样。

3.2.37 读书须是先以经为本，而后读史。[2]

[译文]

读书必须以经书为根本，然后再读史书。

3.2.38 先生答吕伯恭①书曰："示喻今学者兼看经史，甚善。此间学者少通敏②之资，只看得一经或《论》《孟》，已无余力矣。然恐亦当令多就经中留意为佳。盖史书闹热，经书冷淡，后生心志未定，少有不偏向外去者，亦当预防也。"[3]

---

[1] 此条亦见于《朱子语类》卷八十五。
[2] 此条亦见于《朱子语类》卷一百二十二。
[3] 即《答吕伯恭·便中两辱诲示》，见《朱文公文集》卷三十三。

[注释]

①吕伯恭：即吕祖谦（1137—1181），字伯恭，号东莱，世称"东莱先生"，为与伯祖吕本中相区别，亦有"小东莱先生"之称。婺州（今浙江金华）人，南宋著名理学家、文学家，创立"婺学"，在理学发展史上占有重要地位，与朱熹、张栻齐名，并称"东南三贤"。主张明理躬行、学以致用，反对空谈心性，开浙东学派之先声。著有《东莱集》《历代制度详说》《东莱博议》等，并与朱熹合著《近思录》。②通敏：通达聪敏。

[译文]

先生在答复吕伯恭的书信中写道："阁下教导当今的学者要同时阅读经书和史书，非常好。这里的学生少有通达聪敏的资质，只要看一部经书或者只读《论语》《孟子》，就已经没有多余的精力了。因而恐怕也得让他们多在经书中下功夫才好。大概因为史书热闹，经书却枯燥，年轻人的心志还没有安定下来，很少有不偏向于经书之外的，这一点也应当预防。"

3.2.39 又曰："为学之序，为己而后可以及人，通理然后可以制事。故程夫子①教人先读《论》《孟》，次及诸经，然后看史，其序不可乱。若恐其徒务空言，但当就《论》《孟》经书中，教以躬行之意，庶不相远。"[1]

[注释]

①程夫子：即程颐。参看2.6.1条注释。

[译文]

先生又说："做学问的顺序，是先修养自身而后推己及人，通晓道理而后权衡事务。所以程颐先生教导世人要先读《论语》《孟子》，接着阅读其他各类经书，然后再看史书，这个顺序不可紊乱。如果担心他们只是

---

[1] 此条亦见于《朱文公文集》卷三十五《答吕伯恭·熹昨见奇卿》。

空谈，那且就《论语》《孟子》等经书，把指导亲身实践旨意给他们，则不会偏离多远。"

3.2.40 《通鉴》难看，不如看《史记》《汉书》容易。《史记》《汉书》事多贯穿，《通鉴》是逐年事，逐年过了，更无踪迹。某旧读《通鉴》，且草看正史一上①，却来看他。〔1〕

[注释]

①一上：一番。

[译文]

《资治通鉴》难看，不像看《史记》《汉书》容易。《史记》《汉书》中的史事多数都能贯穿始终。《资治通鉴》是按年份逐年记事的，年份一过，便没有了史事的踪迹。我以前读《资治通鉴》，先是大致地把正史看一遍，再来看它。

3.2.41 答潘叔昌①书曰："看史但欲通知古今之变，又以观其所处理义之得失耳。读《通鉴》，且将全本熟看，却去看纲目，发明②却尽好议论也。"〔2〕

[注释]

①潘叔昌：即潘景愈，字叔昌，潘叔度之弟，浙江松阳人，吕祖谦门人。②发明：创新，创造发挥。

[译文]

先生在答复潘叔昌书信时写道："读史书只是要通晓古今的变化，又借此考察其处理事情在义理上的得失。读《资治通鉴》，先要将全书熟

---

〔1〕 此条亦见《朱子语类》卷十一、本书"荟辑"部分4.2.137条，此处删节较多。
〔2〕 即《答潘叔昌·示喻读史曲折》，见《朱文公文集》卷四十六。

读，再去看其他的纲目，至于创造发挥的地方也好同人探讨。"

3.2.42 先看《语》《孟》《中庸》，更看一经，却看史，方易看。先看《史记》，《史记》与《左传》相包。次看《左传》，次看《通鉴》，有余力则看全史。[1]

[译文]

要先看《论语》《孟子》《中庸》，再看一本经书，然后再读史，才容易看懂。读史要先看《史记》，《史记》与《左传》相互包涵。再看《左传》，再看《资治通鉴》，有余力再去看全部的史书。

3.2.43 人要会作文章，须读取一部西汉文①，与韩文、欧阳文、南丰文②。[2]

[注释]

①西汉文：朱熹认为文章须有雄健之美，故推崇战国、西汉时作品。②韩文、欧阳文、南丰文：即韩愈、欧阳修、曾巩的作品。南丰，曾巩的家乡，在江西南丰。此处以南丰代指曾巩。

[译文]

人想要学会写文章，须先读一本西汉时期的文集，以及韩愈、欧阳修和曾巩的文章。

3.2.44 先生答程允夫①书曰："三百篇，性情之本；《离骚》，词赋之宗。学诗而不知以此，是亦浅矣。后山②诗固佳，然前辈以为尽力，规模已少变化，其论甚当。然学者所急，亦不在此。学者

---

[1] 此条亦见于《朱子语类》卷十一、本书"荟辑"部分4.2.133条。
[2] 此条亦见于《朱子语类》卷一百三十九。

之要，求诸己而已。求诸己别无要妙，《语》《孟》二书精之熟之，求所以见圣贤用意处，被服③而力持之，可也。文字工拙，尚何足道？"〔1〕

[注释]

①程允夫：即程洵，字允夫，南宋婺源（今属江西省）人。朱熹门人，是程朱学派的重要学者。②后山：即陈师道（1053—1102），字履常，一字无己，号后山居士，北宋官员、诗人，彭城人。为苏门六君子之一，江西诗派重要作家。③被服：信奉。

[译文]

先生在答复程允夫的书信中说："《诗经》三百篇，是抒发性情的奠基之作；《离骚》，是写作词赋的万源之宗。学习诗歌而不知道这些，那就太肤浅了。后山的诗固然好，然而前辈只是认为他已用尽全力，规模已经少了变化，这个观点非常恰当。但是求学者的当务之急也不在这里，学者最紧要的，是反省自身而已。反省自身没别的要诀妙法，只是把《论语》《孟子》两本书读熟、精通，从中探求圣贤的真实用意，诚心事奉并且尽力实践，就可以了。至于文字的拙劣，又有什么可以称道的？"

3.2.45 又书曰："某闻之先师病翁①及诸丈人先生，皆谓作诗须从陶、柳②门庭中来，乃佳耳。盖不如是，不足以发萧散冲淡③之趣，不免于局促尘埃，无由到古人佳处也。如《选》④诗及韦苏州⑤诗，亦不可不熟观，近世诗人，如陈简斋⑥绝佳，张巨山⑦逾冲淡，但世不甚喜耳。更须熟观《语》《孟》，以探其本。（已上三段，非读书本务，亦圣门"游于艺"之意云耳。）

---

〔1〕 此条不见于《朱文公文集》。部分文字收入《宋名臣言行录》中。

[注释]

①病翁：即刘子翚（1101—1147），宋代理学家。字彦冲，一作彦仲，号屏山，又号病翁，学者称"屏山先生"。朱熹尝从其学。著有《屏山集》。②陶、柳：即陶渊明、柳宗元。③萧散冲淡：萧散，潇洒；冲淡，淡泊。④《选》：指《昭明文选》，编者为南朝梁萧统。⑤韦苏州：即韦应物（737—792），唐代诗人，曾任苏州刺史，所以称"韦苏州"。⑥陈简斋：即陈与义（1090—1138），字去非，号简斋，其先祖居京兆（今陕西西安），自曾祖陈希亮从眉州迁居洛阳，故为洛（今河南洛阳）人。北宋末、南宋初年的杰出诗人，同时也工于填词。著有《简斋集》。⑦张巨山：即张嵲（1096—1148），字巨山，襄阳（今湖北襄樊）人。徽宗宣和三年（1121）上舍中第，调唐州方城尉，改房州司法参军，辟利州路安抚司干办公事。

[译文]

先生又写道："我听说，已故的老师病翁先生以及诸位前辈老先生，都说作诗要从陶渊明、柳宗元的风格中出来，乃是上乘。如果不是这样，就不足以抒发潇洒淡泊的意趣，不免拘限于世间俗事，无法达到古人高明的境界。如《昭明文选》中收录的诗歌以及韦苏州的诗歌，也不可不熟读。近代诗人，如陈简斋的诗歌极其好，张巨山的诗歌过于平淡冲和，但世人不太喜欢。还需要熟读《论语》《孟子》，来探究它们的本源。"（以上三段，讲的并不仅是读书本身，也是在讲圣贤门内在礼、乐、射、御、书、数等六艺的范围内学习活动的意思。）

◆ 辅广初编部分

3.2.46 每书诵读考索之序。先生答滕德粹①兄弟书[1]曰："足下于其所欲去者既未能脱然于胸中，所欲就者又杂然并进，而

---

[1] 即《答滕德粹□·仆与足下虽幸获》，见《朱文公文集》卷四十九。

不无贪多欲速之意,是以虽知其然,而未免于茫然无得之叹耳。足下诚若有志,则愿暂置于彼而致精于此。取其一书,自首而尾,目之所玩不使过一二章,心念躬行,若不知复有他书者。如是终篇而后更受业焉,则渐涵②之久,心定理明,而将有以自得矣。《论语》之书,乃是圣门亲切之训,程氏之所以教,尤以为先,足下不以愚言为不信,则愿就此书始。"

[注释]

①滕德粹:即滕璘(1150—1229),字德粹,号溪斋,婺源(现属江西)人,南宋官吏。与弟琪受教于朱熹,入太学。著有《溪斋类稿》三十卷,已佚。②渐涵:浸润。

[译文]

诵读研习每本书的顺序。先生在答复滕璘兄弟的信中说:"阁下对于想要放下的还未能了然于胸,想要学的又杂乱无序,其中不无贪多求快的意向,所以虽然知道这个状况,但却不免要发出茫然无得的感叹。阁下如果真的有求学的心志,就应该暂且把那种想法搁置一旁而在读书这一方面力求精湛。拿起其中一书,从头到尾认真阅读,每日研习内容不得超过一二章,心思所念,身体力行,就像不知道还有其他书一样。如果能这样读完一本书,再跟随先生系统学习,则逐渐浸润的时间久了,内心安定,义理分明,必将有所收获。《论语》这本书,是圣人门内亲切教人的经典,二程先生用来教人的,更把这本书放到第一位。阁下如果不认为我所言不可信的话,就请从此书开始吧。

3.2.47 先生答吴伯丰①书[1]曰:"且如看《大学》,如都不知有他书相似,逐字逐句,一一推穷;逐章反复,通看本章血脉;全篇反复,通看一篇次第。终而复始,令其通贯浃洽,颠倒烂熟,无可看

---

〔1〕 即《答吴伯丰·读书甚善》,见《朱文公文集》卷五十二。

得，方可别看一书。今方看得一句《大学》，便已说向《中庸》上去，如此支离蔓衍，彼此迷暗，互相连累，非惟不晓《大学》，亦无功力别可看《中庸》矣。"又曰："《论》《孟》《中庸》，尽待《大学》通贯浃洽，无可得看后方看，乃佳。若奔程趁限，一向趱着了，则虽看，犹不看也。近方觉此病痛不是小事。元来道学不明，不是上面欠却工夫，乃是下面元无根脚。若信得，及早脚踏实地如此做去，良心自然不放，践履自然纯熟，非但读书一事也。"

[注释]

①吴伯丰：即吴必大（tài）（1146—1197），大，由"太"字避讳改，江西兴国人，早年师从张栻、吕祖谦，后师从朱熹。深受朱子嘱望，可惜盛年因病而卒。

[译文]

先生在答复吴必大的信中说："好比看《大学》，就像不知道有其他相似的书，一字一句挨个去推研穷究；章章不断反复，上下通看本章意思脉络；全篇不断反复，通看全篇前后顺序。读完了再看时，力求对文章融会贯通和谐融洽，颠来倒去烂熟于心，看得再也没有任何疑虑，才可看另一本书。现在你才看了一句《大学》，就开始联系《中庸》去解说，像这样支离破碎随意延伸，彼此之间模糊隐晦，相互连累，非但不能明白《大学》，也没有精力再去看《中庸》。"又写道："《论语》《孟子》《中庸》这三本书，一定要等到把《大学》读得融会贯通和谐融洽，没什么疑虑之后再去看，才好。如果奔日程、赶时限，逼迫得太紧了，就是看了也和没看一样。近来方才体察到这个读书的毛病不是小事情，原来对儒学不明白，并不是在理解领悟上没下功夫，而是在文献阅读上没有基础。如果信得过我的话，尽早脚踏实地地按照这个方法去做，这样心态自然不会散逸，践行也自然熟练，并非只有读书一件事才这样。"

3.2.48 政如农功,如农之有畔①,为学亦然。[1]

[注释]

①政如农功,如农之有畔:语出《左传·襄公二十五年》:"子产曰:'政如农功,日夜思之,思其始而成其终。朝夕而行之,行无越思,如农之有畔。其过鲜矣。'"畔,界限,引申为法度。

[译文]

为政就像务农,就像农田都有地畔一样。治学也是如此。

3.2.49 理会经,不可躐等,不可草率,徒费心力。须依次序理会,得一经通熟,他书亦易看。

[译文]

理解领会经籍不能打乱次序,不能马虎随便,白白浪费心思力气。要依照顺序理解领会,将一本典籍理解通彻,这样再看其他书就容易了。

3.2.50 凡读一件,便要精这一件。一件看得精,其他书亦易看。尝爱山谷①《与李几仲②帖》,说读书法甚好,云:"大率学者喜博而尝病不精,泛滥诸书,不若精熟于一也。有余力,然后及诸书,则涉猎诸篇亦得其精。盖以我观书,则处处得益;以书博我,则释卷而茫然。"

[注释]

①山谷:即黄庭坚(1045—1105),字鲁直,号山谷道人,晚号涪翁,洪州分宁(今江西省九江市修水县)人,北宋著名文学家、书法家,江西诗派开山之祖,与杜甫、陈师道、陈与义素有"一祖三宗"(黄庭坚为

---

[1] 此条亦见于《朱子语类》卷十、本书"荟辑"部分4.1.93条。

其中一宗）之称。与张耒、晁补之、秦观游学苏轼门下，合称为"苏门四学士"，生前与苏轼齐名，世称"苏黄"。②李几仲：即李方，字几仲，黄庭坚同时期人。

[译文]

  凡是读一本书，就要精通这本书。只要一本书读得精通，其他的书也就容易阅读。我曾经特别喜欢黄庭坚的《与李几仲帖》，里面提到的读书法非常好，他说："现在的求学者喜欢博览群书，但问题却在不能精深，所以泛泛地读各种书，不如精心地熟读一本书。如果还有多余精力，再去读其他书，这样涉猎到的各个篇章也能精通。所以以我为主体去读书，处处均能受益；以书为主体来对我，则放下书卷，仍然茫然无知。"

3.2.51 读书，须是一件一件读，理会了一件，方可换一件。理会得通彻是当了，则终此生更不用再理会后面，只须把出来温寻涵泳便了。若不与逐件理会，则虽读到老，依旧生。正如吃饭，不成一日都要吃得尽？须与分做三顿吃。只怎地顿顿吃去，知一生吃了多少饭？读书亦如此。[1]

[译文]

  读书，必须是一本一本地读，理解领会一本，才能读另外一本。理解领会地透彻恰当了，则终此一生不必再去理解领会别的，只需要把前面学好的拿出来温习体会即可。如果不是每本书都理解领会，纵然读到老，仍然还是生疏的。这好比吃饭，难道可以把一天的饭一下都吃完？需要分成三顿吃。就这样顿顿吃下去，谁知道一生会吃下多少饭？读书也是这样。

3.2.52 读书须纯一，如看一般未了，又要涉猎一般，都不济事。某向时读书，方其读上句，则不知有下句；方其读上章，则不

---

[1] 此条亦见于《朱子语类》卷一百一十八。

知有下章。一日之间,只读一二章。凡读书,到冷淡无味处,尤当着力精考。[1]

[译文]

　　读书必须专注如一,如果一件事没做完,又要做另一件事,那两件事都做不成。我以前读书,在读上一句的时候,就不知道有下一句;在读上一章的时候,就不知道有下一章。一天也只读一两章。凡是读书,一旦读到平淡无味的地方,尤其要努力精心考察。

3.2.53　文字且子细逐件理会,得看多,自有个见处[2]。一之①曰:"易简[3]且要知尽许多疑了,方可下手做去。"先生曰:"若要知了,如何便知得了?不如且听[4],知得一件做一件,知得两件做两件,贪多不得。今之学者,大抵有贪多之病。如此用工夫,恐怕枉费了时日。熹谓少看者功却多,泛然多看,全然无益。熹深知此病,初来只是一个小没理会,少间却成一个大没理会去。"[5]

[注释]

　　①一之:即林易简,字一之,漳州贡士,朱子门人。朱熹在漳州任地方长官时,聘请他到漳州府学宫任职。

[译文]

　　文字要仔细地一点一点地理解领会,看得多了,自然会形成自己的观点。林易简先生说:"我要把知道的所有疑点都先解决掉,然后再放

---

[1]　此条亦见于《朱子语类》卷一百零四。
[2]　《朱子语类》卷九十五作"待看得多,是自有个见处"。
[3]　"一之曰易简",《朱子语类》卷九十五作"林曰:某"。
[4]　《朱子语类》卷九十五作"不如且就知得处逐旋做去"。
[5]　此条亦见于《朱子语类》卷九十五,文字稍有出入。

手去做。"先生说:"要把知道的都弄清楚,怎样才能完全弄清楚?不如听其自然,弄清楚一点就先做一点,弄清楚两点就先做两点,不可贪多。当今的学者,大多都有贪多的毛病。这样下功夫,会白白浪费很多时间。我曾说看书少反倒收获多,泛滥多看,根本无益。我太了解这个毛病了,最初只是一个小的不理解领会,但过不了多久就会成为大的不理解领会。"

3.2.54 又曰:"文字不可泛看,须逐句逐段理会。理会[1]此一段未透,又去看别段,皆成鹘突①去,如何会做彻[2]?如何会通贯?今有看文字一览而尽者,亦恐只是无究竟。"[3]

[注释]

①鹘突:模糊,混沌。

[译文]

先生又说:"文字不能泛泛地看,必须逐句逐段地理解领会。如果一段理解领会不透彻,又去看另外一段,都成稀里糊涂的了,怎么可能理解彻底融会贯通?今天有人看文字只是浏览一遍,恐怕这样也不会有什么收获。"

3.2.55 问:"经书须逐句理会,史书易晓,只看大纲,如何?"曰:"固不同,然亦自是草率不得。须当看人物是如何,当时治体是如何,皆当子细。上蔡①说明道②看史,逐行看过,不差一字。"[4]

---

[1] 《朱子语类》卷九十四无"理会"二字。
[2] 《朱子语类》卷九十四作"透彻",是。
[3] 此条亦见于《朱子语类》卷九十四,文字稍有出入。
[4] 此条亦见于《朱子语类》卷九十四。

[注释]

①上蔡：即谢良佐（1050—1103），字显道，人称"上蔡先生"或"谢上蔡"，蔡州上蔡（今河南）人，北宋官员、学者。师从程颢、程颐，与游酢、吕大临、杨时号称"程门四先生"。创立上蔡学派，是心学奠基人、湖湘学派的先驱，在程朱理学发展史上具有桥梁作用。著有《论语说》，其核心思想被门人曾恬、胡安国录为《上蔡先生语录》，后经朱熹编辑为《上蔡语录》三卷。②明道：即程颢（1032—1085），字伯淳，学者称"明道先生"。世居中山（今保定定州），后从开封徙河南（河南洛阳）。北宋哲学家、教育家、诗人，理学的奠基者，"洛学"代表人物。曾和其弟程颐学于周敦颐，世称"二程"。

[译文]

有人问："经书是需要逐字逐句领会，但史书容易懂，只看个大致，怎么样？"先生答道："经书与史书自然有分别，但也同样草率不得。必须看历史人物是怎样的，当时的政治体制是怎样的，都要仔细留意。谢良佐先生说自己的老师程颢读史书，也是一行一行认真看过，一个字也不错过。"

3.2.56 先生语陈公直①曰："读书须逐些子细理会，莫要搅动他别底。今人读书，多是从头看到尾都搅浑了。"〔1〕

[注释]

①陈公直：朱子晚年门人。生平不详。

[译文]

先生对陈公直说："读书需要一点点仔细理解领会，不要牵扯其他的。现在的人读书，大多从头到尾都搅浑了。"

3.2.57 须是紧着工夫，不可悠悠，又不须忙。只常提撕①，

---

〔1〕 此条亦见于《朱子语类》卷一百二十。文字稍有出入。

待心醒则愈有力。[1]

[注释]

①提撕：教导，提醒。

[译文]

读书必须抓紧时间下功夫，不能悠哉游哉，但也不能迫切慌乱，只需常常提醒自己，等到心中清醒则读书效果会更好。

3.2.58 读书须是不可枝蔓。如读《孟子》，其间引援《诗》《书》处甚多，今虽欲检本文，但也只须看一段，便依旧自看本来章句，庶几此心纯一。道夫①曰："此非特为读书之方，亦存心养性之要法也。"[2]

[注释]

①道夫：杨道夫，字仲思，福建浦城人，朱熹弟子。

[译文]

读书不能勾连太多。比如读《孟子》，其中援引《诗经》与《尚书》的地方很多，虽然有必要查查出处，但看完相关内容仍然要回到《孟子》上来，这样心思才能纯粹专一。杨道夫说："这不仅是读书的方法，也是修心养性的法门。"

3.2.59 看经书之法。看《论语》如无《孟子》，看上章如无下章。看"学而时习之"，[3] 不须看"有朋自远方来"。且专看此一意，得之而后已。又如理会此句未得，更不须杂以别相似者。次

---

[1] 此条亦见于《朱子语类》卷一百十五。
[2] 此条亦见于《朱子语类》卷十九。
[3] 《朱子语类》卷十九有"未得"两字。

第乱了，和此句也晓不得。[1]

[译文]

读儒经的方法。看《论语》就好像没有《孟子》，看上一章就好像没有下一章，看"学而时习之"，就不需看"有朋自远方来"。先专心看这里的意思，明白之后才停止。再比如这句没弄明白，更不能混杂其他相似说法。顺序乱了，连这一句也理解不了。

3.2.60 又云："读《论语》如无《孟子》，读前段如无后段。不然方读此，又思彼，扰扰于中，这般人不惟无得于书，胸中如此，作事全不得。"[2]

[译文]

又说："读《论语》就好像没有《孟子》，读前段就好像没有后段。不然才读这里，又想那里，心里纷纷扰然，这种人不光读书没有收获，心里若是这样，做什么事都不会有收获。"

3.2.61 读书须是专一。读这一句且理会这一句，读这一章且理会这一章。须是见得此一章彻了，方可看别章。未要思量别章、别句。[3]

[译文]

读书必须要专一。读这一句就先理解领会这一句，读这一章就先理解领会这一章。必须是把这一章理解透彻了，才去看其他的章节。不要思考其他篇章、其他字句。

---

〔1〕 此条亦见于《朱子语类》卷十九。
〔2〕 此条亦见于《朱子语类》卷十九。
〔3〕 此条亦见于《朱子语类》卷十、本书"荟辑"部分4.1.52条。

3.2.62 只是平心定气在这里看。适因洗浴得一说：大抵揩浴须从头揩去，则用力省而垢可去。若于此处揩几揩，于彼处揩几揩，则劳而无功，学问亦然。若一番理会不了，又欲更作一番理会，终不济事也。莫道见了便休。而今看一千遍，见得又别；看一万遍，见得又别。须是无这册子时，许多节目次第，都历历落落①在自家肚里方好。〔1〕

[注释]

①历历落落：清清楚楚。

[译文]

读书只是平心静气地盯着当前的内容看。刚才洗澡时悟出一个道理：大致而言，人揩澡都是从头到脚揩，这样不光省力，也能把污垢揩去。如果在这里揩几下，在那里揩几下，就会劳而无功，做学问也是这样。如果这里还没理解领会，又想去理解领会别的，最终成不了事。不要以为理解了一点就停止了。再看一千遍，理解就不一样；再看一万遍，理解又不一样。必须是没有这本书的时候，书里的章节目录前后顺序，都清清楚楚得就像在自己心里一样才行。

3.2.63 在经筵①时曾说："读书者譬如观此屋，若在外面望之便谓见了，则无缘识得。须是入去里面，逐一看过是几多间架、几多窗棂。看一遍了，又重看一遍，都说得方是。"〔2〕

[注释]

①经筵：宋代帝王为倾听学者讲述经史而特设的御前讲席。

---

〔1〕 此条中"莫道见了便休"以下内容，亦见于《朱子语类》卷十。
〔2〕 此条亦见于《朱子语类》卷十、本书"荟辑"部分4.1.83条。

[译文]

先生为皇帝讲经时曾说:"读书好比参观这一座房子,如果在外面望见就说看到了,那就没机会深入了解它了。必须是走到房子里面,一件一件看过,看它有多少间架、多少窗棂,看过一遍后,再重新看一遍,然后都能讲得出来才行。"

3.2.64 读书如园夫灌园。善灌者,随其蔬果根株而灌之。灌溉既足,则泥水相和而物得其润,自然生长。不善灌者,忙而治之,担一担之水,浇满园之蔬。人见其治园矣,而物未尝沾足①也。[1]

[注释]

①沾足:指水分充分浸润土壤。

[译文]

读书就像园丁浇园。会灌溉的园丁,顺着果蔬的根部浇水。灌溉好了,则泥土和水均匀混合而作物也就得到滋润,自然生长。不善于灌溉的园丁,匆匆忙忙地干活,挑一担水,来浇满园的果蔬,人人都看见他在浇园,但实际上果蔬连根部都没有湿。

3.2.65 先生问林共父①看《论语》至何处。对曰:"至《述而》。"先生曰:"莫恁地②快。这个使急不得。须是缓缓去理会,须是逐句去搜索。俟这一章透彻之后,却理会第二章,久后看得到贯通时,却自然事事会看。如吃饭样了,一日又却吃一日,吃得滋味后,方解生精血。若只是恁地吞下去,则不济事。"[2]

---

[1] 此条亦见于《朱子语类》卷十、本书"荟辑"部分4.1.50条,文字稍有出入。
[2] 此条亦见于《朱子语类》卷十九。

[注释]

①林共父：名里不详。②恁地：这么，那么。

[译文]

先生问林共父《论语》读到哪里了。林共父回答："读到《述而》篇了。"先生说："别那么快。这个急不得。必须是慢慢地理解领会，必须是一句一句地思考。等这一章理解透彻之后，再去理解领会第二章。时间久了能理解得融会贯通了，自然每一件事都能理解。就如同吃饭一样，一天一天地吃，吃出滋味来，饭菜才能转化成精血。如果只是这样吞下去，就没什么用。"

3.2.66 先生问子武①看《诗》到何处。对曰："至《大雅》。"先生大声曰："公前日方看《节南山》②，恁地快！恁地不得！今人看文字，敏底一揭开板③便晓，但于意味恐不会得。而今但只管看时，也只恁地。但百遍自是强五十遍时，二百遍自是强一百遍时。'题彼脊令，载飞载鸣。我日斯迈，而月斯征。夙兴夜寐，无忝尔所生！'④这个看时，也只是恁地，但里面却有记不得底、解不得底意思，事在说不得底意思里面。"又曰："《生民》⑤等诗，也见祭祀次第，此与《仪礼》相合。"[1]

[注释]

①子武：即林夔孙，字子武，号蒙谷，福建古田人，朱熹门人。②《节南山》：《诗经·小雅》中的一首诗，表现了诗人忧国忧时、直言敢谏的精神。③板：文书，簿册。④"题彼脊令"句：语出《诗经·小雅·小宛》。全篇表现了时世混乱、想念祖先、告诫兄弟警惕祸事的思想。⑤《生民》：《诗经·大雅》中的一首诗，主要追述周的始祖后稷的

---

〔1〕此条亦见于《朱子语类》卷八十。其中最后一句作："'但里面意思却有说不得底。解不得底意思，却在说不得底里面。'又曰：'《生民》等篇，也可见祭祀次第，此与《仪礼》正相合。'"

事迹，记叙他出生的神奇和他在农业种植方面的特殊才能。

[译文]

先生问林夔孙《诗经》看到哪里了，林夔孙回答："读到《大雅》了。"先生大声训诫他说："你前天才看到《节南山》，怎么这么快？这么快是不行的！现在的人读书，刚打开书就以为理解了，但对于其中的意味恐怕体会不到。而今只管看，也只是如此。看一百遍肯定强过看五十遍，看两百遍肯定强过看一百遍。比如'题彼脊令，载飞载鸣。我日斯迈，而月斯征。夙兴夜寐，无忝尔所生'等经典语句，初看时，也不过如此，但里面却有记不住、理解不了的深层次意义。做学问的关键，就在这些说不出的意思里面。"又说："《生民》等诗，能够展现周王朝的祭祀顺序，这与《仪礼》是相符合的。"

3.2.67 看文字不可伤快，恐不子细。须是理会得底，更须将来看。此不厌熟。熟后更看，方始觉其滋味出。[1]

[译文]

看文字不能太快，害怕看得不仔细。必须是理解领会彻底了，还需要时时拿出来看。读书不怕熟。熟了之后再看，才开始觉得其中的滋味慢慢出来了。

3.2.68 先生答侯官丞①书曰："示谕②读书之目，恐亦太多。姑以应课程可矣，欲其从容玩味，理与神会，则恐决不能也。"[2]

[注释]

①侯官丞：即侯官的县丞，此代指朱熹的友人陈旦，他曾担任侯官县

---

〔1〕 此条亦见于《朱子语类》卷一百十三。
〔2〕 即《答陈明仲·熹穷居奉养》，见《朱文公文集》卷四十三。

丞一职。参看 3.1.27 条注释。②示谕：告知，晓示。常用于上对下，或用于书札。

[译文]

先生在答复陈旦先生的书信中说："您信中所列的书目，实在是太多了。拿来应付课程还可以，如果要能从容玩味，让道理与心神交会，恐怕绝对不行啊。"

3.2.69 又答书曰："程氏①教人，以《论》《孟》《大学》《中庸》为本。须于此数书熟读详味，有会心处，方自见得。如其未然，读之不厌熟，讲之不厌烦。此数书，程氏与其门人高弟为说甚详，试访求之，自首至尾，循序加工。须如小儿授书，节节而进乃佳。不可匆匆翻阅，无补于事。又不可杂以他说，徒乱宗旨也。"[1]

[注释]

①程氏：指程颢、程颐。参看 3.2.15 条注释。

[译文]

又回信说："程颢、程颐两位先生教人，以《论语》《孟子》《大学》《中庸》为根本。必须对这几本书读熟读透仔细体味，心里有所会通了，才算有收获。如果没有做到，就要继续熟读不厌其烦，继续讲解不厌其烦。这几本书，两位程先生和他们门下的弟子讲说得很详细，你们试着找来，从头到尾，按照顺序一步步地下功夫。就像给刚启蒙的小孩子讲经一样，必须一节一节地学习效果才好。不能匆匆忙忙地随便翻阅，这样无补于事。另外，讲这几部书时也不可以掺杂别的解说，否则只会把这几部书的宗旨搞乱。"

---

[1] 即《答陈明仲·向辱书喻》，见《朱文公文集》卷四十三。

3.2.70 读书是格物一事,今且须逐段子细玩味。[1]

[译文]

读书是探究事物道理的事情,现在需要一段一段地仔细体会。

3.2.71 人读书不可搀前①去,下梢②必无所得。[2]

[注释]

①搀前:抢先。②下梢:最终。

[译文]

人读书不能一味地抢进度,否则最终会一无所获。

3.2.72 读书如理乱发。然理发须逐条理,教条直;读书者须逐句逐字理会,教通透。

[译文]

读书就像梳理蓬乱的头发。梳理头发必须逐条梳理,梳到根根直顺;读书必须逐字逐句理解领会,做到每一句都能透彻明白。

3.2.73 先生读书屏山书堂。一日,与诸生同行,登台见草盛长,命数兵士耘草。分作四段,各耘一角。有一兵士逐根拔去,耘得甚不多,其他所耘处一齐了毕。先生见耘未了者,问诸生曰:"诸公看几个耘草,那个快?"诸生言诸兵皆快,独指此人以为钝。先生曰:"不然。某看来,此卒独快。"因细视诸兵所耘处,草皆去不尽,悉复呼来再耘。先生复曰:"那一兵虽不甚快,看他甚子细,

---

[1] 此条亦见于《朱子语类》卷十、本书"荟辑"部分4.1.48条。
[2] 此条亦见于《朱子语类》卷十九。

逐根去令尽。虽一时之难，然却是一番工夫便了。这[1]个又着从头用工夫。只缘其初欲速苟简①，故致得费力如此。看这处，便是学者读书之法。"[2]

[注释]

①苟简：草率、简单。

[译文]

先生在屏山学堂读书。有一天，他与几个学生同行，登上一处高台，见台上杂草丛生，就命令几个士兵除草。他把台子划成四片，每个士兵分得一片。有一个士兵，除草都是连根拔去，他除的还不是很多，而其他地方已经把活干完了。先生去看了那个没除完草的士兵，然后问学生们："你们看几个除草的，哪个比较快呢？"学生们说几个士兵都很快，唯独这个人太迟钝。先生说："不是这样的。在我看来，唯独这个是最快的。"因此大家上前仔细观察士兵除草的地方，发现其他士兵都除得不干净，便把他们都叫回来重新再除。先生又说："那个士兵虽然除得不快，但他很仔细，每一棵草都务必连根除去。虽然一时困难，但却只要下一次功夫就完成了。这几个又要从头用功夫。只因他们刚开始时一心求快又很草率，所以导致这样费力。看这件事，便能了解学者读书的方法。"

◆ 张洪、齐熙续编部分

3.2.74 观书不可贪多，常使自家力量有余。须看得一书彻了，方再看一书。若杂然并进，却反为所困。如射弓有五斗力，且用五斗弓便可拽满，已力欺得他过。今学者不忖自己力量去观书，

――――――

〔1〕《朱子语类》卷一百二十一，此处脱一"几"字。
〔2〕 此条亦见于《朱子语类》卷一百二十一。

恐自家照管他不过。[1]

[译文]

读书不能贪多，要使自己经常学有余力。必须先把一书看得透彻了，再去看另一本书。如果看得太杂，反而会让自己为众书所困。就好比射箭，自己有五斗的力量，就用五斗的弓箭便可以拽满，这是因为自己的力量也足以胜任。现在的学者不衡量自己的力量去读书，恐怕他们未必能照顾过来。

3.2.75 读书，须看一句后又看一句，读一章后又读一章。格物，须格一物[2]，见这个物事①道理。道理既多，则难底道理，自然识得。

[注释]

①物事：吴语词汇，沿用古词古义，相当于普通话的"东西""物品""事情"。

[译文]

读书时，必须看完一句再看另一句，读完一章再读另一章。所谓从事物上理解道理，必须是先把一个事物隔离开来，直至弄清它的规律与道理。道理掌握得多了，就算是很难的道理，也自然能理解。

3.2.76 《大学》且逐章理会。先读本文念得，次将《章句》来解本文，又将《或问》来参《章句》，既逐段晓得，却将来统看温寻过。[3]

---

〔1〕 此条亦见于《朱子语类》卷十、本书"荟辑"部分 4.1.42 条。
〔2〕 此条亦见于《朱子语类》卷九十七，作"须格一物后，又格一物"，是。
〔3〕 此条亦见于《朱子语类》卷十四。

[译文]

《大学》要一章一章地理解领会。先读正文能念得纯熟，然后再拿《大学章句》来理解本文，接着再拿《大学或问》来参照《大学章句》，等到每一段都明白后，再统一阅读来达到温习的目的。

3.2.77 论读书之法。择之①云："尝作课程，看《论语》日不得过一段。"先生云："明者可读两段或三段，如此亦可以治躁心。"[1]

[注释]

①择之：即祖无择（1011—1084），字择之，祖籍范阳，河南上蔡人。北宋学者、政治家。

[译文]

谈论读书的方法。祖无择说："我曾经制订过读书课程，看《论语》一天不能超过一段。"先生说："聪明的人也可以读两段或三段。这样，也可以治心情浮躁的毛病。"

3.2.78 先生问："看《论语》了未？"辅广云："已看一遍。"先生曰："太快。若如此看，只是理会文义，不见得他深长底意味。"[2]

[译文]

先生问："《论语》读完了没有？"辅广说："已经看完一遍了。"先生说："读得太快了。如果这样看书，只是理解了文义，不见得能体会到其中深远长久的意味。"

---

[1] 此条亦见于《朱子语类》卷十九。
[2] 此条亦见于《朱子语类》卷十九。

3.2.79 先生问胡某："《论语》读得多少？"对曰："两日只杂看《中庸》等。"先生曰："恁地如何会长进？看此一书，且须专一书。"[1]

[译文]

先生问胡某："读了多少《论语》？"胡某回答说："只是这两天和《中庸》等书混在一起看。"先生说："这样怎么会有长进？看一本书，就专心在这一本上。"

3.2.80 读《大学》，且逐段捱看①。看这段时，似无得后面底。看第二段，却思量前段，令文思联属，却不妨。[2]

[注释]

①捱（āi）看：挨着看。

[译文]

读《大学》，要一段一段挨着看。读这段时，就好像后面没有别的段落。但读第二段时，却要考虑前面的段落，让全文思路连贯起来，如此不会有什么妨碍。

3.2.81 每日看一经外，《大学》《语》《孟》《中庸》四书，自依次序循环看，然史亦不可不看。[3]

---

[1] 此条亦见于《朱子语类》卷十九，稍有出入。
[2] 此条亦见于《朱子语类》卷十四。
[3] 此条亦见于《朱子语类》卷一百一十七。

[译文]

每天除了读一本经书之外，《大学》《论语》《孟子》《中庸》四本书也要依照顺序循环看，然而史书也不能不看。

3.2.82　《论语》从"学而时习之"读起，《孟子》从"梁惠王"读起，《大学》从"大学之道"读起，《中庸》从"天命之谓性"读起。某之法是如此，不可只择中间一两句来理会，意脉不相贯属。多歧亡羊①者，不可不戒也。〔1〕

[注释]

①多歧亡羊：因岔道太多无法追寻而丢失了羊，语出《列子》。

[译文]

读《论语》要从"学而时习之"读起，读《孟子》要从"梁惠王"读起，读《大学》要从"大学之道"读起，读《中庸》要从"天命之谓性"读起。我的读书方法就是这样的，不能只选取其中一两句去理解领会，否则思路和文脉无法贯通。歧路多了，丢失的羊就难以找回，不可不引以为戒。

3.2.83　又曰："承谕'专看《论语》，浸①觉滞固②。因复看《易传》及《系辞》'。此愚意所未喻。夫《论语》所记，皆圣人言行之要，果能专意玩索，其味无穷，岂有滞固之理！窃恐是不曾专一，故不见其味，而反以为滞固耳。至于读《易》，亦当遵用程子③之言，卦、爻、《系辞》自有先后，今亦何所迫切，而手忙脚乱亦至于此耶？"

---

〔1〕　此条亦见于《朱子语类》卷一百二十，文字稍有出入。

[注释]

①浸：逐渐。②滞固：固执而不变通。③程子：即程颐。参看2.6.1条注释。

[译文]

又说："你来信说'只读《论语》，慢慢觉得固执而不能变通。于是又看《易传》和《系辞》'。这一点我不能理解。《论语》中所记载的，都是圣人言论行为的要害，如果真能专心体会，其中意味无穷，又怎么会有执迷僵化的道理呢？恐怕是你没能做到专一，所以读不出其中的意味，反而觉得书中内容执迷僵化。至于读《易经》，应该遵循程颐先生的教导，卦、爻、《系辞》本来就有先后次序，现在为何如此迫切，以致手忙脚乱到这种地步了呢？"

3.2.84 又曰："授学须小作课程，责其精熟。若只似目前大餐长啜，贪多务速，即不济事。"[1]

[译文]

又说："教授学生必须细心制订课程计划，要求学生做到精湛纯熟。如果像眼前有大餐一样大吃大喝，贪多求快，根本做不成事。"

3.2.85 答黄子耕①书曰："示谕且看《大学》，俟见大指，乃及他书。此意甚善。但看时，须是更将大段分作小段，字字句句，不可容易放过。常时暗诵默思，反复研究，未上口②时，须教上口；未通透时，须教通透。已通透后，便要纯熟，直是不思索时，此意常在心胸之间，驱遣不去。方是此一段了，又换一段看。如此数段之后，心安理熟，觉得工夫省力时，便渐得力也。近看得朋友间病痛，多是贪多务广，匆遽③涉躐，所以凡事草率粗浅，本欲多知多

---

[1] 此即《答吕子约·示谕授学之意》，见《朱文公文集》卷四十八。

能，下梢一字不知，一事不能；本欲速成，反成虚度岁月。但能反此，如前所云，试用岁月之功，当自见其益矣。"[1]

[注释]

①黄子耕：即黄𫷷（1147—1212），南宋隆兴分宁（今江西修水）人，字子耕。黄庭坚之孙，朱熹门人。尝从郭雍、朱熹学，以太学生举进士，为瑞昌主簿，监文思院，知卢阳县。通判处州（治今浙江丽水），有政绩，先后主管官诰院，任大理寺簿、军器监丞等。后知台州，置养济院，又创安济院以居病囚。迁知袁州，病死。著有《复斋集》。②上口：指背诵得很熟练，能随时随地顺口而出。③匆遽：匆匆忙忙，着急的样子。

[译文]

先生在答复黄子耕的书信中说："你来信说正在读《大学》，等把它的基本要旨掌握后，再去读其他书。这个想法很好。但读的时候，必须把大段拆分成小段，每个字每句话都不要轻易放过去。时常心里暗暗诵读默默思考，反复揣摩，还没做到脱口而出，就必须做到脱口而出；还没做到理解透彻，就必须做到理解透彻。已经理解透彻了，就要做到纯熟，直到不刻意思考，其意思也一直在心中，怎么赶也赶不走。这样一段了结了，再换另一段去看。这样看过几段之后，心里安稳道理纯熟，觉得所下功夫省力的时候，就是读书得力了。近来看到朋友读书的毛病，大多是贪多求广，匆忙涉猎，所以什么事都是草率粗浅，本来想增长见识和能力，结果却是一个字都没弄明白，一件事也干不成；本来想快速达成目的，反而成了虚度岁月。但只要能对此反省，像前面说的那样去做，试着花费一些时间下功夫，则自然能见得其中收益了。"

3.2.86 答胡季随①书曰："近日学者意思都不确实，不曾见理会得一书一事彻头彻尾，东边绰②得几句，西边绰得几句，都不曾

---

[1] 此即《答黄子耕·时事传闻不一》，见《朱文公文集》卷五十一。

贯穿浃洽，此是大病。有志之士，不可不深戒也。"[1]

[注释]

①胡季随：即胡大时，字季随，号盘谷，福建崇安人。世称"盘谷先生"。曾为张栻弟子，后追随朱熹。②绰：匆忙抓起。

[译文]

先生在答复胡季随的书信中说："近日学者的想法都不实在，没有看到将一本书、一件事从头到尾理解透彻的，都是东边抓几句，西边抓几句，都没有做到融会贯通，这是做学问的大毛病。有志之士，不能不特别引以为戒啊。"

3.2.87 答王季和①书曰："读书不可贪多。今当且以《大学》为先，逐段熟读精思，须令了了分明，方可改读后段，如此庶几见功。久久浃洽通贯，则无书不可读矣。"[2]

[注释]

①王季和：即王铅，字季和。朱熹《浦城县永利仓记》载淳熙、绍熙间有浦城县丞王铅，或即此人。

[译文]

先生在答复王季和的书信中说："读书不能贪多。现在应当先读《大学》，逐段熟练诵读并且精心思考，必须把每个部分都理解明白时，才可以去读下一段，这样差不多就能见到功效了。久而久之则能融洽贯通，便没什么书不能读了。"

3.2.88 答郭希吕①书曰："专看《大学》，首尾通贯，都无所

---

[1] 此即《答胡季随·易传平淡缜密》，见《朱文公文集》卷五十三。
[2] 此即《答王季和·别幅之喻具悉》，见《朱文公文集》卷五十四。

疑，然后可读《语》《孟》。《语》《孟》又无所疑，然后可读《中庸》。今《大学》全未晓了，而便兼看《中庸》，用心丛杂，如此何由见得详细？且更耐烦，专一细看为佳。日月不易得，大事未明，甚可惧也。"〔1〕

[注释]

①郭希吕：即郭津，字希吕，浙江金华人，学者，曾请朱熹为其父撰写墓志铭。

[译文]

先生在答复郭希吕的书信中说："先专门看《大学》，等到首尾全部理解透彻，没有任何疑虑了，然后才可以读《论语》《孟子》。《论语》《孟子》也没有疑惑了，然后可以读《中庸》。现在《大学》都还没全弄明白，而来和《中庸》一起看，心思杂乱，这样怎么可能理解呢？而且一定要有耐心，专心致志详细地看才好。时间得之不易，大事还没弄明白，简直太可怕了。"

3.2.89 答刘仲则①书曰："大抵读书，惟循序渐进为可得之。如百牢九鼎②，非可一嚼③而尽其味也。"〔2〕

[注释]

①刘仲则：即刘槩，参见3.1.33条注释。②百牢九鼎：百牢，一百份祭祀或宴享用的牲畜；九鼎，古代烹煮用的器物，形容数量很大。③嚼（chuài）：一口吞食。

---

〔1〕 此即《答郭希吕·示喻缕缕备悉》，见《朱文公集》卷五十四。
〔2〕 此即《答刘仲则·示喻学问之道》，见《朱文公集》卷五十四。原文作："大抵读书，惟虚心专意，循次渐进，为可得之。如百牢九鼎，非可一嚼而尽其味也。"

[译文]

先生在答复刘仲则的书信中说:"大致上说,读书只有循序渐进才能有所收获。就像百份祭享用的牲畜或是九只大鼎里的食物,并不是一口就能吃下去并且能尝出其中的味道啊。"

3.2.90 答邵叔义①书曰:"窃意必欲实为此学,亦当有以自致其力于日用之间。读书穷理,积其精诚,循序渐进,然后可得。决非一旦慨然永叹,而躐等坐驰之所能到也。"〔1〕

[注释]

①邵叔义:即邵浩,字叔义,浙江金华人,朱熹门人。

[译文]

先生在答复邵叔义的书信中说:"我认为必须踏踏实实地做学问,也应当把功夫下在日常应用中。读书穷究道理、积累自我精诚,遵循次序逐步推进,然后才能有所得。绝不是一时奋发感慨,而不守次第安心坐等就能达到的。"

3.2.91 答陈师德①书曰:"读书之法,要当循序而有常,致一而不懈。从容乎句读文义之间,而体验乎操存践履之实,然后心静理明,渐见意味。不然则虽广求博取,日诵五车,亦奚益于学哉!故程子②曰:'善学者,求言必自近始。易于近者,非知言者也。'此言殊有味,惟困于远求而无得者知之。"〔2〕

[注释]

①陈师德:即陈定,字师德,福建莆田人,朱熹门人。②程子:即程

---

〔1〕 此即《答邵叔义·远辱惠书良荷》,见《朱文公文集》卷五十五。
〔2〕 此即《答陈师德·熹愚不肖早尝》,见《朱文公文集》卷五十六。

颐。参看2.6.1条注释。

[译文]

先生在回复陈师德的书信中说："读书的方法，要按照次序进行并且养成习惯，要专心致志并且坚持不懈。从容体会句读文义，认真体验道德实践，然后才能内心平静而道理明白，渐渐得出其中意味。如果不这样，就算广泛求取，每天读诵五车书籍，对于求学又有什么收益呢？所以程颐先生说：'善于学习的人，求索言论一定是从近处开始的。轻视身边言论的人，其实并不知道言论。'这句话特别有味道，然而只有因为好高骛远而一无所得的人，才能明白。"

3.2.92 答郑子上①书曰："看《大学》，须先紧着精神领略，取大体规模却便，回来寻个实下手处，着紧用力，不可只守着此个行程节次，认作到头处也。"[1]

[注释]

①郑子上：即郑可学（？—1212），字子上，号持斋，福建莆田人，朱熹弟子。

[译文]

先生在回复郑子上的书信中说："读《大学》，需要先集中精神去领会，认识到大体规模后，再回来寻找一个实在的下手处，努力用功，不能只是刻板地守着次序，只一条路走下去。"

3.2.93 答潘叔昌①书曰："大抵近世儒者，于圣贤之言，未尝求其义理之极致，而惟以多求剧读②为功，故往往遂以吾学为容易之空言，而求所以进实功、除实病者，皆必求之于彼。殊不知将适千里而迷于所向，吾恐其进步之日远，而税驾③之日赊④也。今若

---

[1] 此即《答郑子上·所论大学之疑》，见《朱文公文集》卷五十六。

未能决意自拔得，且姑置其说，而专意于吾学，捐去杂博，专读一书，虚心游意，以求夫义理之所在。如此三年不得，而后改图，则朋友之心无所复恨，而于其所以进功除病之实，亦未为晚。"〔1〕

[注释]

①潘叔昌：即潘景愈。参看3.2.41条注释。②剧读：疾读，流畅地阅读。③税驾：犹解驾、停车。谓休息或归宿。④赊：长，远，渺茫。

[译文]

先生在回复潘叔昌的书信中说："大概近来的儒家学者，对于圣贤的言论，都没能深入地去穷究义理的极致，而只是把多读快读当做用功，所以往往把儒学当做容易理解的空话，而要得到实际功效、除去身上的病患，却在其他方面寻找。哪不知要到千里之外却先迷失了方向，我担心他进步的日子越长，而停下歇息的日子也就越渺茫了。如果现在还不能下定决心从中解脱出来，那就先将此类学说搁置一旁，而专心于儒学探究，舍弃繁杂的群书，专心攻读一本书，虚心体察文意，以探求其中义理所在。如果这样坚持三年还没收获，那再另做打算，作为朋友我的心里也不会有遗憾，而你追求实际功效除去病患的功夫，也不算太晚。"

3.2.94 答廖子晦^①书曰："观书须从头循序而进，不以浅深难易有所取舍，自然意味详密。至于浃洽贯通，则无紧要处，所下工夫亦不落空矣。今人多是拣择难底、好底看，非惟圣贤之言不可如此间别，且是心意便不定迭②，纵然用心探索，得到亦与自家这里不相干。突兀聱牙③，无田地可安顿，此病不可不知也。"〔2〕

---

〔1〕 此即《答潘叔昌·示喻读史曲折》，见《朱文公文集》卷四十六。
〔2〕 此即《答廖子晦·守官得上官》，见《朱文公文集》卷四十五。

[注释]

①廖子晦：即廖德明，字子晦，南建（今福建南平）人。南宋官员。少学释氏，后读杨时书，遂受业朱熹。推行教化，整修学宫，在南粤刻朱熹《家礼》及程氏诸书。著有《文公语录》《春秋会要》《槎溪集》。②定迭：定当，安定。③突兀聱（áo）牙：拗口，不顺口。形容文字艰涩生僻，拗口难懂。

[译文]

先生在答复廖德明的书信中说："读书必须从头开始循序渐进地进行，不能因为书中有浅深难易而选择性地阅读。这样对书中的义理自然能够体会得详尽周密。至于做到融会贯通，就算是在无关紧要的地方下功夫也不会落空。现在的人大多都是挑选困难的、好看的地方去读，不仅圣贤的言语不能这样区分，而且自己的心思也无法安定，纵然用心探索，得到的也和自己毫不相干。文字艰涩生僻，拗口难懂，没有地方可以安置，这个毛病不可不知道啊。"

3.2.95 答袁机仲①书曰："《易》中卦位义理，层数甚多，自有次第。逐层各是一个体面，不可牵强合为一说。学者须是旋次理会，理会上层之时，未要搅动下层。直待理会得上层都透彻了，又却轻轻揭起下层理会将去。当时虽似迟钝，不快人意，然积累之久，层层都了却，自见得许多条理，千差万别，各有归着，岂不快哉！若不问浅深，不分前后，混成一块，合成一说，则彼此相妨，令人分疏不下，徒自纷纷，成卤莽矣。此是平生读书已试之效，不但读《易》为然也。"[1]

[注释]

①袁机仲：即袁枢（1131—1205），字机仲，建州建安（今福建建

---

[1] 此即《答袁机仲别幅·来喻以东南之温》，见《朱文公文集》卷三十八。

瓯)人,南宋史学家。著有《通鉴纪事本末》四十二卷,总括239事,为中国第一部纪事本末体史学著作。

[译文]

先生在答复袁枢的书信中说:"《易经》中的卦位、义理,层次很多,自己有一定的次序。每一层各有体系,不能牵强地掺杂在一起解说。求学者必须按照次序理解领会,理会上一层意思时,不要牵涉下一层意思。直到将上一层意思都理解透彻了,再轻轻揭开下一层意思开始体会。当时虽然好像迟钝,不能尽如人意,但是积累久了,每层意思都清楚了,自然就能看出其中许多条理,它们虽然千差万别,但是各有着落,岂不痛快吗!如果不管深浅、不分前后,混杂在一起,合成一个说法,则彼此就会妨碍,让人无法分辨,只是纷纷扰扰,成为粗疏而已。这是我平时读书已经检验得出的效果,不只是读《易经》才这样啊。"

3.2.96 答王钦之①书曰:"取一书,从头逐段子细理会,久之必自有疑、有得。若平时泛泛,都不着实循序读书,未说义理不精,且是心绪支离,无个主宰处。与义理自不相亲,又无积累工夫参伍考照。(案《文集》,"照"作"证"。)骤然理会一件两件,若是小小题目,则不足留心;择其大者,又有躐等之弊,终无浃洽之功。但以《论语》为先,一日只看一二段,莫问精粗难易,只从头看将去,读而未晓则思,思而未晓则读,反复玩味,久之必有自得。近年为朋友商量,亦多以此告之,然未见有看得彻尾者。人情喜新厌常乃如此,甚可叹!《论语》二十篇尚不耐烦看得了,况所谓死而后已者?又岂能办此长远工夫耶?"[1]

[注释]

①王钦之:朱熹的友人。名不详,闽(今福建)人,尝官县主簿。

[1] 此即《答王钦之·所须问目窃谓》,见《朱文公文集》卷五十八。

[译文]

先生在答复王钦之的书信中说:"拿一本书,从头一段段地仔细体会,时间长了必然会有疑惑、有所得。如果平时只是泛泛而读,却不踏踏实实循序渐进去读书,不要说义理无法精通,就是自己心思也是支离破碎,没有主宰的地方。自己同义理无法亲近,也没有日积月累的功夫来互相参考验证。(按照《文集》,"照"为"证"。)就算突然领悟到一两个,如果题目太小,则不足以放在心上;如果挑选大题目,又有逾越等级的弊端,最终不能达到融会贯通的功效。所以应当先读《论语》,每天只看一两段,不要问精辟粗疏还是困难简单,只是从头读下去,读到不明白的地方就思考,思考之后还是没明白再继续读,反复体会揣摩其中意味,时间长了自然有收获。近年来与朋友探讨,也多向对方说这个道理,然而并没见到有从头到尾坚持看透彻的人。人之常情,喜新厌旧,乃至如此,真是可叹啊!《论语》二十篇尚且没有耐心看,更何况还要从事死而后已的事业呢?又怎么有能力去做这么长远的工夫呢?"

3.2.97 答林正卿①书曰:"读书之法,须从头至尾,逐句玩味。看上字时如不知有下字,看上句时如不知有后句,看得都通透了,又却从头看此一段,令其首尾通贯,然方其看此段时,亦不知有后段也。如此渐进,庶几心与理会,自然浃洽,非惟会得圣贤言语意脉不差,且是自己分上身心义理日见纯熟。若只如此匆匆检阅一过,便可随意穿凿,排布硬说,则不惟错会了经意,于己分上亦有何干涉耶?"[1]

[注释]

①林正卿:即林学蒙,字正卿,一名羽。福建永福人,朱熹门人。著有《梅坞集》。

---

[1] 即《答林正卿·所示易疑恐》,见《朱文公文集》卷五十九。

[译文]

先生在回复林正卿的书信中说:"读书的方法,必须从头到尾,逐句体味。看上一个字时不知道有下一个字,看上一句时不知道有下一句,等到都看通透了,又从头看这段,使其首尾义理融会贯通,但在读这一段的时候,也不能知道有下一段。如此逐渐进步,大致就能做到心思和道理会通,自然融合贯通,不仅能将圣贤言论理解得丝毫不差,而且能使自己的身心和义理日渐纯熟。如果只是这样匆匆翻阅一通,就随意牵强附会,安排布置强行解说,那就不只是错误理解了经书的义理,对于自己的本分又有什么关系?"

3.2.98 答汪叔耕①书曰:"所论为学次第,足见立志之高。然杂然进之而不由其序,譬如以枵然之腹②入酒食之肆,见其肥美大胾③、饼饵胘脯④杂然于前,遂欲左拿右攫⑤,尽纳于口,快嚼而亟吞之,岂不撑肠拄腹,而果然一饱哉?然未尝一知其味,则不知向之所食者果何物也。"[1]

[注释]

①汪叔耕:汪莘(1155—1227),南宋诗人。字叔耕,号柳塘,自号方壶居士,休宁(今属安徽)人,朱熹友人。研究《周易》,旁及释、老。作品有《方壶存稿》九卷,《方壶集》四卷。②枵(xiāo)然之腹:空空的肚子,饥饿的肚子。③胾(luè):切成的大块肉。④饼饵胘脯:饼饵,饼类食物;胘脯,肉类食物。⑤左拿右攫(jué):左边拿右边也拿。

[译文]

先生在答复汪叔耕的书信中说:"你在信中论及做学问的次序,足以见得你立志高远。然而如果把几种学问杂糅一起往前推进而不遵从它们的次序,就好比是让空着肚子的人来到有酒菜的饭馆,看见切成大块大块的

〔1〕 即《答汪叔耕·来书所论向来》,见《朱文公文集》卷五十九。

肥美的肉，还有饼类肉类等各种美味全都陈列在面前，便左也拿右也抓，想全部放入嘴里，赶紧咀嚼快速吞咽，岂不会把肠子撑破、肚子鼓圆，最后真得能饱吗？想必一种味道都不会知道，连刚才吃的也都不知道是什么东西啊。"

3.2.99 答朱朋孙①书曰："夫学，非读书之谓；然不读书，又无以知为学之方。故读之者，贵专而不贵博。盖惟专，为能知其意而得其用；徒博，则反苦于杂乱浅略，而无所得也。今一旦而读八书，则茫然而不得其要也，岂足怪哉！愿且致精一书，优柔厌饫，以求圣学工夫次第之实，俟其心通意解。书册之外，别有实下工夫处，然后更易而少进焉，则得尺得寸虽少，而皆为吾有矣。"[1]

[注释]
　①朱朋孙：丽水（今属浙江）人，绍熙元年（1190）庚戌余复榜进士。

[译文]
　　先生在答复朱朋孙的书信中说："学习，并不只是读书；然而不读书，又无法知道做学问的方法。所以求学者读书，贵在专一而不是广博。因为只有专一，才能领会它的本意从而灵活运用；如果只是广博，反而会苦于杂乱无章、粗浅简略，而不会有什么收获。现在一天读八本书，自然茫然不得要领，这有什么奇怪的呢？但愿你能用心去读一本书，从容求索而深入体会，以此探求圣贤学习的次序，等待心灵相通本意理解的到来。在书本之外，另外有需要实际下功夫实践的地方，然后选择容易下手处慢慢进步，虽然每次进步如同尺寸般所得甚少，但却都是自己的收获啊。"

3.2.100 读《论语》每日只两段，熟了自然见义理贯通，若

---

[1] 即《答孙朋孙·长书垂示尤苟》，见《朱文公文集》卷六十。

不如此看，是几年也无长进。

[译文]

读《论语》每天只读两段，读熟了自然能理解其中道理的贯通之处。若是不这样读，读上几年时间也不会有长进。

3.2.101 大凡读书，不要般涉。但温寻旧底不妨，不可将新底来抢。[1]

[译文]

大致上说，读书不要涉猎太多，只温习以往所学不妨碍事，但不可急于抢先学习新的知识。

3.2.102 《大学》一日只看二三段时，便有许多修改①。若一向看去，便少。不是少，只是看得草草。[2]

[注释]

①修改：改正过失。

[译文]

《大学》，一天只看两三段，便会觉得有许多需要修正的地方。如果一篇全都看下去，反倒觉得需要修正的地方少了。实际上不是真的少了，而是因为看得太过潦草。

3.2.103 读《论语》，且熟读《学而》一篇。若明得一篇，

---

〔1〕 此条亦见于《朱子语类》卷十一、本书"荟辑"部分4.2.68条。
〔2〕 此条亦见于《朱子语类》卷十四。

其余自然易晓。[1]

[译文]
读《论语》，首先要把《学而》这一篇读熟。这一篇读得通透明白，其余的也自然就容易懂了。

3.2.104 先生答程正思①曰："《论语》逐章细看，每日不过两三段。先令尽通诸说异同，然后探求圣言本意，则久之自当见效。"[2]

[注释]
①程正思：即程端蒙。参看3.1.16条注释。

[译文]
先生在答复程正思的书信中说："《论语》要一章一章地细看，每天不能超过两三段。先把各家解说的不同之处搞清楚，然后再探求圣贤著书立言的本意，时间长了自然会有效果。"

3.2.105 答宋容之①书曰："文字择其尤精而最急者，且看一书。一日随力且看一两段，候一段已晓，方换一段。一书皆毕，方换一书。先要虚心平气，熟读精思，令一字一语皆有下落，诸家注解一一贯通，然后可以较其是非，以求圣贤立言之本意。虽已得之，亦且更如此反复玩味，令其义理浃洽于中，沦肌浃髓②，然后乃可言学耳。"[3]

---

[1] 此条亦见于《朱子语类》卷二十。
[2] 即《答程正思·示喻日用常操存》，见《朱文公文集》卷五十。
[3] 即《答宋容之·所喻读书未能》，见《朱文公文集》卷五十八。

[注释]

①宋容之：即宋之汪，字容之，朱熹门人。②沦肌浃髓：浸透肌肉骨髓，比喻感受之深。沦，浸没在水里。浃，湿透。出自西汉刘安《淮南子·原道训》："不浸于肌肤，不浃于骨髓。"

[译文]

先生在回复宋容之的书信中写道："选择文字最为精练并且当下最需要读的书，只读一本。每天根据自身能力只读一两段，等一段理解透彻后，又看下一段。一本书这样读完了，再换另一本。读书时首先心态谦虚气息平和，并且熟练诵读精心思考，让每一字每一句都有着落，各家注解也能一一贯通，然后可以比较其中的是与非，探求出圣贤著书立说的本意。哪怕已经有了收获，也要这样反复探究，让其中的义理融会贯通，浸透深入到我身心之中，然后才可以说做学问。"

3.2.106 《论语》一日只看一段，大致[1]明白底，则看两段。须是专一，自早至夜，虽不读，亦当涵泳，常在胸次。如有一件事未了相似，到晚却把来商量。但一日积一段，日日如此，年岁间自是里面通贯，道理分明。[2]

[译文]

《论语》一天只看一段，如果大致能通晓，就一天看两段。必须专心攻读，从早晨到夜里，即便不读，也要沉浸其中深入体会，使之始终放在心头，就像有件事没做完一样，到晚上还把它拿出来仔细推敲。虽然一天只能积累一段，但天天如此，时间长了自然就会文义贯通，道理分明。

3.2.107 尝谓今人读书，得如汉儒，亦好。汉儒各专一家，

---

〔1〕《朱子语类》卷十九作"故"。
〔2〕此条亦见于《朱子语类》卷十九。

看得极子细。今人才看这一件,又要看那一件,下梢都不曾理会得。[1]

[译文]

　　我曾说现在的人读书,要像汉儒那样读,也好。汉儒专攻一家之言,读得非常仔细。现在的人刚读了这一本,又去读那一本,结果都理解不了。

3.2.108　今人读书,看未到这里,心已在后面。才看到这里,便欲舍去了,如此只是不求自家晓解。须是徘徊顾恋,如不欲去,方会认得。[2]

[译文]

　　现在的读书人,还没看到这里,心思已经到了后面。才看到这里,就想丢开去看新的,这样做其实只是自己不想做到真正的理解。应该来回徘徊恋恋不舍,好像舍不得离开一样,才能真正理解。

3.2.109　若能沉潜专一,看得文字,只此便是治心养性之法。[3]

[译文]

　　如果能做到沉潜专一,认真阅读文字,就这一条也是修身养性的方法。

3.2.110　先生语杨道夫①曰:"看来用心专一,读书子细,则

---

[1]　此条亦见于《朱子语类》卷一百二十一。
[2]　此条亦见于《朱子语类》卷十一、本书"荟辑"部分4.1.46条。
[3]　此条亦见于《朱子语类》卷八十一。

自然会长进,病痛自然消除。"[1]

[注释]

①杨道夫:参看3.2.58条注释。

[译文]

先生对杨道夫说:"看起来心思专一,读书仔细,自然而然会有长进,各种病痛也能自然消除。"

3.2.111 先生问叔器①:"《论语》读多少?"对曰:"两日只杂看。"曰:"怎地如何会长进?看此一书,且须专此一书,便得。此边冷如冰,那边热如火,亦不可舍此而观彼。"[2]

[注释]

①叔器:即胡安之,字叔器,江西萍乡人,朱熹门人。

[译文]

先生问胡安之:"《论语》读了多少?"胡安之回答说:"这两天在和别的书混着看。"先生说:"这样怎么会有长进?读这一本书,就专心地读这一本,才行。即使它冷得像冰,而另一本热得像火,也不能舍弃这一本而改读那一本。"

3.2.112 先生答林退思①书曰:"知读书有渐,甚善,甚善!但亦须且读一书,先其近而易知者,字字考验,句句推详。上句了,然后及下句;前段了,然后及后段,乃能真实该遍,无所不通。使自家意思便与古圣贤意思泯然无间,不见古今彼此之隔,乃

---

〔1〕 此条亦见于《朱子语类》卷一百一十五。
〔2〕 此条亦见于《朱子语类》卷十九。

为真读书耳。"[1]

[注释]

①林退思：即林补，字退思，浙江永嘉人，朱熹门人。

[译文]

先生在答复林退思的信中说："明白读书要循序渐进，太好了，太好了！但是也必须只读一本书，先从贴近自身容易理解之处入手，字字详加考证，句句周密推论。上句探求完了，再读下一句；前一段穷究完了，再读后一段，这样才能真正地将书读遍，无所不通。能够让自己的体会与古代圣贤的本意融合为一、没有间隔，看不出古今彼此之间的差别，才是真正的读书。"

3.2.113 答孙仁甫①书曰："读书一事，可为摄伏②身心之助。然不循序而致谨焉，则亦未有益也。今为贤者计，且当就日用间致其下学③之功。读书穷理，则细立课程，耐烦着实而勿求速解；操存持守，则随时随处，省觉收敛而毋计近功。如此积累，做得三五年工夫，庶几心意渐驯，根本粗立，而有所据之地。不然恐终为气所使，而不得有所就也。"[2]

[注释]

①孙仁甫：即孙自任，字仁甫，安徽宣城人，朱熹门人。②摄伏：慑服，威慑使之屈服。③下学：学习人情事理等基本常识。出自《论语·宪问》："子曰：不怨天，不尤人，下学而上达。"

[译文]

先生在回答孙仁甫的书信中说："读书这件事，可以成为收摄身心的

---

[1] 即《答林退思·知读书有渐》，见《朱文公文集》卷六十二。
[2] 即《答孙仁甫·奉告反复其词》，见《朱文公文集》卷六十三。

辅助。然而如果不遵循次第且态度严谨，也不会有什么益处。如今我为贤能的人提供一个建议，应当在日常应用间努力下功夫。读书穷究道理，需要订立细致的课程，用充分的耐心踏实进修而不要急于理解；修养持守心性，要随时随地，反省自身，有所收敛而不要急功近利。这样积累下去，下个三五年功夫，差不多将心意渐渐驯服，初学的根基也基本确立，有了治学修身的立足之地。不然恐怕终会意气用事而不能有所成就。"

3.2.114 答陈蓍①书曰："为学乃终身事业，非可索于咄嗟指顾②之间。但当循序讲明，着实持守，不令日用之间少有间断，如是久久，当自得之。不当较计功程③，如商子本者之营营也④〔1〕。"〔2〕

[注释]

①陈蓍（zhè）：事迹不详。②咄（duō）嗟（jiē）指顾：形容时间的短暂、迅速。③较计功程：计算功劳。④如商子本者之营营也：就像那些放了贷的商人，时刻想着连本带利收回去。

[译文]

先生在答复陈蓍的书信中说："做学问是终生的事情，并非在短期就可完成。只要按照次序讲解明白，着着实实长期坚持，不能在日常生活中有所间断，这样坚持得久了，自然会有收获。不能太过于功利，像商人放贷那样，时时想着利益。"

---

〔1〕 此句《朱文公文集》卷六十四作："如世之出举钱，商子本者之营营也。"
〔2〕 即《答陈蓍·辱书甚厚》，见《朱文公文集》卷六十四。

3.3 熟读精思

◆ 辅广初编部分

3.3.1 问:"看先生所解文字,略通大义,只是意味①不如此浃洽。"先生云:"只要熟看。"又云:"且将正本文字熟看,自然意义日生。有所不解,因而记录,他日却有反复。"[1]

[注释]
①意味:意境趣味,意义情趣。

[译文]
有人问:"看先生的注解,能大体上读懂原文的意思,但做不到完全理解。"先生说:"只要继续看得熟悉。"又说:"要把经典原文看得滚瓜烂熟,其中的意思自然一天天理解了。如果还有不理解的地方,就把它记下来,过段时间再拿出来看。"

3.3.2 《论语》,愈看愈见得滋味出。若欲草草看去,尽说得通,恐未能有益。凡看文字,须看古人下字意思是如何,且如前辈作文,一篇中须看他意在那里。子美①诗云:"更觉良工心独苦。"一般人看画只见是画一般,识底人看便见他精神好处,知得他用心[2]也。[3]

---

[1] 此条亦见于《朱子语类》卷一百十三。
[2] 据《朱子语类》卷十九,此处脱一"苦"字。
[3] 此条亦见于《朱子语类》卷十九。

[注释]

①子美：即杜甫（712—770），字子美，本襄阳人，后徙河南巩县。自号少陵野老，唐代伟大的现实主义诗人。引诗见杜甫《题李尊师松树障子歌》。

[译文]

《论语》这本书，越看越觉得有滋味。如果泛泛去读，虽然也能说得过去，但恐怕谈不上有益身心。凡是读文字，要了解古人用这个字的意思是什么，比如前辈写文章，一篇之中需要看他要表达的意思是什么。杜甫诗中说："更觉良工心独苦。"绘画也如此，一般人看画只看画的表面，懂画的人则看画的精气神，了解画家的用意是什么。

3.3.3 向时①不理会得《孟子》，以其章长故也，因如此读。元来他章虽长，意味却自首末相贯，熟读滋味自出。〔1〕

[注释]

①向时：先前。

[译文]

先前没有理解领会《孟子》，是因为它每一章都很长，所以这样读。后来才发现，它的每一章虽然都很长，但主体意旨首尾贯穿，熟读之后其中滋味自然就显示出来。

3.3.4 今学者看文字，往往不曾熟，何缘贯通？横渠①云："书须成诵。精神都是夜中，或静坐得之。不记，则思不起。"〔2〕

---

〔1〕此条亦见于《朱子语类》卷十一，本书"荟辑"部分4.2.105条，文字稍有出入。

〔2〕《朱子语类》卷八十此条作："横渠云：'书须成诵。精思多在夜中，或静坐得之。不记，则思不起。'今学者看文字，若记不得，则何缘贯通！"

[注释]

①横渠：即张载。参见2.2.1条注释。

[译文]

现在的学者看文字，往往不熟练，又怎么能做到贯通？张载先生说："读书一定要能背诵。精神集中的时候通常发生在半夜，或静坐的时候。不记住，就谈不上思考。"

3.3.5 时举①云："某缘资质鲁钝，全记不起。"先生曰："只是贪多，故记不得。福州陈晋之②极鲁钝，读书只五十字，必三百遍而后能熟。积累读去，后来却应贤良③。要之，人只是不会耐苦耳。凡学者，要须是做得人难做底，方好。若见做不得，便不去做，任其自然，何缘做得事成？切宜勉之！"[1]

[注释]

①时举：即潘时举，浙江临海人，朱熹门人。见3.2.8条注释。②陈晋之：即陈旸（1064—1128），字晋之，福建闽清人，北宋著名音乐理论家，经学家陈祥道的弟弟。③贤良：古代选拔人才的科目之一，由文学之士充选。

[译文]

潘时举说："我因为资质鲁钝，所以根本记不住。"先生说："你只是贪多，所以才记不住。福州的陈晋之非常鲁钝，让他读五十个字，也要读三百遍才能记熟。但他日积月累地读，后来居然成了有身份的大学者。概括起来，只是人能不能忍耐吃苦。求学之人，首先要做人难做的，才好。如果一看做不成，就不去做了，这样任其自然不做努力，又能做成什么

---

〔1〕《朱子语类》卷八十此条作："时举曰：'缘资性鲁钝，全记不起。'曰：'只是贪多，故记不得。福州陈晋之极鲁钝，每读书，只五十字，必三二百遍而后能熟。积习读去，后来却赴贤良。要知人只是不会耐苦耳。凡学者，要须做得人难做底事，方好。若见做不得便不去做，要任自然，何缘做得事成？切宜勉之。'"

事？应该好好努力！"

3.3.6 问："读书求意义，虽知烂熟之为美，而习气已惯，惟恐不多之念未能顿忘。"先生曰："既知其非，便当改之。不须更加支蔓。"[1]

[译文]

有人问："读书探求义理，虽然知道烂熟于心最好，但以往的习惯已经养成了，贪多求快的念头一时之间不能放下。"先生说："既然你知道以往的习惯不好，那就应该改正。不要拿其他的理由东拉西扯。"

3.3.7 又曰："荀子说'诵数以贯之'。见得古人诵书，亦记遍数。'贯'字训'熟'，如'习贯如自然'。又训'通'。诵得熟，方能得通晓。若不熟，亦无可思索。（"熟读"，下同。）

[译文]

又说："荀子说过：'要反复诵读，以求融会贯通'。可见古人读书，也注重遍数。'贯'字可解释为'熟练'，如'熟练到习惯的程度，自然就懂了'。'贯'字又可解释为通晓，读得熟了，自然能够通晓。如果不熟，也谈不上更深层次的理解。（解释"熟读"，下面的也相同。）

3.3.8 "凡读书，且要熟读。不可只管思。口中读，则心中闲，而义理自出。某之始学，亦如是尔，更无别法。"又曰："读得通贯，后义理自出。"[2]

---

[1] 此条亦见于《朱文公文集》卷六十四。
[2] 此条亦见于《朱子语类》卷十一、本书"荟辑"部分 4.2.20 条。

[译文]

"大凡读书,先要熟读。不要只是思考。口中诵读,则心中安闲,而道理自然会出来。我刚开始学习也这样,没有其他办法。"又说:"把书读得首尾贯通,而后道理自然会出来。"

3.3.9 "凡看文字,端坐熟读,久之于大字边自有细字进出来,方是自家见得。若自家果是着心①,见他道理不得,则圣贤为欺我矣?而今公门②只于外面捉摸个影子说将去,这个不唤做学圣人之言。熟读玩味,道理自见。"说了,又喟然③叹曰:"是有这个道理,说与人不信,奈何?"[1]

[注释]

①着心:用心,心思放在这里。②公门:官署,此处代指官方。③喟然:叹气的样子,尤指因感慨而深深叹气。

[译文]

"凡是读书,需要坐端正,反复熟读,时间久了大字旁边自然会有小字进出来,这便是自己的见地。如果自己确实用心了,但体会不出道理,那岂不是圣贤在欺骗我辈吗?现在只是在外面捉摸着解说,这个不叫学习圣人的言论。反复熟读深思体会,道理自然显现。"说完之后,先生又长叹:"是有这个道理,但是说与人听,别人又不信,又有什么办法呢?"

3.3.10 或问:"吾与回言"①一章。先生曰:"便是许多紧要底言语,都不会说得[2]。且说《精义》②有许多言语?而《集注》③能有几多字?是一字当百十字,公都把作等闲看了。圣人言语,本自明白,不须解说。只为学者看不见,所以做出批注。解尚看不

---

[1] 此条亦见于《朱子语类》卷十九,文字稍有出入。
[2]《朱子语类》卷十九此处有"出"字,为是。

出,如何看得圣人意出?圣人言语,只熟读玩味,自不难见。若果曾着心,而看他道理不出,则圣贤为欺我矣?且如老苏④辈,只读《孟子》《韩子》,便翻得许多文字出来。譬如攻城,四面牢壮,任是铜墙铁壁,如今但只消攻得他一面破时,则这城便是自家底了,自然不待更去攻那三面矣。"[1]

[注释]

①"吾与回言":引语见《论语·为政》。②《精义》:指朱熹所著《论孟精义》中的《论语精义》。该书为朱熹所辑录的《论语》《孟子》十二家解说,共三十四卷,其中《论语》二十卷,《孟子》十四卷。③《集注》:指朱熹所著《四书章句集注》中的《论语集注》。《四书章句集注》是《四书》的重要注本,注重义理的解释与发挥,对文字训诂也字斟句酌。其内容分为《大学章句》(一卷)、《中庸章句》(一卷)、《论语集注》(十卷)以及《孟子集注》(十四卷)。④老苏:指苏洵(1009—1066),字明允,自号老泉,眉州眉山(今属四川眉山)人。北宋文学家,著有《嘉祐集》二十卷,《谥法》三卷,均传于世。

[译文]

有人请教《论语》中的"吾与回言"一章。先生说:"很多紧要的话,圣人都没有说出来。再说《论语精义》里有多少话?《论语集注》能有多少字?我是一个字当百十个字用,你们却把它看得太一般了。圣人的话,本来很明白,不需要解说。只是因为学者看不明白,所以要做注解。注解还看不明白,又怎么理解圣人的本意呢?圣人的话,只需反复熟读仔细体会,自然不难理解。如果真的用心了,还看不出其中的道理,难道是圣人欺骗我辈不成?以苏洵先生为例,他只读了《孟子》与《韩子》,就能阐释出那么多的文字。就好比攻城,四面城墙都很坚固,但即便是铜墙铁壁,如果集中攻一面,这座城迟早会被攻破,被我们占领,何须再去攻

---

[1] 此条亦见于《朱子语类》卷十九,文字稍有出入。

其他三面?"

3.3.11 又曰:"初学固是要先看《大学》《语》《孟》。若先看得《大学》一书透彻,他书都不费力,触类便见。"

[译文]

又说:"开始学习首先要看《大学》《论语》与《孟子》。如果能先把《大学》一书读透,读其他书就不会费力了,见到同类的书都很容易理解。"

3.3.12 与张元德①书[1]曰:"旧与朋友说话,每怪其不解人意,而不知所以然者。近乃觉学者读了书、听了话后,元不曾著心记当,绅绎②玩味。至有两年看一部《易传》都不记得紧要处者,虽其根钝使然,亦是不肯用力。乃知横渠③教人读书,必欲成诵,真学道者第一义。须是如此,已上方有着力处也。"

[注释]

①张元德:即张洽。参看3.2.6条注释。②绅绎:理出头绪。③横渠:即张载。参见2.2.1条注释。

[译文]

先生在给张洽的书信中说:"过去和朋友交谈,每每怪别人不理解我的意思,但我不知道为什么会这样。最近才体悟到,很多人读书也罢,听别人讲话也罢,根本不曾用心去记,也不思考体会,以至于有人花了两年时间读《易传》,却连其中要紧的地方还记不住,这虽然可能是他比较愚钝,但主要还是不肯用功。从中可知张载先生教人读书,必须要背诵下来,这真的是读书求学的第一法则啊。只有这样,才能在向上努力处有下

---

[1] 即《答张元德·旧与朋友说话》,见《朱文公文集》卷六十二。

功夫的地方啊。"

3.3.13 又曰:"近与学者讲论,尤觉横渠①成诵之说,是为径捷。盖未论义理如何,且是收得此心有归处,不至走作。然亦须是精专精研,使一书通透烂熟,都无记不得处,方别换一书,乃为有益。若但轮流通念而核之不精,则亦未免枉费工夫也。须是都通透后,又却如此温习,乃为佳耳。欧、严、谭君近来看得又如何?更望以此相勉。但于所读书经之注脚,记得首尾贯通浃洽,乃有玩味思绎处。如其不然,泛观杂说,毫无精实工夫,则徒费日月,终归无益也。"[1]

[注释]

①横渠:即张载。参见2.2.1条注释。

[译文]

又说道:"最近与学者讨论,越发觉得张载先生读书必须背下来的说法,真是读书的捷径。先不论讨论的道理是什么,首先是能借此把心收回来有个归宿,不至于放纵。但是还需要精心专一钻研,把一本书全部理解透彻烂熟于胸,到完全没有不记得的地步时,方才去读另一本书,这样才能有所助益。如果只是把一些书从头到尾地轮流读一遍,但不仔细推敲考证,那也难免要白费精力。必须是研习通透,又按照这个方法不时温习,才是更好的办法。欧、严、谭三位近来读书怎么样?希望你们能互相劝勉。对于你们所读经书的注解,都要记得首尾贯通,这样才有可以玩味思考的地方。如果不这样,只是去广泛地阅读各种杂乱的说法,一点没有精心实在的功夫,那除了浪费时间,最终还是没有什么收益。"

3.3.14 又曰:"书只是熟读,常常记在心头始得。孔子教人,

---

[1] 即《答张元德·衡阳之讣想已闻之》,见《朱文公文集》卷六十二。

也是'学而时习之'。若不去时习，则人都不奈何这是。孔子弟子编集，只把这个作第一件，若能时习，将次自晓得。若十分难晓底，也自晓得。"[1]

[译文]

又说道："书只是要熟读，常常记在心头才有收获。孔子教人，强调的也是'学而时习之'。如果不去时时温习，那任何人也没有办法。所以孔门弟子编撰《论语》，也把它这个放在第一条，如果能时时温习，将会逐渐明白。即使是非常难理解的，也一定会理解。"

3.3.15 读书须是成诵，方精熟。今所以记不得、说不去，心下若存若亡，皆是不精不熟之患。若晓得义理，又皆记得，固是好。若晓文义不得，只背得，少间不知不觉，自然相触发，晓得这道理。盖这一段文义横在心下，自然放不得，必晓而后已。若晓不得，又记不得，更不消读书矣。横渠①云："读书须是成诵。"云今人所以不及古人处，只争这些子。古人记得，故晓得。今人卤莽，记不得，故晓不得。不论紧急处，皆须成诵，自然晓得也。今学者若已晓得大义，但有一两处阻碍说不去，某这里略似数句拨动，自然晓得。诸公尽不曾晓得，纵某多说，何益？无他，只要熟读而已，别无方法也。"[2]

[注释]

①横渠：即张载。参见2.2.1条注释。

[译文]

读书必须要能背诵，方才算是精熟。现在所以记不住、讲不出，心里

---

〔1〕《朱子语类》卷二十此条作："若不去时习，则人都不奈尔何。只是孔门弟子编集，把这个作第一件。若能时习，将次自晓得。十分难晓底，也解晓得。"
〔2〕 此条亦见于《朱子语类》卷一百二十一。

好像记住又未记住，都是不够精通不够纯熟带来的病患。如果懂得书中的意思，又都能记得，那当然很好。如果书中的意思没搞明白，只是能背诵，不久在不知不觉中，也能自然而然地相互触发，明白了这个道理。因为这一段意思放在心里，根本放不下，一定要弄懂才行。如果不明白道理，又记不住内容，那更不用说读书了。张载先生说"读书必须能够背诵"，又说现在的人所以不如古人，就是差这一点。古人能记住，所以能理解。今人粗疏，懒得记忆，所以无法理解。且不说要紧的段落，全文都需要背诵，自然也就能理解。当今的学者如果懂得整体的含义，只差一两处不能理解说不清楚，我在这里略微用几句话点拨一下，他就能融会贯通。如果各位一点都不能理解，那纵使我说得再多，又有什么好处？没有其他原因，只是要熟读而已，除此之外没有别的办法。"

3.3.16 先生答吴伯丰①书[1]曰："此间亦有十数朋友往来讲学。前此多是看得文字不子细，往往都不曾入心记得，所以不见曲折意味，久之遂至一时忘却。今不免且熟看，若得一一记得牢固分明，则反复诵数之间，已粗得其意味矣。"

[注释]

①吴伯丰：即吴必大。参看3.2.47条注释。

[译文]

先生在答复吴必大的书信中说："这里也有十几个朋友经常相互讨论学问。此前大多读书不仔细，往往都没有用心去记，所以也难以理解其中的深层次含义，时间久了就都忘了。现在少不了从头熟读，如果能一遍遍记得牢固清楚，那么反复诵读的过程中，也已经粗略地掌握了书中的道理了。"

---

[1] 即《答吴伯丰·熹恩避经年》，见《朱文公文集》卷五十二。

3.3.17 又书[1]曰:"此亦有十数朋友,然极少得善看文字者,不免令熟看批注,以通念为先,而徐思其义。只寻正意,毋得支蔓,似此方略有头绪。然却恐变秀才为学究,又不济事耳。

[译文]

又写信说:"这里有十几个朋友,但很少有善于读书的,只能先让他们熟看注解,先从头到尾通读,再慢慢思考其中的含义。读书只需要抓住本来的意思,不要东拉西扯,像这样才能慢慢读出些头绪。不过我也担心这样会把小秀才变成老学究,又办不成什么事。"

3.3.18 因言读书用功之难。诸公觉大段浅近,不曾着心。某旧时用心甚苦,思量这道理,如遇危木桥子,相去只在毫发,才失脚便跌落桥下。用心极苦,五十岁后觉得心力短,看见道理只争毫发间,只是心力也不上。所以《大学》《语》《孟》,皆是五十岁以前做得了,自后长进甚不多。而今人看文字全心粗。前辈文士,亦用几多工夫方做得成。若用之道理上,那里得来?如韩文公①《答李翊》一书与老苏②《上欧阳③书》,直如此用工夫,未有苟然而成者。欧阳则就作文上改换,只管揩摩,逐旋捱将去,久久渐渐揩摩得光。老苏直是心中都透熟了,方出之书,看他所用工夫更难。前辈以至敏之才,而做至钝工夫。今人以至钝之才,而欲为至敏之工夫,所以程子④曰:"参⑤也,竟以鲁得之。"("精思",下同。)[2]

[注释]

①韩文公:韩愈(768—824),字退之,谥号"文公",故世称"韩文公"。唐代河南河阳(今河南省孟州市)人。自称"郡望昌黎",世称

[1] 即《答吴伯丰·长沙除命再辞不获》,见《朱文公文集》卷五十二。
[2] 此条亦见于《朱子语类》卷一百零四,但文字稍有出入,当以《朱子语类》为正。

"韩昌黎""昌黎先生"。唐代杰出的文学家、思想家、哲学家、政治家。②老苏：即苏洵。参看3.3.10条注释。③欧阳：欧阳修（1007—1072），字永叔，号醉翁、六一居士，吉州永丰（今江西省吉安市永丰县）人，北宋政治家、文学家，且在政治上负有盛名。世称"欧阳文忠公"。④程子：即程颐。参看2.6.1条注释。⑤参：即曾参，孔子的高足。

[译文]

　　因而谈到读书用功的难处。诸位觉得大部分书都浅显易懂，不肯用心。我过去曾经下过不少苦功，反复思考其中的道理，就像走在危险的独木桥上，差别只在毫厘间，一脚踩不稳就会跌到桥下，所以非常用心。五十岁以后渐渐觉得心思和精力不足了，虽然看见道理仍然在细微的差别上钻研，但心思和精力却跟不上了。所以《大学》《论语》《孟子》，都是五十岁以前做的，此后长进就不是很多了。而现在的人读书都很粗心。前辈先贤也是花费了很多功夫才做成的，如果把功夫用在研读道理上，又有什么做不来？比如韩愈的《答李翊书》和苏洵的《上欧阳书》，都是花了很多功夫，没有随随便便就能做成的。欧阳修喜欢在写作时不断修改，反复打磨，一步步改过去，时间久了渐渐就能打磨出光亮来。苏洵则是直到心里都透彻纯熟了才写下来，看他所下的功夫就更难了。前辈都是非常聪敏的人，却都愿意做最笨的功夫。现在的人只有愚笨的才质，却想做聪明人的功夫，所以程颐先生告诫说："曾参，就是因为愚笨而有所得。"（本条解释"精思"，下面的相同。）

3.3.19　看文字，须入里面猛滚一番。要透彻，方能得脱离。若只略略地看过，恐终久不能得脱离，此心又自不能放下也。[1]

[译文]

　　看文字，一定要进入到里面用心思考一番。只有理解透彻了，才能脱

---

〔1〕　此条亦见于《朱子语类》卷十、本书"荟辑"部分4.1.22条。

离开书本。如果只是大略地看过，恐怕终究也离不开书本，自己内心又不能放下啊！

3.3.20 凡看文字，初看时心尚走作，道理尚见得未定。到看定后，方入规矩。须是反复玩味得熟便，方是活受用，不尽看文字。正如酷吏之用法深刻①，都没人情，直要做到底。若只恁地等闲看过了，有甚滋味？〔1〕

[注释]

①深刻：严峻苛刻。语出《汉书·食货志上》："刑罚深刻，它政悖乱。"

[译文]

凡是看文字，刚开始看时心思游走不定，对义理的理解也不确定。直到对道理看定之后，才算入门。必须反复体会到烂熟于心，才可以灵活运用，不只是看文字。这就像残酷的官吏执行严刑峻法，没有一点人情，一直要执行到底。如果只是这样随随便便地看完，又有什么滋味？

3.3.21 又曰："某尝说，看文字须似法家深刻，方穷究得尽。某直是拌得下工去。"〔2〕

[译文]

又说："我曾经说过，看文字要像法家一样严苛，才能把道理领会到尽头。我也只是下得了苦功。"

---

〔1〕 此条亦见于《朱子语类》卷十、本书"荟辑"部分4.2.17条，文字差异较大，此处为节略。

〔2〕 此条亦见于《朱子语类》卷一百零一。

3.3.22 "大凡看文字,若有晓不得处,须着下死工夫。直要见得道理是自家底,方住。"先生言此以告学者,其辞甚厉。[1]

[译文]

"大致上读书如果有不明白的地方,一定要下死功夫。直到悟出道理是自己的,才能停下来。"先生讲这些话来告诫学者,言辞非常严厉。

3.3.23 看文字如捉贼,须于盗发处自一文以上赃罪情节,都要勘出,莫只描摸个大纲。纵使知道此人是贼,却不知他在何处做贼,亦不得。读时要体认得亲切,解时别白①得分晓,如此读书方为有益。[2]

[注释]

①别白:分辨明白。

[译文]

看书就像捉贼,要知道案发的地方。一文钱以上的赃物、罪行具体情节,都要细细地勘查出来,不要只捉摸一个大概。就算知道这个人是贼,却不知道他是怎么作案的,也不行。读书要体会到亲切的地步,理解要分辨得清楚明白,这样读书才能使自己真正受益。

3.3.24 大率吾曹之病,皆有浅急处。于道理上才有一说似打得过,便谓之打得过。以故为说不难,而造理①日浅,今方欲痛自惩革②。[3]

---

[1] 此条所引朱子语,亦见于《朱子语类》卷十、本书"荟辑"部分4.1.26条,文字稍有出入。
[2] 此条亦见于《朱子语类》卷十、本书"荟辑"部分4.1.27条。
[3] 此条亦见于《朱文公文集》卷四十《答何叔京·示喻温习之益》。

[注释]

①造理：发明事理，有进一步的认识。②惩革：吸取教训，自我革新。

[译文]

大体上我们读书的毛病，都是过于浮浅急躁。在道理上刚刚有点见解，就自以为说得通。所以有个说法并不困难，而在认识上却日渐浮浅，现在就要痛下决心，严格戒除。

3.3.25 看道理，若只恁他说过一遍便了，则都不济事，须是常常把来思量始得。看过了后，无时无候又把起来思量一遍，十分思量不透，又且放下，待意思好时又把起来看。恁地将久，自然透彻。延平先生①尝言："道理须是日中理会，夜里却去静处坐底思量，方始有得。"某依此说去做，真个不同。[1]

[注释]

①延平先生：即李侗（1093—1163），字愿中，世称"延平先生"。南剑州剑浦（属今福建南平）人，南宋学者。为程颐的二传弟子，年轻时拜杨时、罗从彦为师，得授《春秋》《中庸》《论语》《孟子》。朱熹曾从游其门，并将其语录编为《延平答问》。有《李延平集》。

[译文]

探究义理，如果只是说过一遍了事，那就办不成事，必须是常常拿来认真思考道理才能有所收获。道理看过后，要时不时再拿出来思考一遍，下功夫思考后还想不通，就暂时放下，等思路清晰时再拿起来。这样久而久之，理解自然通透。延平先生曾说："道理必须是白天领会，夜里去安静的地方坐下仔细思考，才能有所收获。"我照此方法去做，果真不同。

---

[1] 此条亦见于《朱子语类》卷一百零四。

3.3.26 为学读书,须是耐烦细意去理会,切不可粗心。若曰自有个捷径法,便是误人底深坑也。未见得道理时,似数重物包裹在里许,无缘可以便见。须是今日去了一重,又见得一重;明日又去了一重,又见得一重。去尽皮方见肉,去尽肉方见骨,去尽骨方见髓,使粗心大气不得。[1]

[译文]

读书做学问必须不怕麻烦,细心去理解领会,切不可粗心。如果说自己有捷径,那必然是误人的大深坑。还不明白道理的时候,就像东西被重重包在里面,没法一下子见到。必须是今天去掉一层,又见到新的一层;明天去掉一层,又见到新的一层。去掉了皮才能见到里面的肉,去掉了肉才能看到里面的骨头,去掉了骨头才能看到里面的骨髓,粗心大意是要不得的。

3.3.27 吴伯英①讲书。先生因曰:"凡人读书,须虚心入里,玩味道理。不可只说得皮肤上。"[2]

[注释]

①吴伯英:即吴雄,字伯英,湖南平江人,朱熹弟子。晚年创办阳坪书院,人称"阳坪先生"。

[译文]

吴伯英讲解书中的内容。先生借机说:"一般人读书,一定要谦虚深入其中,反复体会其中道理。不能只在字面意思上解说。"

3.3.28 "读书,始读未知有疑,其次则渐渐有疑,中则节节

---

〔1〕 此条亦见于《朱子语类》卷十、本书"荟辑"部分4.1.80条,文字稍有出入。
〔2〕 此条亦见于《朱子语类》卷一百二十。

是疑。过了这一番，疑渐渐释，以至融贯会通，都无可疑，方始是学。"又云："大疑则大进。"又云："无疑者须要有疑，有疑者却要无疑。"

[译文]

读书刚开始的时候不知道有什么疑问，接着才慢慢有些疑问，再深入则处处是疑问。过了这个阶段，疑问渐渐消除，最后融会贯通，再无疑问，这才是真正的学问。又说："有大的疑问才会有大的收获。"又说："没有疑问要发现疑问，有了疑问要解决疑问。"

3.3.29 关了门，闭了户，把断了四路头，此正读书时也。[1]

[译文]

关上大门，闭上窗户，隔断了四面的路口，这正是读书的好时候啊。

3.3.30 群疑并兴，寝食俱废，始划然①而有见也。[2]

[注释]

①划然：豁然开朗。

[译文]

所有疑问一并产生，睡觉吃饭全都忘掉，这是才开始豁然开朗而有见地啊。

3.3.31 若有疑处，且须自去商量，不要倚靠人。人若除得个

---

[1] 此条亦见于《朱子语类》卷十、本书"荟辑"部分4.1.18条。
[2] 此条亦见于《朱子语类》卷十、本书"荟辑"部分4.1.20条，文字稍有出入。

倚靠人底心，学也须会进。[1]

[译文]

如果有疑问，就先去自己思考，不能指望别人指点。人如果断了依赖别人的心，学习也一定会取得进步。

3.3.32 有疑，须[2]当识以俟问，然不可不时时提起闲看，倘或相值，殊胜问而后通也。[3]

[译文]

有疑问，必须对相关疑问有清楚的认识以便找机会向人请教，但依然不能不常常拿出来思考，如果能够解决掉，远远胜过问别人而后获得理解。

3.3.33 凡人读书，若穷得到通透处，心中也潜地[4]快活。若疑处，须是参诸家解熟看，看得又差互①时，此一段终是不稳在心头，不要放过。[5]

[注释]

①差互：出差错，不确定。

[译文]

凡是读书，如果考察到彻底明白时，心里也会暗暗地高兴。如果有疑问，就必须多方参考各家的注解详细地看，看到不确定的地方时，这一段

---

[1] 此条亦见于《朱子语类》卷一百一十三，辅广录。
[2] 《朱文公文集》卷五十五《答李守约·所示课程》，"须"作"虽"，为是。
[3] 此条亦见于《朱文公文集》卷五十五《答李守约·所示课程》。
[4] 《朱子语类》卷十一"潜地"作"替他"，为是。
[5] 此条亦见于《朱子语类》卷十一、本书"荟辑"部分4.2.108条。

在心里终究不安稳，不要轻易放过。

3.3.34 读书，须痛下工夫，须要细看。心粗性急，终不济事。如看《论语》[1]，且将诸家相比并看，自然比得正道理出来。如识高者，初见一条，便能判其是非。如未能，且细看。如看疑案相似，虽未能便判他案，然已是经心，尽知其情矣。只管如此，将来粗急之心，亦磨礲①得细密了。横渠②云："文要密察，心要宏放。"若不痛做工夫，终是难入。[2]

[注释]

①磨礲：磨炼，磨治。切磋琢磨，反复研讨。②横渠：即张载。参见2.2.1条注释。

[译文]

读书，必须要下苦功夫，必须要看得仔细。粗心大意性子急，最终办不成事。比如看《论语》，只要将各家注释对比着看，自然能对比出正确的道理出来。如果见识高明，看到一条，就能判断出其中的是非。如果做不到，那就仔细看。这就和审查疑难案件类似，虽然还不能对案子有所判定，但已经用心了，能全部知道其中的情形了。只要坚持这样做，粗心大意性子急，将来也会磨炼得心思缜密。张载先生讲过："做学问要尽可能仔细，修心则要尽可能宏放。"如果不下一番苦功夫，最终还是难以进入。

3.3.35 看得一件是，未可便以为是，且顿放一所，又穷他语，相次看得多，相比并，自然透得。且如圣贤，千言万语虽不同，都只是说这道理。且将圣贤说底看，一句如此说，一句如彼说，逐句把来凑看，次第合得都是这道理。

---

[1] 《朱子语类》卷十九此句以下有"精义"二字，为是。
[2] 此条亦见于《朱子语类》卷十九。

[译文]

看到一处是这样的,不能就认定是这样,暂且先把它放放,先去研究其他地方的话,相互看得多了,再相互参照,自然能够理解通透。比如圣贤,他说的千言万语,虽然不同,但说的都是这个道理。暂且将圣贤说的话拿来看,这句是这么说的,那句又是那样说的,把每一句都拿来放在一起看,次序相合的就是这个道理。

3.3.36 凡看文字,诸家说有异同[1],最可观。谓如甲说如此,且挦扯①住甲,穷尽其辞;乙说如此,且挦扯住乙,穷尽其辞。两家之说既尽,又参考而穷究之,必有一真是者出矣。[2]

[注释]

①挦扯:生拉硬扯。挦,撕,取,拔,拉。

[译文]

凡是看文字,各家说法有不同的地方,最值得看。比如说甲是这么说的,那就拉住甲,让他说个清楚明白;知果乙是那么讲的,也把他拉住,让他把所有的想法都说出来。了解完两家的观点,再参照对应深入研究,必定有一正确的从中出来。

3.3.37 凡看文字,诸家说有异同处,最可观。某旧来看文字,专看异同处。如谢上蔡①之说如彼,杨龟山②之说如此,何者为得?何者为失?所以为得者是如何?所以为失者是如何?[3]

---

[1] 据《朱子语类》卷十一—此处脱一"处"字。
[2] 此条亦见于《朱子语类》卷十一、本书"荟辑"部分4.2.109条,文字稍有出入。
[3] 此条亦见于《朱子语类》卷一百零四。

[注释]

①谢上蔡：即谢良佐。参看 3.2.55 条注释。②杨龟山：即杨时（1053—1135），字中立，号龟山，祖籍弘农华阴（今陕西华阴东），福建将乐人。北宋哲学家、文学家。先后学于程颢、程颐，同游酢、吕大临、谢良佐并称"程门四大弟子"。又与罗从彦、李侗并称为"南剑三先生"。晚年隐居龟山，学者称"龟山先生"。

[译文]

凡是看文字，各家说法有不同的地方，最值得看。我过去看文字时，专门看这些不同的地方。比如谢良佐先生的说法可能是那样的，而杨时先生的说法则是这样的，到底谁说的有见地？谁说的有失误？有见地的原因是什么？有失误的原因又是什么？

3.3.38 "读《论语》须将《精义》看。先看一段，[1] 看第二段，将两段比较，孰得孰失，孰是孰非。又将第三段比较如前。又总一章之说而尽比较之。其间须有一家说合圣人之意，或有两说，有三说，有四、五说皆是，又就其中比较疏密，如此便是格物。及看得此一章透彻，则知便至。或自未有见识，只得就这里挨。一章之中，程子之说本是，门人之说多失，然初看时，不可先萌此心，门人所说，亦多有好处。"

輩卿①因言："若只将程子之说为主，如何？"曰："不可。只得以理为主，然后看他底。得一章直是透彻了，然后看第二章，亦如此法。若只看得三四篇，此心便熟，数篇之后，迎刃而解矣。尝苦与学者言，说得口破，少有依某去着力做工夫者。且如'格物''致知'之章，程子与门人之说，其初读之，皆不敢疑。后来编出细看，见得程子诸说虽不同，意未尝不贯。其门人之说与先生之

―――――――――

〔1〕 据《朱子语类》卷十九，此处脱一"次"字。

说，则有大不同者矣。"[1]

[注释]

①程子：即程颐。参看2.6.1条注释。②蜚卿：即童伯羽（1144—?），字蜚卿，福建瓯宁人。世人称"敬义先生"，朱熹弟子。

[译文]

"读《论语》时必须结合着《论语精义》来看。先看一段，再看第二段，然后将两段比较，看谁得谁失，谁对谁错。再用前面的方法拿第三段来比较。然后再综合这一章的解说全部进行比较。其中必有一家的解说符合圣贤本意，或者有两种说法，有三种说法，甚至四种、五种说法都符合圣贤本意，那就比较它们之间粗疏与细密的区别，这就是所谓的'格物'。等到把这一章内容都理解通透了，那认知也就达到了。如果自己还没有见识，那就继续在这里探究。一章的内容里边，程颐先生的说法固然是对的，他的弟子们的说法往往有失误，但刚开始看时，不能先有这样的想法，程先生的门人的说法也有很多好的地方。"

童伯羽就此问："那我就以程先生的说法为主，可以吗？"朱熹先生说："不可以。只能以道理为主，然后看程颐先生的说法。一章理解透彻了，然后再看第二章，也按照这个办法。如此接连看三四篇，心里也就熟悉了，看过数篇之后，所有的疑问都可迎刃而解。这些话我曾经苦口婆心地对学者们讲，说得嘴皮都要磨破了，但很少有人按我说的去真正下功夫。比如'格物''致知'之章，对于程颐先生及其弟子的解说，刚开始读的时候，我也不敢去质疑，后来才发现程颐先生的一些说法虽然不尽相同，但意思却未尝不连贯。他的门人的观点就与先生的观点有很大不同。"

3.3.39 文字大题目，痛理会三五处，后当迎刃而解。

---

[1] 此条亦见于《朱子语类》卷十九。

[译文]

文章中的重要问题，能痛下功夫深入理解三五处后，疑虑必然能迎刃而解。

3.3.40 "此义理尽广大无穷，须是把来横看直看，子细穷究。"又云："道理在人如何看。直看是一般，横看又是一般。"又曰："凡看文字，不可落于偏僻，须是周匝。四通八达，无些窒碍，方有进益。"又云："观书不可只观紧要处，闲慢处却要周匝。"

[译文]

"这里的义理都是广大无穷的，需要拿出来横看竖看，仔细探究。"又说："道理关键在于人如何看。竖看是一种状态，横看又是另外一种状态。"又说："凡是看文字，不能只关注偏颇生僻的地方，必须全面周密研读。读到理解上四通八达没有阻碍，才能有进步收益。"又说："读书不能只看当中紧要的地方，看似无关紧要处也要周密详尽地阅读。"

3.3.41 "看文字，专看细密而遗却缓急之间，固不可。专看缓急之间而遗却细密，亦不可。须是切己用工，将来自得之于心，则视言语，诚如糟粕矣。然今不可便视为糟粕也，但当自期向到彼田地耳。"又云："看文字，专看四边而遗却紧要处，固不可。专看紧要而遗却四边，亦不可。"

[译文]

"读书的时候，专门看精微细密的地方而舍弃转折变化的地方，固然不可以。但专门看转折变化的地方而舍弃精微细密的地方，也不可取。必须是结合自己来下功夫，等到心里有了收获，再来看书中的言语，真的就是糟粕了。但刚开始不能就把它们看作糟粕，只能期望自己将来能达到那样的田地才行。"又说："看书专看边角却不看紧要的内容，固然不可以；

但专看紧要的内容而完全不理会边角的内容,也不可取。"

3.3.42 看《集注》①,不可遗了紧要字。盖中有极散缓者,有缓急之间者,有极紧要者。某释经时,每下一字,直是秤轻等重,然后写出。[1]

[注释]

①《集注》:即朱熹所著《四书章句集注》。

[译文]

看《四书章句集注》时,不能漏掉紧要的字眼。因为其中的注解有平铺直叙的,有转折变化的,也有至关紧要的。我解注经书时,每一个字,都要反复权衡,然后才敢写出。

3.3.43 黄勉斋①著《论语通释》,至"吾之于人也,谁毁谁誉"章而曰:"先师之用意于《集注》一书,愚尝亲见之。一字未安,一语未顺,覃思静虑,更易不置,或一二日而未已,夜坐或至三四更。如此章,乃亲见其更改之劳,对坐至四鼓。先生曰:'此心已孤,且休矣。'退而就寝,目未交睫,复见遣小吏持版牌改数字以见示,则是退而未寐也,未几而天明矣。用心之苦如此,而学者顾以易心②读之,安能得圣贤之意哉!追念往事,著之于此,以为世戒。"

[注释]

①黄勉斋:即黄榦。参看3.2.9条注释。②易心:轻慢之心。

[译文]

黄榦编著《论语通释》一书,到"吾之于人也,谁毁谁誉"一章时,

---

[1] 此条亦见于《朱子语类》卷十一、本书"荟辑"部分4.2.112条,文字稍有出入。

记述说:"我的老师朱熹先生专心撰写《四书章句集注》的情景,我曾经亲眼目睹。有一个字用得不准确,有一句话讲得不流畅,他都会反复深思,不断更改,有时候一两天也休息不了,经常夜里静坐到三四更天。比如说这一章,我就曾经见过先师改动它的辛苦,那天我们相对静坐到了四更天。先生才说:'我已经心思枯竭了,暂且休息吧。'于是我退下去休息,还没等我合眼,下人就拿着改动了数字的书版跑过来让我看,可见我退下后先生根本没睡,不一会儿天就亮了。先生用心如此之苦,但求学之人反而以轻慢之心看待它,这怎么可能理解圣贤的真意?追思往事,并记录在书上,希望世人引以为鉴。"

3.3.44 学者观书,先须读得正文,记得注解,成诵精熟。注中训释文意、事物、名件①,发明②经旨相穿纽处,一一认得,如自己做出来底一般,方能玩味反复,向上有通透处。[1] 若不如此,只是虚设议论,如举业③一般,非为己之学也。曾见有人说《诗》,问《关雎》篇。于其训诂名物全未晓,便说"乐而不淫,哀而不伤④",某因说与他道:"公而今说《诗》,只消这八字,更添'思无邪'⑤三字,共成十一字,便是一部《毛诗》了。其他三百篇,皆成渣滓矣。"因忆顷年汪端明⑥说:"沈元用⑦问和靖⑧:'伊川⑨《易传》何处是切要?'尹云:'体用一源,显微无间',此是切要处。"后举似李先生⑩,先生曰:'尹说得[2]好。然须是看得六十四卦、三百八十四爻都有下落,方始说得此话。若学者未曾子细理会,便与他如此说,却是误他!'"予闻之悚然。始知前日空言无实,不济事。自此读书益加详细。(此一段先生亲书,示书堂学者。)[3]

---

[1] 此句亦见于陈弘谋《养正遗规》本《朱子读书法》六条第二条"熟读精思",文字稍有出入。
[2] 据《朱子语类》卷十一,此处"得"字作"固"字。
[3] 此条亦见于《朱子语类》卷十一、本书"荟辑"部分4.2.107条。

[注释]

①名件：名目。②发明：创造性地阐发、发挥。③举业：为应科举考试而准备的学业。④乐而不淫，哀而不伤：快乐并非没有节制，悲哀却不至于过分悲伤。引语见《论语·八佾》："《关雎》乐而不淫，哀而不伤。"⑤思无邪：心无邪意，心归纯正。引语见《论语·为政》："《诗》三百，一言以蔽之，曰：'思无邪。'"⑥汪端明：汪应辰（1118—1176），初名洋，字圣锡，江西玉山人，朱熹表叔，曾任端明殿学士，所以称"汪端明"，学者称"玉山先生"。⑦沈元用：沈晦（1084—1149），字元用，号胥山，两宋之交名臣，浙江钱塘人。⑧和靖：此处的"和靖"及下文的"尹"都指尹焞（1071—1142），字彦明，一字德充，河南洛阳人。程颐弟子，两宋之交名儒。靖康初召至京师，不欲留，赐号"和靖处士"。有《和靖先生集》及《论语解》传世。⑨伊川：伊川先生，即程颐。参看2.6.1条注释。⑩李先生：指朱熹的老师李侗先生。参看3.3.25条注释。

[译文]

学者用恭敬之心读书，首先要诵读熟悉正文，也能记得注解，能精准、熟练背诵下来。对于注释中解释文章意义、解释文中所涉及的事物和名词典故的地方，以及语义相互贯穿承接的地方，都能够记得清楚，就像是自己写出来的一样，只有这样才能反复玩味，才能在理解和领悟上达到通达、透彻。如果不是这样，只是凭空发一通议论，好像做科举文章一样，并非与自己紧密相关的学问。我曾经见过有人讲解《诗经》，便问他《关雎》篇怎么理解。没想到他对相关训诂、个中名物全都不知道，只说"乐而不淫，哀而不伤"八个字。所以我对他说："你解读《诗经》，只用八个字，如果再加上'思无邪'三个字，共十一字，足以顶得上一部《毛诗》了。《诗经》中的其他三百篇，都成了渣滓了。"因此想起前几年遇到汪应辰长辈的时候，他说："沈晦曾经问和靖先生：'程颐先生的《易传》哪些话最重要？'和靖先生说：'体用一源，显微无间，这句话最重要。'"后来我把这话转述给我的老师李侗先生，老师说："和靖说得固然没错。但必须建立在把六十四卦、三百八十四爻都理解透彻的基础上，才有资格说这句话。如果求学之人还没弄清楚六十四卦、三百八十四爻，就告诉他这句话，那只会误导他！"我听后不禁感到后怕。这才知道先前空谈不实在，完全无济于事。从此之后读书时愈发仔细了。（这段话是朱熹先生亲自书写，挂在书塾里警示学生的。）

3.3.45 或云："而今每日只优游和缓。"曰："而今便说优游和缓，只是泛泛而已。这个工夫须是从大火中锻炼，[1] 教他通红，镕成汁，泻成铤，方得。只今是火面上炮熟，全然生硬，不属自家使在，济得甚事！须是纵横舒卷皆由自家，搦成团，捻成匾，放得去，收得来，方可。某尝思之，今之学者所以多不得力，正缘不熟耳。[2] 吕居仁①记老苏②说平日因闻'升里转，斗里量'，遂悟作文处。这个须是烂泥熟之，纵横妙用，皆由自家，方济得事也。（"精熟"，下同。）[3]

[注释]

①吕居仁：即吕本中（1084—1145），字居仁，祖籍莱州，寿州（治今安徽凤台）人。世称"东莱先生"，吕祖谦的伯祖。两宋之交诗人、词人、道学家。②老苏：即苏洵。参看3.3.10条注释。

[译文]

有人说："现在每天都是悠闲自在。"先生说："现在就说悠闲自在，心态平和，那也只是轻浮泛泛。这个功夫需要在大火中炼，把它炼得通红，融成针汁，再浇铸成铁块，才行。现在只是表面锻烧了一会儿，里面还全然生硬，不听自己使唤，能有什么用？必须达到想让它模样、形状全

---

[1] 据《朱子语类》卷一百二十一，此处脱"锻"字。
[2] 据《朱子语类》卷一百二十一，此处有脱文。
[3] 此条亦见于《朱子语类》卷一百二十一，文字稍有出入。

由自己拿捏，能握成团，能揿得扁，能放得出去，能收得回来才行。我曾经想过，现在的求学之人之所以多不得力，正是因为没有经过这样的锤炼。吕本中记载苏洵先生曾经说过：'因为平时听到"升里转、斗里量"这句话，所以领悟到了写文章的关键。'平时就是要烂熟如泥，不管它纵横来去皆在自己掌控，才谈得上能做成事。"（解释"熟读精思"，下面的条目相同。）

3.3.46 学者看文字，不必自立说，只记得前贤与诸家说，便得。而今看自家如何[1]，终是不如前贤。须是尽意记得诸家说，方有个衬簟①处，这里义理根脚方牢，这心也有杀泊②处。心终只在这上走，久久自然晓得透熟。今公辈看是[2]，大概都有个生之病，所以说得来不透彻。只欲去包笼巴揽③他，无实见处。某旧看文字极难，诸家说尽用记。且如《毛诗》，那时未似如今说得如此条畅。古今诸家说，尽用记取。闲时将起思量：这一家说得那字是，那字不是；那一家说得那字是，那字不是；那家说得全是，那家说得全非；所以是者是如何，所以非者是如何。只管思量，少间这正当道理，自然光明灿烂，存心目间，如指诸掌④。公辈只是扭捻⑤巴揽来说，都不曾熟，所以这道理收拾他不住，自家也使他不动，他也不伏自家使。相聚得一朝半日便散去了，只是不熟。这个道理，古今圣贤也如此说，做得大概一般。然今人说终是不似，所争熟不熟耳。纵使说得十分全似，犹不自在，况和那十分似底，也不曾看得出。[3]

[注释]

①衬簟（diàn）：依托，依据。②杀泊：停泊。③包笼巴揽：包含容

〔1〕 据《朱子语类》卷一百二十，此处脱"说"字。
〔2〕 据《朱子语类》卷一百二十，"是"字作"文"字。
〔3〕 此条亦见于《朱子语类》卷一百二十。

纳。④如指诸掌：比喻事情很容易办到。出自《论语·八佾》："或问禘之说。子曰：'不知也，知其说者之于天下也，其如示诸斯乎？指其掌。'"⑤扭捏：生拉硬扯地编造。

[译文]

　　学者读书，不一定非要自己立论，能记住前贤与各家的解说，也可以。现在看自己的见解，终究还是不如前贤。一定要尽量记住各家解说，才有个依托处，这样义理才记得牢固，内心也能安顿下来。心始终放在上面，时间长了自然能了解得透彻熟悉。现在各位看起来还好，实际上大概都有生分的毛病，所以说起来不够通透彻底。只是想把它笼统地记住，但并没有真正的见解。我过去读书很辛苦，各家的解说都要记牢固。比如《毛诗》，那个时候并不像今天这样讲得流畅。古今各家的讲解，都要用心记住。有时间便思考：这一家哪个字解得好，哪个字解得不好；那一家哪个字讲得对，哪个字讲得不对；哪一家说得全都对，哪一家说得全都不对；说得对的为什么会对，说得不对的为什么不对。只管思考，不久这正确的见解，就自然而然地光明灿烂，就在眼前心头，如同置于掌上。各位只是生硬笼统地说，却一点都不熟练，所以就掌握不住这些道理，要灵活运用也不行，它也不听你的使唤。如同不熟悉的人相聚一时就都散去了，终究还是不熟。这个道理，古今圣贤都是这么讲的，也都是这么做的。但今天的人说出来总觉得不像，其实差别就在于熟不熟。即使说得完全相似，还是不自在，更何况能说得十分相似的，也不曾见到过。

3.3.47　刘晏①见钱流地上，想见得熟了如此。某而今看圣贤说话，见圣人之心，成片从面前过。

[注释]

　　①刘晏（718—780）：字士安，曹州南华（今山东菏泽市东明县）人，唐代著名的经济改革家和理财专家。

[译文]

　　唐代的理财专家刘晏到处都能看到商机，就好像能看到钱在地上流动，可以想象他对理财之道有多么熟悉。我现在看圣贤的言语也是这样，仿佛能看到圣人的心思，一片片地从我眼前飘过。

3.3.48 读书之道，用力愈多，收功愈远。先难而后获，先事而后得，皆是此理。[1]

[译文]

　　读书的道理，是下功夫越多，收效就越大。先前艰难而后才会有收获，先前付出而后才会有所得，都是这个道理。

3.3.49 读书，须得个说处，方进。

[译文]

　　读书，必须有自己的见解，才能不断进步。

3.3.50 看文字，须要得言外之意。

[译文]

　　读书，必须能读出圣人的言外之意。

3.3.51 便是看义理难：又要宽着心，又要紧着心。不宽，不足以见其规模之大；不紧，不足以见其文理之细密。荀、杨①晓文义，又不见他大规模处。[2]

---

[1] 此条亦见于《朱子语类》卷十、本书"荟辑"部分4.1.50条。
[2] 此条亦见于《朱子语类》卷九。

[注释]

①荀、杨：荀，指荀子；杨，指扬雄。荀子（约前313—前238），名况，字卿，战国末期赵国人，先秦时期儒家学派孟子之后最重要的代表。扬雄（前53—18），字子云，西汉蜀郡成都（今四川成都郫都区）人，在辞赋、散文、儒学等方面都颇有成就。

[译文]

研究义理有困难，既要把心放宽，又要把心收紧。不放宽，就不能看到义理的宏大雄浑；不收紧，就不能看出义理的细致周密。荀子、扬雄能通晓文章大意，却无法看出他们在义理上的宏大雄浑。

3.3.52 看书，非止看一处便见道理。如服药相似，一服岂能得病便好？须服了又服，服之多后，药力自行。[1]

[译文]

看书，不是看一处就能明白道理的。就跟吃药相似，只吃一服药哪能把病治好？必须是一服一服地吃，吃多了之后，药力自然就发挥出来了。

3.3.53 "圣人之言，大小精粗，无有欠阙。"又曰："圣人之言，自是精粗轻重得宜。"

[译文]

"圣人的话，无论大处小处，或精辟或粗疏，都没有什么缺陷。"又说："圣人的话，自然是粗细、轻重都安排得当。"

---

[1] 此条亦见于《朱子语类》卷十、本书"荟辑"部分4.1.84条。

◆ 张洪、齐熙续编部分

3.3.54 先生答沈叔晦①书曰:"务为学而不观书,此固一偏之论,然中年精力有限,与其泛观而博取,不若熟读而精思。得尺吾尺,得寸吾寸,始为不枉用工耳。"〔1〕

[注释]

①沈叔晦:即沈焕(1139—1191),字叔晦,浙江定海人。继承陆九渊心学,学者称"定川先生"。与杨简、袁燮、舒璘同创南宋四明学派,称"淳熙四先生"。著有《定川言行编》《定川遗书》等。沈叔晦与朱熹常有书信往来,但质疑其说。

[译文]

先生在答复沈叔晦的书信中说:"做学问而不读书,这固然是带有偏见的论断,然而中年精力有限,与其广泛浏览而宽博摄取,不如纯熟读书而精进深思。进步一尺我就得到一尺,进步一寸我就得到一寸,这样才不枉费功夫啊。"

3.3.55 为学之道,更无他法。但能熟读精思,久之自有见处。尊所闻,行所知,久之自有至处。〔2〕

[译文]

做学问只有一个途径,再没有别的方法。只要纯熟读书且精进深思,久而久之自然有见地。重视自己听到的,践行自己知道的,时间长了自然有进步。

---

〔1〕 即《答沈叔晦·帅幕非所以处》,见《朱文公文集》卷五十三。
〔2〕 此条亦见于《朱子语类》卷一百一十五。

3.3.56 熟读精思。既晓得，又须疑。不止如此，庶几有进。若以为止如此矣，则终不复有进也。[1]

[译文]

纯熟读书且精进深思。既然已经知道书的内容，还要不断提出疑问。这样努力不止，才可能有所进步。如果自以为这样就行了，那么最终也不会进步。

3.3.57 《论语》首章，便是读书玩理之样辙①，更无别涂。请只如此用功，不必切切论功计获也。[2]

[注释]

①样辙：样板。

[译文]

《论语》首篇，就是读书并玩味道理的样板，除此之外没有别的途径。请务必像这样用功，不必过分计较功夫与收获。

3.3.58 答林伯和①书曰："讲学莫先于《语》《孟》。而读《语》《孟》者，又须逐章熟读精思。不通，然后考诸先儒之说，以发明之。如二程先生②说得亲切处，直须看得烂熟，与经文一般，成诵在心，乃可。"[3]

[注释]

①林伯和：即林鼐，字伯和，浙江黄岩人，朱熹门人。②二程先生：指程颢、程颐。参看3.2.15条注释。

---

[1] 此条亦见于《朱子语类》卷十、本书"荟辑"部分4.1.55条，文字稍有出入。
[2] 即《答吕子约·所喻日用工夫》，见《朱文公文集》卷四十七。
[3] 即《答林伯和·示喻前此》，见《朱文公文集》卷四十九。

[译文]

先生在答复林伯和的书信中说:"讲习学问没有不把《论语》和《孟子》放在第一位的。而读《论语》和《孟子》,又必须一章一章反复熟读、精心思考。想不通时,再参考各位前辈的解说,以激发自己的智慧与见解。像程颐、程颢两位先生讲得非常贴切的地方,也要读得烂熟,就像经书正文一样,完全记在心里,才行。"

3.3.59 答余占之①书曰:"读书之法,熟读精思,此外更无别巧。"[1]

[注释]

①余占之:即余隅,字占之,福建古田人,朱熹门人。

[译文]

先生在答复余隅的书信中说:"读书的方法,就是反复诵读精心思考,此外再也没有什么机巧可言。"

3.3.60 答胡季随①书曰:"读书不务精熟,则久远无入头处,必为浮说②所动。"[2]

[注释]

①胡季随:即胡大时。参看3.2.86条注释。②浮说:浮夸不实的言论。

[译文]

先生在答复胡季随的书信中说:"读书如果不能做到精湛纯熟,那么很长时间也难以入门,必然会受一些浮夸言论的影响。"

---

[1] 即《答余占之·试期不远》,见《朱文公文集》卷五十。
[2] 即《答胡季随·前书诸喻》,见《朱文公文集》卷五十三。

3.3.61 答路季章①书曰:"将《语》《孟》正文,端坐熟读,口诵心惟②。虽已晓得文义,亦须逐字忖过,洗涤心肝五脏许多忿憾③之气〔1〕,管取④后日须有进步处,不但如今日而已。"又曰:"读书须随章逐句,子细研穷,方见意味。若只用粗心,但求快意,恐无以荡涤尘埃,划除鳞甲也。"〔2〕

[注释]

①路季章:即路蒂,字德章。吕祖谦门人,尝官襄阳司理参军。②口诵心惟:口中朗诵,心中思考。语出唐代韩愈《上襄阳于相公书》:"手披目视,口咏其言,心惟其义。"③忿憾:怨恨。④管取:包管。

[译文]

先生在答复路季章的书信中说:"读《论语》《孟子》正文时,要坐得端正且诵读纯熟,口中诵读且心里思考。虽然已经知晓文意,也须一个字一个字地思量一番,洗涤五脏六腑中的愤恨之气,保管以后有进步的地方,不会只停留在今天这个水平而已。"又说:"读书需要对每一章每一句,仔细认真研读穷究,这样才能体会出其中的意味。如果只是粗心,只求一时畅快,恐怕很难涤荡内心的尘埃,破除固有的成见。"

3.3.62 答杨至之①书曰:"熟读一经,子细理会,有疑则思,不通方问,庶有进处。若只如此泛泛揭过,便容易生说。虽说得是,亦不济事,况全未有交涉②乎?"〔3〕

[注释]

①杨至之:即杨至,字至之,福建晋江人,朱熹门人。②交涉:关联。

---

〔1〕《朱文公文集》卷五十四作"洗涤了心肝五脏里许多忿憾怨毒之气"。
〔2〕即《答路德章·示喻缕缕备悉》,见《朱文公文集》卷五十四。
〔3〕即《答杨至之·所喻诗序》,见《朱文公文集》卷五十五。

[译文]

先生在答复杨至之的书信中说:"熟读一部经书,仔细理解领会,有疑问就思考,不明白就请教,这样差不多才有进步。如果只是这样泛泛地翻书,就难免强行解说。即使说得对,也没什么用,况且说得没有丝毫联系呢?"

3.3.63 答赵履常①书曰:"读书遗忘,此亦士友之通患,无药可医。只有少读深思,令其意味浃洽,当稍见功耳。"[1](又,答陈明仲②亦同此。)

[注释]

①赵履常:即赵崇宪(1160—1219),字履常,余干县城西街(今江西余干)人。年轻时曾就学于东山书院朱熹门下。②陈明仲:即陈旦。参看3.1.27条注释。

[译文]

先生在答复赵履常的书信中说:"读书容易忘记,这是读书人的通病,无药可治。只有少读一点,深入思考,做到文义贯通,或许能起点儿作用。"(另外,先生答复陈旦的书信内容也与此类似。)

3.3.64 答廖子晦①书曰:"近时朋友谩说②为学,然读书尚不能记得本文,讲说尚不能通得训诂③,因循苟且,一暴十寒④,日往月来,渐次老大⑤,则遂漠然忘之,更无头绪可以接续,良可叹也。"[2]

[注释]

①廖子晦:即廖德明。参看3.2.94条注释。②谩说:轻慢随意解说。

---

[1] 即《答赵履常·示喻读书遗忘》,见《朱文公文集》卷五十六。
[2] 即《答廖子晦·德明向者侍坐》,见《朱文公文集》卷四十五。

谩，轻慢，蒙蔽。③训诂：指解释古代汉语中字词的意义。④一暴十寒：原指即使是最容易生长的植物，晒一天，冻十天，也不可能生长。后用于比喻学习或工作没有恒心，用功少，荒废多。暴，晒。出自《孟子·告子上》："虽有天下易生之物也，一日暴之，十日寒之，未有能生者也。"⑤老大：年纪大。

[译文]

先生在答复廖子晦的书信中说："最近有些朋友随意解说做学问的方法，然而读书尚且记不住正文，讲解时不懂文字的解释方法，沿袭陈旧的方法敷衍应付，时冷时热没有恒心，日子一天一天过去，年龄一年一年老去，学到的东西都忘光了，又没头绪可以延续下去，实在是可叹。"

3.3.65 答许生①书曰："夫道之体用，盈于天地之间。古先圣人既深得之，而虑后世不能以达乎此，于是立言垂教，自本至末，所以提撕诲诱于后人者，无所不备。学者正当熟读其书，精求其意，考之吾心，以求其实，参之事物，以验其归，则日用之间，讽诵思存②，应务接物，无一事之不切于己矣。"[1]

[注释]

①许生：即许中应，浙江东阳人，朱熹同时期学者。②思存：念念不忘，铭记于心。出自《诗经·郑风·出其东门》："出其东门，有女如云。虽则如云，匪我思存。"

[译文]

先生在答复许生的书信中说："圣贤之道的本体与应用，充盈于天地之间。古代的先辈圣人既然已经深有所得，又担心后世子孙不能达到这个境界，于是著书立言垂范后世，从大根大本到细枝末节，提携教诲后人没有不完备的。学者应当熟读圣贤之书，精心探求本意，以我之心来考量，

---

[1] 即《答许生·去岁陆》，见《朱文公文集》卷六十。

探求其中的实际用意,再以事物来参照,验证义理的归趣,如此在日常之间,时时诵读,念念不忘,处理政务待人接物,没有一件事不切合于自身啊。"

3.3.66 答张元德^①书曰:"读书切忌贪多,惟少则易以精熟。而学问得力处,正在于此。苟为不熟,不如稊稗^②,非虚语也。"[1]

[注释]

①张元德:即张洽。参看3.2.6条注释。②不如稊稗:比喻条件素质再好,如果最后不能有所成就,还不如素质条件差的。稊,稊子一类的草;稗,稗子,像稻子的一种杂草。

[译文]

先生在答复张元德的书信中说:"读书切忌贪多,只有少读才容易精湛纯熟。而做学问能够下力气的地方正在这一点。如果做不到纯熟,资质再好也比不上那些资质稍差但读书得法的人,这绝对不是空话。"

3.3.67 读书,须是将本文熟读,且嚼咀其味。若有理会不得处,然后将注解看,方是有益。[2]

[译文]

读书,一定要先将正文读熟,而且反复咀嚼其中的意味。如果有理解不了的,再去看注解,这样才是有益。

3.3.68 读书法:且先读数十过,已得文义四五分;然后看

---

[1] 即《答张元德·细读来书洽》,见《朱文公文集》卷六十。
[2] 此条亦见于《朱子语类》卷十一、本书"荟辑"部分4.2.106条,文字出入较大。

解,又得二三分;又却读正文,又得一二分。[1]

[译文]

　　读书的方法:暂且先通读十几遍,就已经对文章的意思理解到了四五分了;然后再看注解,又理解了二三分;然后再回头研读正文,又能理解一二分。

3.3.69　读书不贵多,只贵熟。[2]

[译文]

　　读书不在于多,而在于纯熟。

3.3.70　今人读书伤快,须是熟读方得。[3]

[译文]

　　现在的人读书都太快,一定要熟读才能有所收获。

3.3.71　《孟子》大致分晓,也不用解,但熟读。

[译文]

　　《孟子》的文字比较浅显,也不用解读,只需要熟读就能理解。

3.3.72　当时解《诗》时,且读本文四五十遍,已得六七分。却看诸人说与我意思如何,大纲都得之。又读三四十遍,如此则义

---

[1] 此条亦见于《朱子语类》卷十一、本书"荟辑"部分4.2.105条,文字稍有出入。
[2] 此条亦见于《朱子语类》卷十、本书"荟辑"部分4.1.48条。
[3] 此条亦见于《朱子语类》卷十九。

理流通，自得矣。[1]

[译文]

当初理解《诗经》的时候，先把正文读四五十遍，基本上就能掌握十之六七了。然后再看各家的解说与自己的见解有什么异同，大体上就能掌握其主旨。然后再读它三四十遍，就能做到义理融会贯通，自然会有所收获。

3.3.73 看《诗》，须是讽咏，教浃洽骨髓，方得。今都未曾看他皮毛，在某已前是看了多少诗说。今只有一本解了，不劳讨别解看，省了多少事，如何更不去熟读？

[译文]

读《诗经》，一定要朗读背诵，直到和谐融洽深入骨髓，才会有所收获。而你现在连它的皮毛都没触及，我以前读书时不知看过多少关于《诗经》的解读。如今你只需要读一本，不需要再看别的，能省去很多功夫，为什么还不愿意用心熟读呢？

3.3.74 须是先将那《诗》来吟咏四五十遍了，方可看注。看了又吟咏三四十遍，便意思自然融液①浃洽，方有见处。

[注释]

①融液：融为一体。

[译文]

必须先把《诗经》吟咏四五十遍了，才可以去看注解。看完之后又吟咏三四十遍，意思自然融会贯通，才会有自己的见解。

---

[1] 此条亦见于《朱子语类》卷八十。

3.3.75 "《诗》可以兴",须是反复熟读,便书与心相入,自然有感发处。[1]

[译文]

"《诗经》可以抒发性情志趣",一定要反复熟读,才能使书的内容进入心里,自然有感而发。

3.3.76 读《易》到精熟后,颠倒说来皆合。不然则是死说耳。[2]

[译文]

《易经》读到精湛纯熟之后,颠来倒去地解说都是合理的。不然就讲说得死板无味。

3.3.77 熟读六十四卦,则觉得《系辞》之语,直为精密,是《易》之括例。[3]

[译文]

熟读六十四卦,就会觉得《系辞》的语言,非常精湛详密,是《易经》的大纲。

3.3.78 问:"性钝,读书多记不得。""但须少看熟复,子细推求,义理自有得处。"

---

[1] 此条亦见于《朱子语类》卷八十,文字稍有出入。
[2] 此条亦见于《朱子语类》卷七十二。
[3] 此条亦见于《朱子语类》卷六十六。

[译文]

有人问："我性格愚钝，读完书常常记不住。"先生回答说："只要少看但能反复熟读，仔细推求其中的道理，自然能有所收获。"

3.3.79 五峰①旧见龟山②，问为学之方。龟山云："且看《论语》。"五峰问："《论语》中何者为切要？"龟山不对。久之曰："熟读。"先生因谓直卿③曰："如今且只得挨将去。"[1]

[注释]

①五峰：胡宏（1102—1161），字仁仲，号五峰，世人称"五峰先生"，崇安（今福建崇安）人。湖湘学派创立者。主要著作有《知言》《皇王大纪》和《易外传》等。②龟山：即杨时。参看3.3.37条注释。③直卿：即黄榦。参看3.2.9条注释。

[译文]

以前五峰先生见到龟山先生，请教做学问的方法。龟山先生说："先看《论语》。"五峰先生问："《论语》中什么是最重要的呢？"龟山先生默不作声。过了很久，才说："熟读。"先生借这个事例对黄榦说："现在只要坚持熟读就可以了。"

3.3.80 读书理会义理，须是勇猛，径直理会将去。如关羽擒颜良，只知有此人，更不知有别人，直取其头而归，若使既要斫此人，又要斫那人，非惟一力不给，而其所欲得者，不可得矣。又如行路，欲往[2]处所，却在道边闲处留滞，则所欲到处何缘达？看此一章，便须反复读诵，逐句逐节，互相发明，如此三二十过，而曰不晓其义者，吾不信也。

---

[1] 此条亦见于《朱子语类》卷十九。
[2] 据《朱子语类》，此处脱"一"字。

[译文]

　　读书体会义理，一定要勇猛刚劲，直接理解领会下去。就好像关羽擒拿颜良，只有知道有颜良，再不知道有其他的人，直接砍下他的头颅回去，如果又要砍这个人，又要砍别的人，不但一己之力不够，而且本来想得到的也无法得到。又好像走路，想要到达某个地方，却在路边无关的地方停留下来，那要到的地方怎么能到达呢？看这一章，就要反复诵读，逐句逐节，互相启发。这样读上二三十遍，还说不能明白其中的义理，我根本不相信。

　　3.3.81　学者只是要熟，功夫纯一而已。读时熟，看时熟，玩味时熟。如《孟子》《诗》《书》，全在读时工夫。《孟子》每章说了，又自解了，盖他直要说得尽方住。其言成一大片，故后来老苏①亦拖他来做文章。说须熟读之，便得其味。[1]

[注释]

　　①老苏：即苏洵。参看3.3.10条注释。

[译文]

　　求学之人只是要把书读得纯熟，做到功夫纯粹专一而已。读熟了，看熟了，探求意味也就熟了。好比《孟子》《诗经》《尚书》，全都在读的时候下功夫。《孟子》每章说完之后，又自己解说，因为它要说得详尽才算完。它一说就是一大段，所以后来老苏也用它来做文章。这就是说一定要熟读，才能体会其中的意味。

　　3.3.82　先生谓陈淳①曰："《大学》已是读过书，宜朝夕常常温诵，勿忘。"[2]

───────────────

[1]　此条亦见于《朱子语类》卷十一、本书"荟辑"部分4.2.93条。
[2]　此条亦见于《朱子语类》卷一百一十七。

[注释]

①陈淳（1483—1544）：字安卿，号北溪，世称"北溪先生"，龙溪县游仙乡龙州里人。朱熹弟子，有《北溪字义》传世。

[译文]

先生对陈淳说："《大学》已经是读过的书，应该早晚常常温习，不要忘记。"

3.3.83 读书，小作课程，大施功力。如合读得二百字，只读得一百字，却于百字中，猛施工夫，理会子细，读诵教熟。如此，不会记性人自记得，无识性①人亦理会得。若泛泛然念多，只是皆无益耳。读书，不可兼看未读者，却当兼看已读者。[1]

[注释]

①识性：审察事物、判断是非的禀性。

[译文]

读书时，课程要尽量制订得小些，功夫要尽量下得大点儿。如果觉得自己能读两百个字，那就只读一百个字，但在其中狠下功夫，仔细理解，阅读背诵都非常纯熟。这样，没记性的人也能记得住，理解能力差的人也能理解。如果只是泛泛地读很多文章，这样完全没有收益。读书时，不能同时看此前没有读过的，但却应该时时温习已经读过的。

3.3.84 凡人读书，若读十遍不会，则又读二十遍。又不会，则读三十遍。至五十遍，必有见处。到五十遍，[2]瞑然①不晓，便

---

〔1〕 此条亦见于《朱子语类》卷十、本书"荟辑"部分4.1.39条，文字稍有出入。

〔2〕《朱子语类》卷十作"必有见到处，五十遍"，误。

是气质不好。今人未尝读得十遍,便道不可晓。[1]

[注释]

① 瞑然:模模糊糊的样子。

[译文]

大体上说,一个人读书,如果读了十遍还不懂,那就再读二十遍。还是不懂,那就继续读三十遍。读到五十遍时,必然会有所见解。如果读到五十遍,仍然迷迷糊糊毫无头绪,那才是真的天生愚笨。现在的人却没读到十遍,就推说自己理解不了。

3.3.85　孟子之书,明白亲切,无甚可疑。只要日日熟读,须教他在吾肚中千百转,便自然纯熟。[2]

[译文]

《孟子》这本书,明白易懂又贴近生活,没有什么可疑的。只要每天坚持熟读,让它在自己的肚子里转上个千百回,自然能够纯熟。

3.3.86　读一件书,须心心念念只在这书上,令彻头彻尾,读教精熟。这说是如何,那说是如何,这说同处是如何,不同处是如何,安有不长进!而今人只办得十日读书,下着头不与闲事,管取便别,莫说十日,只读得一日,便有功验。[3]

[译文]

读一本书,必须心心念念都在这本书上,把它从头到尾都读得精湛纯

---

〔1〕 此条亦见于《朱子语类》卷十、本书"荟辑"部分4.1.57条,文字稍有出入。
〔2〕 此条亦见于《朱子语类》卷十九。
〔3〕 此条亦见于《朱子语类》卷十一、本书"荟辑"部分4.2.146条,文字稍有出入。

熟。这里说的是什么，那里说的是什么，相同的是什么，不同的又是什么，又怎么可能不长进！现在的人只要能坚持读十天书，每天埋头攻读不理其他闲事，包管会有不同。别说十天，就算这样读一天，也有效果。

3.3.87 读书不可记数，数足则止矣。〔1〕

［译文］

读书不能心里暗记遍数，遍数够了就停下来。

3.3.88 后生辈诵书，只是量力，不要贪多。仍须反复熟读，时时温习，是要法耳。〔2〕

［译文］

后生晚辈们读书，只是要量力而行，不要贪多。但是仍然需要反复熟读、时时加以温习，这是非常重要的读书方法。

3.3.89 《诗》且逐篇旋读①，方且旋通训诂，岂有不读而自能尽通训诂之理乎？读之多，玩之久，方能渐有感发，岂有读一二遍而便有感发之理乎？古之学《诗》者，固有待于声音之助，然今已无之。无可奈何，只得熟读而从容讽咏之耳。〔3〕

［注释］

①旋读：绕来绕去，反复地读。

----

〔1〕 此条亦见于《朱子语类》卷十、本书"荟辑"部分4.1.59条。
〔2〕 即《答胡宽夫·示喻疑义数条》，见《朱文公文集》卷四十五。
〔3〕 即《答朱飞卿·某承先生诲》，见《朱文公文集》卷五十六。

[译文]

《诗经》要一篇篇反复诵读,这样才可以掌握字词的意义。哪有不读就通晓字词解释的道理呢?读得多,玩味得久,才能渐渐有所感悟,哪里有读上一两遍便能有感而发的道理呢?古时候学习《诗经》的人,固然依赖乐之声调的帮助,但是现在已经没有了。无可奈何,只能熟读而从容地朗诵吟咏啊。

3.3.90 答罗参议①书曰:"《论》《孟》《中庸》《大学》之书,不可不熟读而详味。章句之间,虽若浅近不足用心,然圣贤之言,无不造极。学之不博,则约不可守。今于六经未能遍考,而止以《论》《孟》《中庸》《大学》为务,则已未为博矣。况又从而忽略之,无乃太约乎?"〔1〕

[注释]

①罗参议:即罗博文(1116—1168),字宗约,一字宗礼,南剑州沙县(今属福建)人。荫补将仕郎,授福州司户参军,再调静江府观察支使,改知赣州瑞金县事。后入张浚幕府,张浚再入相,得知和州,未上,而为四川制置使汪应辰奏辟为参议官以行。累迁承议郎,秩满,自请奉祠,得主管台州崇道观,随汪应辰东归,卒于嘉州。事迹见朱熹《晦庵文集》卷九七《罗公行状》。

[译文]

先生在答复罗参议的书信中说:"《论语》《孟子》《中庸》《大学》这四部书,不能不诵读纯熟且要详加体会。它们的篇章字句,虽然看似浅近,不必用心理解,然而圣贤说的话,没有不达到极致的。学问不广博,想简约也没法守持。现在对"六经"并未全部学习,而只把《论语》《孟子》《中庸》和《大学》当作学习任务,所以也算不上广博。如果还要简

---

〔1〕即《答罗参议·时得钦夫书》,见《朱文公文集》续集三。

略从事，这未免太简约了吧?"

3.3.91 所有书，于理会得底更看过，尤好。

[译文]

所有的书，通晓了之后再加以温习，效果就特别好。

3.3.92 先生云："旧年思量义理未透，直是不能睡。初看'子夏先传后倦'①一章，凡三四夜穷究，是时彻夜闻鹃声。"[1]

[注释]

①子夏先传后倦：出自《论语·子张》："子游曰：'子夏之门人小子，当洒扫应对进退，则可矣，抑末也。本之则无，如之何？'子夏闻之，曰：'噫！言游过矣！君子之道，孰先传焉？孰后倦焉？譬如草木，区以别矣。君子之道，焉可诬也？有始有卒者，其惟圣人乎！'"

[译文]

先生说："过去我只要思考书中的道理不透彻，就会睡不着觉。起初看'子夏先传后倦'一章时，连续三四个晚上我都在研读思考，整个夜晚都能听到杜鹃的叫声。"

3.3.93 读书须教首尾贯穿，若一番只草草看过，不济事。[2]

[译文]

读书必须做到从头到尾、融会贯通，如果只是一遍草草地看完，没有什么作用。

---

[1] 此条亦见于《朱子语类》卷一百零四。
[2] 此条亦见于《朱子语类》卷十、本书"荟辑"部分4.1.96条。

3.3.94 先生问黄直卿①："《论语》近读得如何？"曰："尚看，未熟。"先生曰："这也使急不得，也不可慢。功效不可急，工夫不可慢。"[1]

[注释]

①黄直卿：即黄榦。参看3.2.9条注释。

[译文]

先生问黄直卿："最近《论语》读得怎么样？"黄直卿回答："正在看，但是还不太熟。"先生说："这个也急不得，但是也不能太慢。功效无法速成，用功不能懈怠。"

3.3.95 书无难易，须使许多心力，反复去看。

[译文]

书没有难易之别，都需要花费很多心思和精力，反复去看。

3.3.96 问黄䌷①："常读何书？"曰："读《语》《孟》。"曰："如今看一件书，须是着力至诚去看一番，将圣贤说底一句一字都理会过。直要见圣贤语脉所在，这一句一字是如何道理，及看圣贤因何如此说。直是用力，与他理会。如做冤仇②相似，理会教分晓，然后将来玩味，方尽见得意思出来。若是泛滥看过，今次又见是好，明次又见是好，终是无工夫，不得力。"[2]

---

[1]《朱子语类》卷十九此条作："问：'《论语》近读得如何？'榦曰："尚看，未熟。"曰："这也使急不得，也不可慢。所谓急不得者，功效不可急；所谓不可慢者，工夫不可慢。'"

[2] 此条亦见于《朱子语类》卷一百一十七。

[注释]

①黄䇹：即黄子耕。参看3.2.85条注释。②冤仇：有宿怨的仇敌。

[译文]

先生问黄䇹："经常读什么书？"黄䇹说："《论语》和《孟子》。"先生说："如今看一本书，一定要下力气真心实意努力地看一番，将圣贤说的一字一句都理解领会了。直到能看出圣贤语言中的脉络在哪里，这一字一句是什么道理，以及理解圣贤为什么这样说。一定要下大力气深刻理解。就像和它是仇人一样，理解得清楚明白。等将来再来玩味时，方能看得义理出来。如果只是草草看完，这次觉得好，下次又觉得好，最终还是没下功夫，徒劳无功。"

3.3.97 凡看文字，且就本文上看，看一段，须反复，看来看去。"[1]

[译文]

凡是看文字，要在正文上看。看一段内容时，要反复地看，看来看去。

3.3.98 要烂熟，方见意味快活，令人都不欲看别段，始得。[2]

[译文]

书要读得烂熟于心，才能体会出其中的意义和快乐，以至于让人都不想去看别的段落了，这样才算有收获。

---

[1] 此条亦见于本书"类编"部分3.4.75条。
[2] 此条亦见于《朱子语类》卷三十六。

3.3.99 看文字,须大段着精彩看。耸起精神,竖起筋骨,不要困,如有刀剑在后一般!就一段中,须要透。击其首则尾应,击其尾则首应,方始是。不可按册子便在,掩了册子便忘;却看注时便忘了正文,看正文又忘了注。须这一段透了,方看后段。[1]

[译文]

看文字,应该努力下功夫看上一大段才精彩。要抖擞精神、端正筋骨、不要犯困,如同刀剑在后背顶着一般!读这一段文字,就一定要理解透彻。击打它的头那尾巴就要反应,击打它的尾巴那头就要反应,如此这样才行。不能打开书本什么都知道,合上书本就全都忘了;看注解时忘了正文,看正文时又忘了注解。一定要将这一段弄得透彻明白了,才可看下一段。

3.3.100 圣人言语如千花,远望都见好。须端的①真见妙处,始得。须着力子细看。工夫只在子细上,别无他术。[2]

[注释]

①端的:果真,确实。

[译文]

圣人的话就像一片花海,远远望去都很美。但要能真正看出其中的妙处,才行。要下力气仔细去看。功夫只在仔细上,没有其他办法。

3.3.101 书宜少看,要极熟。小儿读书记得,而大人多记不得者,只为小儿心专。一日授一百字则只是一百字,二百字则只是

---

[1] 此条亦见于《朱子语类》卷十、本书"荟辑"部分4.1.21条,文字稍有出入。
[2] 此条亦见于《朱子语类》卷十、本书"荟辑"部分4.1.75条,文字稍有出入。

二百字，大人一日或[1]百板，不恁精专。人多看一分之十，今且看十分之二。宽着期限，紧着课程。[2]

[译文]

　　书要少看，但要熟读。小孩子读书都能记住，大人却往往记不住，那是因为小孩子心思专一。一天教给他一百个字，他就只记这一百个字，一天教给他二百个字，他就只记这二百个字，大人却一天读上百页书，不怎么精心专一。人往往能看一分却看十分，如今要求自己只看能力之内的十分之二。放宽读书期限，抓紧课程内容。

3.3.102　读书便是学，须缓缓精思其中义理，方得。只如此做此事。[3]

[译文]

　　读书就是学习，一定要慢慢地精心思考其中的道理，才行。只能按这个办法来读书。

3.3.103　读书之法，须是用工去看。先一书许多工夫，后则无许多工夫矣。始初一书费十分工夫，后一书则费八九分，其后则费六七分，又其后则四五分矣。[4]

[译文]

　　读书的方法，必须是下功夫去看。前面一本书要花费很多功夫，后面就不用花那么多功夫了。刚开始时读一本书要花费十分的精力，读下一本

[1]　据《朱子语类》卷十，此处脱"看"字。
[2]　此条亦见于《朱子语类》卷十、本书"荟辑"部分4.1.37条。
[3]　此条亦见于《朱子语类》卷二十四。
[4]　此条亦见于《朱子语类》卷十、本书"荟辑"部分4.1.50条，文字稍有出入。

书时只需要花费八九分的精力，再后面则只需要花费六七分，再往后则只需花费四五分了。

3.3.104 范伯崇①云："温故而不知新，虽能读《三坟》《五典》《八索》《九丘》，足以为史，而不足以为师矣。"先生答曰："此论甚佳。"[1]

[注释]

①范伯崇：即范念德，字伯崇，福建建安人，朱熹姻弟，曾追随朱熹学习。②《三坟》《五典》《八索》《九丘》：泛指中国最早的一批典籍。

[译文]

范念德说："温习过去的知识却不能产生新的见解，就算能读懂《三坟》《五典》《八索》《九丘》，足以做做史官，但也不足以当别人的老师。"先生答复道："这个观点非常好。"

3.3.105 吕子约①云："学原于思。不致其思绎以通之，则无自而进；苟苦思力索，则浅迫无味。惟学焉而时复思绎，勿忘勿助，积累停蓄，浃洽涵养。杜元凯②所谓'如江海之浸，膏泽③之润，涣然冰释，怡然理顺，然后为得'，此即'时习而悦之'注释也。"先生答曰："此说甚佳。"[2]

[注释]

①吕子约：即吕祖俭。参看 3.1.28 条注释。②杜元凯：即杜预（222—285），字元凯，京兆杜陵（今陕西西安东南）人，西晋时期著名的政治家、军事家和学者，被誉为"杜武库"，杜甫的远祖。著有《春秋

---

[1] 即《答范伯崇·易变易也》，见《朱文公文集》卷三十九。
[2] 即《答吕子约·时习之义》，见《朱文公文集》卷四十七。

左氏经传集解》及《春秋释例》等。③膏泽：滋润作物的雨水。

[译文]

吕子约说："学习的本原在于思考。如果不思索寻求贯通，那就无法入门；但如果苦苦思考，却又粗浅急迫没有味道。只有学习之后再反复思索，不忘记也不助长，积累留蓄，才能使之和谐融洽滋润培育。杜元凯所说的'像江海被水浸润，土壤被雨浸润一般，寒冰遇上炎热一样完全消融，恰然自得而义理和顺，然后才能有所收获'，这就是'时习而悦之'的注释。"先生答道："这个说法很好。"

3.3.106 先生答连嵩卿①曰："熟看上下文，子细思索，不可草草说过。"[1]

[注释]

①连嵩卿：即连崧，字嵩卿，福建邵武人，朱熹门人。

[译文]

先生回答连嵩卿说："熟读上下文，仔细思考穷究，不能草草说过了事。"

3.3.107 答杨子直①书曰："一生辛苦读书，微细揣摩，零碎刮剔。及此暮年，略见从上圣贤所以垂世立教之意，枝枝相对，叶叶相当，无一字无下落处。"[2]

[注释]

①杨子直：即杨方，字子直，湖南长沙人，学者称"澹轩先生"，朱

---

[1] 即《答连嵩卿·为其多闻也》，见《朱文公文集》卷四十一，原文作："更熟看上下文，子细思索，不可只如此草草说过。"

[2]《朱文公文集》卷五十四作"答项平父·熹一病四五十日"。

熹门人。

[译文]

先生在回复杨子直的书信中说:"我一生辛苦读书,微细之处都详加揣摩,零碎的地方都刮剔干净。等到了晚年,才大概明白了圣贤垂范后世、树立教化的本意,枝枝相对,叶叶相当,没有一个字没有用处。"

3.3.108 答陈肤仲①书曰:"读书别无法,只要耐子细〔1〕,是第一义也。"〔2〕

[注释]

①陈肤仲:即陈孔硕,字肤仲,福建侯官人,一字崇清,侯官县(今福州市区)人。初从张栻、吕祖谦游,后师事朱熹。

[译文]

先生在答复陈肤仲的书信中说:"读书没有别的办法,只是要有耐心、仔细,这是最重要的。"

3.3.109 玩味得熟,道理自然出。〔3〕

[译文]

探究玩味得纯熟了,道理自然就出来了。

3.3.110 先生与张敬夫①书曰:"圣贤之言,都只忙中草率看过,不曾子细玩味,则见处全不精明,岂不可戒!"〔4〕

---

〔1〕《朱文公文集》卷四十九作:"读书别无法,只要所烦子细,是第一义也。"
〔2〕即《答陈肤仲·老老长长恤孤》,见《朱文公文集》卷四十九。
〔3〕此条亦见于《朱子语类》卷十九。
〔4〕即《答张敬夫·伯恭想时时》,见《朱文公文集》卷三十一。

[注释]

①张敬夫：即张栻（1133—1180），字敬夫，后避讳改字钦夫，又字乐斋，号南轩，学者称"南轩先生"，谥曰"宣"，后世又称"张宣公"。南宋汉州绵竹（今四川绵竹市）人，南宋初期学者、教育家。与朱熹、吕祖谦齐名，时称"东南三贤"。

[译文]

先生在给张敬夫的书信中说："对于圣贤的言语，如果都只在匆忙中草率地读过，没有仔细体会，那么得出的见解就都不会精细明察，这怎么能不警惕呢！"

3.3.111　答邱子野①书曰："'观'者，一见而决；'玩'者，反复而不能舍之辞。"[1]

[注释]

①邱子野：朱熹的表哥。

[译文]

先生在答复邱子野的书信中说："'观'的意思，是指看到后马上下结论；'玩'的意思，是反复思考以至于舍不得放下。"

3.3.112　答黄子耕①书曰："于经史中求简易用工处。此亦别无他巧，只是且将所以学者反复玩味，不厌重复。久之当自觉意味愈深远，理致②愈明白耳。此外昔所未学，亦有切于修己治人之实者，更以暇时量力探讨，使其表里精粗通贯浃洽，则于本原之地亦将打成一片，无处不得力矣。"[2]

---

[1]　即《答邱子野·示喻观玩之别》，见《朱文公文集》卷四十五。
[2]　即《答黄子耕·知赴官有期》，见《朱文公文集》卷五十一。

[注释]

①黄子耕：即黄庭坚之孙。参看3.2.85条注释。②理致：义理情致。

[译文]

先生在答复黄子耕的书信中说："在经史中找简单容易下手的地方。这个没技巧，只是把已经学过的反复加以体会，不厌其烦地重复。久而久之就会觉得意义和味道越来越深远，义理和情致也越来越明白。此外以前没有学到过的，也有与自我修养、对待他人相互贴切的实际内容，在空暇时更要量力而行地加以探讨，使得从表面到内在、由粗浅到精密都融会贯通，这样就可以把学问的本原打成一片，没有一处不发挥它的功效。"

3.3.113 答宋深之①书曰："读书要须辨得精粗得失，乃于己分有益。若但泛然看过，即枉费工力矣。"[1]

[注释]

①宋深之：即宋之源，字深之，四川双流人，朱熹门人。

[译文]

先生在回复宋深之的书信中说："读书一定要能分辨精细粗略和收获缺失，这才对自己有益。如果只是泛泛而读，不过是枉费精力罢了。"

3.3.114 先生语王过①曰："为学须要专一用工，不可杂乱。"因举异教②数语云："'用志不分，乃凝于神'③，'置之一处，无事不办'④。"[2]

---

[1] 即《答宋深之·示喻为学之意》，见《朱文公文集》卷五十八。
[2] 此条亦见于《朱子语类》卷一百一十八。

[注释]

①王过:字幼观,号拙斋,江西鄱阳人,朱熹门人。②异教:指有别于儒家学说的道教、佛教言语等。③用志不分,乃凝于神:运用心思,专一而不分散。语出《庄子·达生》:"用志不分,乃凝于神。其佝偻丈人之谓乎!"④置之一处,无事不办:出自《佛遗教经》。意思是当一个人把精力、智慧、决心、毅力投放到某一事业上,就没有不成功的。

[译文]

先生对王过说:"做学问必须专一下功夫,精力不可太过于分散。"还列举出儒家之外的几句话说:"'运用心志专一不分散,从而达到心神凝合','心力集中在一处,就没有办不成的事'。"

3.3.115 读书不精深,只是不专一。[1]

[译文]

读书做不到精细深入,只是因为不够专心。

---

[1] 此条亦见于《朱子语类》卷十、本书"荟辑"部分4.1.78条,文字稍有出入。

3.4　虚心涵泳

◆ 辅广初编部分

3.4.1　先生书谓吴伯丰[1]①曰:"近日看得读书别无他法,只是除却自家私意,而逐字逐句只依圣贤所说,白直晓会,不敢妄乱添一句闲杂言语,则久之自然有得。凡所悟解,一一皆是圣贤真实意思。不然纵使说得宝花乱坠②,亦只是自家杜撰见识也。"

[注释]

①吴伯丰:即吴必大。参看3.2.47条注释。②宝花乱坠:天花乱坠。南朝梁惠皎《高僧传》记载,梁武帝萧衍时,云光法师讲经,感动上天,天上的花纷纷降落。后用以形容能说会道、言语动听而不切实际。

[译文]

先生写信给吴伯丰说:"近日体会到读书没有其他方法,只能摒除个人的臆断,逐字逐句按照圣贤的本意去理解,明白晓畅即可,不往里面添加任何闲言杂语,时间长了自然会有收获。按这种心态所理解的,全部都是圣贤真实的意思。不然,就是说得天花乱坠,也不过是自己的见解而已。"

3.4.2　先生书谓黄直卿[2]①曰:"精舍②相聚,不成条理。看文字者不看大意正脉,而却泥着零碎,错乱缠绕。病中每与之酬

---

[1]　即《答吴伯丰·又闻摄事都幕》,见《朱文公文集》卷五十二。
[2]　即《答黄直卿·用之去时所附书》,见《朱文公文集·续集》卷一,文字稍有出入。

酢③，辄添了三四分病。以此每念吴伯丰，未尝不怅然也。"

[注释]

①黄直卿：即黄榦。参看3.2.9条注释。②精舍：儒家、佛家讲学的处所。③酬酢：应酬，接触。

[译文]

先生写信给黄榦说："精舍里相聚，讲得都不成条理。读书不领会书中的主要意思和正统脉络，却将精力放在零碎意思上，以致错误零乱的见解相互纠缠。以这种错误的方法去理解，只会增添更多的错误。因此常想起吴伯丰，心中不免怅然若失。"

3.4.3 先生答胡伯逢[1]①书曰："大抵读书，须是虚心平气，优游玩味，观[2]圣贤立言本意所向如何，然后随其远近浅深、轻重缓急而为之说。如孟子所谓'以意逆志'②者，庶乎可以得之。若便以吾先入之说横于胸次，而驱率圣贤之言以从己意，设使义理可通，已涉私意穿凿，而不免郢书燕说③之诮。况又义理窒碍，亦有所不可行者乎！"

[注释]

①胡伯逢：即胡大原，字伯逢，朱熹同时期的名士，曾与朱熹辩论。②以意逆志：用自己的心意去推求别人的心意。逆，迎，揣测。《孟子·万章上》："故说《诗》者，不以文害辞，不以辞害志。以意逆志，是为得之。"③郢书燕说：郢地人信中的误写，燕国人却误做解释。指穿凿附会、曲解原意。郢，春秋战国时楚国的都城。燕，古国名，这里指燕相。说，本同"悦"，这里指解释。《韩非子·外储说左上》："郢人有遗燕相

---

〔1〕即《答胡伯逢·昨承喻及知仁之说》，见《朱文公文集》卷四十六。
〔2〕据《朱文公文集》卷四十六，此处作"徐观"。

国书者。夜书，火不明，因谓持烛者曰'举烛'而误书'举烛'。'举烛'，非书意。燕相国受书而说（悦）之，曰：'举烛者，尚明也；尚明也者，举贤而任之。'燕相白王，王大说，国以治。治则治矣，非书意也。"

[译文]

先生在答复胡伯逢的信中说："大体而言，读书必须虚心静气、从容揣摩，观察思考圣贤写文的本意是什么，然后跟随文意的远近、浅深、轻重、缓急来为之解说。如《孟子》所说'以意逆志'，这样才有所得。假如把先入为主的观点放在心里，而把圣贤的言论拿来曲说自己的意思，就算设法使得义理相互融通，实际上也是穿凿附会自己的私心，难免会造成'郢书燕说'的笑话。更何况曲解造成义理本身就不通，也是不可以这样做的原因啊！"

3.4.4 先生答学者[1]书曰："读书之法，惟笃志虚心，反复详玩，为有功耳。近见学者多率然①穿凿，便为定论；或只信所传闻，不复稽考②。所以日诵圣贤之言，而不识圣贤之意。其所读说，只是据目前见识撰成耳，如此岂复能长进？前辈盖有亲见有道而所论不无背驰③，政④坐此耳。"

[注释]

①率然：轻率，不慎重。②稽考：查考，考证。③背驰：即背道而驰，朝相反的方向跑，比喻行动和所要达到的目的相反。④政：通"正"。

[译文]

先生在回复某学者的书信中说："读书的方法，只有笃定心志谦虚谨慎，反复思考揣摩玩味，才能见功效。近来看到一些学者随意轻率地穿凿

---

[1] 即《答李守约闲祖·读书之法无他》，见《朱文公文集》卷五十五，文字稍有出入。

附会，更执着于此以为定论；或者只听信传闻，不加考证。以至于日日诵读圣贤之书，却不懂圣贤的真实意图。他读的书、说的话，只是根据目前的见识杜撰而成的，如此又怎么会有长进呢？前辈学者中亲眼见过虽然道德高尚但言论却背道而驰的人，正是这个原因。"

3.4.5 尹先生①门人尝记先生读书云："口诵心得，如诵己言。"盖工夫至后，诵圣贤言语，却一似自己言语一般。

[注释]

①尹先生：即尹焞。参看3.3.44条注释。

[译文]

尹焞先生的弟子曾经记述尹先生在读书时说过："口中背诵，心中体会，就好像是说自己的话。"这是因为功夫到了，所以背诵圣贤的话，和说自己的话一样。

3.4.6 陈安卿①问读诸经之法。先生曰："无法。只是刷静了那心，后平看去。若不晓得，又且放下，待他意思好时又将来看。"又谓潘子善②曰："公看文字好立议论，是先以己意看他，却不以圣贤言语来浇灌胸次，争〔1〕这些子不好。自后只要白看乃好。"

[注释]

①陈安卿：即陈淳。参看3.3.82条注释。②潘子善：即潘时举。参看3.3.5条注释。

[译文]

陈淳请教研读经书的方法。先生说："没有方法。只需要把心安定下来，然后自自然然地去读就行了。理解不了，就先放一放。等到思路清晰再

---

〔1〕 据《朱子语类》，当为"中"字，如此应断于前句。

拿出来看。"又对潘子善说："你读书时喜欢议论，这是先拿自己的观点看书，而不是用圣贤言语来陶冶自己的心胸，争这些不好。以后只要看才好。"

3.4.7 今之学者，不曾子细玩味得圣贤旨意，便要悬妄立议论，一似吃物，肚里其实未饱，却鼓腹向人说饱。若真个饱，却未必说也。

[译文]

现在的求学之人还没有仔细揣摩圣贤著书立说的要旨用意，便要凭空妄想设立观点，就好比吃东西肚子原本没饱，非鼓着肚皮说自己饱了。如果真的饱了，却未必说出来。

3.4.8 今人好作甚铭、作甚赞，于己分上空有何益？既不曾真个读书，玩味得圣贤言意，今日说底是这个话，明日说底是这个话，岂得有所谓实见耶？切戒之！

[译文]

现在的人喜欢写什么"铭"、作什么"赞"，于自己的本分有什么益处呢？既然没有认真读书，揣摩体会圣贤的立言意图，今天说的是这个话，明天说的还是这个话，怎么能得到所谓的真知灼见呢？务必以此为戒啊！

3.4.9 大抵读书，须是虚心方得。圣贤说一字是一字，自家只平着心去秤停①他，都使不得一毫杜撰，只顺他去。某向来亦杜撰说，只不济事。今方见得分明，始知圣人一言一字不吾欺。只今六十一岁，方理会得恁地。若或去年死也，则枉了。自今夏来，觉见得才是圣人说话，也不少一个字，也不多一个字，恰恰地都不用一些穿凿。庄子言"吾与之虚而委蛇②"，既虚了，又要随他曲折恁地去。今且与公说个样子，久之自见得。今人大抵逼塞满胸，有许多伎俩，如何便得他虚？亦大是难。某所以读书自觉得力者，只是不先立议论，且寻句内意，随文解义。今人读书，多是心下先有个意思了，却将圣贤言语来凑他意思，其有不合，则便穿凿之使合。

[注释]

①秤停：衡量，斟酌。②虚而委蛇：对人虚情假意地进行敷衍应酬。虚，不真实，虚假；委蛇，随顺，应付。见《庄子·应帝王》："乡（向）吾示之以未始出吾宗，吾与之虚而委蛇。"

[译文]

大致而言，读书需要虚心才能有所收获。圣贤说一个字就是一个字，我自己只需要平和的心态去衡量它，不能有一点杜撰的意思，只是顺着圣贤的意图去理解。我以前也杜撰过说辞，可没什么用。如今才有明显的体会，才知道圣人的一言一字都没有骗我。我今年六十一岁了，才明白个道理。如果去年就死了，则是枉死。今年夏天以来，才觉得看到的文章就是圣人说过的话，不少一个字，也不多一个字，恰恰好不需要牵强附会。庄子说"我随顺着它的意思"，心既然虚了，还要随着文脉的曲折变化而前进。现在姑且跟各位说个大概，时间长了自然就会明白。现在的人，大多是各种想法堵在心里，怀有许多心计，怎么让他虚心？也是太难了。我之所以自认为读书有心得，就是因为我读书的心里先不树立成见，而是探求句子本身的含义，跟随文章脉络理解义理。现在的人读书，大多是心里先有个主见，然后用圣贤的言语来凑合表明他的意思，如果不能相合的，就穿凿附会使之相合。

3.4.10 又曰："今人多是先有个意思了，却将他人说话来说自家底意思。"

[译文]

又说:"现在的人大多是先有自己的看法了,却拿他人说的话来解说他自己的意思。"

3.4.11 圣贤言语,当虚心看,不可先自立说,去撑拄①便喎②斜了。不读书者,固不足论;读书者,病又如此。[1]

[注释]

①撑拄:抵住,支撑。②喎(wāi)斜:歪斜。

[译文]

圣贤的言语,应当虚心去看,不能先树立自己的成见,两种看法对立了就走偏了。不读书的人当然不必多说什么,读书人的毛病往往是这样的。

3.4.12 魏元寿①问《大学》。先生因云:"今学者不会看文字,多是先立私意。自主张已说在里,只借圣人言语做起头,便自把他意接说将去,病痛专在这上面。"[2]

[注释]

①魏元寿:即魏椿,字元寿,福建建阳人,朱熹门人。

[译文]

魏元寿向先生请教《大学》。先生借机说:"现在的求学者不会读书,大多都是先入为主树立观点。自己的主张已经放在心里了,只不过借用圣人言语做个开头,就把自己的看法接上去说,读书的毛病主要体现在这上面。"

---

[1] 此条亦见于《朱子语类》卷十一、本书"荟辑"部分4.2.25条。
[2] 此条亦见于《朱子语类》卷一百一十七。

3.4.13 看前人文字，未得其意，便容易立说，殊害事。盖[1]不得正理，又枉费心力。不若虚心静看，则涵养、究索之功，一举而两得矣。[2]

[译文]

读前人的文章，还没能领会其中的意思，便轻率地确立自己的观点，极其坏事。因为这样做不但得不到正确的义理，还白白浪费心思和精力。不如虚下心来静心细读，那修养心性、寻究探索的功效，就能一举两得。

3.4.14 有[3]好主①叶正则②之说者，先生曰："病在先立议论，圣贤言语，却将来证他说。凡读书须虚心，且似未识字底。将本文熟读平看，今日看不出，明日又看不出，看来看去，道理自出。"[4]

[注释]

①好主：推崇。②叶正则：即叶适（1150—1223），字正则，号水心居士，温州永嘉（今浙江温州）人。南宋著名思想家、文学家、政论家，世称"水心先生"。叶适主张功利之学，反对空谈性命，曾对朱熹学说提出批评，为永嘉学派集大成者。

[译文]

有人推崇叶适的学说，先生说："问题就在读书前先树立自身观点，而借用圣贤言语来证明他的观点。凡是读书都必须虚心，要像一个字都不认识。对经书正文要熟练阅读不带偏见，今天看不出其中的道理，明天也

---

[1]《朱子语类》卷十一，此处脱一"既"字。
[2] 此条亦见于《朱子语类》卷十一、本书"荟辑"部分 4.2.27 条，本书"荟辑"部分文字稍有出入。
[3]《朱子语类》卷一百二十作"林"，指林叔和。
[4] 此条亦见于《朱子语类》卷一百二十。

看不出，但只要反反复复看来看去，道理自然会呈现出来。"

3.4.15 "大凡读书，须先认识他本文是说个什么。须做不曾识他相似，虚心认他字分明。后更看数遍，自然会熟，见得分明。譬人与人相见，初只识面目，再见可以知姓字乡贯，又再见则可以知性行如何。只恁地识认，久后便一见理会得。今学者读书，亦且未便要悬空去思他。《中庸》云"博学之，审问之"，方言"慎思之"，若未学未问，便去思他，只是虚劳心耳！"又云："切须记得'识认'两字。"[1]

[**译文**]

"大致而言，读书首要先知道正文在说什么。要像不曾读过一样，虚心地把每一个字都看清楚，然后看很多遍，自然就会熟悉，其中的道理也能看得清楚。就好像人与人相见，刚开始只能辨别外表，再次相见可以知道姓氏、名字、故乡、籍贯，再相见又可以知道他的品性行为怎么样。只是这样读书，时间长了一见就能理解。现在学者读书，还没开始就想凭空去思考它。《中庸》先说'要广博学习，详细探究'，然后才说'慎重思考'，如果还没学习、还没探究，就先去思考，只能是白白地劳心劳力啊！"先生还说："一定要记住'识认'这两个字。"

3.4.16 看文字须体认①，如辨五音、五色，认得定后，平心讲求，义理自然明白。

[**注释**]

①体认：通过亲身体察得以认知。

---

〔1〕 此条亦见于《朱子语类》卷十六。

[译文]

看文字需要通过亲身体察来得到认知，就好像辨别五音、五色，认识清楚后，再来平心静气地探求，其中的义理自然就会明白。

3.4.17 言科举时文①之弊："后生才把书起来读，便先要讨新奇意思，准拟作时文用。下梢弄得熟了，到做官或立朝，虽于朝廷大典礼，也只胡乱捻合出来用，不知被理会得底，一拶②则百杂碎矣。"[1]

[注释]

①时文：指流行于一个时期、一个时代的文章。此处特指科举时代应试的文章。②拶（zā）：压紧，逼迫。

[译文]

先生曾讲过科举应试造成的弊端："年轻人从刚开始拿起书读的时候，就想要从中找出个新奇的观点，准备为将来作应试文章时用。这一套练得熟了，将来做了官立在朝堂之上，重大的典礼，也只是胡乱凑合，都不知道被理解成一堆渣滓，稍微压一下就成了一把杂碎了。"

3.4.18 以圣贤之意观圣贤之书，以天下之理处天下之事。

[译文]

用圣贤的本意去理解圣贤的著作，用天下的道理去处理天下的事务。

3.4.19 读圣贤之书以观圣贤之意，因圣贤之意以观自然之理[2]

---

[1] 此条亦见《朱子语类》卷十、本书"荟辑"部分4.1.97条，文字差异较大。
[2] 此条亦见《朱子语类》卷十、本书"荟辑"部分4.1.7条，文字差异较大。

[译文]

通过读圣贤书去理解圣贤的心意,通过圣贤的心意去了解自然的道理。

3.4.20 读书须平心下意以求之,则心不驰而得义理之实。又曰:"韩退之①云:'沉潜乎训义②,反复乎句读③。'须有沉潜反复之功,方可。"

[注释]

①韩退之:即韩愈,字退之。参看 3.3.18 条注释。②沉潜乎训义:沉下心气潜心研究文中字词的意义。③反复乎句读(dòu):反复探讨文章句读。句,句末的停顿;读,句中语气的停顿。

[译文]

读书必须平心静气地探索,这样心思不散而能得到真实的学问。又说:"韩愈先生讲过:'要潜心研究意义,要反复诵读文字。'必须沉得下心反复思考,才行。"

3.4.21 读书,须静着心,宽着意思,沉潜反复,将久自会晓得去。[1]

[译文]

读书,必须静下心态,放松情绪,沉潜其中反复思考,时间久了自然就会懂得了。

3.4.22 又曰:"读书,放宽着心,道理自会出来。若忧愁迫切,道理终无缘得出来。"

---

〔1〕 此条亦见于《朱子语类》卷十一、本书"荟辑"部分 4.2.34 条,文字稍有差异。

[译文]

又说:"读书,只要放宽心胸,道理自然能体会出来。如果忧虑急迫,最终也没有缘分体会出道理。"

3.4.23 读书,须虚心熟读,久之自有所得,亦自有所疑。今先寻讨个疑,便不是。

[译文]

读书,要虚下心来诵读纯熟,时间长了自然会有收获,也自然会产生疑问。但心里先有故意找疑问的想法,那也不对。

3.4.24 观书,当从大节目处看。程子①有言:"平其心,易其气,阙其疑,则圣人之意见矣。"〔1〕

[注释]

①程子:即程颐。参看2.6.1条注释。

[译文]

读书,应该抓住主旨与关键。程颐先生说过:"放平心态,调和气息,放下疑问,圣人的意思就会自然而然地出来。"

3.4.25 只是平心定气在这里看,亦不可用心思索太过,少间却便损了精神。

[译文]

只需要平心静气地读书,也不可以过于用心思考,否则时间不长就会损伤精神。

---

〔1〕 此条亦见于《朱子语类》卷一百二十。

3.4.26 学者思虑不可过。若但虚心游意，时时玩味，久当自见那缝罅①意味。

[注释]

①缝罅（xià）：原指裂缝，缝隙。朱熹曾说："若不见缝罅，无由入得。看见缝时，脉络自开。"因此，朱熹所指缝罅，指的是构成文章脉络之间的结合处。

[译文]

求学之人思虑不宜过分。如果能虚下心来，感受文意，时时刻刻把玩体会，时间久了自然能悟出文章脉络联结处的内涵和意味。

3.4.27 经书有不可解处，只得阙。若一向去解，便有谬处。[1]

[译文]

读经时遇到难以理解的地方，只能先放一放。如果强行去理解，就会出现差错。

3.4.28 读书未理会得处，且放下，莫要硬去穿凿。

[译文]

读书遇到一时理解不了的地方，暂且放下，不要硬去穿凿附会。

3.4.29 看文字，须看他文势语脉。[2]

---

[1] 此条亦见于《朱子语类》卷十一、本书"荟辑"部分4.2.122条，文字稍有出入。

[2] 此条亦见于《朱子语类》卷十、本书"荟辑"部分4.1.87条，文字稍有出入。

[译文]

看文字,要着重看文章的走势和语言的脉络。

3.4.30 读书,须于文义上寻,其次看批注。今人却于文义外寻索。[1]

[译文]

读书,首先应该从本文的意义上去探寻,其次再结合前人的注解。而现在的人却都脱离文义去寻思求索。

3.4.31 人之读书,宁失之拙,不可失之巧;宁失之卑,不可失之高。(若吕伯恭①之弊,尽在于巧。)[2]

[注释]

①吕伯恭:即吕祖谦。参看3.2.38条注释。

[译文]

一个人读书,宁愿笨拙,也不可取巧;宁可谦卑,也不可高傲。(像吕伯恭的弊病,就在于取巧。)

3.4.32 大凡读书求索,宁略无详,宁疏无密,始有余地也。(详故密,密故拘。)

[译文]

大体上说,读书求索,宁愿心思简略也不要过分详细,宁愿心思疏阔也

---

[1] 此条亦见于《朱子语类》卷十一、本书"荟辑"部分4.2.116条,文字稍有出入。

[2] 此条亦见于《朱子语类》卷一百二十二。

不要过分周密,这样才会有回旋的余地。(详细导致周密,周密导致拘谨。)

3.4.33 先生历言诸生之病,甚切。谓:"时举①看文字也却细腻亲切,也却去身上做工夫,但只是不去正处看,却去偏傍处看。如与人说话相似,不向面前看他,却去背后寻索,以为面前说话皆不足道,此亦不是些小病痛。想见日用工夫,也只去小处理会。此亦是立心不定之故耳,戒之!"[1]

[注释]

①时举:即潘子善。参看3.3.5条注释。

[译文]

先生多次指出诸位学生读书的弊病,态度十分恳切。他说:"潘时举读书非常仔细亲切,也知道从身体力行上下功夫,但就是不从正面解读文本,非要以有失偏颇的思路来考量。这就好比跟人说话一样,不从正面看他,反而要在背地里暗中考查,认为当面说的话皆不足为证,这也不是些小问题。可以想见你在日常生活中下功夫,也不过是在小的地方去理解领会。这也是读书心思不定的原因,一定要戒除!"

3.4.34 又云:"时举说文字虽见得也是,然只是过高,抑且伤巧。此亦不是些小病痛,须勇猛精进,出此窠臼①始得。"[2]

[注释]

①窠臼:现成格式、老套子,多用来形容文章或艺术品。

[译文]

又说:"潘时举讲解文章尽管也很有见地,但立论太高,而且有投机

---

[1] 此条亦见于《朱子语类》卷一百一十四。
[2] 此条亦见于《朱子语类》卷四十五。

取巧之嫌。这些都不是小毛病，必须勇猛努力奋勇前进，摆脱腐旧的老套路才能有所得。"

3.4.35 又云："且放令心地宽平，不要便就文字上起议论也。"[1]

[译文]

先生又说："姑且把心放宽放平，不要随随便便就文字展开议论。"

3.4.36 今之谈经有四病：本卑也，而抗之使高；本浅也，而凿之使深；本近也，而推之使远；本明也，而抑之使晦。此谈经之大病也。[2]

[译文]

现在谈论经书有四个毛病：经书本来立意卑微，却刻意将它拔高；本来浅显易懂，却穿凿附会让它变得高深；本来与自己生活贴近，却人为推开变得遥远莫及；本来清楚明朗，却故意遮蔽使它变得晦涩难懂。这些都是谈论经书常犯的毛病。

3.4.37 观书，须宽心平易看，先见得大纲道理了，然后详究节目。如人之入大屋，方在第一重门，里面更有数重门未见，便要说他房里事，如何得？

[译文]

读书，必须放宽心态、平心静气地阅读，先读懂全书的基本纲领和道

---

[1] 此条亦见于《朱子语类》卷四十五。
[2] 此条亦见于《朱子语类》卷十一、本书"荟辑"部分4.2.23条，文字稍有出入。

理了，再来仔细研究各个关键部分。好比有人进了一间大房子，才刚踏进第一道门，里面还有很多道门见都没见，就急着谈论房子里的事，这怎么能做得到呢？

3.4.38　凡读书，须看上下意是如何，不可泥着一字。如杨[1]子①"于仁也柔，于义也刚"，到《易》中将刚来配仁，柔来配义。《孟子》[2]"学不厌，智也；教不倦，仁也"，到《中庸》又谓"成己，仁也；成物，智也"。此等须是各随本文意看，便不相碍。[3]

〔注释〕

①杨子：即扬雄。参看3.3.51条注释。

〔译文〕

大致上读书，就需弄清上下文之间是什么意思，不可只拘泥于某字。比如扬雄说"于仁也柔，于义也刚"，到《易经》中却拿刚来配仁，柔来配义。又如《孟子》里说"学不厌，智也；教不倦，仁也"，而在《中庸》又说"成己，仁也；成物，智也"。这些语句必须是放到各自文本的语境中加以理解，才不会相互妨碍。

3.4.39　看文字，且逐条看，各是一事，不须牵合。

〔译文〕

看文字，暂且一条一条阅读理解，它们本来就各是各的事，没必要牵强附和。

---

〔1〕《朱子语类》卷十一作"扬"字。
〔2〕《朱子语类》卷十一作"《论语》"。
〔3〕此条亦见于《朱子语类》卷十一、本书"荟辑"部分4.2.114条，文字稍有出入。

3.4.40　读书，且逐处理会，不可彼此牵引来比较。初无补于用力之意，徒费心力，闲立议论。翻得言语转多，却于自家分上转无交涉。

[译文]

　　读书，暂且就书中各处理解领会，不要相互之间牵强混淆地用来比较。起初这样读书毫无助益，反而白白浪费心思和精力，制造出一些没有的言论。只是翻转得言语增多，却与自己的本分没有什么关系。

3.4.41　看文字只要虚心。横渠云："濯去旧见，以来新意。"[1]

[注释]

　　①横渠：即张载。参见2.2.1条注释。

[译文]

　　看文字只是要虚心。张载先生说过："抛却旧有的成见，生出崭新的见解。"

3.4.42　读书若有所见，未必便是，不可便执着。且放在一边，更读书，以求新见。若执着一见，则此心便被此见遮蔽了。[2]

[译文]

　　读书如果有见解，并不一定是正确的，不可因此过分执着。不如先把自己的想法放在一边，继续读书，以求得新的见解。如果固执己见，心也就被这一点见解遮蔽了。

---

[1]　此条亦见于《朱子语类》卷十四。
[2]　此条亦见于《朱子语类》卷十一、本书"荟辑"部分4.2.61条，文字稍有出入。

3.4.43 人读书遇难处，且须虚心搜讨意思。有时有思绎底事，却去无思量处知得。自山下观，山上为阻，故指《乾》而言；自山上观，山下为险，故指《坤》而言。因登山而明险阻之义。〔1〕

[译文]

一个人读书遇到疑难的地方，需要虚心搜寻探求其中的含义。有时仔细思考得不出的结论，却可能在不刻意思考之间得出。从山下看，山上是阻碍，所以用"乾卦"来象征；从山上看，山下是危险，所以用"坤卦"来代表。此处借用登山来阐明危险和阻碍的意义。

3.4.44 先生帅潭。①有问："承见教，读书须要涵泳。因看《孟子》，千言万语，只是论心。七篇之书如此看，是涵泳工夫否？"先生云："某为见此中人读书大段卤莽，所以说须当'涵泳'，令胸中有所得耳。如吾友所说，又衬〔2〕一件意思，硬要差排。"又一士友曰："先生'涵泳'之说，乃杜元凯②'优而柔之'之意？"先生曰："固是如此，亦不用如此解说。所谓'涵泳'者，只是子细读书之异名也。大率与人说话，便是难处。〔3〕某只说一个'涵泳'，一人硬来差排，一人硬来解说。此是随语生解，支离蔓延闲讲。若如是读书，如是听人说话，全不是自做工夫。"〔4〕

[注释]

①先生帅潭：指朱熹担任潭州行政长官潭州知事时。②杜元凯：即杜预，参看3.3.105条下注释。

---

〔1〕此条亦见于《朱子语类》卷七十六。
〔2〕据《朱子语类》卷一百一十六，此处脱"贴"字。
〔3〕据《朱子语类》卷一百一十六，此处"处"字为衍文。
〔4〕此条亦见于《朱子语类》卷一百一十六，文字稍有出入。

[译文]

先生任潭州知事。有人请教:"承蒙见教,我明白读书需要沉浸其中深入领会。因此看《孟子》,见其中千言万语,归根到底都在谈论心性。对于《孟子》七篇都这样看,算得上是'涵泳'吗?"先生回答:"我因为见到这里的人读书大多冒失粗率,所以才说需要'涵泳',让他自己心里有所收获。如果像朋友你刚才所讲的,又多出一层含义,就是硬用我的话安排你自己的意思。"又有一个朋友问:"先生'涵泳'的说法,就是杜元凯'优而柔之'的意思吧?"先生说:"就算是这样,也没必要这样解释。所谓'涵泳',不过是仔细读书的另一种说法罢了。大体而言,跟人说话,便有些难以处理。我只是说了一个'涵泳',一个人就硬来安排自己的意思,另一人则硬用他的话来做解释。这些都是随着别人的说法生硬解说,支离破碎肆意漫衍地说闲话。如果像这样读书,就是只听人说话,都不是自己在下功夫。"

3.4.45 《周易五赞·警学篇》有曰:"读《易》之法,字从其训,句逆其情,事因其理,意适其平。曰否曰臧,如目斯见;曰止曰行,如足斯践。毋宽以略,毋密以穷;毋固而可,毋必而通。平易从容,自表而里,及其贯之,万事一理。"

[译文]

《周易五赞·警学篇》中说:"读《易经》的方法是,对每个字的理解都遵循其原意,对每句话的理解都探究其实情,做每件事都因循其规律,调理自己的心绪使其平静。对某事进行褒贬评价,如同亲眼所见;对某事做出止行决定,如同亲身实践。不能过于宽纵而忽略,也不能过于细密而困穷;不能固执己见而应该适可而止,不能过分坚持而要懂得灵活贯通。平心易气,心态从容,从表面字意深入深层义理,及其全部贯通,万事终是一理。"

3.4.46 《尚书》有不必解者，有须着意解者，有略须解者，有不可解者。如《仲虺之诰》《太甲》诸篇，只是熟读，义理自分明，何俟于解？如《洪范》，则须着意解；如典、谟①诸篇，辞稍雅奥，亦略须解；若《盘庚》诸篇，已难解；而《康诰》之书，则已不可解矣。昔者吕伯恭②相见，语以此。渠③云："亦无可阙处。"因语之云："若如此，则是读之未熟。"后二年相见，云："诚如所说。"

（先生答蔡仲默④曰："《康诰》'外事'与'肆汝小子封'处，自不可晓。某尝谓'《尚书》有不必解者，有须着意解者，有略须解者，有不可解者'，正谓此等处耳。"）

[注释]

①典、谟：《尚书》篇名。②吕伯恭：即吕祖谦。参看3.2.38条注释。③渠：代词，他。④蔡仲默：蔡沈（1167—1230），一名蔡沉，字仲默，号九峰，南宋建州建阳（今属福建）人，南宋学者。注《尚书》，撰《书集传》，其书融汇众说，注释明晰，为元代以后试士必用。

[译文]

《尚书》中有没必要解释的，有需要重点解释的，有需要简略解释的，还有不能解释的。比如《仲虺之诰》《太甲》等篇章，只要熟读，其中义理自然会明白，哪里还需要解释呢？又如《洪范》，需要重点解释；比如典、谟类各篇，用辞文雅深奥，需要略微加以解释；再如《盘庚》等篇章，便很难解释；而《康诰》这样的文字，已经没办法解释了。以前同吕伯恭见面，就谈论过这个问题。他说："并没有可以下手的地方。"因此我对他说："如果是这样，那就是没有读熟。"过了两年我们再见时，他说："确实像你说的那样。"

（先生在回复蔡仲默的信中写道："《康诰》中的'外事'和'肆汝小子封'这两个地方，本来就不可理解。我曾经说《尚书》中有没必要解释的，有需要重点解释的，有需要简略解释的，还有不能解释的，正是说的这些地方啊。")

3.4.47 蔡仲默云:"《尚书》文义通贯,犹是第二义。直须见得二帝三王之心,而通其所可通,无强通其所难通。"先生曰:"即此数语,便已参到七八分。"[1]

[译文]

蔡仲默说:"将《尚书》中的义理融会贯通,这只是其次。重要的是要从中领会到二帝三王的良苦用心,贯通其中可以贯通的地方,不要强行去贯通其中难以贯通的地方。"先生说:"就这几句话而言,你已经参悟到七八分了。"

3.4.48 《诗》之为经,人事浃于下,天道备于上,而无一理之不具。学《诗》者,当本之《二南》以求其端,参之列国以尽其变,正之于"雅"以大其规,和之于"颂"以要其止,此学《诗》之大旨也。于是乎章句以纲之,训诂以记之,讽咏以昌之,涵濡以体之。察之德性隐微之间,审之言行枢机之始,则修身、齐家、平均天下之道,其亦不待他求,而得之于此矣。[2]

[译文]

《诗经》之所以被尊为经典,正是由于它向下融合人情事理,向上具备自然天道,而世间的真理无不涵盖。学习《诗经》的人,应该从《周南》《召南》中探求端倪,参照各国之"风"以穷尽变化,用"雅"来端正思想弘大规模,用"颂"中和性情以达到目标,这就是学习《诗经》的要旨。于是,剖析章句以提纲挈领,解释字词以巩固记忆,讽诵吟咏以

---

[1] 即《答蔡仲默·年来病势交攻》,见《朱文公文集》续集卷三。
[2] 亦见于《朱文公文集》卷七十六《诗集传序》。

倡明主旨，沉浸其中以深切体会。同时考究道德品性的细微差别，审度语言行为的关键之处，那么修身、齐家、平天下的道理，也就不必再去别处探求，而都蕴含在《诗经》之中了。

3.4.49 "大凡读书，先晓得文义了，只是常常熟读。如看《诗》，不必着意去里面解释，只是平平地涵泳自好。"因举"池之竭矣，不云自频；泉之竭矣，不云自中"①，吟咏久之。又云："《大雅》中如《烝民》《板》《抑》诗，使人日诵于其侧，不知此出何处。"他读书，想见必是如此。[1]

[注释]

① "池之竭矣"句：语出《大雅·召旻》。此诗痛斥了周幽王荒淫无道、祸国殃民的罪恶，抒发了诗人忧国悯时的情怀和嫉恶如仇的愤慨。

[译文]

先生说："大体而言，读书是先明白文义，然后就只是常常熟读。比如读《诗经》，没有必要刻意去详细解释，只要平和地沉浸其中深入体会就好。"先生因此举出《诗经》中"池之竭矣，不云自频；泉之竭矣，不云自中"这句诗，反复吟咏了好久。又说："《大雅》中如《烝民》《板》《抑》等诗，让人每天在身旁诵读，却不知道出自哪里。"先生读其他书，想必也是这样。

3.4.50 看《诗》，不当只管去《序》中讨止，当于诗辞吟咏，看教活络贯通，方得。大凡读书，多在讽诵中见义理，况

---

[1]《朱子语类》卷八十此条作："又曰：'《大雅》中如《烝民》《板》《抑》等诗，自有好底。董氏举侯邑芭常言，卫武公作《抑》诗，使人日诵于其侧，不知此出在何处，他读书多，想见是如此。'"

《诗》又全在讽诵之功。[1]

[译文]

读《诗经》，不能一味地借助《序》的内容去探讨诗句，只需把它当做寻常诗歌不断地吟咏，把意思理解得灵活贯通，也就可以了。大致上说，读书都需要通过不断诵读来了解其中的内涵，更何况《诗经》本身又全在人们反复吟诵上见功夫。

3.4.51 程先生①《诗传》取义太多，诗人平易，恐不如此。[2]

[注释]

①程先生：即程颐。参看2.6.1条注释。

[译文]

程颐先生的《诗传》中阐释义理的地方太多，诗人本来就平和易懂，恐怕不是这样。

3.4.52 上蔡①说："须先识得六义体面②，而讽咏以得之。"此却是会读《诗》。[3]

[注释]

①上蔡：即谢良佐。参看3.2.55条注释。②六义体面：六义，即"风、雅、颂"三种诗歌形式与"赋、比、兴"三种表现手法。体面：格式。

――――――――――

[1] 此条"大凡读书"以下，亦见于《朱子语类》卷一百零四。
[2] 此条亦见于《朱子语类》卷八十。
[3] 《朱子语类》卷八十，作："上蔡曰：'学《诗》，须先识得六义体面，而讽咏以得之。'此是读《诗》之要法。"

[译文]

谢良佐先生说:"读《诗经》必须先了解"风、雅、颂、赋、比、兴"的六义格式,然后通过讽诵获得其中精髓。"这就表明他会读《诗经》。

3.4.53 又曰:"读《诗》,须得他六义之体。东莱①说《诗》忒煞巧,《诗》正怕如此看。古人意思自宽平,何尝如此纤细拘迫?"[1]

[注释]

①东莱:东莱先生,指吕祖谦。参看3.2.38条注释。

[译文]

又说:"读《诗经》首先要掌握"风、雅、颂、赋、比、兴"这六种基本格式。吕祖谦解读《诗经》太过于取巧,《诗经》最怕如此解读。古人的意思本来就宽容平和,哪里会这么细致拘谨?"

3.4.54 《春秋》大旨,其可见者:诛乱臣,讨贼子,内中国,外夷狄,贵王贱霸而已。未必如先儒所言,字字有义也。[2]

[译文]

《春秋》的主旨表现出来就是:诛杀乱臣,讨伐贼子,维护中原地区的核心地位,招徕周边的少数民族,推崇王道、贬斥霸道而已。未必像先前的儒学所说的那样,每个字都有深意。

3.4.55 看《春秋》甚难,须是有当时《鲁春秋》来看,见

---

[1]《朱子语类》卷八十一,作"伯恭诗太巧",误。
[2] 此条亦见于《朱子语类》卷八十三。

得圣人①改窜处，方始知得事实。然那得有此？《春秋》之书，且据左氏。当时大乱，圣人且据实而书之，其是非得失，付诸后世公论，盖有言外之意。若必于一字之间求褒贬所在，窃恐不然。〔1〕

[注释]

①圣人：此处特指孔子。相传《春秋》由孔子编写。

[译文]

读《春秋》很难，必须有当时的《鲁春秋》配合来看，才可发现孔子改写的地方，才能知道事实。但在哪里能得到《鲁春秋》呢？《春秋》这本书，尚且依据《左传》。当时天下大乱，孔子根据事实将它记录下来，它的是非得失，则交给后代公开评论，其中大概有言外之意。但如果非要从每个字中间去探求孔子的褒贬之意，恐怕未必是这样。

3.4.56 《春秋》书〔2〕例，多不可信。圣人记事，安有许多义例①？如书伐国，恶诸侯之擅兴；书山崩地震螽②蝗之类，知灾祥有所自致也。〔3〕

[注释]

①义例：有助于阐释义理的事例。②螽（zhōng）：即螽斯，俗称蚱蜢，属蝗虫。

[译文]

《春秋》记载阐明道义的例子，大都不可信。圣人记录史实，哪有那么多借史实阐明义理的例子呢？如写到讨伐诸侯国，即厌恶诸侯擅自

---

〔1〕 此条"《春秋》之书"以下，亦见于《朱子语类》卷八十三。
〔2〕 "书"字，《朱子语类》卷八十三作"传"字。
〔3〕 此条亦见于《朱子语类》卷八十三。

兴兵；而记录山崩、地震、螽灾、蝗灾等，会说明灾难、祥和均有起因。

3.4.57 先生作《中庸集解序》，曰："读《中庸》者，毋跂^①于高，毋骇于奇，必沉潜乎句读、文义之间，以会其归。必戒慎恐惧乎不睹不闻之中，以践其实。庶乎优柔厌饫^②，真积力久，而于博厚高明悠久之域，忽不自知其至焉。"[1]

[注释]

①跂：踮起脚后跟，比喻盼望，向往。②优柔厌饫：也作"优柔餍饫"，比喻为学之从容求索，深入体味。

[译文]

先生写《中庸集解序》，在其中说："读《中庸》不要刻意高深，不要追求骇奇，而要潜入研究它的字句及文义，认真领会其中的主旨。在没人看到听到的处境中仍保持戒慎惶恐的态度，从而亲身体验其中真实的感受。如此差不多能从容求索而深入体会。真功夫积累多了，下力气时间长了，广博深厚、高明悠久的境界，也就在自己不知不觉中达到了。"

3.4.58 《论语》之书，已有前辈解说，但恐后学难晓，故《集注》尽撮其要，说尽了。不须更作注脚外又添一段说话。只把他那《集解》熟读，自然晓得，莫枉费心力，去外面思量。[2]

[译文]

《论语》这本书，已经有前辈学者的解说，但我还是担心后世的学者

---

[1] 此条亦见于朱熹编《中庸辑略》。
[2] 《朱子语类》卷十九作："前辈解说，恐后学难晓，故《集注》尽撮其要，已说尽了，不须更去注脚外又添一段说话。只把这个熟看，自然晓得，莫枉费心力，去外面思量。"

难以理解，所以又编撰《论语集注》来汇集其中的要点，这已经穷尽了。不需要再在注解之外添加任何说法。只需要把《论语集注》读熟，自然会明白其中的含义，不用枉费心思和精力，到此书之外去寻求思考。

3.4.59 看《精义》，须究心，不可看杀了。二先生①说自有相关透处，如伊川云"有主则实"，又云"有主则虚"。如孟子云"生于其心，害于其政；发于其政，害于其事"，又云"作于其心，害于其事；作于其事，害于其政"。自当随文、随时、随事看，各有通透处。〔1〕

[注释]

①二先生：指程颢、程颐。参看3.2.15条注释。

[译文]

读《孟子精义》一定要用心，不能读死书。程颐、程颢二位先生的解释自然有相互通透的地方，比如程颐先生说"有主则实"，又说"有主则虚"。再比如孟子说"生于其心，害于其政；发于其政，害于其事"，又说"作于其心，害于其事；作于其事，害于其政"。这些文段都应该根据具体的文脉、时间、事情来理解，它们各有连贯通透的地方。

3.4.60 问《大学》。先生曰："读书须周匝遍满。某旧时有四句云：'宁详毋略，宁下毋高，宁拙毋巧，宁近毋远。'"〔2〕

[译文]

有人请教《大学》。先生说："读书要全面周密。我过去总结过四句话：'宁可详尽，不要粗疏简略；宁可平实，不要刻意拔高；宁可笨拙，

---

〔1〕 此条亦见于《朱子语类》卷十九，文字稍有出入。
〔2〕 此条亦见于本书"荟辑"部分3.4.60条，文字稍有出入。

不要投机取巧；宁可切近，不要脱离实际。"

3.4.61 胡叔器①问读《左传》法。先生曰："自平日看那事理、事情、事势。十二公时各不同。如隐、桓时，王室新东，号令不行，天下都星散无主。庄、僖之时，桓、文迭伯②，政自诸侯出，天下始有统一。宣公时，楚庄公盛强，夷狄主盟中国，诸侯亲齐者，亦皆朝楚。及成公之世，悼公出来整顿，楚始退去。既而吴越又强，入来争霸。定、哀公之时，政自大夫出，鲁三家，晋六卿，齐田氏，宋华、向，放弛肆意，故终春秋世，更不奈何。但是某尝说，春秋之末与初年大不同。然是时诸侯争战，只如戏样，亦无甚大杀戮。及战国七雄争强，那时便多是胡相杀。如石门斩首六万，不知怎生地杀了许多？及其后秦人长平之战四十万人死，是杀了多少，不知如何有许多人？如后来项羽也坑十万，不知他如何地掘那坑？死底都不知，当时如何对付许多人？"陈安卿③曰："恐非掘地坑。"先生曰："是。尝见邓艾伐蜀，坑许多人，亦说是掘坑。"[1]

[注释]

①胡叔器：即胡安之。参看3.2.111条注释。②伯：动词，称霸，做盟主。③陈安卿：即陈淳。参看3.3.82条注释。

---

[1]《朱子语类》卷八十三此条作："叔器问读《左传》法。曰：'也只是平心看那事理、事情、事势。春秋十二公，时各不同。如隐、桓之时，王室新东迁，号令不行，天下都星散无主。庄、僖之时，桓、文迭伯，政自诸侯出，天下始有统一。宣公之时，楚庄公盛强，夷狄主盟中国，诸侯服齐者亦皆朝楚，服晋者亦皆朝楚。及成公之世，悼公出来整顿一番，楚始退去。继而吴越又强，入来争伯。定、哀公之时，政皆自大夫出，鲁有三家，晋有六卿，齐有田氏，宋有华、向，被他肆意做，终春秋之世，更没奈何。但是某尝说，春秋之末与初年大不同。然是时诸侯征战，只如戏样，亦无甚大杀戮。及战国七国争雄，那时便多胡乱相杀。如雁门斩首四万，不知怎生杀了许多？长平之战，四十万人坑死，不知如何有许多人？后来项羽也坑十五万，不知他如何地掘那坑？后那死底都不知，当时不知如何地对付许多人？'安卿曰：'恐非掘坑。'先生曰：'是掘坑。尝见邓艾伐蜀，坑许多人，载说是掘坑。'"

[译文]

　　胡叔器请教读《左传》的方法。先生回答:"应该从贴近平常生活去看当时的事理、事情和事势。鲁国十二公在位时各不相同。比如隐公、桓公时,周王室刚刚东迁,诸侯不听从天子号令,整个天下星散而无统一宗主。庄公、僖公时,齐桓公、晋文公相继称霸,天下大事的决策权移交到诸侯手中,整个天下开始有统一迹象。宣公时,楚庄公势力强盛,夷狄领导结盟中原各国,原先追随齐国的诸侯,都转向追随楚国。到了成公时,齐悼公站出来重整河山,楚国逐渐退出。而后吴国、越国又强盛起来,强行进入中原地区争夺霸主地位。定公、哀公时,天下大事的决策权又转入各诸侯国的大夫手中,鲁国的季孙氏、孟孙氏、叔孙氏三家,晋国的赵氏、魏氏、韩氏、智氏、范氏、中行氏六卿,齐国的田氏,宋国的华氏、向氏等都在自己的国家里肆意妄为祸乱朝纲,因此春秋的时代已经结束,而天下大局却未改变。但是我曾说过,春秋末年与初年相比,所处情势根本不同。因为春秋初年诸侯征战,只是如同演戏,没有大的杀戮。到战国时期七雄争霸,彼时多是胡乱杀戮。如石门之战,秦献公大破魏军,斩首六万,不知为何杀这么多人?其后秦赵长平之战,秦国获胜进占长平,斩首坑杀赵军四十万,人杀得太多了,也不知道怎么会有这么多人?再如后来的巨鹿之战,项羽率领以楚军为首的各诸侯义军,大败秦军,坑杀十五万人,也不知道他是怎么挖的坑?杀了那么多人,不知道当时如何对付那么多人?"陈安卿说:"恐怕不是在地上挖的坑吧?"先生说:"是的。我过去读记载邓艾伐蜀的史书,里面记载坑杀了许多人,也说是挖坑。"

3.4.62 读史有不晓处,札①出便且读过去,有时读别底撞着。文义与此相关,便自晓得。[1]

---

〔1〕 此条亦见于《朱子语类》卷十一、本书"荟辑"部分4.2.142条,文字稍有出入。

[注释]

①札：古代写字用的木片，即书写的意思。

[译文]

读史书遇到不明白的地方，把它抄出来继续往下读，有时候读到其他地方就会撞着。文义与此相关，自然而然也就明白了。

3.4.63 读书别无法，只管看，便是法。正如验人相似，验来验去，自然验得。自然都未要先自立意见，且虚心自管看。看来看去，自然晓得。某那《集注》都详备，只是要看，无一字闲。那个无紧要底字，越要看。自家意里说是闲，那个正是紧要字。[1]

[译文]

读书没有别的方法，只管读，就是方法。就如同看人，看来看去，自然就容易看得清。自然不能还没读就先有了自己的看法，暂且虚心只管去看，看来看去，自然能看出道理。我写的《四书章句集注》详尽完备，只是要认真看，里面没有一个闲字。那些看上去无关紧要的字，更要认真看。自认为没什么用的字，其实正是重要的字。

◆ 张洪、齐熙续编部分

3.4.64 读书且须玩味，不必立说。且理会古人说，教通透。[2]

---

[1]《朱子语类》卷十九此条作："读书别无法，只管看，便是法。正如口人相似，揾来揾去。自家都未要先自立意见，且虚心只管看。看来看去，自然晓得。某那《集注》都详备，只是要人看，无一字闲。那个无紧要闲底字，越要看。自家意里说是闲字，那个正是紧要字。"

[2] 此条亦见于《朱子语类》卷十九。

[译文]

　　读书必须深入体会，没必要树立新见解。只需理解领会古人说的话，做到透彻通达就行了。

3.4.65　问："读《易》未能浃洽。"曰："须是此心虚明①宁静，自然道理流通，方包罗得许多义理。"[1]

[注释]

　　①虚明：空明，指内心清澈纯洁。

[译文]

　　有人问："读《易经》难以融会贯通。"先生说："必须保持内心的空明宁静，使道理自如流畅，才能包罗许多的道理。"

3.4.66　看文字，须是虚心，则见道理明。[2]

[译文]

　　看文字，一定要虚心，才能看得道理分明。

3.4.67　读书而不能尽见其理，只是心粗意广。凡解释文义，须是虚心玩索。圣人言语，义理该贯，如丝发相通。若只恁大纲看过，何缘见精微出来？所以失圣人之意。[3]

---

[1]　此条亦见于《朱子语类》卷六十七。
[2]　此条亦见于《朱子语类》卷十一、本书"荟辑"部分4.2.23条。两者文字差异较大，本条为节略。
[3]　此条亦见于《朱子语类》卷十三。

［译文］

读书而不能完全领会其中的道理，只是因为粗心大意心思散乱。凡是要解释文义，一定要虚心静气玩味探索。圣人言论，义理通贯，犹如细丝头发般都能融会贯通。如果只是这样大略看看，怎么能从中见到精湛细微的义理？所以就遗失了圣人的本意。

3.4.68 示及①疑问，且当如此涵泳，甚善。致知工夫，亦只是且据所已知者，玩索推广将去。具于心者，本自无不足也。[1]

［注释］

①示及：见示、谈到，书信用敬语。

［译文］

信中谈及你的疑问，并认为应该沉潜其中反复推敲，非常好。推求知识的功夫，也只是要根据已知的，去玩味探索不断推广开去。心里已久具备的，本来就没有不能满足的。

3.4.69 虚心静虑，密切玩味，久之须自见得更有精微处。不但如此而已。[2]

［译文］

虚心静气且安静思虑，密切联系且探索体会，久而久之自然能见到其中更加精湛微细的地方。其实还不仅仅如此。

3.4.70 今欲观《诗》，不若且置《小序》①及旧说，只将原诗

---

〔1〕 此条亦见于《朱子语类》卷十五。
〔2〕 即《答周舜弼·讲学持守不懈》，见《朱文公文集》卷五十。

虚心[1]徐徐玩味。候仿佛见个诗人本意，却从此推寻将去，方有感发。如人拾得一个无题目诗，再三熟看，亦须辨得出来。若被旧说一局局定，便看不出。今虽道不用旧说，终被他先入在内，不期依旧从他去。某向作《诗》解文字，初用《小序》，至解不行处，亦曲为之说，后来觉得不安。第二次解者，虽存《小序》，闲为辨破，然终是不见诗人本意。后来方知只尽去《小序》，便自可通。于是尽涤荡旧说，诗意方活。[2]

[注释]

①《小序》：《诗经》研究重要文献《毛诗序》，又叫《诗序》，分为《大序》和《小序》。《大序》为《关雎》题解之后作者所作的全部《诗经》的总序言，《小序》是《诗经》三百〇五篇中每一篇的序言。

[译文]

今天想要读《诗经》，不如先将《小序》和过去的解说搁置一旁，只是把《诗经》原文拿来虚心静气地慢慢玩味。等到能意识到诗人大概本意的时候，再从此推求寻绎出去，才能有感而发。就像有人捡到一首没有题目的诗，反复熟读，也能辨别得出。如果被陈旧的解说局限住了，也就看不出什么了。现在虽然说不用依赖过去的解说，但它终究早在心里了，不注意还会按照它的思路去理解。我以前解读《诗经》，最初参考《小序》，到解读不通的地方，也曲为解说，后来觉得不安。第二次解说时，虽然会参考《小序》，也突破它进行解释，然而始终还是看不出诗人本意。后来才知道只有完全将《小序》抛开，就自然而然地贯通了。从此我便抛却所有的旧说，诗的意思果然变得鲜活起来。

3.4.71 戴明伯①请教。先生曰："且将一件书读。圣人之言，

---

〔1〕据《朱子语类》卷八十，此处脱"熟读"二字。
〔2〕此条亦见于《朱子语类》卷八十。

即圣人之心。圣人之心，即天下之理。且逐段看，令分晓。一段分晓，又看一段。如此至一二十段，亦未解便见个道理，但如此心平气定，不东驰西骛，则道理自逐旋分明，去得自家心上一病，便是一个道理明也。道理固是自家本有，但如今隔一隔了，须逐旋揩磨，呼唤得归。然无一唤便见之理，不若且虚心读书。读书，切不可自谓理会得了。便理会得，且只做理会不得。某见说不会底，便有长进。不长进者，多是自谓已理会得了底。如此则非特终身不长进，便假如释氏三生十六劫②，也终理会不得。"[1]

[注释]

①戴明伯：朱熹门人，其余不详。②三生六十劫：劫，佛教术语，为声闻乘修行所须之时间。修四谛十六行相等之观，这里是强调读书不得法，多久都无益。

[译文]

戴明伯向先生请教。先生说："先拿起一本书来读。圣人言论就是圣人的心意。圣人的心意，即为天下正理。暂且一段一段地看，让其中的意思分明通晓。一段理解清楚后，又看一段。就这样看上一二十段，不用解说则能见到当中道理，但这个时候还要心平气和，不要心思忽东忽西，那道理自然会渐渐清楚，去掉自己一块病，就是明白了一个道理。道理本来是自然就有的，然而现在受到了隔阂，须得逐渐擦拭打磨，把道理呼唤回来。然而也没有随便呼唤就出来的道理，不如先虚心读书。读书，不可自以为是，以为都理解领会了。就算是真的理解领会了，也要当做还理解会不了。我见那些说自己没能理解的，都有进步。没有进步的，多是自己说已经理解了的。这样下去不但终身都不会长进，即便经历了佛家所谓的三生六十劫，也终究理解领会不了。"

---

[1] 此条亦见于《朱子语类》卷一百二十。

3.4.72 学者观书,且就本文上看取正意,不须立说,别生枝蔓。惟能认得圣人句中之意,乃善。[1]

[译文]

求学之人读书,先将正文意思理解正确,不必强行树立自我观点,生出许多枝蔓。只要能看出圣人句子中的本意,就好。

3.4.73 看书不由直路,只管枝蔓,便于本意不亲切。[2]

[译文]

看书不顺着主旨去看,只着意文中的细枝末节,便不能与圣人的本意贴近。

3.4.74 大底义理,须是且虚心随他本文正意看。[3]

[译文]

大致而言,书上的道理,必须是虚心地按照书上本文的意思去理解。

3.4.75 凡看文字,且就本文上看。看一段,须反复,看来看去,要烂熟,方见意味快活,令人都不欲看外段,始得。[4]

[译文]

凡是看文字,暂且先在正文上看。看一段内容时,要反复地看,看来看去,直到烂熟于心,才能体会到其中的意味和快乐,让人都不愿意再去

---

[1] 此条亦见于《朱子语类》卷十九。
[2] 此条亦见于《朱子语类》卷十一、本书"荟辑"部分4.2.55条。
[3] 此条亦见于《朱子语类》卷十一、本书"荟辑"部分4.2.28条。
[4] 此条亦见于本书"荟辑"部分3.3.97条,文字稍有出入。

看别的段落，才能有所收获。

3.4.76 圣贤说出来底言语，自有语脉，安顿得各有所在，岂似后人胡乱说了也！须玩索其旨，所以学不可不讲。[1]

[译文]

圣贤说出来的言论，自然有它的内在脉络，篇章字句也都安排在合理的地方，岂是像后人那样胡乱解说的？要用心玩味探索其中的主旨，所以做学问不能不讲解。

3.4.77 观《诗》之法，且虚心寻绎之，不要被旧说粘定，看得不活。伊川解《诗》，亦说得义理多了。《诗》本只是恁地说话，一章言了，次章又从而叹咏之。虽则无义，而意味深长，不可于名物①上寻义理。后人往往见其言只如此平淡，只管添上义理，却窒塞了。他如一源清水，只管将物事堆积在上，便壅隘②了。[2]

[注释]

①名物：事物的名称、特征等。②壅隘：堵塞不通。隘，狭窄。

[译文]

读《诗经》的方法，是虚下心来反复探求，不要被陈旧的解说束缚住，理解得不灵活。程颐先生解读《诗经》，解说义理也有点多了。《诗经》本来只是这样说话，一章说完了，下一章接着又叹咏。虽说没有深层道理，然而意味却颇为深长，不能通过考证事物的名称、特征去追寻道理。后人往往觉得其中的言语平淡，便只顾着添加义理，实际上却妨碍了

---

〔1〕此条亦见于《朱子语类》卷十一、本书"荟辑"部分4.2.126条。
〔2〕此条亦见于《朱子语类》卷一百一十七。

对它的理解。这就像一汪清清的活水，要是只管把各种东西堆积在上面，也就把它堵塞了。

3.4.78 学者观书，病在只要向前，不肯退步看。愈向前，愈看不得分晓。不若退步，却看得审①。大概病在执着，不肯放下。今学者有二种病，一是主私意，一是旧有先入之说。虽欲摆脱，亦被他自来相寻。[1]

[注释]

①审：详尽，仔细。

[译文]

求学之人读书，毛病在只想往前赶着看，却不肯退后一步去看。越向前看，越看不明白。不如退后一步去看，却能看得更加详尽。这个毛病大概出在过于执着，不肯放下。当下求学的人有两种毛病，一是执着一己私见，一是心存旧有解说。虽然想要摆脱，这两种毛病也会自己找上门来。

3.4.79 穷理，以虚心静虑为本。[2]

[译文]

穷究道理，要以虚心静气、反复思考为根本。

3.4.80 看文字，不可终日思量，硬将心去驰逐。亦须空闲少顷，养精神又来看。[3]

---

[1] 此条亦见于《朱子语类》卷十一。文字稍有出入。
[2] 此条亦见于《朱子语类》卷九。
[3] 此条亦见于《朱子语类》卷十一、本书"荟辑"部分4.2.73条，文字有较大差异。

[译文]

读书，不能整天都在思考，强迫自己去苦苦探究。适当地闲下来，养足精神来攻读。

3.4.81 先生答张敬夫①书曰："圣贤之言，平铺放着，自有无穷之味。于此从容潜玩②，默识③而心通焉，则学之根本于是乎立，而其用可得而推矣。患在立说贵于新奇，推类④欲其广博，是以反失圣言平淡之真味，而徒为学者口耳之末习⑤。"〔1〕

[注释]

①张敬夫：即张栻。参看3.3.110条注释。②潜玩：深入玩味。③默识：暗中记住。④推类：犹类推，谓比类而推究。⑤末习：指不良风气或习惯。

[译文]

先生在答复张敬夫的信中说："把圣贤的话，放平来看，自然有无穷的味道。对于它们要态度从容且深入玩味，暗中牢记而内心贯通，则做学问的根本由此建立，而它们的用处也可以得到推广。而问题在于提出见解崇尚新奇，比类推求数量繁多，这样做反而会失去圣贤言论本身的平淡真味，只会成为求学者徒逞口舌的不良习气。"

3.4.82 先生答汪尚书①书曰："近世言道学者，失于太高。读书讲义，率常以径易②超绝，不历阶梯为快，而于其间曲折精微，正好玩索处，例皆忽略厌弃，以为卑近琐屑，不足留情，以故虽或多闻博识之士，其于天下之义理，亦不能无所未尽。曷若循下学上达③之序，口讲心思，躬行力究，宁烦毋略，宁下毋高，宁浅毋深，宁拙毋巧，从容潜玩，存久渐明，众理洞然，次第无隐，然后知夫

---

〔1〕 即《答张敬夫·昨陈明仲》，见《朱文公文集》卷二十五。

大中至正④之极，天理人事之全，无不在是。初无迥然超绝不可及者，而几微之间，毫厘毕察，酬酢之际，体用浑然。虽或使之任至重而处所难，亦沛然行其所无事而已。"[1]

[注释]

①汪尚书：即汪端明。参看3.3.44条注释。②径易：直接、平易。③下学上达：指先学习日常事理，进而认识高深哲理的为学次第。④大中至正：即博大、恰到好处、精准正确的学问。大，指博大。中，指恰到好处。正就是正确。

[译文]

先生在答复汪尚书的信中说："近代以来谈论道学的人，其失误在于立论过高。读书解读义理，常常认为直接平易、超然卓绝、不必经历循序渐进的过程为好，对于当中复杂曲折、精湛细微、值得玩味探究的地方，则表现出忽略、厌弃的态度，认为它肤浅琐屑，不值得留心研读。因此虽然有见多识广、知识渊博的士友，但对于天下义理，却仍旧不能详尽理解。不如遵循先学习日常事理，进而认识高深哲理的为学次第，口中讲授、心中思考、躬行实践、竭力穷究，宁愿烦琐也不愿简略，宁愿卑下也不愿高妙，宁愿浅显也不愿深奥，宁愿笨拙也不愿机巧，平和从容且潜心探索，努力存养日久则道理渐明，多种道理均能洞悉，为学次序明朗显现，而后方能明白博厚广大、恰到好处、精准正确的学问，天道、人情全都包含其中。再也没有当初卓然超群、遥不可及的感觉，而且对于其中极其细微之处，也能体察入微，交际应酬之中，本体应用也浑然一体。即使让他肩负重任处于艰难的环境当中，也能充分做到泰然自若，好像无事一般自在从容。"

3.4.83 又曰："反复玩味，而有以自得之，则心广理明，意

---

[1] 即《答汪尚书·熹兹者累日》，见《朱文公文集》卷三十。

味自别。"[1]

[译文]

又说道:"反复体会,才能得出自己的心得,如此则心胸开阔而道理分明,体会到不一样的意义和情趣。"

3.4.84　先生答吕伯恭①书曰:"学者凡圣贤一言,皆当潜心玩索,要识得他底蕴。自家分上一一要用,岂可不存留在胸次?明道②'玩物丧志'之说,盖是箴③上蔡④记诵博识而不理会道理之病。渠⑤得此语,遂一向扫荡,直要得胸中旷然无一毫所能,则可谓矫枉过其正矣。"[2]

[注释]

①吕伯恭:即吕祖谦。参看3.2.38条注释。②明道:即程颢。参看3.2.55条注释。③箴:劝诫。④上蔡:即谢良佐。参看3.2.55条注释。⑤渠:代词,他。

[译文]

先生在答复吕祖谦的书信中说:"求学之人对于圣贤的每一句话都应该潜心体会,反复探究,要深入理解其中的思想内涵。这些将来自己都会用到,怎么能不常存于心?程颢先生'玩物丧志'的说法,就是用来劝诫谢良佐只注重记诵圣人言论而不理会其中道理的毛病。谢良佐听了程颢先生的话后,却将自己之前所学统统抛弃,要做到心中空空如也,这可以说又犯了矫枉过正的毛病。"

3.4.85　与袁机仲①书曰:"须虚心逊志,以求其通晓。未可好

---

[1] 即《答汪尚书·伏蒙垂教》,见《朱文公文集》卷三十。
[2] 即《答吕伯恭别纸·上蔡舜事业》,见《朱文公文集》卷三十五。

高立异，以轻索其瑕疵。"[1]

[注释]

①袁机仲：即袁枢。参看3.2.95条注释。

[译文]

先生在答复袁枢的书信中说："一定要虚心谦卑，力求把道理理解得清楚明白。不要好高骛远标新立异，一味轻率地吹毛求疵。"

3.4.86 答范文叔①书曰："往年经无定说，故读书不能无疑。近来众说尽出，讲者亦多自是，无所致疑。但要反复玩味，认得圣贤本意，道义实体不外此心，便自有受用处耳。尹和靖②门人赞其师曰：'丕哉圣谟③，六经之编；耳顺心得，如诵己言。'要当至此地位，始是读书人耳。"[2]

[注释]

①范文叔：即范仲黼，字文叔，四川成都人，早年从张栻问学，剖析精微，是朱熹、吕祖谦都很推崇、尊敬的学者。②尹和靖：即尹焞。参看3.3.44条注释。③丕哉圣谟：丕，大。圣谟，圣人治天下的宏图大略。

[译文]

先生在答复范文叔的书信中说："过去经书没有确定的解说，所以读书时不可能没有疑问。现今各种解说纷纷问世，讲解的人也大多自以为是，又让人不知该向谁请教心中所疑。不过只要反复地细心体会，领会圣贤的真实意图，正确的道理不会处于内心之外，如此便自然能够有所收获。尹焞的弟子们这样称赞他们的老师：'老师的学问太宏博了，能把六经背得滚瓜烂熟；耳闻顺从且心有所得，诵习圣人之言如同自己所说。'

[1] 即《答袁机仲·来教疑河图》，见《朱文公文集》卷三十八。
[2] 即《答范文叔·读书不觉有疑》，见《朱文公文集》卷三十八。

只有到了这个地步,才称得上读书人。"

3.4.87 答游诚之①书曰:"读书玩理,但严立功程,宽着意思。久之自当有味,不可求欲速之功也。"[1]

[注释]

①游诚之:即游九言(1142—1206),字诚之,福建建阳人,号默斋,南宋学者,早年从学于张栻。

[译文]

先生在答复游诚之的书信中说:"读书玩味义理,一定要严格制订学习计划,也要放宽心思。时间久了自然能读出书中的味道,不可以追求速成的功效。"

3.4.88 答柯国材①书曰:"大概读书,且因先儒之说,通其文义而玩味之,使之浃洽于心,自见意味,可也。如旧说不通,而偶自见得别有意思,则亦不妨。但必欲于传注之外,别求所谓自得者而务立新说,则于先儒之说,或未能充而遽舍之矣。如此则用心愈劳而去道愈远,恐駸駸②然失天理之正而陷于人欲之私,非学问之本意也。"[2]

[注释]

①柯国材:即柯翰,字国材,福建同安人。朱熹为同安县主簿时,与之交往甚深。他讲《礼记》,朱熹对之加以阐述;他修葺房舍,朱熹取名"一经堂";他逝世时,朱熹哭曰:"探讨之勤,白首不置,弗索于禄,弗媚于时。"②駸駸:迅疾的样子。

---

[1] 即《答游诚之·示喻读书玩理》,见《朱文公文集》卷四十五。
[2] 即《答柯国才·示谕忠恕之说》,见《朱文公文集》卷三十九。

[译文]

先生在答复柯国材的书信中说:"大体上读书,都要因循先儒的解说,来疏通文义而认真体会,使它融贯于内心,自然领会其中的意味,这样就可以了。如果旧有的解释说不通,而自己偶然间生出新的见解,也无妨。但如果在古人的解释之外,刻意寻求所谓的自我见解并确立新的观点,这就是对古人的解释还没了然于心便匆忙舍弃了。这样用的心思越多,离真正的道理就越远,恐怕很快就会失去天理的正道而沉陷于人欲的私见之中,显然并不是做学问的本来意思啊。"

3.4.89 答许顺之书①曰:"大抵文义,先儒尽之。盖古今人情不相远,文字言语,只是如此。但有所自得之人,看得这意味不同耳。其说非能顿异于众也,不可只管立说求奇,恐失正理,却与流俗诡异之学无异。只据他文理反复玩味,久之自明,且是胸中开泰,无许多劳攘,此一事已快活了。诚依此加功如何?"[1]

[注释]

①许顺之:即许升,字顺之,号存斋,福建同安人。朱熹为同安县主簿时,他曾随朱熹问学,后随朱熹到建阳继续学习。

[译文]

先生在答复许顺之的书信中说:"大致而言,经书上的文义,先儒已经说尽了。因为古今人情本来差别不大,文字语言本来就是这样。但是有自我心得的人,能看出当中意致情趣的不同。他的解说也并非刻意要和众人有差别,所以不要想着标新立异,恐怕这样会偏离正道义理,而同世俗流行的歪理邪说没什么差别。只需要根据他文中的义理反复体会,久而久之自然明白,而且胸中泰然开明,没有那么多的纷扰,这样做让自己也很快乐了。按照这个方式加倍努力怎么样?"

---

[1] 即《答许顺之·承在县庠》,见《朱文公文集》卷三十九。

3.4.90 又曰:"读书大抵只就事上理会,看他语意如何,不必过为深昧之说,却失圣贤本意,自家用心亦不得其正,陷于支离怪僻之域,所害不细。切宜戒之,只就平易悫实①处理会也。"[1]

[注释]

①悫实:朴实。悫,诚实,谨慎。

[译文]

又说道:"读书大概只是就事情本身加以理解体会,看它语意是怎么样的,不必过于做晦涩深奥的解说,而失却了圣贤的本意,这样自己的用心也会不正,而陷入支离破碎的怪僻境地,造成不小的危害。切记以此为戒,只向简单易懂、平白朴实的地方去理解领会。"

3.4.91 又曰:"向平易着实处子细玩索,须于无味中得味,乃知有余味之味耳。"[2]

[译文]

又说:"向着浅显易懂、切合实际的地方仔细玩味探究,要从没有味道的地方品尝出味道,就会知道什么是回味无穷。"

3.4.92 答王近思①书曰:"于古昔圣贤之言,逐一反复,子细玩味。勿遽立说,以求近功,则久之自有贯通处,而胸次了然无疑矣。"[3]

―――――――

[1] 即《答许顺之·读书大抵只就》,见《朱文公文集》卷三十九。
[2] 即《答许顺之·书中所论皆之当》,见《朱文公文集》卷三十九。
[3] 即《答王近思·别纸所示适此》,见《朱文公文集》卷三十九。

[注释]

①王近思：即王力行，字近思，福建同安人。朱熹为同安县主簿时，曾随朱熹问学，苦学善问，深得其旨。《朱文公全集》里记录他的问答甚多。

[译文]

先生在答复王近思的书信中说："对古代圣贤的言论，逐字逐句反复仔细探究，仔仔细细加以体会。不要匆匆忙忙地做出解说，追求急功近利，如此久而久之自然会有融会贯通的地方，从而了然于胸而没有疑惑。"

3.4.93 又曰："于先达①所言，择取其精要者一说，反复玩味，久而不忘，当自有心解处。不可妄以私意穿凿，恐失之浸远，难收拾也。"[1]

[注释]

①先达：德行高、学问深的先辈。

[译文]

又说道："对于德性高、学问深的前辈说过的话，要选取其中精练扼要的观点，反复用心体会，时间长了也不要忘记，这样自然有心领神会的地方。不能随便穿凿附会，否则恐怕在错误的路上越走越远，以致最后难以收拾。"

3.4.94 答魏元履①书曰："《论语》中看得有味，余经亦迎刃而解。圣人之言，平易中有精深处，不可穿凿求速成，又不可苟且闲看过。直须是置心平淡悫实之地，玩味探索，而虚恬省事以养之，迟久不懈，当自觉其益。切不可以轻易急迫之心，求旦暮之

---

[1] 即《答王近思·所示疑问深见》，见《朱文公文集》卷三十九。

功，又不可因循偷惰，虚度光阴也。"〔1〕

[注释]

①魏元履：即魏掞之（1116—1173），字子实，后改字元履，号艮斋，又号锦江，南宋建阳招贤里（今徐市镇）人。学者称"艮斋先生"，师从胡宪，与朱熹友好。

[译文]

先生在答复魏元履的书信中说："《论语》能够读出味道，其他经书也会迎刃而解。圣人的言论，平易当中自有精湛深微的地方，不能穿凿附会急于求成，也不能敷衍了事等闲视之。而是要把心放到朴实平淡的状态，去仔细玩味探究思索，并且以清虚恬淡、减少事端来长久坚持而不松懈，这样一定能感受到其中的好处。切记不能以轻率浮躁的心态，去追求早晚速成的功利，也不能安于旧习偷懒怠惰，虚度光阴。"

3.4.95 又曰："寻常读书，只为胸中偶有所见，不能默契，故不得已而形之于口；恐其遗忘，故不得已而笔之于书。若读书而先有立说之心，则此一念已外驰矣，若何而有味耶？"〔2〕

[译文]

又说道："平常读书，只因为心中偶然有了见解，不能与固有解说一致，所以不得已才说了出来；又担心将其遗忘，所以不得已又用笔记了下来。如果读书之前就有标新立异的心思，有了这个想法心思就已经向外跑了，如此怎么会有意味呢？"

3.4.96 答程允夫①书曰："读书剖析精微，玩味久熟，则众说

---

〔1〕即《答魏元履·欲为春秋学》，见《朱文公文集》卷三十九。
〔2〕即《答魏元履·裴父所云》，见《朱文公文集》卷三十九。

之异同自不能眩，而反为吾磨砺之资矣。"〔1〕

[注释]

①程允夫：即程洵。参看3.2.44条注释。

[译文]

先生在答复程允夫的书信中说："读书能剖析精湛深微的地方，探究体会的时间长了自然会纯熟，这样面对各种观点的差别自然也不会迷惑，反而会成为我磨砺学问的资本。"

3.4.97 答陈明仲①书曰："读书当择先儒旧说之当于理者，反复玩味，朝夕涵泳，使与本经正言之意通贯，浃洽于胸中，然后有益。不必段段立说，徒为观美，而实未必深有得于心也。"〔2〕

[注释]

①陈明仲：即陈旦。参看3.1.27条注释。

[译文]

先生在答复陈明仲的信中说："读书应该择取先辈儒者旧有学说当中在理的部分，反复探究领悟，早晚沉浸体会，让它和经书正文的意思融会贯通，在心中和谐融洽，然后才能有益。不必每一段都要树立新观点，这样做仅仅只是好看罢了，但实际上未必会在心上有真正的收获。"

3.4.98 答胡广仲①书曰："平心易气，熟玩而徐思之，自当见得义理明白稳当处。不必强说，枉费心力也。"〔3〕

---

〔1〕 即《答程允夫·程子曰鬼神》，见《朱文公文集》卷四十一。
〔2〕 即《答陈仲明·累承示经说》，见《朱文公文集》卷四十三。
〔3〕 即《答胡广仲·熹承谕向来》，见《朱文公文集》卷四十二。

[注释]

①胡广仲：即胡实（1136—1173），字广仲，胡安国之侄，福建崇安人，南宋学者。

[译文]

先生在答复胡实的信中说："平心静气、反复探究而后慢慢思考，自然能够体会出义理明白稳固之处。不必勉强树立观点，白白浪费心思和精力。"

3.4.99 答江德功①书曰："虚心平气，徐读而审思，乃见圣贤本意，而在己亦有着实用处。不必费力生说，徒失本指而无所用也。"[1]

[注释]

①江德功：即江默。参看3.2.31条注释。

[译文]

先生在答复江德功的书信中说："要虚下心来，平心静气，慢慢地读并仔细思考，才能理解圣贤的本意，对自己也有切实的用处。不要徒费精力强立观点，失了圣贤的本意，也没什么用处。"

3.4.100 又曰："圣贤之言，意旨深远。子细反复十年、二十年，尚未见到一二分，岂可拨冗看得一过，便敢遽然立论？似此恐不但解释文义有所差错，且是气象轻浅，直与道理不相似。愿且放下此意思，将圣贤言语反复玩味，直是有不通处，方可权立疑义，与朋友商量，庶几稍存沉浸浓郁①气象，所系实不轻也。"[2]

---

[1] 即《答江德明·有礼则安说》，见《朱文公文集》卷四十四。
[2] 即《答江德明·所喻易中庸之说》，见《朱文公文集》卷四十四。

［注释］

①浓郁：浓厚馥郁，比喻学识的精华。引语见韩愈《进学解》："沉浸浓郁，含英咀华。"

［译文］

又说道："圣贤的言论，意味深远。仔细反复研究十年、二十年，也未必能够理解其中一二分的意思，怎么可以抽了一点时间，草草看一遍，就敢骤然下结论呢？像这样不但解释文义会有偏差，而且格局肤浅，和真正的道理完全不同。但愿你放下这个想法，将圣贤言论反复探究体会，遇到读不通的地方，方可权衡提出疑问，再和朋友加以探讨，如此差不多才会有些沉浸在学问精华当中的气象，这里面的干系实在不轻。"

3.4.101 答严居厚①书曰："虚心平气，反复讽诵，久当有味。今以迫切之心求之，正犹治丝而棼之②，虽欲强为之说，终非吾心所安，穿凿支离，愈叛于道矣。"[1]

［注释］

①严居厚：即严士敦，字居厚，福建建阳人，与朱熹交往密切。②治丝而棼（fén）之：指理丝不找头绪，就会越理越乱。比喻解决问题的方法不正确，使问题更加复杂。棼，纷乱。引语见《左传·隐公四年》："臣闻以德和民，不闻以乱。以乱，犹治丝而棼之也。"

［译文］

先生在答复严居厚的书信中说："读书要虚心静气，反复地诵读，时间长了就能体会出真味。现在以迫切的心态急于求成，就好比整理丝麻而没有找到头绪，虽然想要勉强做出解说，但最终心下还不安稳，穿凿附会而支离破碎，越来越偏离道了。"

---

[1] 即《答严居厚·示喻进学加功》，见《朱文公文集》卷四十五。

3.4.102 答刘叔文①书曰:"大凡看书,须认得分明,又兼始终,方是不错。若未会得,且虚心平看,未要硬便主张。久之自有见处,不费许多闲说话。"[1]

[注释]

①刘叔文:名里不详。《闽中理学渊源考》卷十八疑刘叔文为刘叔光之误。刘叔光,名刘镜,惠安(今属福建)人。厌科举之学,淳熙间从朱子学,主于涵养体察,称高弟。

[译文]

先生在答复刘叔文的书信中说:"大体上说,读书必须理解清楚,还要贯通始终,才算不错。如果没有理解透彻,那就虚下心,心平气和地去看,不要强行立论。时间长了自然会有见解,不必花费许多无关话语。"

3.4.103 答黄仁卿①书曰:"看书,须随事观理,反复涵泳,令胸次开阔,义理通贯,方有意味。若使一向如此排定说杀,正使在彼分上断得十分的当,却于自己分上都不见得个从容活络受用,则亦何益于事耶?大抵不论看书与日用工夫,皆要放开心胸,令其平易广阔方可。徐徐旋看道理,浸灌培养,切忌合下便立己意,把捉得太紧了,即气象促迫,田地狭隘,无处着工夫也。此非独是读书法,亦是变化气质底道理。"[2]

[注释]

①黄仁卿:即黄东,字仁卿,朱熹的女婿黄榦之兄。

---

[1] 即《答刘叔文·所谓理与气》,见《朱文公文集》卷四十六。
[2] 即《答黄仁卿·所示春秋大旨》,见《朱文公文集》卷四十六。

[译文]

先生在答复黄仁卿的书信中说："读书，要根据具体的事情来了解道理，要沉浸在里面反复深入体会，使得心胸开阔，道理才能融会贯通，才能领会其中的意味。如果一味刻板地理解解说，即使在别人身上运用时非常合适，但到自己身上却没法灵活运用，这样对事情又有什么益处呢？大致上说，无论读书做学问还是在日常生活中实践，都要开阔心胸，做到心平意广才可以。慢慢领悟道理，涵养心性，培养习惯。切忌急于马上树立自己的观点，被它束缚得太紧了，会心胸狭隘，以至于没地方下功夫。这不只是读书的方法，也是塑造性格、改变气质的道理。"

3.4.104 答黄直卿①书曰："为学直是先要立本，文义却且与说出正意，令其宽心玩味。未可便令考校同异，研究纤悉，恐其意思促迫，难得长进。将来见得大意，略举一二节目，渐次理会，盖未晚也。"[1]

[注释]

①黄直卿：即黄榦。参看3.2.9条注释。

[译文]

先生在答复黄直卿的信中说："做学问首先要确立根本，文中的含义只要说出正确的意思，以便放宽心思认真领会。不要马上考证校对其中的相同差异，过分研究细枝末节，这样做意思恐怕会受到局限，难以进步。等以后理解了主旨大意，随便举出其中一两个关键之处，逐渐领会，也不算晚。"

3.4.105 又曰："人之学所以不进，只缘从初无入处，不见其有可嗜之味。而所以无入处，又只是不肯虚心逊志，耐烦理会，更

---

[1] 即《答黄直卿·为学直是先要》，见《朱文公文集·续集》卷一。

无他病也。"[1]

[译文]

又说道:"人的学问之所以不能进步,只因刚开始的时候没找到入门的途径,从而看不到值得用心追求的东西。而人之所以找不到入门之处,又是因为不愿意谦逊和虚心,没有足够的耐心去理解体会,并不是有其他什么毛病。"

3.4.106 答吕子约①书曰:"读古人书,直是要虚着心,大着肚,高着眼,方有少分相应。若左遮右拦,前拖后拽,随语生解,节上生枝,则更读万卷书,亦无用处也。"[2]

[注释]

① 吕子约:即吕祖俭。参看3.1.28条注释。

[译文]

先生在答复吕子约的书信中说:"读古人的书,一定要虚心,敞开心胸,眼光放远,才能有些许收获。如果左遮右拦,前拖后拽,按字面意思随意解读,横生枝节,即使读了万卷书,也没什么用处。"

3.4.107 又曰:"虚心看圣贤所说言语,未要将自家许多道理见识与之争衡,退步久之,却须自有个融会处。盖自家道理见识未必不是,只是觉得太多了,却似都不容他古人开口,不觉蹉过了他说底道理耳。"[3]

---

[1] 即《答黄直卿·精舍诸友讲论》,见《朱文公集·续集》卷一。
[2] 即《答吕子约·日用功夫不可》,见《朱文公集》卷四十八。
[3] 即《答吕子约·子合到此》,见《朱文公集》卷四十八。

[译文]

又说道:"要虚心看取圣贤的言语,不要拿自己固有的成见和些微的道理与圣贤的教诲争锋。要先退一步,等时间长了,必然会与之融为一体。因为自己的见解与观点未必不对,但是自己的观点太多了,就容不得古人开口,从而不自觉地会错过理解圣贤道理的机会。"

3.4.108 又曰:"大凡读书,须是虚心,以求本文之意为先。若不得本文之意,则是任意穿凿。"[1]

[译文]

又说道:"大凡读书,必须要虚心,把探求原文的本意放在第一位。如果不去理解原文的本意,那就只是任意地穿凿附会。"

3.4.109 又曰:"取孟子、子思①之言,虚心平看,且勿遽增他说。只以训诂字义,随句略解,然后反求诸心,以验其本体之实为如何,则其是非可以立制。"[2]

[注释]

①子思:孔伋(前483—前402),字子思,孔子嫡孙,孔鲤之子。春秋时期著名思想家,后人把子思、孟子并称为"思孟学派",在孔孟"道统"的传承中有重要地位。子思被追封为"沂水侯""述圣公",后人由此而尊他为"述圣",受儒教祭祀。

[译文]

又说道:"把孟子和子思的话拿来,虚下心来平和阅读,不可随意添加别的观点。只是依照文字的原义,在语句之中略做解读,然后在自己心

---

[1] 即《答吕子约·诲谕功夫》,见《朱文公文集》卷四十八。
[2] 即《答吕子约·所示四条》,见《朱文公文集》卷四十八。其"立制"作"立判"。

里体会，来验证这些观点的实际意思是怎样的，那其中的是非对错马上就能分辨出来。"

3.4.110 又曰："读书穷理，须认正意。切忌缘文生义，附会穿穴。只好做时文，不是讲学。"[1]

[译文]

又说："读书穷究义理，需要认清真正的意思。切忌望文生义，穿凿附会。这样只能写应试文章，不是真正地做学问。"

3.4.111 又曰："胸中先有旧说，为所牵制，不得虚平，故尔滞碍，枉费心力。可且将旧说权行①倚阁②，而只将本文反复玩味，久之自然渐虚渐平，则于此无疑矣。"[2]

[注释]

①权行：谓审时度势，变通而行。②倚阁：原为宋朝公文用语，意为缓期缴纳，常用于灾荒时期暂缓缴纳税租及其他杂税。这里指暂时搁置。

[译文]

又说："心中如果先有了前人的观点，就会受到它的牵制，做不到心平气和，所以理解起来才有障碍，白白浪费心思和力气。可以先把旧有观点暂时放到一边，而只在经书原文上用心品读，反复体会，时间长了自然心思就会渐渐平和，对于文中的观点也不会一味地怀疑了。"

3.4.112 又曰："放下许多道理，平心看他文义向甚处去，都不要将道理向前牵拽他。待他文义有归着去处，稳帖分明后，却有

---

[1] 即《答吕子约·所谓五帝纪》，见《朱文公文集》卷四十八。
[2] 即《答吕子约·两书所喻备见》，见《朱文公文集》卷四十八。

个自然底道理出[1]，不容毫发有所增损抑扬。此处正好玩味，大抵先要虚心耳。"[2]

[译文]

又说："先要放下那么多的道理，姑且平心静气地看文章的主旨往哪里走，都暂且不要去牵扯它。等到对文脉的归趣有了了解，认识稳当清楚后，其中的道理会自然显现，容不得半点增损或褒贬。这样的地方正好要反复体会，但基本上还是先要做到虚心。"

3.4.113 又曰："前贤语言宽广，不若今人急迫。今人见得些道理，便要镌凿开，却正是心量小，不耐烦耳。"[3]

[译文]

又说："先贤的语言宽广平和，不像今人这么急躁迫切。现在的人刚看到一点儿道理，便要急着开凿，这正是因为心量不大，缺乏耐心。"

3.4.114 答潘文叔①书曰："大抵读书，只合平心说理，不必过求，却失正意也。"[4]

[注释]

①潘文叔：即潘友文，字文叔，浙江东阳人，和朱熹交往密切。

[译文]

先生在答复潘文叔的书信中说："大体上说，读书应该平心静气地解说道理，不能过分苛求，否则会错失其中的本意。"

---

[1] 据《朱文公文集》卷四十七，此处脱一"来"字。
[2] 即《答吕子约·修省言辞》，见《朱文公文集》卷四十七。
[3] 即《答吕子约·修省言辞》，见《朱文公文集》卷四十七。
[4] 即《答潘文叔·命之以事》，见《朱文公文集》卷五十。

3.4.115 答潘恭叔①书曰:"近日学者之病,苦其说之太高与太多耳。如此只见意绪丛杂,都无玩味工夫,不惟失却圣贤本意,亦分却日用实功。不可不戒。"[1]

[注释]

①潘恭叔:即潘友恭,字恭叔,浙江金华人,与其兄潘友端曾求学于朱熹。

[译文]

先生在答复潘恭叔的书信中说:"近来求学之人的主要问题,在于立论太高也太多。这只能说明他们的思路太杂乱,都不曾仔细琢磨,反复求索,如此不但错失了圣贤立论的本意,也浪费了许多用功的时间和精力。不能不引以为戒。"

3.4.116 答刘公度①书曰:"此事别无奇妙,只是见成说②底,便是道理。只要虚心熟玩,久之自然见得实处。自是不容离叛,便是到头。若更欲别求见解,即是邪说,鲜不流于异端矣。"[2]

[注释]

①刘公度:即刘孟容,字公度,江西樟树人,朱熹门人。②成说:定论或通行的说法。

[译文]

先生在答复刘公度的书信中说:"这事没什么奇妙的,只是把成立的说法,认定为真理。只要虚心体会玩味熟练,时间长了自然能悟出实际用处。坚持这样而不背离分叛,就一定会取得效果。如果又想在别的地方求

〔1〕即《答潘恭叔·学问根本》,见《朱文公文集》卷五十。
〔2〕即《答刘公度·见喻旧见不甚》,见《朱文公文集》卷五十三。

得新的见解，那便是邪说，很少有不流落为异端的。"

3.4.117 答刘仲升①书曰："大抵学问，平日不曾子细玩索义理，不识文字血脉，别无证佐考验，但据一时自己偏见，便自主张，以为只有此理，更无别法；只有自己，更无他人；只有刚猛剖决，更无温厚和平。一向自以为是，更不听人说话，此固未论其所说之是非，而其粗厉激发②已，全不似圣贤气象矣。"[1]

[注释]

①刘仲升：名里不详。②粗厉激发：粗厉，讲话声音又粗又尖；激发，矫揉造作。

[译文]

先生在答复刘仲升的书信中说："大致上说，有心做学问但不肯用心仔细体味探求道理，也不去识别文字的脉络，更不去求证和考据，只是根据自己一时的偏见，便自作主张，认定只有这一种道理，再无其他的可能；眼中只有自己，没有别人；刚强猛烈武断坚决，没有温和宽厚平淡和气。总是自以为是，听不得别人的话，这固然已经不必讨论他所讲的道理是对是错，单是他的粗率和矫揉造作而言，已经全然不是圣贤的气度了。"

3.4.118 答刘季章①书曰："为学若不宽着心胸，细玩义理，便要扭捏造作务为切己，所以心意急迫而义未大明，空自苦而无所得也。"[2]

[注释]

①刘季章：朱熹弟子，江西临江人，朱熹另一弟子刘孟容的堂弟。

﹝1﹞ 即《答刘公度·别纸所示》，见《朱文公文集》卷五十三。
﹝2﹞ 即《答刘季章·贤者比来》，见《朱文公文集》卷五十三。

[译文]

先生在答复刘季章的书信中说:"做学问如果不能放宽心胸,仔细玩味道理,而只是扭捏造作出些观点来迎合自己,所以心情浮躁而对道理不能明白,白白辛苦而没有收获。"

3.4.119 又曰:"意思急迫不宽平,务高不务切,而不肯平心实看道理,只此意思,亦殊碍人所见也。"[1]

[译文]

又说:"心态急躁不够宽厚平和,好高骛远又不切实际,不肯平心静气地讲道理,就这一点儿,就足以妨碍人的见识了。"

3.4.120 又曰:"读书且要虚心平气,随他文义体当。不可先立己意,作势硬说,只成杜撰,不见圣贤本意也。"[2]

[译文]

又说:"读书先要虚心静气,顺着它的本意去体悟。不要先树立自己的观点,装腔作势牵强解说,这只能变成杜撰,却看不出圣贤的本意。"

3.4.121 又曰:"读书,只随书文训释玩味,意自深长。今人却是背却经文,横生他说,所以枉费工夫,不见长进。又当以草略苟且为戒,所谓随看便起是非之心,此最说着读书之病。盖理无不具,一事必有两途。今才见彼说昼,自家便寻夜底道理,反之各说一边,互相逃闪,更无了期。今人问难,往往类此,甚可笑也。"[3]

---

[1] 即《答刘季章·讲会想仍旧》,见《朱文公文集》卷五十三。
[2] 即《答刘季章·省闱不合》,见《朱文公文集》卷五十三。
[3] 即《答刘季章·读书只随书文》,见《朱文公文集》卷五十三。

[译文]

又说:"读书,是随顺文字的原意仔细体会,意味自然深远长久。现在的人却是脱离经文,旁生出其他解说,所以浪费时间,难有长进。读书应当以粗心大意和敷衍了事为警戒,'随便看看就匆忙下结论'这句话,最能说明读书人容易犯的毛病。因为道理无不具备,同样一件事至少有两种途径达成。才看到别人说白天的道理,自己就开始琢磨晚上的道理,反之各说各的理,彼此之间相互躲藏闪烁,认清道理就更遥遥无期了。现在的人提问辩难,往往与此类似,太可笑了。"

3.4.122 又曰:"江西人尚气,不肯随人后。凡事要自我出,自由自在,故不耐烦如此逐些细会,须要立个高论笼罩将去。譬如读书,不肯从上至下逐字读去,只要从东至西一抹横说,乍看虽似新巧,压得人过,然横拗粗疏,不成义理,全然不是圣贤当来本说之意,则于己分究竟成得何事?只将排比章句、玩索文理底工夫,换却许多杜撰计较,别寻路脉底心力。须是实有用力处,久之心地自然平夷,见理明彻,庶几此学有传,不至虚负平生也。"[1]

[译文]

又说:"江西人好胜心强,不肯落于人后。什么事都要由我做出,自由自在,所以没耐心一点一点地深入体会,而是习惯于抛出些高调观点遮掩而过。比如读书,他们不肯从上往下挨字读下去,只是从右往左粗略扫过,初看觉得新颖巧妙、胜人一筹,但实际上都是别扭粗疏、义理不通,完全不是圣贤本来所说的意思,这样对自己而言又有什么用?只是把按照次序解说章句、探究体会文章义理的功夫,换成了许多杜撰争论、另寻脉络的心思和精力罢了。做学问,一定要踏踏实实下功夫,久而久之心态自然平和,理解

---

[1] 即《答刘季章·近得益公书》,见《朱文公文集》卷五十三。

通明透彻，才差不多能将圣贤学问传承下去，不至于虚度此生。"

3.4.123 答胡季随①书曰："所示诸说，似于《中庸》本文不曾虚心反复详玩。章句之所绝、文义之所指，尚多未了，而便欲任意立说，展转相高，故其说支蔓缠绕，了无归宿。莫若且就本文细看，觉得章断句绝，文理分明，即圣人指意所在，与今日用力之方，不待如此纷拏②辨说，而思已过半矣。"[1]

[注释]
①胡季随：即胡大时。参看3.2.86条注释。②纷拏：错杂，混乱。

[译文]
先生在答复胡季随的书信中说："从你在信中所说来看，似乎对《中庸》的原文还没有虚心地反复体会过。段落句子的划分，文章义理的旨趣，还有很多没有理解，便随意提出自己的观点，反复唱高调，所以种种说法相互缠绕，没有落脚之处。不如先在原文上仔细阅读，感觉篇章字句划分清楚了，文章条理看得分明了，那么圣人的指向，以及今后努力研习的方向，也无须杂乱纷呈分辨解说，就已经理解大半儿了。"

3.4.124 答沈叔晦①书曰："虚心熟读，看得本意分明，却取诸说之通者，错综于其间，方为尽善。若合下便杂诸说辊②看，则下梢只得周旋人情，不成理会道理矣。横渠先生③言：'观书有疑，当濯去旧见，以来新意。'此法最妙。"[2]

[注释]
①沈晦叔：即沈焕。参看3.3.54条注释。②辊：通"混"。③横渠先

---

[1] 即《答胡季随·所示诸说》，见《朱文公文集》卷五十三。
[2] 即《答沈晦叔·克己复礼》，见《朱文公文集》卷五十三，文字稍有出入。

生：即张载。参见2.2.1条注释。

[译文]

先生在答复沈晦叔的书信中说:"一定要虚心把原文读熟,把作者的本意探究明白,然后选取诸家解说中讲得比较透彻的,相互结合起来理解,才算尽善尽美。如果当下就将原文和诸家解说混在一起看,那么结果只能是周旋在人情当中,不是在理解领会道理。横渠先生说过:'读书有疑问时,应当摒弃旧有的成见,才能产生新的见解。'这个方法最妙。"

3.4.125 答项平父①书曰:"大抵既为圣贤之学,须读圣贤之书。既读圣贤之书,须看得他所说本文上下意义,字字融释,无窒碍处,方是会得圣贤立言指趣,识得如今为学工夫,固非可以悬空白撰而得之也。"[1]

[注释]

①项平父:即项安世。参看3.4.125条注释。

[译文]

先生在答复项平父的书信中说:"大致上说,研习圣贤的学问,必须读圣贤的著作。既然读圣贤的著作,那就要通读圣贤所讲上下文的意思,做到字字都能解释清楚,没有任何阻碍不通的地方,这样才是明白了圣贤立论的主旨和意味,才能认识到当今做学问的真功夫,必然不是靠凭空杜撰就能如愿的。"

3.4.126 又曰:"明敏太过,不能深潜密察,反复玩味,只略一线路可通,便谓理只如此,所以为人所惑,虚度光阴也。"[2]

---

[1] 即《答项平父·所论义袭》,见《朱文公文集》卷五十四。
[2] 即《答项平父·所喻已悉》,见《朱文公文集》卷五十四。

[译文]

又说:"聪明机敏过了头,不能潜心细密考察,反复探究玩味,只是隐隐看到一线小路可以通过,便以为义理就是这样,所以容易受人迷惑、虚度光阴。"

3.4.127 答王季和①书曰:"道之在人,初非外铄。而圣贤垂训,又皆恳切明白,但能虚心深味其旨而反之于身,必有以信其在我而不容自已,则下学上达,自当有所至矣。"[1]

[注释]

①王季和:即王铅,字季和。参看3.2.87条下注释。

[译文]

先生在答复王季和的书信中说:"道理对人来说,并非从外面强加上去的,而且圣贤流传下来的训诫本来就恳切明白,只要能虚心仔细体会且反省自身,一定会相信其都在我身上而不能自已,如此则从学习人情事理到认识道理法则,一定能达到目标。"

3.4.128 答黄冕仲①书曰:"读书,且就分明处看觑涵泳,不必过为考索,久之浃洽,自然通透也。"[2]

[注释]

①黄冕仲:即黄裳(1044—1130),字冕仲,号演山先生,福建延平人,曾向宋光宗举荐朱熹。

[译文]

先生在答复黄裳的书信中说:"读书,姑且从明白易懂的地方仔细阅

---

[1] 即《答王季和·别幅之喻具悉》,见《朱文公文集》卷五十四。
[2] 即《答黄冕仲·所论为学功夫》,见《朱文公文集》卷五十四。

读理解体会，不必过分深考，时间长了自然就能融会贯通、透彻明白了。"

3.4.129 答李守约①书曰："读书之法无他，惟是笃志虚心，反复详说，为有功耳。近见学者，多是率然穿凿便为定论，或即信所传闻不复稽考，所以日诵圣贤之书而不识圣贤之意，其所诵说自是据自家见识撰成耳。如此岂复能有长进？"[1]

[注释]

①李守约：即李闳祖，字守约，号纲斋，福建光泽人，朱熹门人。

[译文]

先生在答复李守约的书信中说："读书方法没有什么特别的，只是坚定志向虚心体会，反反复复详细解说，才会有所收获。近来见到很多求学之人多是轻率地穿凿附会还将此作为定论，或者轻信传闻不做稽查考证，所以每日吟诵圣贤之书却不知圣贤之意。他所背诵解说的，自然是根据自己见识杜撰而成的，这样怎么能有所长进？"

3.4.130 答赵子钦①书曰："近世学者，不能虚心退步，徐观圣贤之言以求其意，而直以己意强置其中，所以不免穿凿破碎之弊，使圣贤之言不得自在而常为吾说之所使，以至劫持缚束而左右之，其或伤于形体而不恤也。如此则自我作经可矣，何必曲躬俯首而读古人之书哉？"[2]

[注释]

①赵子钦：即赵彦肃，字子钦，号复斋，宋太祖之后，朱熹门人。

---

[1] 即《答李守约·读书之法无他》，见《朱文公文集》卷五十五。
[2] 即《答赵子钦·熹数年来》，见《朱文公文集》卷五十六。

[译文]

先生在答复赵子钦的书信中说:"近代的求学之人,都不能保持虚心暂退一步,从容地理解圣贤之言以探求其本意,而是把自己的理解强行加在上面,所以不免出现穿凿附会条理破碎的弊端,致使圣贤立言的本意常被自己的观点所驱使,如同被绑架和束缚一样,使圣贤立言的本意受到伤害而不加以体恤。如果这样,那干脆自己去写经书好了,何必在这里弯腰低头地读古人的书呢?"

3.4.131 又曰:"大抵读书,须见得有晓不得处,方是长进。又更就此阙其所疑而反复其余,则庶几得圣人之意、识事理之真,而其不可晓者,不足为病矣。"[1]

[译文]

又说道:"大体上读书一定要发现不明白的地方,才能有所长进。然后将不明白的地方先放下来而反复体会其余的部分,这样才差不多能领会到圣人的本意,明白事物道理的实际,而那些不明白的地方,也就不成为问题了。"

3.4.132 又曰:"近日学者,例有好高务广之病。将圣人言语不肯就当下着实处看,须要说教玄妙深远,添得支离蔓衍,未论于己无益,且是令人厌听。若道理只是如此,前贤岂不会说?何故却只如此平淡简短,都无一种似此大惊小怪底浮说?盖是看得分明,思得烂熟,只有此话,别无可说耳。今学者只当虚心玩味,各随本文之意而体会之,其不同处自不相妨,不可遽以己意横作主张,必欲挽而同之以长私意、增衍说,终日驰骛于虚词浮辩之间,而于存

---

[1] 即《答赵子钦·礼图甚精》,见《朱文公文集》卷五十七。

养省察日用之功，反有所损而无益也。"[1]

[译文]

又说道："近来求学之人，都有些好高骛远贪多求广的毛病。不肯将圣人言论放在当下的实际去理解，反而非要说得高深玄妙，添加得支离破碎随意蔓衍，先不论对自己毫无益处，就是让别人听到也感到厌恶。如果道理本就如此，前辈先贤怎么不说？为什么只说得如此平淡简短，却完全没有这种大惊小怪的浮夸言论呢？这是因为前辈先贤将道理看得清楚分明，思考得滚瓜烂熟，于是只有这些话，再没什么可讲的了。现在的学者只用虚心探究，跟随原文的意思深加体会就行了，当中解说不同的地方也没有什么妨碍，不必急着用自己的意思去自作主张，非要生拉硬扯它们相同，以此来增加个人私见、添加蔓衍的说法，整日游走在毫无实际价值的词语辩论当中，而对于日常反省等修养身心的功夫，反而造成损失且没有好处啊。"

3.4.133 答徐居厚①书曰："平心和气，却是吾人学问根本。不必大段着力记，当损人心力，使人血气不舒，易生疾病。况古人之学，自有正当用力处，此等只是随力随分，开广规模。若专恃此，亦成何等学问耶？"[2]

[注释]

①徐居厚：即徐元德，字居厚，艮斋学派代表人物，与朱熹有学术上的分歧。

[译文]

先生在答复徐居厚的书信中说："心平气和地读书，是我们做学问的

---

[1] 即《答赵子钦·昨承寄及文字》，见《朱文公文集》卷五十六。

[2] 即《答徐居厚·大病新复》，见《朱文公文集》卷五十六。

根本。不需要花大力气死记硬背，那样只会损伤人的精力，使人气血不畅，容易生病。何况先贤的学问，自有需要反复钻研的地方，这样做只是根据个人的能力和见识，来开拓规模。如果专门依靠死记硬背，那成了什么样子的学问了？"

3.4.134 答傅子渊①书曰："贤者勇于进道而果于自信，未尝虚心以观圣贤师之言，而一取决于胸臆气象，言语只是禅家张皇斗怒，殊无宽平正大、沉浸醲郁之意。荆州所谓有'拈槌竖拂'②意思者，可谓一言尽之。"[1]

[注释]

①傅子渊：即傅梦泉，字子渊，号若水，江西建昌南城人，槐堂学派创始人，陆九渊弟子。曾讲学于曾潭之浒，学者称"曾潭先生"。②拈槌竖拂：佛门中人的日常动作，这里指虚应故事，摆摆造型。槌，敲木鱼用的槌子；拂，拂尘。

[译文]

先生在答复傅子渊的书信中说："有一类贤者奋勇追寻圣贤之道却过分自信，没有虚心体会圣贤言论，只是取决于自我胸中的气度，说话也只是禅宗的轻狂斗气，根本没有宽厚平和、正大光明、深入体会醇厚馥郁的意思。荆州有所谓'拈槌竖拂'的说法，可以说一句话就概括了他们。"

3.4.135 答潘文叔①书曰："读书亦无他说，只是虚心平气，阙其所疑，随力量看，教浃洽，便自有得力处。不须预为计较，必求赫赫之近功也。"[2]

---

[1] 即《答傅子渊·荆州云亡》，见《朱文公文集》卷五十四。
[2] 即《答潘文叔·瞥然知见之说》，见《朱文公文集》卷五十。

[注释]

①潘文叔：即潘友文。参看3.4.114条注释。

[译文]

先生在答复潘文叔的书信中说："读书没什么别的方法，只是虚心静气，将疑问暂时搁置一旁，量力而行地看，做到贯通融洽，自然就能有所收获。不必事先计划，非要在短期求得显著的进步。"

3.4.136 答蔡季通①书曰："大抵思索义理，到纷乱窒塞处，须一切扫去，放教胸中空荡荡地，却举起一看，便自觉得有下落处。"[1]

[注释]

①蔡季通：即蔡元定（1135—1198），字季通，学者称西山先生，建宁府建阳县（今属福建）人，蔡发之子。南宋著名理学家、律吕学家、堪舆学家，朱熹理学的主要创建者之一，被誉为"朱门领袖""闽学干城"。师事朱熹，朱熹视其为讲友，一生不涉仕途，精识博闻，潜心著书立说。著有《律吕新书》《西山公集》等。

[译文]

先生在答复蔡季通的书信中说："大致上说，思考义理时，遇到纷乱不通的地方，需要先把心中旧有的观点打扫干净，等心中没有任何成见时，再拿起来看，道理自然就有了着落。"

3.4.137 答程允夫①书曰："吾弟明敏，看文字不费力，见得道理容易分明，但似少却玩味工夫。故此道理虽看得似分明，却与自家身心无干涉，所以滋味不长久。才过了便休，反不如迟钝之人，多费工夫方看得出者，意思却久远。此是本原上一大病，非一

---

[1] 即《答蔡季通·还家半月》，见《朱文公文集》卷四十四。

词一义之失也。"[1]

[注释]

①程允夫：即程洵。参看3.2.44条注释。

[译文]

先生在答复程允夫的书信中说："贤弟聪明机敏，读书不费力，看道理也条理分明，但似乎在涵养玩味上下功夫较少。所以这个道理虽然看得清楚明白，却和自己身心修养没有关系，所以其中意味不够深远长久。才看过不久就忘了，反而不如那些迟钝的人，他们虽然花了不少功夫才体会到道理，但作用却自然长久。这是根本上的大问题，不是一个词一个字的小失误。"

3.4.138 答陆子寿①书曰："大凡读书，当烦乱疑惑之际，正当虚心博采，以求至当。或未有得，亦当且以阙疑、阙殆之意处之。若遽以己所粗通之一说而尽废己所未有之众论，则非惟所处之得失或未可知，而此心之量亦不宏矣。"[2]

[注释]

①陆子寿：即陆九龄（1132—1180），字子寿，学者称"复斋先生"，江西金溪人，与弟陆九渊相为师友，学者号"二陆"。他与朱熹观点不同，但交往友善。

[译文]

先生在答复陆九龄的书信中说："但凡读书，遇到迷惑烦乱的时候，更应该虚心地博取众长，找到更合适的见解。如果没有找到，也应该对疑问之处予以保留。如果骤然用自己粗浅的理解去代替自己没弄明白的公

---

[1] 即《答程允夫·昨来疑义》，见《朱文公文集》卷四十一。
[2] 即《答陆子寿·先王制礼》，见《朱文公文集》卷六十。

论，这样做不但使自己的得失不可预料，而且也拘束自己心胸不够开阔。"

3.4.139 答林正卿①书曰："大率朋友看文字，多有浅迫之病。浅则于其文义多所不尽，迫故于其文理亦或不暇周悉。兼义理精微，纵横错综，各有意脉，今人多是见得一边，便就此执定，尽废他说，此乃古人所谓执德不宏者，非但读书为然也。"[1]

[注释]

①林正卿：即林学蒙。参看3.2.97条注释。

[译文]

先生在答复林正卿的书信中说："大体上朋友们读书时，多犯有粗浅急迫的毛病。粗浅则对所读之书的道理研究不够深入透彻，急迫则对文章的道理没时间把握得周全详尽。加上圣贤之道至精至微，纵横交错，各有脉络，而如今的人通常只看到一个方面，便执着于此，完全抛弃他人的观点，这就是古人所说的能坚守德行但不能使其弘大的人，这并非仅仅就读书而言啊。"

3.4.140 答汪叔耕①书曰："夫道在目前，初无隐蔽。而众人沉溺胶扰不自知觉，是以圣人因其所见道体之实，发之言语文字之间，以开悟天下与来世。其言丁宁反复，明白切至，惟恐人之不解了也，岂有故为不尽之言以愚学者之耳目，必俟其单传密付而后可以得之哉？但患学者未尝虚心静虑，优柔反复，而妄以己意轻为之说，是以不知其味，而妄意乎言外之所传耳。"[2]

---

〔1〕 即《答林正卿·季通云亡》，见《朱文公文集》卷五十九。
〔2〕 即《答汪叔耕·来书所论》，见《朱文公文集》卷五十九。

[注释]

①汪叔耕：即汪莘。参看3.2.98条注释。

[译文]

先生在答复汪叔耕的书信中说："圣贤之道就在眼前，本来没什么遮掩。但是世人沉浸于俗事为之胶扰而不自知自觉，所以圣人将自己看到的真实道理诉诸语言文字，借此开导天下人和后世子孙。他们反复叮咛，说得既明白又恰当，唯恐别人理解不了，哪是故意不讲清楚，以愚弄求学之人的耳目，只限亲近的人口传心授而后才能明白的呢？圣人只怕求学之人无法虚心平静思考，优柔难断而反复不决，以致错误地用自己的见解去解释圣贤的本意，这就是并不明白其中真意，而妄自猜测圣贤可能还有言外之意的做法啊。"

3.4.141 答陈才卿①书曰："大凡读书，须且虚心参验，久当自见。切忌便作见解主张也。"〔1〕

[注释]

①陈才卿：即陈文蔚，字才卿，江西上饶人，朱熹门人。

[译文]

先生在答复陈才卿的书信中说："但凡读书，都必须虚心求索验证，时间久了自然能看出道理。千万不要刚开始读书就要提出自己的观点和主张。"

3.4.142 答张元德①书曰："大抵读书，须是虚心静虑，依傍文义，根寻句脉。看定此句指意是说何事，略用今人言语衬贴②，替换一两字，说得古人意思出来。先教自家心里分明历落，如与古人对面说话，彼此对答，无一言一字不相肯可。此外都无闲杂说话，方是得个入处。怕见如此弃却本文，肆为浮说。说得郎当，都

---

〔1〕即《答陈才卿·子颜一室萧然》，见《朱文公文集》卷五十九。

忘了从初因甚话头说得到此，此最学者之大病也。"[1]

[注释]

①张元德：即张洽。参看3.2.6条注释。②衬贴：衬托，陪衬。指用文字衬托以求工整贴切。

[译文]

先生在答复张元德的书信中说："大体上说，读书必须虚下心来安静思考，根据文章的意思，去寻找句子的脉络。认清这句话是指向什么事情，再略用当今的人能明白的语言去解释，适当替换一两个字，把古人的意思清晰地表达出来。先要做到自己心中层次分明，就好像同古人面对面说话，你问我答，没有一个字一句话不做探究，此外并无闲杂言辞，这样才算找到了入门的途径。最怕看到像这样把原文抛到一边，肆意轻浮地解读。虽然说得银铛响，但却也忘了当初是因为什么才讲到这些，这是求学之人最大的毛病。"

3.4.143 答王晋辅①书曰："为学，大概且将圣贤之言，从头逐字训释，逐句精详，逐段反复，虚心量力，且要晓得句下文意，未可便肆己见，妄起浮论也。"[2]

[注释]

①王晋辅：即王岘，字晋辅，朱熹门人，家境富裕，最早一部朱熹文集即由其在嘉定年间（1208—1224）编次刊刻。

[译文]

先生在答复王晋辅的书信中说："做学问，大致上说就是把圣贤讲的话，从头到尾一个字一个字解释得清楚明白，一句话一句话理解得精密详细，一段一段地反复体会，虚心研习又量力而行，而且要明白句中的深层

---

[1] 即《答张元德·配义与道之说》，见《朱文公文集》卷六十二。
[2] 即《答王晋辅·为学大概》，见《朱文公文集》卷六十二。

含义，不能肆意强加自己的见解，随便讲些肤浅的言辞。"

3.4.144 答杜贯道①书曰："读书课程甚善，但思虑亦不可过苦。但虚心游意，时时玩索，久之当自见缝罅意味也。"[1]

[注释]

①杜贯道：浙江黄岩人，朱熹门人，南宋理学家。

[译文]

先生在答复杜贯道的书信中说："你读书的计划制订得很好，但思考不能过于辛苦。只要虚心留意，时时体会探求，时间久了自然能明白文中难懂处的意义和况味。"

3.4.145 答李晦叔①书曰："大抵读书，当择先儒旧说之当于理者，反复玩味，朝夕涵泳，使与本经之言之意通贯，浃洽于胸中，然后有益。不必段段立说，徒为观美，而实未有得于心也。"[2]

[注释]

①李晦叔：即李煇，字晦叔，江西建昌人，朱熹弟子。

[译文]

先生在答复李晦叔的信中写道："大致上读书，首先应当择取先儒过去解说当中合理的部分，反复探究体会，早晚潜心领悟，使得与原文的言辞、大意都相互贯通，在胸中融会和谐，然后自然受益。不必每一段都另立新说，那只是好看罢了，而实际上内心并没有收获。"

3.4.146 答孙敬父①书曰："前贤读书穷理，非不精诣，而于

---

[1] 即《答杜贯道·读书课程甚善》，见《朱文公文集》卷六十二。

[2] 即《答李晦叔·持敬读书只是》，见《朱文公文集》卷六十二。

平常文义，却有牵强费力处。此犹是心有未虚，气有未平，而欲速之意胜也，可不戒哉！"[1]

[注释]

①孙敬父：即孙自修，字敬父，也作"敬夫"，安徽宣城人，与从弟孙自新、孙自任皆师事朱熹。

[译文]

先生在答复孙敬夫的书信中说："先贤读书探究道理，并不是不精到，但对解读一些平常的文义，却有牵强附会的地方。这正是因为不够虚心，做不到心平气和，急于求成的缘故，怎么能不戒除啊！"

3.4.147 答或人①书曰："大抵读书，且是虚心考其文词指意所归，然后可以要②其义理之所在。近见学者多是先立己见，不问经文向背之势，而横以义理加之。其说虽不背理，然非经文本意。如此则但据己见自为一书，何必读古圣贤之书哉？所以读书，政恐吾之所见未必是，而求正于彼耳。惟其阙文断简、名器③物色④，有不可考者，则无可奈何。其他在义理中可推而得者，切须字字句句反复精详，不可草草说过也。"[2]

[注释]

①或人：某人，有些人。②要：探求，求取。③名器：名号与车服仪制，或者名贵的器物，亦特指钟鼎。④物色：这里指各种物品。

[译文]

先生在答复某人的书信中说："大体上说，读书一定要虚心考证文词旨意的归宿，然后据此探求义理所在。近年来看见的求学者多是先确立自

---

[1] 即《答孙敬父·所示大学数条》，见《朱文公文集》卷六十三。
[2] 即《答或人·昨来所示疑义》，见《朱文公文集》卷六十四。

己的观点,不管其与经书原文意思的关系,就把自己的义理强加上去。这些说法虽然不违背常理,然而不是经书本来的意思。这样不如把自己的观点写成一本书,又何必来读古代的圣贤之书呢?所以读书,正是由于担心自己的看法不一定正确,而拿圣人的观点来验证啊。至于缺失的文字、残缺的竹简、名贵的器物、各色的物品,其中有不可考证的部分,确实无可奈何。但是其他可以从义理中推导出来的,一定要字字句句精密周详地反复思考,绝不可以草草看过了事。"

3.4.148 与或人书曰:"降心逊志,且就读书讲学上子细用功,久之自有见处。义理细密,直是使粗心看不得。乍看极是繁碎,久之纯熟贯通,则纲举目张,有自然省力处。"[1]

[译文]

先生给某人的书信中说:"要虚下心来保持谦逊的态度,暂且在读书做学问上仔细用功,时间久了自然能有收获。书中的道理比较细密,粗心大意是体会不到的。尽管乍看上去它们极为繁杂琐碎,但时间长了就能纯熟贯通,抓住了纲领,看出了眉目,自然就会省力了。"

3.4.149 先生跋林汝器①《论语集说》,曰:"《语》《孟》,圣贤之书。本自平易,又有诸先生相为发明,义理昭著,如日星然。学者体味于心,念念不已,自然血脉通贯,无所底滞,然后可言有益于吾身。不然涉猎强记,无沉浸醲郁之功,则其所资亦浅焉耳。"[2]

[注释]

①林汝器:名里不详。

---

[1] 即《答刘公度·来书深以》,见《朱文公文集》卷六十四。
[2] 即《题林汝器<论语集说>后》,见《朱文公文集》卷八十四。

[译文]

先生为林汝器的《论语集说》题跋,其中说:"《论语》《孟子》,是圣贤的书。它们本来就浅显易懂,又有很多先辈学者的解释可以参考,其中的道理明显,如同日月星辰一样。求学之人只要用心体会,心中常常想起,自然会文脉贯通,没有什么阻滞,然后才可以说有益身心。如果不这样而只是粗略浏览强行识记,就会缺乏沉浸其中的功夫,而其所积累的也就很浅薄了。"

3.4.150 论文义,且只据所读本文,逐句逐字理会,教分明。不须旁引外说,枝蔓游衍,反为无益。如论"浩然之气",便须直看公孙丑①所问意思如何,孟子所说如何,一径理去,使当时问答之意,一一明白了,然后却更理会四旁余意未晓处。今孟子之意未能晓得,又却转从别处去,末梢都只恁休去也。〔1〕

[注释]

①公孙丑:战国时期齐国人,孟子弟子,曾与万章等著《孟子》一书。

[译文]

探讨文意,只需要根据所读的文章,逐句逐字仔细理解,做到清楚明白。不需要旁征博引,生出枝蔓,反而没什么好处。比如说"浩然之气",只要看看《孟子》中公孙丑问的是什么意思,孟子说的是什么意思,直接去理解,使他们一问一答的意思,一一清楚明白,然后再去理解相关细节中不太理解的地方。现在的人连孟子的意思都还没搞清楚,就马上转到了别处,到最后只能是一无所获。

3.4.151 答苏晋叟①书曰:"读书且当随文熟看,俟其词旨晓析贯通,然后自有发明。未可遽舍本文,别立议论,徒长虚见,无

---

〔1〕 此条亦见于《朱子语类》卷五十二。

益于实也。"[1]

[注释]

①苏晋叟：即苏溱，字晋叟，福建同安人，曾问学于朱熹。

[译文]

先生在答复苏晋叟的书信中说："读书应该跟随原文反复熟读，等到言辞意旨理解贯通，然后自然会有新的发现。不能将原文搁置一旁，凭空提出观点，只是增加了些肤浅见识，没有一点实际的用处。"

3.4.152 答曾景建①书曰："读书须量力，少看而熟复之。只依文义寻个明白去处，自然有味。不在极力苦思，转求转远也。"[2]

[注释]

①曾景建：即曾极，字景建，江西临川人，朱熹之友。

[译文]

先生在答复曾景建的书信中说："读书应该量力而行，在少读的基础上反复把它研究透彻。只需依照文意脉络用心体会，自然会明白其中的意味。用不着苦思冥想，越想会离题越远。"

3.4.153 答胡季随①书曰："讲论文字，须且屏去私心，然后可以详考文义，以求其理之所在。若不如此，而只欲以言语取胜，则虽累千万言，终身竞辨，亦无由有归着矣。"[3]

---

[1] 即《答苏晋叟·别纸所示》，见《朱文公文集》卷五十五。
[2] 即《答曾景建·前此辱书》，见《朱文公文集》卷六十一。
[3] 即《答胡季随·所喻两条》，见《朱文公文集》卷五十三。

[注释]

①胡季随：即胡大时。参看3.2.86条注释。

[译文]

先生在答复胡季随的书信中说："讨论文章，一定要先摒除私心，然后才可以详细考证文章的意思，从中寻求道理的真正所在。如果不是这样，而是想在言语上取胜，那虽然能堆砌很多观点，但终身陷入竞争论辩，也不会有好的归宿。"

3.4.154 答陆梭山①书曰："熹之愚陋，窃愿尊兄更于二家之言，少赐反复，宽心游意，必使于其所说如出于吾之所为者，而无纤芥之疑。然后可以发言立论而断其可否，则其为辨也不烦，而理之所在无不得矣。若一以急迫之意求之，则于察理已不得精，而于彼之情又不详尽，则徒为纷纷，而虽欲不差，不可得矣。"[1]

[注释]

①陆梭山：即陆九韶（1128—1205），字子美，筑室梭山，自号梭山老圃，讲学其中，学者因称"梭山先生"，与弟陆九龄、陆九渊合称"三陆"。曾与朱熹书信往来探讨学问，进行《西铭》论战等，指出朱熹太极之失，"不当于太极上加无极二字"。又曾谓"晦翁（朱熹）《太极图说》与《通书》不类"。著有《解经新说》《州郡图》《家制》等。

[译文]

先生在答复陆九韶的书信中说："朱熹愚笨陋见，真诚希望兄台能够将陆九渊、陆九龄这两家的观点来信予以告知，然后我便能放宽心思反复游意其中，一定会把他们的解说理解得如同我自己做出的一样，然后才可以发言讨论、判断对错，这样的讨论才不会烦琐，其中的道理也自然没有得不到的。如果只是一味焦急迫切地探求，则考察事理无法精湛，对对方

---

〔1〕 即《答陆子美·前书示谕太极》，见《朱文公文集》卷三十六。

的情况也不能详尽了解，只能是杂乱无章，到时即便不想出差错，恐怕也不行啊。"

3.4.155 答陆象山①书曰："某记顷年尝有平心之说，而前书见喻曰：'甲与乙辩，方各自是其说。甲则曰愿乙平心也，乙亦曰愿甲平心也。平心之说，甚难明白，不若据事论理可也。'此言美矣。然某所谓平心者，非直使甲操乙之见，乙守甲之说也，亦非谓都不论事之是非也，但欲两家姑暂置其是己非彼之意，然后可以据事论理，而终得其是非之实。如欲治疑狱者，当公其心，非谓便可改曲者为直、直者为曲也，亦非谓都不问其曲直也。但不可先以己意之向背为主，然后可以审听双方之辞，旁求参伍之验，而终得其曲直之当耳。今以粗浅之心，挟忿怼②之气，不肯暂置其是己非彼之私，而欲评义理之得失，则虽有判然如黑白之易见者，犹恐未免于误。况其差有在于毫厘之间者，又将谁使折其衷，而能不谬也哉！"[1]

[注释]

①陆象山：即陆九渊（1139—1193），字子静，抚州金溪（今江西省金溪）人。南宋哲学家，陆王心学的代表人物。因书斋名"存"，世称"存斋先生"。又因讲学于象山书院，被称为"象山先生"，学者常称其为"陆象山"。宋明两代心学的开山之祖，与朱熹齐名，而见解多不合。明王守仁继承发展其学，成为"陆王学派"，对后世影响极大。著有《象山先生全集》。②忿怼：怨恨。

[译文]

先生在答复陆九渊的书信中说："我记得近年曾有心平气和的说法，而您在前一封信中也曾提及：'甲和乙辩论，都以为自己说的观点正确。甲就会说希望乙能心平气和，乙也说希望甲能心平气和。因此心平气和的

---

[1] 即《答陆子静·来书云浙间》，见《朱文公文集》卷三十六。

说法很难让人明白，不如就事论理。'这话说得好。但我所说的心平气和，并不是直接让甲持乙的观点，或让乙持甲的观点，也不是说不要论事物的是非，只是希望两家能暂时放下我是对的、对方是错的的成见，然后才可以就事论理，而最终才能得出谁是谁非的结论。就好像断一桩疑案，首先应保持公正心，不是说可以把错的说成对的，把对的说成错的，也不是说完全不管对错，只不过是不要把自己的看法作为主导，然后才能听取原告和被告的陈述，再相互校验仔细查证，最终才能得出是非对错的判断。现在却以粗浅的看法加上互相怨恨意气，不愿放下肯定自己否定他人的私心，却要去评判圣贤之道的得失，即使其中分辨得像黑白一样清楚明白，也未免不会有失误，更何况二者之间的区别只在毫厘之间，谁又能保证持心公正，而不至于犯错呢！"

3.4.156 答吕子约①书曰："敩②学之功，交相为助。政自不恶，但所论颇觉支蔓，恐皆是道理太多，随语生解。要须涤除，令胸中虚明直截，然后真个道理方始流行。不至似此支蔓劳攘，徒为心害，有损无益也。"[1]

[注释]

①吕子约：即吕祖俭。参看3.1.28条注释。②敩（xiào）：同"教"，从学从攴，觉悟、教导。

[译文]

先生在答复吕子约的书信中说："教与学的功效，相互促进辅助，原本没有什么坏处。但讨论得过于烦琐杂乱，恐怕是因为道理太多，按照字面意思随意解读。一定要清除内心的杂念，使得心胸开阔直截了当，然后真正的道理才能通行，不至于像这样繁杂琐碎，劳神纷攘，只是乱了心气，有损害而没有受益。"

---

[1]　即《答吕子约·闻后来有来》，见《朱文公文集》卷四十八。

3.4.157 又曰:"讲论不子细看,先横着一个人我之见在胸中,于己说则只寻是处,虽不是亦瞒过了。于人说则只寻不是处,吹毛求疵,多方驳难,如此则只长得私见,岂有长进之理?"

[译文]

又说:"议论之前不仔细看,先在心中横着别人与自己不同的观念,对自己的观点只找正确的地方,就算错误也想方设法瞒过去。对别人的观点只找错误的地方,吹毛求疵,多方面辩驳责难,这样做只会加深个人成见,哪里会有进步的道理?"

3.4.158 答林叔和①书曰:"尝观当世儒先②讲学,初非甚异,止缘自是太过,而谓他人所论一无可取,遂至各立门庭,互相非毁,使学者观听惶惑,不知所从。窃意莫若平视彼己,公听并观,兼取众长,以为己善,择其切于己者,先次用力。而于其所未及者,姑置而两存之。俟所用力果有一入头处,然后以次推究,纤悉详尽,不使或有一事之遗,然后可谓善学。不可遽是此而非彼,入主而出奴③也。"[1]

[注释]

①林叔和:即林鼐(1136—1216),字叔和,台州黄岩(今属浙江)人,林鼒弟。以学行知名,不仕。乡人尊之曰"草庐先生"。②儒先:儒生。③入主而出奴:把前者奉为主人,把后者当做奴仆。指崇信了一种学说,必然排斥另一种学说。后比喻学术思想上的宗派主义有门户成见。出自韩愈《原道》:"其言道德仁义者,不入于杨,则入于墨;不入于老,则入于佛。入于彼,必出于此。入者主之,出者奴之。"

[1] 即《答林叔和·示喻为学本末》,见《朱文公文集》卷四十九。

[译文]

先生在答复林叔和的书信中说:"我曾经考察当今儒学先辈们讲学,刚开始也没什么特别的不同,只因为过度地自以为是,总认为别人的观点没有丝毫可取之处,因而导致自立门户,互相非难诋毁,使求学的人看到和听到后非常疑惑,不知何去何从。我认为不如彼此平等看待,多方面听取意见和对比考察,兼取众家所长,为自己所用,选择其中和自己密切相关的部分,按照先后顺序用功研习。对于还没有涉及的,就先放置一边。等到用功研习找到了入门的途径,然后再依次推求研究,细微的地方也要研究详尽,不漏掉一丝一毫,这样才可以称得上是好学。不可以挟门户之见,认可这个而否定那个,信奉这个而否定那个。"

3.4.159 答柯国材①书曰:"大抵讲学,只要理会义理。义理非人所能为,乃天理也。天理自然,各有定体。以为深远而抑之使近者,非也;以为浅近而凿之使深者,亦非也。学者患在不明此理而取决于心。夫心何常之有?好高者已过高矣,而犹患其卑;滞于近者已太近矣,而犹恐其远。此道之不明不行,而学者所以各自为方,而不能相通也。"[1]

[注释]

①柯国材:即3.4.88提到的柯翰。

[译文]

先生在答复柯国材的书信中说:"但凡讲学,只是需要理解圣贤书中的道理。圣贤书中的道理不是人能创造的,而是天理。天理、自然,都有自己固定不变的形态。认为它非常深奥所以想解释得浅近些,固然不对;认为它过于浅显而穿凿得很高深,这也不对。求学之人的问题在于不懂这个道理,而听凭自己内心的主观臆断。心怎么可能是固定不变的呢?好高

---

[1] 即《答柯国材·示喻忠恕之说》,见《朱文公文集》卷三十九。

骛远的人已经把自己看得太高了,却还担心看轻了自己;目光短浅的人眼界已经够近了,但还在担心自己看得太远。这就是圣贤之道不能昌明,而求学之人又各自为阵固步自封,而不能相互学习的原因。"

3.4.160 答丁宾臣①书曰:"夫道在生人②日用之间,而著于圣贤方册之内。固非先知先觉者所独得而后来者无所与也,又非先知先觉者所能端而后来者不得闻也。患在学者不能虚心循序,妄意躐等,自谓有见。讲论之际,又不过欲人之知己,而不求其益;欲人之同己,而不求其正。一有不合,则遂发愤肆骂而无所不至,此所以求之愈迫,而愈不近也。"[1]

[注释]

①丁宾臣:即丁硕,字宾臣,曾举进士。其余不详。②生人:活着的人。

[译文]

先生在答复丁宾臣的书信中说:"圣贤之道存在于人们的日常生活之间,而记录在圣贤的著作书册中。并不是先知先觉者所独有而后来者无法理解的道理,也不是先知先觉者所能独占而后来者没有机会了解的道理。问题在于求学的人不能虚心地循序渐进,总是随意逾越次序,还自认为很有见地。讲谈讨论的时候,不过是希望别人了解自己,而不去想自己能够从中获得什么教益;只是希望别人赞同自己,而不是通过别人矫正自己。一言不合,就会意气用事肆意谩骂而无所不用其极,这就是为什么追求越迫切,圣贤之道反而会越远的道理。"

3.4.161 答吕子约①书曰:"所云'未发'②,不可比纯《坤》而当为太极。此却不是小失,不敢随例放过,且试奉扣。若以'未

---

[1] 即《答丁宾臣·十二月十一日》,见《朱文公文集》卷五十八。

发'为太极，则'已发'无太极耶？若谓纯《坤》不得为'未发'，则宜以何卦为'未发'耶？窃恐更宜静坐，放教心胸虚明净洁，却将太极图及十二卦安排顿放，令有去着，方可下语。此张子②所谓'濯去旧见，以来新意'者也。"[1]

[注释]

①吕子约：即吕祖俭。参看3.1.28条注释。②未发：见于《中庸》："喜怒哀乐之未发，谓之中；发而皆中节，谓之和。"未发的情态就是"中"，说明喜怒哀乐是在本性范围内呈现的，没有偏离本性所有的界限。③张子：即张载。参见2.2.1条注释。

[译文]

先生在答复吕子约的书信中说："您所讲的'未曾发动'，不能视作纯《坤》，而应当视为太极。这不是小失误，不敢随意搁置，所以试着讲出自己的见解供做参考。如果'未曾发动'就是太极，那'已经发动'的就是无极了？如果说纯《坤》不能是'未曾发动'，那么哪一卦可以比做'未曾发动'的呢？我想您应该静坐片刻，待心胸虚明洁净，把太极图及十二卦图安顿放好，让它们都能站住脚，才可以下结论。这就是张载先生所说的'抛却旧的见解，才会产生新的看法'。"

---

[1] 即《答吕子约·所示四条》，见《朱文公文集》卷四十八。

3.5 切己体察

◆ 辅广初编部分

3.5.1 书有合讲处,有不必讲处。且如一处,定如此了,则更不用讲。只是便去下工夫,不要缓慢。[1]

[译文]
书里有需要讲解的地方,有不需要讲解的地方。如果某处意思定下就是这样,就更不需要讲解了。只需结合自身下功夫努力就行了,不要迟疑。

3.5.2 整齐严肃,便是主一。主一,便是敬。圣贤说话,千方百面,虽是如此说,亦须逐一去做,然后到极处,不过如此。[2]

[译文]
整齐严肃,就是专心。专心就是恭敬。圣贤讲的话,囊括万千,即便这样说,也需要一件一件去落实,然后理解到极致,会发现不过如此。

3.5.3 诸生说书毕。先生曰:"诸公看道理,寻得一线子①路脉②着了,说时也得知,恁地说过去,则不济事。"周贵卿③曰:"非不欲常常持守,但志不能帅气,后临事又变迁了。"先生曰:

---

[1]《朱子语类》卷一百一十六此条作:"书有合讲处,有不必讲处。如主一处,定是如此了,不用讲。只是便去下工夫,不要放肆。"
[2]《朱子语类》卷一百一十六此条作:"整齐严肃,便是主一,便是敬。圣贤说话,多方百面,须是如此说。但是我恁地说他个无形无状,去何处验证?只去切己理会,此等事久自会得。"

"只是乱道。岂可由他自去？正要待他去时拨转来，为仁由己，而由人乎哉？止吾止也，往吾往也。"[1]

[**注释**]

①一线子：只有一条线，形容极其细微。②路脉：脉络。③周贵卿：即周良，字贵卿，江西南城人，朱熹门人。

[**译文**]

学生们把书都讲完了。先生说："诸位看书中的道理，只是寻得极细微的脉络罢了，说的时候也知道是这样，只这样说却起不到什么作用。"周贵卿说："并不是不想常常坚持操守，但是，达不到以心志来统领气欲，一遇事情就又改变了。"先生说："这简直是乱说。怎么能任由它改变呢？等它改变时要拨转回来，能不能成仁全靠自己，哪里能依赖别人？停，要停在我想停的地方；去，要走向我想去的地方。"

3.5.4 为学就其偏处着工夫，亦是其平正道理自在。若一向矫枉过直，又成偏去。学须要致知①，然不可徒知。《书》曰："知之非艰，行之惟艰。"工夫全在行上。[2]

[**注释**]

①致知：穷尽事物的道理，达到完善的理解。语出《大学》："欲诚其意者，先致其知；致知在格物。"朱熹注："致，推极也；知，犹识也。推及吾之知识，欲其所知无不尽也。"

[**译文**]

做学问要从偏僻处下功夫，因为其道理自然存于其中。如果一向都是

---

[1] 《朱子语类》卷一百二十此条作："诸生说书毕。先生曰：'诸公看道理，寻得一线子脉络着了，说时也只是恁地，但于持守处更须加工夫，须是著实于行己上做得三两分始得，只恁说过不济事。'"
[2] 此条亦见于《朱子语类》卷十三。

矫枉过正，就又有了偏差。学习需要理解，但也不能仅限于理解。《尚书》中说："知道并不艰难，要真正做到才艰难。"功夫全在行动上。

3.5.5 看道理，须要就那大处看。须要面前开阔，不要就那壁角里面去。而今看天理人欲、义利公私，分别得明白，将自家日用底与他勘验，须渐有见处。若不去那大坛场上行，理会得一句透，只是一句道理耳。[1]

[译文]

理解书中的道理，要往大方向着手。必须眼前开阔，不要只局限于墙角的地方。现在来看天下正理与人之欲望、道义与利益、公正与徇私等，都要分辨得清楚明白，将道理放到日常应用里去检验，渐渐形成自己的见解。如果不把道理带到大场合中去检验，就算这句话理解得非常透彻，也不过只是一句道理罢了。

3.5.6 傅诚至叔①请教。先生曰："圣贤教人甚分晓，但人自不将来②做切己看，故觉得读所做时文之书与这个异。要之，只是这个书。今人但见口头道得、笔下去得、纸上写得，遂以为如此便了，殊不知圣贤教人，初不如是。而今所读，亦自与自家不相干也。"[2]

[注释]

①傅诚至叔：即傅诚，字至叔，福建仙游人，朱熹门人。②将来：拿来。

[译文]

傅诚来向先生请教。先生说："圣贤教导世人道理非常分明，但世人

---

[1] 此条亦见于《朱子语类》卷十三。
[2] 此条亦见于《朱子语类》卷一百二十。

却并不将它结合自身实际来看，所以觉得读书与写时文的观点与此不同。总而言之，只是这一本书，但现在的人只看见口头上能说出来、笔上会写下去、纸上能写出来，就认为做学问只是如此，殊不知圣贤教化世人，从一开始时不是这样。而现在读到的，也同自身根本不相关了。"

3.5.7　读书，不可只专就纸上求义理，须反来就自家身上推究。秦汉以后无人说到此，亦只是一向去书册上求，不就自家身上理会。自家见未到，圣人先说在那里，自家只借他言语来就身上推究，始得。[1]

[译文]

读书，不能只是专门在书本里探求义理，而是需要反过来往自己身上推寻研究。秦汉以后再没人说及此道理，读书人也只是一味去书本上探求，不结合自身理解领会。自己没能理解到，而圣人其实早就说过了，自己只需借助圣人的言语，来在自己身上推寻探究，这样才能有所收获。

3.5.8　入道之门，是将自己个身，入那道理中去，渐渐相亲，与己为一。而今人，道理在这里，自家身在外面，元不曾相干涉。[2]

[译文]

进入理解圣贤道理的门径，是将自己整个身心，都融入那道理中去，渐渐与它相亲，和自己融为一体。但如今的读书人，道理在这里，自己却在外不加以实践体会，二者本来就没有联系起来。

---

〔1〕　此条亦见于《朱子语类》卷十一、本书"荟辑"部分4.2.39条。
〔2〕　此条亦见于《朱子语类》卷一百二十一。

3.5.9 学者读书，须要将圣贤言语，体之于身。如"克己复礼"①，如"出门如见大宾"②等事，须就自家身上体看，我实能克己复礼、主敬行恕否？件件如此，方有益。[1]

[注释]

①克己复礼：约束自己，做每件事都符合周礼。②出门如见大宾：只要出门见人，就要像见到贵宾一样，谦恭地对待遇到的每个人。

[译文]

求学之人读书，必须将圣贤的言语，落实到自己身心上。比如"克己复礼""出门如见大宾"等事情，就需要结合自身体会加以理解，我能不能做到约束自己使言行符合礼仪？能不能做到尊敬别人宽恕别人？只有每件事情这样做，才能真正受益。

3.5.10 读一句书，须体察此一句，我将来甚处用得。

[译文]

读书里的每一句话，都需要切己思考这句话对我而言将来能在什么地方用得上。

3.5.11 人之为学，也是难。若不从读书上做工夫，又茫然不知下手处；若字字求、句句论，而不于身上着工夫体认，则又无所益。且如孔子说："我欲仁，斯仁至矣。"然亦未尝许弟子以仁。虽颜子①之贤，亦以为不能不违于三月之后，何也？学者盍②亦于日用间体验，我若欲仁，其心如何？仁之至不至，其意又如何？又如圣人说非礼勿视听言动，盍②于每事省察何者为非礼，而吾又何以

―――

[1] 此条亦见于《朱子语类》卷四十二。

勿视、勿听、勿言、勿动,若能如此,读书庶几有得。[1]

[注释]

①颜子:即颜回(前521—前481),名回,字子渊,春秋末期鲁国人。孔子最得意的弟子,华夏文明道统复圣。《论语·雍也》说他"一箪食一瓢饮,在陋巷,人不堪其忧,回也不改其乐"。②盍:何不。

[译文]

读书人做学问,确实很难。如果不从读书上下功夫,还茫然不知入手;如果每个字都去探求、每句话都去辩论,而不从自身实践去下功夫体会认知,那也不会有什么收获。就像孔子所说:"我想要为仁行善,那我就自然达到仁的境界。"然而孔子却从来没有认为哪个弟子达到了仁的境界。即使是像颜回那样贤明的弟子,也只认为他三个月后可能会违于仁道,为什么呢?求学者为什么不去日常应用中体验,我如果想要求得仁,我的心态应该怎么样?仁的境界能不能达到,它的关键又是什么?又如圣人说不合乎礼节的行为,就不要去看、听、言、动,为何不在每件事上都省察如何做不合礼节,而我怎样才能不看、不听、不言、不动?如果求学能这样,读书差不多也就有收获了。

3.5.12 先生答曾无择①书曰:"所示疑义,悉已散[2]去。但觉得多是在外边看,未有个入头②处。须更虚心静虑,将圣贤言语从里面亲切处看出来,庶几见得意味,不为空言。不然,似此泛滥含糊,无益于事,终久不得力也。"[3]

[注释]

①曾无择:名里不详,疑为朱熹弟子临江军新淦(今江西新干)人

---

〔1〕 亦见于《朱子语类》卷十九,文字稍有出入。
〔2〕 据《朱文公文集》卷六十,当为"报"字。
〔3〕 此条亦见于《朱文公文集》卷六十《答曾无择·所示疑义》。

曾三异的兄弟。②入头：入门。

[译文]

先生在答复曾无择的信中说道："你在信中提到的疑问，都已解决。但是感觉到你读书大都是在外面看，还没有找到入门的地方。需要更加虚下心来，平静思考，将圣贤的言论结合自身体会去理解，这样才差不多能理解其中意味，不会只说空话。如果不这样，像你这般读书也只能是泛泛而谈含混糊涂，对事情不仅没有益处，而且始终也不会有得力的用处。"

3.5.13 读六经①，只就自家身上讨道理，便易晓。[1]

[注释]

①六经：即《诗》《书》《礼》《易》《乐》《春秋》等六部经过孔子整理而传授的儒家经典的合称。

[译文]

阅读《六经》，只有结合自身实际去探讨道理，才能容易明白。

3.5.14 《尚书》初读甚难，似见于己不相干。后来熟读，见尧、舜、禹、汤、文、武之事，皆是切己。

[译文]

《尚书》刚读的时候特别难，仿佛与自己没有什么联系。后来读熟了，见到尧、舜、禹、汤、文王、武王等圣人的事，才知道都与自身息息相关。

3.5.15 问："体道是如何？"先生曰："体犹体究①之体。言以自家己身，体那道也。盖圣贤所说，无非道者。只要自家以此身

---

[1] 此条亦见《朱子语类》卷十一、本书"荟辑"部分4.2.88条，但文字差异较大。

去体他，令此道为我有也。如克己，便是体道工夫。"先生云："诸公数日看文字，但就文字上理会，不曾切己。凡看文字，非是要理会字，正要理会自家性分②上事。"

[注释]

①体究：体察考究，体会思考。②性分：天性，本性。

[译文]

有人问："'体道'是怎样的？"先生说："'体'犹如体究的体，'体道'说的就是以自己的身心去体悟那道理啊。因为圣贤所说的无非都是大道义理。只要自己用这个身心去体会它，就能让这个道理变成我拥有的东西。比如克制自己的私欲，便是'体道'的功夫。"先生说："诸位这几天读书，只是在文字上加以理解，却没有切身体会。但凡读书，不是仅仅要理解文字，而是要理解体会自己本性本分上的事。"

3.5.16 "龟山[1]①云：'读书以身体之，以心验之，从容自尽于燕闲静一之中。'李先生②学于龟山，其源是如此？"曰："龟山只是要闲散，然却读书。"〔2〕

[注释]

①龟山：即杨时。参看3.3.37条注释。②李先生：即李侗。参看3.3.25条注释。

[译文]

有人问："杨时先生说过：'读书要切身体会、用心验证，以从容的态度处身于安宁闲静、专一不变中。'李侗先生跟随杨先生求学，他的思想根源就在这个地方吗？"先生回答说："龟山先生虽然希望安闲形散，

〔1〕 据《朱子语类》卷一百一十三，此处脱"之学"二字。
〔2〕 此条亦见于《朱子语类》卷一百一十三。

然而却一直用心读书。"

3.5.17 圣人语言甚实,即吾身日用常行之间可见。[1]

[译文]

圣人语言特别平实,在我们切身的日常应用、普通行为中随处可见。

3.5.18 读书,须将圣贤言语,就自家身上做工夫。[2]

[译文]

读书,必须把圣贤书中所说的话,结合自身去深入体会。

3.5.19 大抵读书,须要看那道理是作何用,若只读过便休,何必读?[3]

[译文]

大体上说,读书要考虑书中的道理有什么用。如果只是读过就算了,那又何必读呢?

3.5.20 圣人说话,岂可以言语解过一遍便休了?须是实体于身,灼然①行得,方是读书。[4]

[注释]

①灼然:焦急的状态,形容立刻、马上。

[1] 此条亦见于《朱子语类》卷一百一十三。
[2] 此条亦见于《朱子语类》卷三十四。
[3] 此条亦见于《朱子语类》卷十一、本书"荟辑"部分4.2.87条,文字稍有出入。
[4] 此条亦见于《朱子语类》卷二十六。

[译文]

圣人说过的话,怎么能只就文字解读一遍就停了?必须是切实地结合自身深入体验,然后马上付诸实践,这才是真正的读书。

3.5.21 《论语要义》甚便学者观览,然向上尽费眼力在。若本领①处见不透彻,则虽至言妙论日陈于前,只是闲言语也。学者读书,先要理会自己本分上事。[1]

[注释]

①本领:主旨,要领。

[译文]

《论语要义》非常便于求学之人观看浏览,但想再深入却很费眼力。如果对于其中的主旨理解不透彻,即便是至理名言放在面前,也只是些闲话。求学之人读书,首先要理解体会自己本分上的事情。

3.5.22 大凡读书,须是要自家日用躬行处着力,方可。

[译文]

凡是读书,一定要在自己日常应用中可以亲身实践的地方下工夫,才算可以。

3.5.23 先生答吴伯丰①书曰:"伯丰明敏②有余,讲学之际,不患所见之不精。区区属望③之意,盖非他人之比,但愿更于所闻身体而力行之,使俯仰之间无所愧怍④,而胸中浩然者真足以配义与道,不但为诵说之空言而已,则区区之愿也。"[2]

---

[1] 此条亦见于《朱子语类》卷四十《答何叔京·昨承不鄙惠然》。

[2] 此条即《答吴伯丰·编礼有绪》,亦见于《朱文公文集》卷五十二。

[注释]

①吴伯丰：即吴必大。参看 3.2.47 条注释。②明敏：聪明机敏。③属望：期望，期待。④愧怍：惭愧，羞辱。

[译文]

先生在答复吴伯丰的信中写道："伯丰你非常聪明机敏，讲论学问我不必担心你见解不精。我对你所寄予的厚望，绝非他人可比。希望你能对自己的所见所闻亲身体验努力践行，俯仰之间无愧于心，那胸中的浩然正气就得能匹配大义与天道，而不只是说出一些空头大话，这就是我对你的愿望啊。"

3.5.24 或问："读《大学章句》《或问》，虽大义明白，然不似听先生之教亲切。"曰："既晓得此意思，须持守相称，方有益。'诚''敬'二字，是涵养他底。"[1]

[译文]

有学者向先生请教："读了《大学章句》《或问》，虽然明白其中的大义，却不如听从先生的教导亲切。"先生说："既然已经明白了这个意思，就要坚持相应的操守，才有益。'诚''敬'二字，是用来涵养个人操守的。"

◆ 张洪、齐熙续编部分

3.5.25　《大学》一书如行程。识得行程，便须行，始得。若只读得空壳子，亦无益也。[2]

---

[1]　此条亦见于《朱子语类》卷一百一十四。
[2]　此条亦见于《朱子语类》卷十四。

[译文]

《大学》一书,如同行路指南。认清了要走的路,就去走,这样才会有收获。如果只是把心思用在文字上而不去行动,就没什么益处。

3.5.26 先生尝举程子①读《论》《孟》切己之说:"且如'学而时习之',切己看,当时曾时习否?句句如此求之,则有益矣。"〔1〕

[注释]

①程子:即程颐。参看2.6.1条注释。

[译文]

先生曾经举例说程颐先生读《论语》《孟子》时如何联系自身的:"比如读'学而时习之',要问问自己,是不是时常温习呢?每一句都如此探求,才能有所获益。"

3.5.27 切己工夫要得不差,先须辨义利所在。〔2〕

[译文]

想结合自身、努力实践而不出差错,首先要认清道义和利益的差别在哪里。

3.5.28 为学须是己分上做工夫,有本领,方不作言语说。若无存养,尽说得明,自成两片,亦不济事,况未必说得明乎!要须发愤忘食,痛切去做身分上工夫,莫荏苒①岁月,可惜也。〔3〕

---

〔1〕 此条亦见于《朱子语类》卷十九。
〔2〕 此条亦见于《朱子语类》卷一百一十三。
〔3〕 此条亦见于《朱子语类》卷一百一十四。

[注释]

①荏苒:渐渐过去,常形容时光易逝。

[译文]

做学问必须从自己身上下功夫,有了真本事,才不会把它只当做说话。假如没有做到保存本心守持涵养,即使讲得很明白,那和行为也是两回事,也不会有什么用,更何况未必能讲得明白!所以废寝忘食,切切实实地在自己身上下功夫,不要浪费了光阴,那实在太可惜了。

3.5.29 王子充①问:"读书未见得切,见之事方切?"先生曰:"不然。《论语》第一教人学,便是孝弟、求仁,便戒人巧言令色,便是三省,可谓甚切。〔1〕学须做自家底看〔2〕,便见切己。今人读书,只要科举用,已〔3〕第②则为杂文用,其高者则为古文③用,皆做外面看。"〔4〕

[注释]

①王子充:名里不详。②第:科举榜上的次第,指科举高中。③古文:指散体文言文,相对于六朝骈文而言。

[译文]

王子充问:"读书未必能理解得贴切,只有在具体的事情上才觉得贴切,怎么办?"先生说:"不是这样的。《论语》首先教诲世人孝顺父母、敬爱兄长、追求仁义,告诫世人不要用花言巧语和媚颜丑态取悦他人,进而要求世人做到每日三省自身,就说得很贴切。做学问要把学得的道理当做自己的看,这样才能切合自己的实际。如今的人读书,只是为应付科举

---

〔1〕《朱子语类》卷十九作:"王子充问:'……读书未见得切,须见之行事方切?'曰:'不然。且如《论语》,第一便教人学,便是孝弟、求仁,便戒人巧言令色,便是三省也,可谓甚切。'"
〔2〕据《朱子语类》卷十一,作"著"字。
〔3〕据《朱子语类》卷十一,此处脱"及"字。
〔4〕此条亦见于《朱子语类》卷十一、本书'荟辑'部分4.2.42条,文字稍有出入。

考试而用，中举后也就是当写写闲杂文章用，层次稍高一些的也不过是写古文时用，这都是做表面工夫给别人看。"

3.5.30 先生语周谟①曰："凡读《易》，而能句句体验，每存兢栗戒慎之意，则于己为有益，不然亦空言耳。"〔1〕

[注释]

①周谟：字舜弼，即下文中的舜弼。

[译文]

先生对周谟说："凡是读《易经》，能够做到对每一句话都认真体验，常常保持战栗恐惧警醒审慎的态度，就会对自己有所帮助，不然也只是空说而已。"

3.5.31 又曰："舜弼①讲论多是不切己，而止于文字上捏合，所以无意味，不得力。须更就此斡转，方有实地工夫也。"〔2〕

[注释]

①舜弼：即周谟，字舜弼。

[译文]

又说道："舜弼你讲谈讨论的内容大多不能联系自身，只不过是把文字捏合在一起，所以没有多大意味，也没有实际用处。需要在这一方面有所改变，方才能有实在的修养功夫。"

3.5.32 又曰："读书则实究其理，行己则实践其迹。念念乡前，不轻自恕，则在我者虽甚孤高，然与他人元无干预，亦何必私

---

〔1〕 此条亦见于《朱子语类》卷七十五。
〔2〕 即《答周舜弼·所论仁字》，见《朱文公文集》卷五十。

忧过计，而陷于同流合污之地乎？"[1]

[译文]
又说："读书就是踏踏实实地探究道理，自己躬行就是实实在在地践履圣人的事迹。时刻想着上进，不轻易降低对自己的要求，这样虽然看上去孤独清高，但跟别人并没有关系，又何必过于担忧，而陷入与无知者同流合污的境地呢？"

3.5.33 识得圣人言语，便晓得天下道理。晓得理，便能切己用功。[2]

[译文]
理解了圣人的言语，便通晓了天下的道理。明白了相应的道理，就能密切联系自身，实实在在地下功夫。

3.5.34 看文字须是切己，则自体认得出。今人讲明制度名器，皆是当然，非不是学，但是于自己身上大处却不曾会，何贵于学？[3]

[译文]
读书必须密切联系自身，那样自然就能体会和通晓书中的道理。现在的人喜欢讨论过去的制度、名号与车服仪制，这是应该的，我也并不是说这不算学问，但对于自身修养这样的大事都不去理会，这样的学习又有什么可贵之处呢？

---

〔1〕 即《答周舜弼·来喻所云》，见《朱文公文集》卷五十。
〔2〕 此条亦见于《朱子语类》卷二十一。
〔3〕 此条亦见于《朱子语类》卷三十五。

3.5.35 先生书谓林充之①曰:"近读何书?恐更当于日用之间,深加省察,而去其害此者为佳。不然诵读虽精,而不践其实,君子盖深耻之。"[1]

[注释]

①林充之:即林允中,字扩之,"充之"为避宋宁宗讳改之。福州古田(今属福建)人,林用中之弟,朱熹弟子。朱熹称其"外晦内明,外朴内敏"。

[译文]

先生在给林充之的书信中说:"近来在读什么书?恐怕更应该在日常生活中多加反省,去除有害身心的思想为好。要不然诵读得固然精熟,但不去实践,君子都会深以为耻。"

3.5.36 答欧阳庆似①书曰:"今之学者,不知古人为己之意,不以读书治己为先,而急于闻道,是以文胜其质,言浮于行,而终不知所底止。"[2]

[注释]

①欧阳庆似:即欧阳光祖,字庆似,一作庆嗣,福建崇安人,欧阳光祖曾从朱熹讲学,朱熹亦曾遣子从学于欧阳光祖。②底止:终止,目标。

[译文]

先生在答复欧阳庆似的书信中说:"现在的求学之人,不明白古人做学问首先是为了修正自己行为的本意,不把通过读书修正自身言行作为第一要务,而是急于领会某种道理,所以表面现象胜过实质内容,言语不能落实到行动上,从而最终也不知道自己的目标。"

---

[1] 即《答林充之·充之近读何书》,见《朱文公文集》卷四十三。
[2] 即《答欧阳庆似·顷在里中》,见《朱文公文集》卷四十五。

3.5.37 答董叔仲①书曰:"读书先看大指,却就诸说一一就自己分上体当出来,庶几得力耳。"[1]

[注释]

①董叔仲:即董铢,字叔仲,防虎乡(今合肥市肥西县)人,朱熹门人。

[译文]

先生在答复董叔仲的书信中说:"读书要先看大的方面,并把各种解读都一一放到自己身上体会,差不多就能有所收获了。"

3.5.38 答黄子耕①书曰:"日用之间,更看自己分内许多道理,甚底是欠阙处。随处操存,随处玩索,不妨自有余乐,何至于焦躁耶?"[2]

[注释]

①黄子耕:黄庭坚的孙子。参见3.2.85条。

[译文]

先生在答复黄子耕的书信中说:"在日常生活中,更能看出自己在众多道理中,还有什么地方有所欠缺。要随时随地持守心志,时时处处都要体会探究,又不妨碍自身的其他乐趣,怎么能这样焦躁呢?"

3.5.39 答刘仲升①书曰:"所喻玩味见成②义理,甚善。然亦须就自己分上体当,方见真实意味也。"[3]

---

[1] 即《答董叔仲·示喻日用工夫》,见《朱文公文集》卷五十一。
[2] 即《答黄子耕·两书皆领》,见《朱文公文集》卷五十一。
[3] 即《答刘仲升·所喻玩味》,见《朱文公文集》卷五十三。

[注释]

①刘仲升：名里不详。②见成：现成。

[译文]

先生在答复刘仲升的书信中说："来信说你能认真体会现成的道理，非常好。但也需要结合自身进行实践和体会，才能理解圣贤之道的真实意义和个中情趣。"

3.5.40 答曾泰之①书曰："疑义且当阙之，却于分明易晓切于日用治心修己处，深自省察。有不合处，却痛加矫革，如此方是为己工夫。不可只于文字语言上着力也。"[1]

[注释]

①曾泰之：即曾秘，字泰之，福建同安人，朱熹之友。

[译文]

先生在答复曾泰之的书信中说："有疑义的地方应当暂且放下，姑且就清楚明白而且切合自身日常应用修养身心的地方，深入反省自察。有不合道理的地方，就彻底矫正改变，这样才是在自己身上下功夫。不能只在文字语言上费力气。"

3.5.41 答方宾王①书曰："《大学》之本末始终，无非己事。但须实进得一等，方有立脚处。做得后段工夫，真有效验耳。非谓前段工夫未到，即都不照管后段，而听其自尔也。"[2]

[注释]

①方宾王：即方谊。参看3.2.34条注释。

---

[1] 即《答曾泰之·所喻乡党卒章》，见《朱文公文集》卷五十六。
[2] 即《答方宾王·前书所论》，见《朱文公文集》卷五十六。

[译文]

先生在答复方谊的书信中说:"《大学》由本至末、自始至终,无非都是在讲与自身修养密切相关的事情。不过需要真正向实践迈进一层,道理才能落到实处。能通过实践修正自己的行为,才能真正对自己产生作用。并不是说前面的功夫还没完成,就可以不做后面的实践,而听其自便了。"

3.5.42 答俞寿翁①书曰:"捐去浮华,还就自己分上切近着实处用功,庶几自有欲罢不能、积累贯通之效。若未得下手处,恐未免于臆度虚谈之弊也。"〔1〕

[注释]

①俞寿翁:即俞庭椿,字寿翁,江西临川人,陆九渊的弟子。

[译文]

先生在答复俞寿翁的书信中说:"舍弃那些华而不实的东西,在贴近自身的地方踏实用功,差不多就会有欲罢不能、积累贯通的效果。如果还没找到下手的地方,恐怕还是难以克服主观推测、夸夸其谈的毛病啊。"

3.5.43 答李伯谏①书曰:"学者之病,在于为人而不为己。若实有为己之心,但于此显然处,严立规程,力加持守,日就月将,不令退转,则便是孟子所谓'深造以道'者。盖其所谓'深'者,乃工夫积累之深,而所谓'道'者,则不外乎日用显然之事。及其真积力久,内外如一,则心性之妙无不存,而气质之偏无不化,所谓自得之而居安资深②也。岂离外而内,恶浅而深,舍学问思辨力行之实,而别有从事心性之妙哉?"〔2〕

〔1〕即《答俞寿翁·太极之书》,见《朱文公文集》卷五十四。
〔2〕即《答李伯谏·承喻及从事》,见《朱文公文集》卷四十三。

[注释]

①李伯谏：即李宗思，字伯谏，福建建宁人，朱熹门人。②居安资深：形容安心读书，造诣很深，源出《孟子》。

[译文]

先生在答复李伯谏的书信中说："求学之人的通病，在于只考虑读书对别人的作用而不考虑修正自己的行为。如果真有读书是为了修正自己的想法，就需要在显而易见的地方，严格制定规矩，努力坚持，日积月累，绝不退步，这就是孟子所说的'遵照圣贤之道而行，以达到精深的境地'。这里所说的'精深'，是功夫积累的精深；所说的'圣贤之道'，不外乎日常生活中显而易见的事。等到认真实践并坚持了很长时间，内外如一，心性的妙用就会无处不在，气质上的偏差也没什么不能化解，自己有所收获而且能安心读书。如果脱离环境仅修内心，厌恶浅显专务高深，舍弃博学、审问、慎思、明辨、笃行的实际功夫，除此之外还有什么别的修养心性的好办法呢？"

3.5.44 答詹体仁①书曰："为学是分内事。才见高自标致②，便是不务实了，更说甚底？今日正当反躬下学，读书则以谨训说为先，修身则以循规矩为要，除却许多悬空闲说，庶几平稳耳。"[1]

[注释]

①詹体仁（1143—1206）：字元善，福建浦城人，朱熹弟子。南宋大臣，理学家。朱熹成书于乾道八年（1172）的《资治通鉴纲目》一书，其中有部分即出自詹体仁之手。淳熙二年（1175），朱熹、吕祖谦由寒泉精舍赴鹅湖之会，詹体仁也是随从之一。②标致：标榜，炫耀。

[译文]

先生在答复詹体仁的书信中说："把学问当成自己分内的事去做。稍

---

[1] 即《答詹体仁·湘中学者之病》，见《朱文公文集》卷三十八。

有自以为是、自我标榜，就是不务实，还有什么可说的呢？今天正应该反躬自省，谦虚求教，读书要以谨慎训释为先，修身则以循守规矩为要，戒除许多不着边际的空话闲话，学问大致也可以做得稳稳当当了。"

3.5.45 答胡平一①书曰："日用切己之功，圣贤之言详矣。其在《大学》《论》《孟》《中庸》者，文义分明，指意平实，读之晓然。如见父兄说门内事，无片言半词之可疑者，什八九也。"[1]

[注释]

①胡平一：即胡元衡，字平一，江西武宁人，南宋孝宗淳熙年间曾任吉州知事，官声甚佳。

[译文]

先生在答复胡平一的书信中说："在日常应用中密切联系自身的作用，圣贤已经讲得很详细了。在《大学》《论语》《孟子》《中庸》中，主旨清楚，意思平实，读起来很容易明白，就像听父亲兄长讲家里的事情一样，没有一句话、一个字值得怀疑的地方，大致能占到十之八九。"

3.5.46 先生跋胡澹庵①《论语说》，序曰："通经之士，固当终身践言，乃为不负所学。斯言之要，所以警乎学者，可谓至深切矣。然士之必欲通经，正为讲明圣贤之训，以为终身践履之资耳。非直以分章析句为通经，然后乃求践言以实之也。"[2]

[注释]

①胡澹庵：即胡铨（1102—1180），字邦衡，号澹庵，江西吉安人，南宋名臣，著名文学家、政治家。朱熹甚为推重，曾有"澹庵奏疏为中兴第一，可与日月争光矣"的评论。

---

[1] 即《答胡平一·白鹿极闻》，见《朱文公文集》卷五十八。
[2] 即《跋胡澹庵所作李承之＜论语说＞序》，见《朱文公文集》卷八十二。

[译文]

先生为胡澹庵的《论语说》题跋，其中说："通晓经书的人，自然应当终身去践行其中的道理，这样才不会辜负自己的所学。这句话的要点，在于警示求学之人，可以说非常深刻。读书人一定要通晓经书，正是为了讲明白圣贤的训诫，将之作为终身履行实践的依据啊。而不能把解读词句当成通晓经书，然后才去落实践行书中的训诫。"

3.5.47 先生跋洪刍①《靖节祠记》后，曰："读洪刍所撰《靖节祠记》，其于君臣大义，不可谓懵然无所知者。而靖康之祸，刍乃纵欲忘君，所谓悖逆秽恶有不可言者。送学榜示讲堂一日，使诸生知学之道，非知之难，而行之艰也。"〔1〕

[注释]

①洪刍：字驹父，江西南昌人，黄庭坚的外甥。有《香谱》传世。

[译文]

先生为洪刍的《靖节祠记》题跋，其中说："读洪刍撰写的《靖节祠记》，可知他对于君臣大义，不能说完全懵然无知。但是靖康之乱时，洪刍却放纵欲望忘了君王，真可谓大逆不道肮脏污秽得没法说了。我把这篇文章张贴在示讲堂一天，就是要让学子们明白，所谓求学之道，明白道理并不难，难的是如何去实践。"

3.5.48 开卷便有与圣贤不相似处，岂可不自鞭策！〔2〕

[译文]

一打开书便发现自己与圣贤之道有不相符合的地方，怎么能不自我鞭策呢！

〔1〕 即《跋洪刍所作＜靖节祠记＞》，见《朱文公文集》卷八十一。
〔2〕 此条亦见于《朱子语类》卷十、本书"荟辑"部分4.1.10条。

3.5.49 先生答林伯和①书曰："大抵见善必为，闻恶必去，不使有顷刻悠悠意态，则为学之本立矣。异时渐有余力，然后以次渐读诸书，旁通当世之务，盖亦未晚。若不务此，而但欲为依本分无过恶人，则不惟无以自进于日新，正恐无本可据，亦未必果能依本分无过恶也。"〔1〕

[注释]

①林伯和：即林鼐。参看3.3.58条注释。

[译文]

先生在答复林伯和的书信中说："大体而言，看到善事就一定去做，听到恶行就一定远离，不能有片刻的松散缓慢，如此做学问的根本才能确立。他日学有余力，再按照次序去读各种书，广泛通晓世上的事务，也不算晚。如果不致力于此，只想做一个本分上没有过错的人，那么不仅做不到每日有所进步，恐怕还会失去立身之本，也未必能做到本分上没有过错啊。"

3.5.50 先生曰："某之讲学，所以异于科举之文，正是要切己行之。若只恁地说过，依旧不济事。若实是把做工夫，只是'敬以直内，义以方外'①八字，一生用之不尽。"〔2〕

[注释]

①敬以直内，义以方外：以恭敬之心矫正内在思想，以仁德道义规范外在行为，出自《周易·系辞》："君子敬以直内，义以方外。"

[译文]

先生说："我所讲的学问，之所以与科举文章不同，正在于要求大家密切联系自身努力实践。如果只是这样说说，终究没什么用。如果真的下

---

〔1〕 即《答林伯和·示喻见此》，见《朱文公文集》卷四十九。
〔2〕 此条亦见于《朱子语类》卷六十九。

苦功去践行，只是'敬心矫正内在的思想，以德义规范外在的行为'这八个字，就一生受用不尽。"

3.5.51 又曰："某近觉得学者所以不成个头项①者，只缘圣贤说得多了，既欲为此，又欲为彼，如说'敬以直内，义以方外'，若实下工夫，见得真个是敬立则内直，义形而外方，这终身可以受用。今人却似见得这两句好，又见说'克己复礼'也好，又见说'出门如见大宾'也好，空多了，少间却不把捉得一项周全。"[1]（李贯之②曰："敬能集义③，义不离敬。敬不容不义，义不容不敬。敬义夹持，则心常存，心存则心熟而智益明。'敬''义'二字，该尽六经、《语》、《孟》中所言之理。）

[注释]
①头项：纲领，主脑。②李贯之：李道传，字贯之，四川井研人。他推崇朱熹的学问，虽不及登朱熹之门，而访求所尝从学者相与讲习，尽得遗书读之。③集义：积善。

[译文]
又说道："我最近发觉求学的人之所以抓不住重点，只因为圣贤说得多了，他既想要做这个，又想做那个。比如'以敬心矫正内在的思想，以德义规范外在的行为'，只要能把它落到实处，真的树立起恭敬之心来端正思想，培养礼义以端正行为，便终身可以受用。现在的人好像觉得这两句好，但听到别人说'克己复礼'也很好，听到别人说'出门如见大宾'也不错，空读这么多道理，却没有时间把一条落实周全。"（李贯之说："保持恭敬之心行事，才能符合道义，道义也离不开恭敬。恭敬不允许不义，义也不允许不敬。恭敬和道义互为补充，善心就能常存，善心常存则内心成熟而愈发明智。'恭敬'和'道义'这两个词，完全涵盖了六经、

---

[1] 此条亦见于《朱子语类》卷一百二十一。

《论语》、《孟子》中所讲的道理。")

3.5.52 先生答蔡季通①书曰:"文字之外,要当有用心处,乃为究竟耳。[1] (论看《二程语录》而及此。)

[注释]

①蔡季通:即蔡元定。参看3.4.136条注释。

[译文]

先生在答复蔡季通的书信中说:"在文字之外,需要找到用心实践的地方,这样才称得上真正的探究学问。(先生讨论看程颢、程颐先生的语录谈到了这点)。

---

[1] 即《答蔡季通·邑中水祸》,见《朱文公文集·续集》卷二。

3.6　着紧用力

◆ 辅广初编部分

3.6.1　先生谕①学者曰:"老苏②自言其初学为文时,取《论语》《孟子》《韩子》及其他圣贤之文,而兀然③端坐,终日以读之者七八年。方其始也,入其中而惶然以博观,于其外而骇然以惊。及其久也,读之益精,而其胸中豁然以明,若人之言固当然者,然犹未敢自出其言也〔1〕。时既久,胸中之言日益多,不能自制,试出而书之,已而再三读之,浑浑乎觉其来之易矣。予谓老苏但为欲学古人说话声响,极为细事,乃肯用功如此,故其所就亦非常人所及。如韩退之④、柳子厚⑤辈,亦是如此。其答李翊、韦中立之书,可见其用力处矣。然皆只是要作好文章,令人称赏而已,究竟何预己事?却用了许多岁月、许多精神,其可惜也。今人说要学道,乃是天下第一至大至难之事,却全然不曾着力,盖未有能用旬月工夫熟读一卷书者。及至见人泛然发问,临时凑合,不曾举得一两行经传成文,不曾照得一两处首尾相贯。其能言者,不过以己私意敷演立说,与圣贤本意了无干涉。何况望其更能反求诸己,真实见得,真实行得耶?如此求师,徒费脚力,不如归家杜门,依老苏法以二三年为期,正襟危坐,将《大学》《论语》《中庸》《孟子》及《诗》、《书》、《礼记》、程、张诸书分明易晓处反复读之,更就己身心上存养玩索,着实行履,有个入处,方可求师,证其所得,而订其谬误。是乃所谓'就有道而正焉',而学之成也可冀矣。如其

---

〔1〕据《朱文公文集》卷七十四,此处有"历"字。

不然，未见其可。故书其说，以示来者云。"[1]

[注释]

①谕：告知，使知道，一般用于上对下。②老苏：即苏洵。参看3.3.10条注释。③兀然：突兀的样子。④韩退之：即韩愈。参看3.3.18条注释。⑤柳子厚：即柳宗元（773—819），字子厚，河东（现山西运城永济一带）人。唐宋八大家之一，唐代文学家、哲学家、散文家和思想家。世称"柳河东""河东先生"，因官终柳州刺史，又称"柳柳州"。

[译文]

先生告诉求学之人说："苏洵先生说他刚开始学习写文章的时候，取来《论语》《孟子》《韩子》以及其他圣贤的文章，正襟危坐，终日读书持续了七八年。他刚开始时，入乎其内就内心惶然而广泛博览，出乎其外也常常为之骇然而心有惊讶。等到时间长了，读得越来越精而心中豁然开明，仿佛作者的话理应如此，然而还是不敢动笔写出来。时间过得更久，心里想说的话也日渐增多，已经不能控制自己，便尝试写下，到这时再反复读书，浑然不觉文章写起来容易多了。我认为苏洵先生只是想学习古人说话的方式，这本是非常细微的事情，但他肯用功到这个地步，所以他的成就也并非平常人能轻易达到。如韩退之、柳子厚等，也是如此。从韩退之的《答李翊书》、柳子厚的《答韦中立书》中，可以看出他们平时下功夫的地方。这也只是想写好文章，让世人称赞欣赏而已，究竟和自己的修养又有什么关系呢？还花费这么多时间、浪费这么多精力，的确可惜啊。现在的人说要学习圣贤之道，实在是天底下最大、最难的事，却一点也不下功夫，甚至不愿花上十天半月的时间熟读一卷书。遇到有人泛泛而谈地提问，则临时应付几句，举不出经传现成的一两个句子，也顾不上首尾是否能有一两处贯通。其中有能言善辩者，也不过是用自己私人的见解，铺陈敷衍以确立说法，跟圣贤本意一点关系都没有。哪里还指望他能反过来

---

[1] 此即《沧州精舍谕学者》，见《朱文公文集》卷七十四。

对自己省察体悟，提出真实见地，真正地进行实践呢？以这样的态度求学，只能白白浪费脚力，还不如回家关门按照苏洵先生的方法，以二三年时间为期，正襟危坐，将《大学》《论语》《中庸》《孟子》《诗经》《尚书》《礼记》，以及程颐、张载等先生书中容易明白的地方反复诵读，再联系自身实际保持本心反复玩味探索、踏实践行，等找到入处再来求学，以验明心得体会，修订错误谬论。这就是所谓的'到有道之人那里去修正自己的见解'。这样的话，学有所成还是可以期待的。如果不这样做，无法见到相应成效。因此记录这些说辞，为以后的求学者做个提示。"

3.6.2 先生诲郭元德①云："读书时，当将此心葬②在此书中。行住坐卧，念念在此，誓以必晓彻为期，外面有甚事我也不管，只一心在书上，方谓之善读书。若但欲求某面前说得，不求自熟，如此济甚事？须是着精神，字字看过，不惟念得正文，注字亦须记得方可。今人于正文犹记不得，如何会晓？"[1]

[注释]

①郭元德：名里不详。②葬：埋葬，这里指沉浸其中。

[译文]

先生教诲郭元德时说："读书时，要将整颗心沉浸在这本书中。行住坐卧，每时每刻念念不忘书中的内容，发誓一定要将里面的道理弄得明白透彻为止，外面有什么事我也不管，只一心扑在书上，才称得上善于读书。如果只是想求得在我面前显摆几句，不求自己熟悉书中原委，这样又有什么作用呢？必须是专心致志，一个字一个字地看过，不只是要读得懂原文，注释也必须记得才行。现在的求学者连正文都记不清，又怎会明白书中真正的义理呢？"

---

〔1〕 此条亦见于《朱子语类》卷一百一十六。

3.6.3 欧公①言:"作文有三处好思量:枕上、马上、厕上。"他只是做文章尚如此,况求道乎?而今人只对着册子便思量,册子不在,心便不在,如此济得甚事?[1]

[注释]

①欧公:即欧阳修。参见3.3.18条。

[译文]

欧阳修先生说:"写文章有地方便于思考:枕头上、马背上和厕所里。"他只是为了写文章就要这样,更何况是为了探求道理呢?现在人们对着书本时还稍加思考,书不在手上,心也不在了,这样能成什么事呢?

3.6.4 先生痛言诸生工夫悠悠①,云:"今人做一件没紧要底事,也须着心去做,方始会成。如何悠悠会做得事?且如好学写字底人,念念在此,则所见之物,无非是写字底道理。又如贾岛②作诗,只思'推''敲'两字,在驴上坐,只把手作推敲势,大尹③是许多车马人从[2],渠④更不见,不觉犯了[3]。只此二字,何有利害?他直得用力恁地,所以做得诗精。今吾人学问,是个大事,却全悠悠,若存若亡,更不着紧用力,反不如他人做没要紧底事,可谓倒置。"[4]

[注释]

①悠悠:悠闲、自在、闲适的状态。②贾岛(779—843):唐代诗人,字阆仙,唐朝河北道幽州范阳县(今河北省涿州)人。自号"碣石山人"。人称"诗奴",与孟郊共称"郊寒岛瘦"。据说在长安(今陕西西

---

[1] 此条亦见于《朱子语类》卷十、本书"荟辑"部分4.1.71条,文字稍有出入。
[2] 《朱子语类》卷一百二十一作"大尹出,有许多车马人从"。
[3] 据《朱子语类》卷一百二十一,此处脱"节"字。
[4] 此条亦见于《朱子语类》卷一百二十一,文字稍有出入。

安）的时候因当时有命令禁止和尚午后外出，贾岛作诗发牢骚，被韩愈发现才华而被称"苦吟诗人"。后来受教于韩愈，并还俗参加科举，但累举不中第。有诗文集《长江集》。③大尹：春秋战国时宋国的官名，后来引申为对府县行政长官的称呼，这里特指韩愈。④渠：他。

[译文]

先生心痛地斥责诸位学生悠闲散漫的学习态度，他说："现在的人即便做一件不重要的事，也必须专心去做，才会有所成就。这样优哉游哉怎么会做得好事情呢？就如同好学写字的人，心心念念都想着写字，则看见的东西都是写字的道理。又好像贾岛写诗，心里只思索'推''敲'两个字，坐在驴上，也在用手做推敲的样子。高官带着大队人马从他旁边经过，他也没看见，还不自觉地冒犯了对方。就这么两个字，有什么要紧的？正是因为他一直秉承这样的心力，所以写的诗才特别精。现在我们做学问，是个大事，却全都优哉游哉，时有时无，更不抓紧下功夫，反而不如他人做不重要的事努力，真可谓是本末倒置啊。"

3.6.5 先生曰："熹自十六七时，下工夫读书。彼时四畔皆无津涯①，只是恁地着力去做。至今虽不足道，但当时也吃了多少辛苦，读了多少书。今日猝乍②便要读到某这田地，也是难。要须积累着力方可。某今老而将死，所愿望者，诸友勉力学问而已。"[1]

[注释]

①津涯：水边，海岸，这里指边际。②猝乍：突然，仓促。

[译文]

先生说："我从十六七岁时开始下功夫读书。那个时候望之书海四畔都无边无涯，也只是这样用心努力地去做。现在来看成效虽然微不足道，但实际上也吃了很多苦头，读了很多书。现在的求学者要读到我这个地

---

〔1〕 此条亦见于《朱子语类》卷一百零四。

步，确实也很难。必须是步步积累不断用功才行。现在我老了，是个将死之人，心中的愿望，就是诸位学友能尽力做学问罢了。"

3.6.6 某少时读四书，甚辛苦。今人读时，又较易做工夫耳。[1]

[译文]
我年轻的时候读四书，特别辛苦，现在的求学者读这些书，相对来说更容易下功夫。

3.6.7 "学者悠悠，最是大病。今觉得诸公尽是进寸退尺，每日理会些少文义，都轻轻拂过了，不曾动得皮毛上。这个道理规模大、体面阔，须是去四面包括，方是无走处。今只说一面去，又不深用力，如何会得？且如曾点①、漆雕开②两处：漆雕开事言语少，难理会；曾点底，须子细看他是乐个甚底、是如何地乐？不只是圣人说这个可乐便信着他，须是自见得可乐底，依人口说不得。"又曰："而今持守，便要打迭③教洁净；看文字须着意思索，应事接物都要是[2]四面去讨他，须有一个通处。"又曰："如见阵厮杀，擂着鼓，只是向前去，有死无二，莫要回头，始得。"[3]

[注释]
①曾点：曾点，字皙，春秋时期鲁国南武城（今山东临沂市平邑县南武城）人，儒家"宗圣"曾参之父，比孔子小6岁，是孔子30多岁第一批授徒时收的弟子。与其子曾参同师孔子，曾自言其志，孔子颇叹赏。

---

[1]《朱子语类》卷一百零四此条作："某自总角读四书，甚辛苦。诸公今读时文，较易做工夫了。"
[2] 据《朱子语类》卷一百二十，此处脱一"当"字。
[3] 此条亦见于《朱子语类》卷一百二十一。

②漆雕开（前540—前489）：字子开，又字子若，又说作子修。春秋时鲁国人，孔子的学生。在孔门中以德行著称，漆雕氏之儒的创始人，著有《漆雕子》十三篇。③打迭：收拾，安排。

[译文]

"求学之人优哉游哉，这是最大的毛病。现在觉得诸位读书都是进一寸退一尺，每天只理会一点点文义还都在表面轻轻拂过，不曾有一点深入。这个道理规模很大，体面也很开阔，需要方方面面考虑周到，才不会有遗漏的地方。现在只谈及一个方面，又不深入用功，怎么会有收获呢？比如曾点、漆雕开两人，漆雕开做事很少发言，他的想法难以理解。而曾点的，就要仔细看他究竟是为什么欢乐，怎么欢乐？不是孔子说这个欢乐便一味相信，必须是自己体会到欢乐了才行，只听从别人说的不行。"又说："现在坚持操守，就应该将事情打理得整洁齐整；读书要用心思索体会；接应事务都要巨细考虑周全，找到一个相通的地方。"又说道："好比阵前厮杀，擂着战鼓，只管勇往直前，舍生忘死，千万不要回头，才能成功。"

3.6.8　为学须是痛切恳恻去做工夫，使饥忘食，渴忘饮，方得。[1]

[译文]

做学问的态度应当是沉痛、恳切、努力地去下功夫，饿了忘记吃饭、渴了忘记喝水，才能有所收获。

3.6.9　学者最怕因循。悠悠于学者最有病。[2]

---

[1] 此条亦见于《朱子语类》卷八。
[2] 此条亦见于《朱子语类》卷一百一十三。

[译文]

求学之人最怕因循守旧。悠闲散漫对求学者来说是最大的毛病。

3.6.10 为学要刚毅果决,悠悠不济事。且如发愤忘食,乐以忘忧,是甚么精神,甚么骨筋!今之学者,全不曾发愤。[1]

[译文]

做学问要刚毅果决,悠闲散漫成不了大事。比如孔子发愤到废寝忘食、快乐到忘记忧虑,这是什么精神?什么筋骨?现在的求学者一点都不努力发愤。

3.6.11 直要抖擞精神,莫要昏钝,如救火治病然,岂可悠悠岁月?[2]

[译文]

一定要抖擞精神,不要昏沉迟钝,就好比救火与治病一样急切,怎么可以悠闲散漫虚度岁月?

3.6.12 为学正如撑上水①船,一篙不可放缓。时乎时乎,不再来,如何可失?

[注释]

①撑上水船:向上游行船,即"逆水行舟"之意。

[译文]

做学问正如逆水行舟,每一篙都不可以缓慢。时间啊,悄悄流逝不会重来,怎么能任由它白白流失呢?

---

[1] 此条亦见于《朱子语类》卷三十四。
[2] 此条亦见于《朱子语类》卷一百一十九。

3.6.13 先生答滕德粹①书曰:"官闲颇得读书,不知做得何工夫?岁月如流,易得空过。彼中朋友,书来多称德粹之贤,然鄙意②所望者则不止此,愿更勉力,益加探讨之功,勿令异时相见,无疑可问,乃所望尔。"又曰:"切宜痛加矫厉③,专一用工,庶几不至悠悠虚度时日也。"又曰:"大抵学问以变化气质为功,不知向年迟缓悠悠意思,颇能有所改革否?若犹未也,更须痛自鞭策,乃副所望耳。"又曰:"暇日读何书?作何事业?学问别无他巧,只要持守纯固④,讲诵精熟耳,两事皆以专一悠久为功。二三间断为败,不可不深念也。"[1]

[注释]

①滕德粹:即滕璘。参见3.2.46条注释。②鄙意:谦辞,我的意思。③矫厉:勉力磨炼。④纯固:纯粹坚定。

[译文]

先生在答复滕璘的书信中说:"官事清闲时可以多读些书,不知道最近下的功夫怎样?岁月流逝,容易浪费。你们那里的朋友,来信都称赞德粹你贤明,然而我的期望并不仅限于此,希望你能更加勉力,进一步对书中的义理探讨下功夫,不要在我们相见的时候,没有疑惑可以询问,这就是我的期望。"又说:"现在务必痛下决心磨砺自己,专心用功,如此才不至于悠闲散漫,虚度光阴。"又说:"大概做学问以能够改变自己的气质为功效,不知道你前些年迟缓散漫、悠闲自在的毛病现在是不是有所改变?如果还没什么变化,要更加痛心地鞭策自己,才能不负众望。"又说:"闲暇时日读的什么书?做的什么事呢?做学问没有别的技巧,只要专注纯粹地坚持操守、精练纯熟地讲诵经书,这两件事都需要专心致志长久坚持才能看到成效。三天两头地间断肯定会失败,这一点不能不牢牢记心头啊。"

3.6.14 先生答程正思①书曰:"大抵近日朋友,例皆昏弱无志,

---

[1] 即《答滕德粹·知官贤颇得读书》,见《朱文公文集》卷四十九。

散漫无主，鞭策不前。独正思笃志勤恳，一有见闻便肯穷究，此为甚不易得。常与朋友言之，以为为学正须如此，方有可望耳。"[1]

[注释]

①程正思：即程端蒙。参看3.1.16条注释。

[译文]

先生在答复程端蒙的书信中说："大致上近来的朋友，个个都昏弱没有志向，散漫没有主见，不时鞭策也停滞不前。只有正思你意志坚定治学勤恳，一有什么见闻便下功夫穷究，这个非常不易。你应该告诉朋友们，因为做学问就应该这样，方才能有希望。"

◆ 张洪、齐熙续编部分

3.6.15 凡事不可着个且字，其病甚多。[2]

[译文]

凡事不能说"暂且"，它会带来很多问题。

3.6.16 或言在家衮衮①，但不敢忘书册，亦觉未免间断。先生曰："只是无志。若说家事，又如何汩没②得自家？公今三五年不相见，又只恁地悠悠，人生有几个三五年耶？"[3]

[注释]

①衮衮：相继不绝，如大水奔流一样。②汩没：埋没。

---

[1] 即《答程正思·所喻数说皆善》，见《朱文公文集》卷五十。
[2] 此条亦见于《朱子语类》卷一百二十一。
[3] 即《答蔡季通·邑中水祸》，见《朱文公文集·续集》卷二。

[译文]

有人说在家事情繁多，但也不敢忘了读书，但觉得未免有所间断。先生说："你这是没有志气的话。说到家事，又怎么可以把自己淹没在其中？现在三五年都没见到你了，你还这么悠闲，人生能有几个三五年呢？"

3.6.17 孔门答问，曾子闻得底话，颜子未必与闻；颜子闻得底话，子贡未必与闻。今却合在《论语》一书，后世学者岂不幸事？但患自家不去用心。[1]

[译文]

孔子与弟子间的对话，曾子听过的，颜回未必听过；颜回听过的，子贡又未必听过。现在把它们都一起合在了《论语》这本书里，后世的求学之人是多么的幸运啊！只怕自己不去用心读书啊。

3.6.18 人若办得十年来，世间甚书读不了？[2]

[译文]

人如果真的能拿出十年的工夫来，世上有什么书读不了呢？

3.6.19 横渠①教人道："夜间自不合睡。只为无可应接，他人皆睡了，已不得不睡。"他做《正蒙》②时，或夜里默坐彻晓，他直是恁地勇，方做得。[3]

---

〔1〕 此条亦见于《朱子语类》卷十九。
〔2〕 此条亦见于《朱子语类》卷十一、本书"荟辑"部分4.2.146条，文字稍有出入。
〔3〕 此条亦见于《朱子语类》卷九十九。

[注释]

①横渠:即张载。参看2.2.1条注释。②《正蒙》:又名《张子正蒙》,张载著。《蒙》是《周易》的一个卦名,该卦象辞中有"蒙以养正"一语。"蒙",即蒙昧未明。"正",即订正蒙昧。《正蒙》书名之意,概取诸此。

[译文]

张载先生教导人们说:"夜深了我还不想睡。只是因为没人跟我探讨学问,别人都睡了,我不得不睡。"他写《正蒙》时,夜里有时会静坐冥思到天亮。他是这样的勇猛精进,所以学问才做得好。

3.6.20 读书须要耐烦,努力翻了巢穴。譬如煎药,初煎时须着猛火,待滚了却退着,以慢火养之。读书亦如此。[1]

[译文]

读书必须有耐心,要努力把书吃透。就如同煎药一样,刚开始煎时需要用猛火,等水开了就要用慢火慢慢煎熬。读书也是这样。

3.6.21 须磨厉精神去理会天下事,非燕安暇豫①之可得。[2]

[注释]

①燕安暇豫:燕安,安宁太平;暇豫,悠闲逸乐。

[译文]

要磨砺志气去领会天下诸事,绝对不可能在安宁太平、悠闲逸乐的状态下就能有所收获。

---

〔1〕 此条亦见于《朱子语类》卷一百一十五。
〔2〕 此条亦见于《朱子语类》卷八。

3.6.22 诸友只有个学之意，都散漫。不恁地勇猛，恐虚[1]度了日子。须着火急痛切意思，严了期限，趱了工夫，办个月日气力去攻破一过，便就里面旋旋涵养。如攻寨，须出万死一生之计，攻破了关限始得。而今都打寨未破，只循寨外走，道理都咬不断，何时得透？[2]

[译文]

诸位朋友都只有向学的念头，但都心思散漫。不勇猛精进，恐怕这样会虚度时光。一定要像着火了那样急迫，严格定下期限，铆足劲头，花上一段时间下功夫把它攻读一遍，然后在里面慢慢涵养。就像攻城拔寨，须得拿出万死一生的计策，攻下关隘险阻才行。你们现在连寨门都没攻破，只是在寨外打转，连基本道理都吃不准，什么时候才能通透？

3.6.23 古人谓"心坚石穿"，盖未尝有做不得底事。如公几年读书不长进时，皆缘自恁地搭滞了。

[译文]

古人说"心够坚定，滴水也能够穿石"，大意是说世上没有什么做不成的事。好比你读书几年无法长进，都是由于自己肆意拖沓造成的。

3.6.24 今学者不见有奋发底意思，只是如此悠悠地过。今日见他是如此，明日见他亦是如此。[3]

---

〔1〕《朱子语类》卷一百二十一此处脱"虚"字。
〔2〕 此条亦见于《朱子语类》卷一百二十一。
〔3〕 此条亦见于《朱子语类》卷一百二十一。

[译文]

现在的求学之人身上都看不到奋发上进的精神,都只是悠闲自在地混日子。今天看他是这个样子,明天看他还是这个样子。

3.6.25 某今见得这物事了,觉得与人学射剧①相似。旧时未理会得,是下多少工夫!而今学者却恁地泛泛然,都没紧要,不把当事,只是谩学②。理会得时也好,理会不得时也不妨,恁地如何得?须是如射箭相似,把着弓,须是射得中,方得。[1]

[注释]

①剧:极。②谩学:徒学。谩,同"漫"。

[译文]

我今天想明白了做学问的道理,觉得它和人学习射箭特别相似。过去如果没有理解领会,不知要下多少苦功!现在的求学之人却这样随意,认为不要紧,不当回事,只是随便学学而已。能理解的时候也好,理解不对也无所谓,这样怎么行?必须是像射箭一样,手拉着弓不放松,直到射中了,才行。

3.6.26 答陈肤仲①书曰:"近觉朋友读书多是苟简,未曾晓会得便,只如此打过。何况更要他将已晓会得处反复玩味,言外别见新意,决是有所不能矣。以此理会文字,只是备礼,无一字做得到底。悠悠泛泛,半明半暗,都不成次第,如何得有一个半个发愤忘食,索性理会教十分透彻,少慰衰朽之望乎!"[2]

[注释]

①陈肤仲:即陈孔硕。参看3.3.108条注释。

---

[1] 此条亦见于《朱子语类》卷九十八。
[2] 即《答陈肤仲·讲说次第》,见《朱文公文集》卷四十九。

[译文]

先生在答复陈肤仲的书信中说:"近来觉得朋友读书大多草率简略,还没理解明白透彻,就这样草草略过。更别说让他把已经明白的地方再反复琢磨,直到体悟出言外之意,这更是不可能的。这样去理解文字,只是礼节上的功夫,没有一个字能落到实处。都是悠闲自在地泛泛而读,有的明白有的不明白,学问没个章法次序,怎么才能有一个半个发愤图强、废寝忘食,从而把学问掌握得非常透彻的人,来稍微安慰一下我这老朽之人的期望呢!"

3.6.27 答刘季章①书曰:"懒惰一病,无药可医。人之所以懒惰,只缘见此道理不透,所以一向提掇②不起。若见得道理分明,自住不得,岂容更有懒惰时节耶?"[1]

[注释]

①刘季章:参看3.4.118条注释。②提掇:提起,提携,振作。

[译文]

先生在答复刘季章的书信中说:"懒惰这个病,无药可医。人之所以会懒惰,是因为看不透道理,所以才一直无法振作。如果能够把道理看得清楚明白,自己要停都停不住,哪里还有容忍自己懒惰的时间呢?"

3.6.28 答胡季随①书曰:"吕伯恭②尝谓:'道理无穷,学者先要不得有自足之心。'此至论也。"[2]

[注释]

①胡季随:即胡大时。参看3.2.86条注释。②吕伯恭:即吕祖谦。

〔1〕 即《答刘季章·熹再启熹病愈》,见《朱文公文集》卷五十三。
〔2〕 即《答胡季随·熹杜门衰病》,见《朱文公文集》卷五十三。

参看 3.2.38 条注释。

[译文]

先生在答复胡季随的书信中说:"吕伯恭曾说:'道理是无穷的,求学之人先要有不自满的心。'这确实是精辟的观点。"

3.6.29 答李守约①书曰:"直须痛自循省②,勇猛奋发,方有下工夫处。若只如此悠悠,恐无入德之期也。"[1]

[注释]

①李守约:即李闳祖。参看 3.4.129 条注释。②循省:省察,检查。

[译文]

先生在答复李守约的书信中说:"一定要痛下决心自我省察,勇猛精进奋发图强,这样才有地方下功夫。如果只像这样地悠闲自在,恐怕永远没有进入道德修养之门的日子了。"

3.6.30 答陈超宗①书曰:"为学虽有阶渐②,然合下立志,亦须略见义理大概规模。于自己方寸间若有个惕然愧惧、奋然勇决之意,然后可以加讨论玩索之功,存养省察之力,而期于有得。夫子所谓'志学',所谓'发愤',正为此也。若但悠悠泛泛,无个发端下手处,而便谓可以如此平做将去,则恐所谓'庄敬持养,必有事焉③'者,亦且若存若亡,徒劳把捉,而无精明的确、亲切至到之效也。"[2]

[注释]

①陈超宗:名里不详。②阶渐:循序渐进的次第。③必有事焉:指有

---

[1] 即《答李守约·示喻为学之病》,见《朱文公文集》卷五十五。
[2] 即《答陈超宗·示喻向来鄙论》,见《朱文公文集》卷五十五,文中"正为此也",《朱文公文集》作"政为此也"。

各种各样的事情等待着去做。语出《孟子·公孙丑上》："必有事焉而勿正，心勿忘，勿助长也。"

[译文]

　　先生在答复陈超宗的书信中说："做学问虽然有循序渐进的次第，但要立下志向，也该粗略地了解圣贤之道的大致规模。在自己内心如果有个警觉醒悟、惭愧惶恐、奋勇向上的念头，然后再讨论探索的功夫，自我省察的力气，就有了学有所成的期望。孔子所讲的专心求学，发愤图强，说的就是这个。如果只是悠闲自在随波逐流，找不到用功的地方，便认为可以这样平平淡淡做下去，那恐怕所谓的'一定要庄严恭敬持守修养，一定要有所作为'的志向，也只能是若有若无，白费心力，发挥不了精诚确实、真切至极的功效。"

3.6.31　答郭希吕①书曰："大抵学者，不可有放过底事。久之不已，虽无紧要工夫，亦有得力处也。"[1]

[注释]

　　①郭希吕：郭津。参看3.2.88条注释。

[译文]

　　先生在答复郭津的书信中说："大体上求学之人，对什么事都不可以轻松放过。坚持久了，虽然未必能发挥关键作用，也必然会有发挥的地方。"

3.6.32　答陈肤仲①书曰："闲隙时不可闲坐说话，过了时日。须偷些小工夫，看些小文字，穷究圣贤所说底道理，乃可以培植本原，庶几枝叶自然张旺耳。"[2]

---

[1]　即《答郭希吕·来喻缕缕》，见《朱文公文集》卷五十四。
[2]　即《答陈肤仲·承以家务丛》，见《朱文公文集》卷四十九。

[注释]

①陈肤仲：陈孔硕。参看3.3.108条注释。

[译文]

先生在答复陈肤仲的书信中说："读书的间隙也不能坐着讲闲话，白白浪费了时间。必须争取一点一滴的时间，看些小文章，深入钻研圣人所说的道理，这样便可以培养根基，枝叶将来自然会壮大。"

3.6.33 答许顺之①书曰："天下事无不可为，但在人自强如何耳。"〔1〕

[注释]

①许顺之：参看3.4.89条注释。

[译文]

先生在答复许顺之的书信中说："天下的事情没有什么是做不到的，只看人自强到什么程度。"

3.6.34 答黄嵩老①书曰："大抵人情，苦于犹豫，多致因循，一向懒废。今但心所欲为向前，便做，不要迟疑等待。即只此目下顷刻之间，亦须渐见功效矣。年运易往，时不待人，况中岁以后，尤宜汲汲也。"〔2〕

[注释]

①黄嵩老：即黄景申，字嵩老。其余不详。

[译文]

先生在答复黄嵩老的书信中说："大体上人都会为犹豫不决困苦，从

---

〔1〕 即《答许顺之·尤川学政甚肃》，见《朱文公文集》卷三十九。
〔2〕 即《答黄嵩老·大抵人情苦于》，见《朱文公文集》卷五十八。

而导致因循守旧,一直以来懒惰颓废。现在你只要心里想进步,那就去做,不要迟疑等待。即使只是眼下顷刻的工夫,积淀多了也能慢慢见到效果。岁月容易逝去,时间不等人,何况人已到中年之后,尤其应该孜孜不休啊。"

3.6.35 答陈才卿①书曰:"人生虚浮,朝不保夕,深可警惧。真当勇猛精进,庶几不虚作一世人也。"[1]

[注释]

①陈才卿:即陈文蔚。参看3.4.141条注释。

[译文]

先生在答复陈才卿的书信中说:"人生虚浮如梦、朝不保夕,应当深以为惧。现在要做的就是勇猛精进、锐意进取,这样才不至于虚度一生。"

3.6.36 答周南仲①书曰:"圣贤遗训,具在方策,何用迟疑等待?何用准拟安排?只从今日为始,随处提撕,随处收拾,随时体究,随时讨论,但使一日之间整顿得三五次,理会得三五事,则日积月累,自然纯熟,自然光明。若只如此立得个题目,顿在面前又却低徊前却,不肯果决向前,真实下手,则悠悠岁月,岂肯待人?恐不免但为自欺自诬之流,而终无得力可恃之地也。"[2]

[注释]

①周南仲:即周南,字南仲,湖南平江人,朱熹的友人黄度的女婿。

[译文]

先生在答复周南仲的书信中说:"圣贤留下的训诫,都记载在书册

---

[1] 即《答陈才卿·正叔遽至于此》,见《朱文公文集》卷五十九。
[2] 即《答周南仲·承喻教学相长》,见《朱文公文集》卷六十。

上,何必迟疑等待,何须准备安排?就从今日开始,随处提醒,随时整顿,随时体会,只需一天之内能整理三五次、体会三五事,那么日积月累,自然精纯熟悉、前景光明。如果只是将一个题目,放在面前却又徘徊不前,不肯果断行进、落到实处,那么悠悠岁月,怎肯待人?恐怕不免会沦为自欺欺人之辈,到了最后也没什么踏实的地方可以仰仗啊。"

3.6.37 答度周卿①书曰:"读书探道,有新功否?岁月易失,义理难明,但于日用之间,随时随处提撕此心,勿令放逸。而于其中随事观理,讲求思索,沉潜反复,庶于圣贤之教渐有密相契处,则自然见得天道性命真不外乎此身,而吾之所谓学者,舍是无有别用力处矣。"[1]

[注释]

①度周卿:即度正(1166—1235),字周卿,合州巴川县乐活镇(今重庆市铜梁区少云镇龙归村)人。少从朱熹学,淳熙元年(1174)进士,官至礼部侍郎。著述有《周子年谱》《性善堂文集》《太极图说》《性理纂》以及《周濂溪年表》等,曾参修国史。

[译文]

先生在答复度周卿的书信中说:"最近读书做学问,有什么新的进展吗?时间容易流逝,大道难以通晓,只能在日常应用中,随时随地提醒自己,千万不能放逸。而且要在日常生活中根据身边既有的事物观察体悟,努力思考,反复琢磨,如此方可和圣贤的教诲紧密契合,也自然能领会到天道、性命都不外乎自己一身,我们这些所谓的学者,舍弃这一点也就再没有其他努力用功的地方了。"

3.6.38 先生同安①谕学者曰:"夫学者,所以为己。而士有或

[1] 即《答度周卿·比来为况如何》,见《朱文公文集》卷六十。

患贫贱，势不得学与无所从学，而已得学又不为，无所从学而犹不勉，是亦未尝有志于学而已。"[1]

[注释]

①同安：地名，今福建省厦门市同安区，朱熹曾在此地为官四年。

[译文]

先生在同安告诫求学之人时说："做学问，都是为了自己修身。而有的读书人因为身处贫贱，形势所迫而没办法追求学问、没有老师可以跟随，但如果有条件向学而不去做，没有合适的老师还不努力，这不过是未曾树立学习的志向罢了。"

---

[1] 即《同安县谕学者》，见《朱文公文集》卷七十四。

3.7　居敬持志

◆ **辅广初编部分**

3.7.1　廖晋卿①请读何书。先生曰："公放心②久矣，精神收拾未定，无非走作之时。不若且收敛精神，方好商量③读书。"继又谓之曰："《玉藻》九容④处，且去子细体认，待有意思，却好读书。"[1]

[注释]

①廖晋卿：朱子门人，参《儒林宗派》。②放心：放纵肆意，放纵心志。③商量：讨论。④九容：指足容重、手容恭、目容端、口容止、声容静、头容直、气容肃、立容德、色容庄。

[译文]

廖晋卿请教先生应该读什么书。先生回答："你已经放纵肆意很久了，心思还没收拾好，随时随地都可能游走。不如先收收心，再来讨论读书的问题。"然后又对他说："你姑且先去仔细体会认识《礼记·玉藻》中'九容'的内容，等你做到这些，就可以好好读书了。"

3.7.2　先生云："诸公固皆有志于学，然持敬①工夫大段欠在。若不如此，何以为进学之本？程先生②云：'涵养须用敬，进学则在致知。'此最精要。"和之③问："不知敬如何地持？"先生曰："只是要收敛此心，莫令走作而已。今人精神自不曾定，读书安得

---

[1]　此条亦见于《朱子语类》卷一百二十。

精专?凡看山看水,风吹草动,此心便自走失,视听便自眩惑,此何以为学?诸公切宜勉此。"[1]

[注释]

①持敬:坚持恭敬的学习态度。②程先生:即程颐。参看2.6.1条注释。③和之:即游倪,字和之,福建建宁人,朱熹门人。

[译文]

先生说:"你们大家固然都有志于做学问,然而坚持恭敬的功夫还非常欠缺。如果不坚持这样的态度,拿什么来当做学问的根本呢?程颐先生说:'涵养性情一定要用恭敬的学习态度,而学习进步的基础则在于达到完善的理解。'这一句最精辟重要。"和之又问:"不知道恭敬的学习态度应当如何坚持?"先生回答:"就是要收心,不能让它任意游走。现在的人精神上都不安定,读书怎么还能精纯专注呢?一旦看山看水,风吹草动,心思就完全跟着跑了,看到的、听到的都来迷惑心性,这样怎么还能做学问呢?你们各位一定要以此勉励自己。"

3.7.3 心不定,故见理不得。今未要读书,且先定其心。屏去许多闲思乱想,使心如止水、如明镜。[2]

[译文]

心思没能定下来,所以无法认清道理。现在先不要读书,姑且先定下心思。做到不要胡思乱想,使得心如静水、如明镜一般透彻清明。

3.7.4 读书闲时,且静坐,教他心平气定,见得道理渐次分明,这个却是一身总会①处。且如看《大学》"在明明德"一句,

---

[1] 此条亦见于《朱子语类》卷一百二十一。
[2] 此条亦见于《朱子语类》卷十一、本书"荟辑"部分4.2.12条,文字稍有出入。

须常常提省②在这里，他日长进亦在此。一心做本，须存得在这里，识他条理络脉，自有贯通处。[1]

[注释]

①总会：聚集会合。②提省：提醒。

[译文]

读书闲下来的时候，暂且静坐，让自己心态平静神气安定，这样道理也就逐渐清楚明白了。这是全身精神会聚的关键之处。比如看《大学》中"在明明德"一句，就要常常提醒自己把心放在这里，以后的长进也就在这里。人只有一个心做根本，一定要把它存在这里，了解书中的条理脉络，自然能融会贯通。

3.7.5 问："方读书时，觉得无静底工夫。须是有读书时，有虚静时。"先生曰："某旧见李先生①尝教令静坐，后来看得不然。只是一个'敬'字好。方无事时，敬以自持，凡心不可放入无何有之乡②，须是收敛在此。及应事时，敬于应事；读书时，敬于读书。便自然该贯③动静，心无时不在。"[2]

[注释]

①李先生：即李侗。参看3.3.25条注释。②无何有之乡：出自庄子《逍遥游》，指空无所有的地方。多用来比喻空洞而虚幻的境界或梦境，也用于形容逍遥自得的状态。③该贯：贯通。

[译文]

有人问："刚开始读书的时候，觉得没办法静下心来。是不是得有用功读书的时候，也得有虚心静心读书的时候？"先生回答："以前我去见

---

[1] 此条亦见于《朱子语类》卷十一、本书"荟辑"部分4.2.19条，文字稍有出入。
[2] 此条亦见于《朱子语类》卷一百二十。

李先生他也曾要求我静坐，后来才知道并非如此。先生只是要我们把握好一个'敬'字。在没事的时候，恭敬地坚持操守，心思不要放飞到空洞虚无的境界，必须把心集中到这里。等到应对事情时，恭敬地做事；读书时，则恭敬地读书。这样便能动静贯通起来，心思时刻都在。"

3.7.6 "学者说书，多只是捻合①来说，都不详密活熟②。此病不是说书上病，乃是心上病。盖心不专静纯一，故思虑不精明，要须养得此心虚明专静，使道理从里面流出方好。"张仁叟问："何以能如此？莫只在静坐否？"先生曰："自去检点时，且一日之间，试看此心几个时在内，几个时在外。小说中载赵康靖公③以白黑豆记善恶念之起。善念起则投白豆，恶念起则投黑豆。初时黑多白少，已而白多黑少，久之则白亦少矣。此是古人做工夫处。如此检点，则自见矣。"[1]

[注释]

①捻合：拈取拼合，胡乱凑合。②详密活熟：详尽细密、活络熟悉。③赵康靖公：即赵概（996—1083），字叔平，应天虞城（今属河南）人。北宋名臣，官至参知政事，谥"康靖"。

[译文]

"求学者讲书，大多都是胡乱捻来张口就说，做不到详尽细密、活络熟悉。这个问题不是说书里的内容有问题，而是指读书人的心思有问题。因为不专心致志，所以考虑得也不精细明白，必须要养得心思虚空、清明、专一、平静，使得道理从中自然流露才好。"张仁叟问道："怎么做才能这样呢？难道只在静坐吗？"先生说："你自己去反省一下，且在一天之内，看看自己的心有几个小时在书内，几个小时又游走在外？小说记载，赵康靖公用白豆、黑豆来标记善念和恶念在心里生起，善念起就投白

---

[1] 此条亦见于《朱子语类》卷一百二十，文字稍有出入。

豆，恶念起则投黑豆。刚开始的时候黑豆多白豆少，后来白豆多黑豆少，久而久之白豆也少了。这是古人下功夫的地方。这样来反省自己，就能自己明白。"

3.7.7 读书须将心贴在书册上，逐字看得，各有着落，方好商量。须是收拾此心，令专静纯一，日用动静，都在不驰走散乱，方看得文字精审，如此方是有本领①。[1]

[注释]
①本领：根源，来源。

[译文]
读书应该将心贴在书本上，一个字一个字都认真看，个个都理解得清清楚楚，才好深入探讨。需要坚守本心，使得专一、安静、纯粹，日常应用无论动静，心都不会任意游走散乱，如此才能看得文字精细详尽，如此才算是有本事。

3.7.8 "凡看文字，非是要理会文字，正要理会自家性分上事。学者须要主一。一是常要心存在这里，乃可做工夫。如人先须寻个屋子住，至于为农工商贾，方任其所之。若无个屋子，如小人趁得①百钱，亦无归宿。"又云："无事时，须要知得此心。不知此心，恰似困睡②相似，都不济事。今看文字义理不出，亦只缘主一工夫欠阙。"[2]

[注释]
①趁得：拥有。②困睡：睡觉。

[1] 此条亦见于《朱子语类》卷十一、本书"荟辑"部分4.2.8条，文字稍有出入。
[2] 此条亦见于《朱子语类》卷一百二十一。

[译文]

"凡是看文字,并不是要理解字面上的意思,而是要弄清楚自己本分上的事。求学者应该专心。专一就是经常要把心思放在书上,才能下功夫。就好比人要先找个屋子居住,至于是做农民、工人还是商人,有了房子才能任由他努力。假如没有个房子,就像卑浅的人即使手里有钱,却没有归宿的地方。"先生又说:"闲暇无事的时候,也要去了解自己的心。不明白自己的心思,恰恰就好像睡着了似的,起不到任何作用。现在读书得不出其中的义理,也正是因为专心的功夫欠缺。"

3.7.9 学者多不肯用心,且莫说收敛个心在身上,而今要得收拾个心在书帙上,亦无。

[译文]

求学之人大多不肯用心,别说要把心收在身上,现在就算把心思收在书本上,也做不到。

3.7.10 周元卿①问:"着心读书,有时半板②前心在书上,半板后忽然思量他事。口虽读,心自在别处。如何得心只在书上?"先生曰:"此最不可。所谓'不诚无物'③,虽读犹不读也。"[1]

[注释]

①周元卿:字景仁,浙江遂昌人,南宋名臣周绾之子。②板:量词,书画的计数单位,半板指半页。③不诚无物:一切事物的存在皆依赖于"诚"。做不到真诚,做事便无法成功。

[译文]

周元卿请教:"用心读书时,有时这半页的时候心思还在书上,下半

---

[1] 此条亦见于《朱子语类》卷一百二十。

页忽然就开始思考其他的事。嘴巴虽然在读书,心思却在别的地方。怎么才能把心思放在书上呢?"先生回答:"这样最不可取。所谓'不诚无物',即使当时在读书,也和不读没什么区别。"

3.7.11 前辈云:"读书不可不敬。"敬便精专,不走了这心。[1]

[译文]

前辈们说:"读书不可以不尊敬。"恭敬便能做到精诚专一,心思才不至于散漫走失。

3.7.12 看文字,须此心在上面。若心不在,便是不曾看相似。所谓"视之而不见,听之而不闻"。[2]

[译文]

看文字,必须把心定在书上。如果心思不在书上,就和没有看一样。正所谓"看却没有看见,听却没有听到"。

3.7.13 读书闲暇,宜于静室安坐,庶几心平气和,可以思索义理。

[译文]

读书闲暇的时候,适合到安静的室中安然静坐,这样才能做到心平气和,可以思考求索书中的义理。

3.7.14 杨至之①患读史无记性,须三四遍方记得,而久后又

---

[1] 此条亦见于《朱子语类》卷十、本书"荟辑"部分4.1.52条。
[2] 此条亦见于《朱子语类》卷一百二十一。

忘了。先生曰："只第一遍读时，须用功，作相别计。止此更不再读，便记得。有一士人，读《周礼疏》。读第一板讫则焚了，读第二板讫则又焚了，是亦作焚舟计。若初且草草读一遍，准拟三四遍，便记不牢。"又曰："读书须是有精神。"至之曰："亦须是聪明。"先生曰："虽有聪明，亦须是静，方运得精神。昔见延平②说：'罗先生③解《春秋》也浅，不似胡文定④。后来随人入广，至罗浮山住两三年，去那里心静，须看得较透。'某初疑道解《春秋》，干心静甚么事？后来方晓。盖静则心虚，道理方看得出。"

[注释]

①杨至之：即杨至。参看3.3.62条注释。②延平：延平先生，即李侗。参看3.3.25条注释。③罗先生：罗从彦（1072—1135），字仲素，号"豫章先生"，福建南平人，谥"文质"。宋朝经学家、诗人，豫章学派创始人。李侗曾从其受业。有著作《中庸说》《豫章文集》。④胡文定：胡安国（1074—1138），又名胡迪，字康侯，号青山，谥"文定"，学者称"武夷先生"，后世称"胡文定公"。建宁崇安（今福建省武夷山市）人，北宋学者。两宋之际名儒，所著《春秋传》为后世科举士人必读的教科书。

[译文]

杨至之的问题是读史书的时候没记性，得读三四遍才能记得，而后不久又忘了。先生说："只是读第一遍时，就要用功，要当最后一次读，读完了这一回不再读了，这样便能记住。从前有个读书人，读《周礼疏》，读完第一页就把这一页烧了，读完第二页又把第二页烧了，这就好比渡河烧船而不留退路。如果在刚开始就只是草草读一遍，计划后面再读上三四遍，肯定记不牢。"又说："读书一定要有精神。"至之说："也得聪明才行。"先生说："就算聪明，也得静下心来，才能调动精神。以前见到延平先生说：'罗先生解读《春秋》比较粗浅，不像胡文定解读得精湛。后来同别人一道去广东，在罗浮山住了两三年，在那里把心静了下来，就看得比较通透了。'我当初很疑惑地问解读《春秋》，关静心什么事？后来才明白各种原由。只有静下心来才能虚心，道理也就从中看出来了。"

◆ 张洪、齐熙续编部分

3.7.15 若不能敬，则讲学无安顿处。[1]

[译文]

如果做不到恭敬，讲习学问就没有稳定的根基。

3.7.16 看文字，却是索居独处好用工夫，方专精，看得透彻。[2]

[译文]

读书，却是孤身独居的时候才好用功，这样才能做到精纯专一，才能看得透彻明白。

3.7.17 人之为学，千头万绪，岂可无本领？此程先生①所以有持敬②之语。敬，只是提撕此心，教他光明，则于事无不见，久之自然刚健有力。[3]

[注释]

①程先生：即程颐。参看2.6.1条注释。②持敬：持守恭敬之心。

---

〔1〕 此条亦见于《朱子语类》卷一百一十六、一百一十九。
〔2〕 此条亦见于《朱子语类》卷一百零四。
〔3〕 此条亦见于《朱子语类》卷十二。

[译文]

　　人要做学问，千头万绪，怎么可以没有根本和纲领？这正是程颐先生教诲世人"保持恭敬之心"的原因所在。恭敬，就是提醒自己的心，让它光明，所有的事理无不照亮，时间久了自然会刚健有力。

3.7.18　不持敬，看道理便都散，不聚在这里。[1]

[译文]

　　做不到持守恭敬之心，看道理都是散的，不能集中到这里。

3.7.19　心不定，故见理不得。今且未要读书，须先定其心。使之如止水，如明镜。暗镜如何照物？[2]

[译文]

　　定不下心来，所以理解不了道理。现在暂且不要读书，而要先把心定下来，使它静如止水，明亮如镜。昏暗的镜子怎么照得清东西呢？

3.7.20　问："读书心多散乱。"曰："便是心难把捉处。向时举《中庸》'诚者，物之终始，不诚无物'说与直卿①云：'且如读十句书，上九句有心记得，心不走作，则是心在此九句内，是诚，是有其物，故终始得此九句用。若下一句心不在焉，便是不诚，便无物也。'"[3]

---

〔1〕　此条亦见于《朱子语类》卷九。
〔2〕　此条亦见于《朱子语类》卷十一、本书"荟辑"部分4.2.12条。
〔3〕　此条亦见于《朱子语类》卷十一、本书"荟辑"部分4.2.105条，文字稍有出入。

[注释]

①直卿：即黄榦。参看3.2.9条注释。

[译文]

有学生问："读书时心思散乱，怎么办？"先生说："这就是心神难以把握的地方了。过去把《中庸》中'诚，贯穿在万事万物的始终，没有诚心就什么都做不成'说给直卿听：'比如读十句书，前九句用心能记下，心不分神，那是心在这九句里下了功夫，这就是诚，是心里有这件事，所以始终都能运用这九句。如果读下一句的时候心不在焉，便是没有诚心，就是心中没有这件事啊。'"

3.7.21 因论读《大学》，答以"每为念虑①搅扰，颇妨工夫"。曰："只是[1]敬。敬是常惺惺②底法。以敬为主，则百事皆从此做去。今人都不理会我底，自不知心所在，却要理会他事，又要齐家治国平天下。心者，身之主也。撑船须用篙，吃饭须用匙，不理会心是不用篙、不使匙也。摄心只是敬，才敬看做甚么事。登山固只这个心，入水亦只这个心。"[2]

[注释]

①念虑：思虑，挂念。②惺惺：清醒，警醒。

[译文]

先生因为讲论读《大学》，而回答"思虑经常被打乱，很耽误工夫"这个问题。他说："只需要把'恭敬'的功夫做足就行。恭敬是保持时刻清醒的好方法。怀恭敬之心，什么事都能做下去。现在的人都不理解自己的想法，也不知道自己的心在哪里，却要领会别的事情，还想要齐家、治国、平天下。心，是身体的主宰。撑船要用竹篙，吃饭要用汤匙，不用心就好像撑

---

[1] 据《朱子语类》卷一百一十八，此处脱"不"字。
[2] 此条亦见于《朱子语类》卷一百一十八。

船不用竹篙，吃饭不用汤匙一样。收敛心神的唯一办法就是恭敬，有了恭敬心再谈做什么事。登山固然要有恭敬之心，入水当然也要有恭敬之心。"

3.7.22 先生问汪长孺①（名德辅）所读何书。长孺诵《大学》所疑。曰："只是轻率。公不惟读圣贤之书如此，凡说话及论人物亦如此，只是不敬后如此。"[1]

[注释]

①汪长孺：汪德辅，字长孺，江西鄱阳人，朱熹门人。

[译文]

先生问汪长孺（名德辅）在读什么书，汪长孺把读《大学》中的一些疑问讲给先生听。先生说："只是因为你轻率造成的。你不只读圣贤书是这样，说话和评论人物也是这样，如果没有恭敬之心，都会如此。"

3.7.23 看文字理会不出，只缘主一工夫欠阙。[2]

[译文]

读书不能理解其中的道理，只是因为专一的功夫欠缺。

3.7.24 先生答陈肤仲①书曰："读书，固收心之一助，然今只读书时收得心，不读书时便为事所夺，而是心之存也常少，而其放也常多矣。胡为②不移此读书工夫？向不读书处用力，使动静两得，而此心无时不存乎？"[3]

---

[1] 此条亦见于《朱子语类》卷一百一十九。
[2] 此条亦见于《朱子语类》卷一百一十二一。
[3] 即《答陈肤仲·来书云今日》，见《朱文公文集》卷四十九。

[注释]

①陈肤仲：即陈孔硕。参看3.3.108条注释。②胡为：为什么。

[译文]

先生在答复陈肤仲的书信中说："读书，固然能帮助人收摄心志，然而现在的人都是读书的时候才能收心，不读书的时候就被其他事转移了注意力，那么心思凝聚的时候就比较少，心思放逸的时候会比较多。为什么不把读书时约束心神的做法应用在其他地方？让自己无论动静都能做到心无旁骛，而这颗心不就可以每时每刻都收束在自己身上了吗？"

3.7.25 答郑仲礼①书曰："读书固不可废，然亦须以主敬为先，方可。就此田地上推寻义理，见诸行事，若平居②泛然，略无存养之功，又无实践之志，而但欲晓解文义说得分明，则虽尽通诸经不错一字，亦何所益？况未必能通而不误乎？近觉朋友读书讲论，多不得力，其病皆出于此。不可不深戒也。"[1]

[注释]

①郑仲礼：名不详，湘中（今湖南长沙一带）人。②平居：平日，平素。

[译文]

先生在答复郑仲礼的书信中说："读书固然不能废弃，但首先也要保持敬畏之心才行。在此基础上推求圣贤之道，继而付诸实践，如果平时漫不经心，没有保存本心功夫，又没有努力践行的志向，只想把书中的道理讲清楚，这样即使把所有经书一字不差地通读下来，又有什么好处？更何况未必能做到通读所有经书而没有失误呢？最近觉得朋友们在读书讨论时大多不得要领，问题的根源就在这里。不能不引以为戒。"

---

[1] 即《答郑仲礼·示喻为学之意》，见《朱文公文集》卷五十。

3.7.26 答李晦叔^①书曰："持敬、读书，是一事，而表里各用力耳。若有所偏，便疑都不曾做工夫。今且逐日着实做将去，未须比量难易，计较得失，徒然纷扰，不济事。要令日用之间，只见本心义理，都不见有他物，方有得力处耳。"[1]

[注释]

①李晦叔：即李煇。参看3.4.145条注释。

[译文]

先生在答复李晦叔的书信中说："保持恭敬之心和读书，是一回事，只是从表面和内在两个不同角度讲而已。如果有所偏重，那就要怀疑二者都没有下功夫。现在只要一天天地踏实去做，不需要比较难易，计较得失，那样只会徒增烦恼，没什么用处。要使得日常应用时，只照应心中所学的道理，眼中完全没有别的东西，才有可能做得好。"

3.7.27 答詹元善^①书曰："君子之为学，庄敬养以立其本，而讲于义理以发明之，则其口之所诵也有正业，而心之所处也有常分矣。至于希世^②取宠之事，不惟有所愧而不敢，实亦有所急而不暇焉。"[2]

[注释]

①詹元善：即詹体仁。参看3.5.44条注释。②希世：迎合世俗。

[译文]

先生在答复詹元善的书信中说："君子做学问，用庄重恭敬之心来打下根基，然后用讲解义理来阐述学问，因此他口中诵读的就都是正业，他的内心就能够长久地保持安分。至于迎合世俗、哗众取宠的事，不只是因

---

[1] 即《答李晦叔·持敬读书只是》，见《朱文公文集》卷六十二。
[2] 即《答詹元善·昨至书后宋臣》，见《朱文公文集》卷四十六。

为他心里有愧而不敢做，实在是因为他有更急切的事而顾不上啊。"

3.7.28　答罗县尉①书曰："古人之学，以庄敬持守为先，而读书穷理以发其趣。"[1]

[注释]

①县尉：官名，位在县令之下，主管治安。

[译文]

先生在答复罗县尉的书信中说："古人做学问，首先把保持虔敬、坚持操守放在第一位，然后再通过读书穷究其中的道理，来启发个人的志趣。"

---

[1] 即《答罗县尉·读书治病之说》，见《朱文公文集·续集》卷三。

四、荟辑

《朱子语类》本《朱子读书法》

4.1 卷 上

4.1.1 读书乃学者第二事。(方子①)

[注释]

①方子：即李方子（生卒年不详），字公晦，号果斋，南宋昭武（今属福建）人。少博学能文，为人端谨纯笃。从朱熹学，熹称"观公为人，自是寡过，但宽大中要规矩，和缓中要果断"（《宋史·李方子传》），遂以"果"名斋。恪守朱熹学说，终身习究，致知力行。著有《朱子年谱》《禹贡解》《传道精语》等。

[译文]

读书是求学之人的第二件事。(李方子)

4.1.2 读书已是第二义。盖人生道理合下完具，所以要读书者，盖是未曾经历见许多。圣人是经历见得许多，所以写在册上与人看。而今读书，只是要见得许多道理。[1] 及理会得了，又皆是自家合下元有底，不是外面旋添得来。(至①)

[注释]

①至：即杨至。参看 3.3.62 条注释。

[译文]

读书已经是第二位的事情。因为人一出生，道理就已经具备在身上了，之所以要读书，是因为还没有经历见识过很多事。圣人是经历见识过的事情很多，所以将之写到书册上给大家看。现在读书，只是为了从中多

---

[1] 此条亦见于本书"类编"部分 3.1.2 条，文字稍有差异。

见识些道理。等能理解领会这些道理，又会发现这些本来都是自身原来就有的，并不是从外面添加来的。（杨至）

4.1.3 学问，就自家身己上切要处理会，方是。那读书底，已是第二义。自家身上道理都具，不曾外面添得来。然圣人教人须要读这书时，盖为自家虽有这道理，须是经历过方得。圣人说底，是他曾经历过来。（佐①）

[注释]
①佐：即萧佐，字定夫。湘乡人。朱熹门人。

[译文]
学问，自己亲身体会经历过，那才是真正的学问。那读书得来的，已经是第二位的了。所有的道理在我们身上都具备，并不是从外面添加得来的。然而圣人教导我们需要读书，这是因为各人身上虽然有这个道理，但是必须经历过才能领悟。圣人在书上说的，是他曾经经历过的。（萧佐）

4.1.4 学问，无贤愚，无小大，无贵贱，自是人合理会底事。且如圣贤不生，无许多书册，无许多发明，不成不去理会！也只当理会。今有圣贤言语，有许多文字，却不去做。师友只是发明得。人若不自向前，师友如何着得力！（谦①）

[注释]
①谦：即廖谦，字益仲，衡阳人。朱熹门人。

[译文]
学问，与个人天资的贤愚无关，与年纪的大小无关，与身份的贵贱无关，本身就是人人都能懂得的事情。假如这个世界没有圣贤，没有书籍，没有对道理的阐述，人们难道就不追求道理了吗？还是应该去领悟道理。今天既有圣人的言语，又有这么多的书籍，却不去遵循这些道理去做。老

师和朋友只是阐发道理罢了，人如果自己不去努力，老师和朋友哪里使得上劲！（廖谦）

4.1.5 为学之道，圣贤教人说得甚分晓。大抵学者读书，务要穷究。道问学是大事。要识得道理去做人。大凡看书，要看了又看，逐段、逐句、逐字理会，仍参诸解、传，说教通透，使道理与自家心相肯，方得。读书要自家道理浃洽透彻。杜元凯云："优而柔之，使自求之；厌而饫之，使自趋之。若江海之浸，膏泽之润，涣然冰释，怡然理顺，然后为得也。"（椿①）

[注释]

①椿：即魏椿，字元寿。参看3.4.12条注释。

[译文]

学习的方法，圣贤教导人的时候已经说得很明白了。大致来说，求学之人读书，务必要穷究道理。问和学是人生的大事。要懂得道理才能做好人。大致而言，看书要反复钻研，逐段、逐句、逐字领会，还要参照各种注释和解说，研究透彻，使书上的道理和自己的内心相合，才能真正有所得。读书要使自己和道理融合透彻。杜元凯说："读书学习，要从容不迫，让他自己去求取；要得到满足，让他自己去努力。就好像江海浸泡，油膏滋润，心中的困难和疑惑都冰消雪融了，自然而快乐地懂得了道理，这以后才会有所收获。"（魏椿）

4.1.6 今读书紧要，是要看圣人教人做工夫处是如何。如用药治病，须看这病是如何发，合用何方治之；方中使何药材，何者几两，何者几分，如何炮，如何炙，如何制，如何切，如何煎，如何吃，只如此而已。（淳①）

［注释］

①淳：即陈淳。参看3.3.82条注释。

［译文］

当今读书最重要的是要看圣人教导人怎样做功夫。就像用药来治病一样，要看这个病是怎样引发的，应该用怎样的药方来治理；药方中用什么药材，这个是几两，那个是几分，怎样炮制，怎样熏烤，怎样制作，怎样切割，怎样煎熬，怎样服用，读书做功夫，也就和这一样。（陈淳）

4.1.7 读书以观圣贤之意，因圣贤之意以观自然之理。[1]（节①）

［注释］

①节：即甘节，字吉父，临川人。朱熹弟子。

［译文］

通过读圣贤的书去理解圣贤的心意，通过圣贤的心意去了解天地万物自然的道理。（甘节）

4.1.8 做好将圣人书读，见得他意思，如当面说话相似。（贺孙①）

［注释］

①贺孙：叶贺孙，字味道，括苍人，居永嘉。朱熹门人。

［译文］

要认真做好将圣人的书好好读这件事，要能理解得圣人书里所说的意思，就像和他当面交谈一样。（叶贺孙）

---

[1] 此条亦见于本书"类编"部分3.4.19条，但文字稍有出入。

4.1.9 圣贤之言，须常将来眼头过，口头转，心头运。（方子①）

[注释]

①方子：即李方子。参看4.1.1条注释。

[译文]

对于圣贤的言语，必须经常在眼前反复去看，在口头上反复诵读，在心里反复揣摩。（李方子）

4.1.10 开卷便有与圣贤不相似处，岂可不自鞭策![1]（祖道①）

[注释]

①祖道：即曾祖道。朱熹门人。

[译文]

一打开书便发现自己与圣贤有不相符合的地方，怎么能不自我鞭策呢！（曾祖道）

4.1.11 圣人言语，一重又一重，须入深去看。若只要皮肤，便有差错，须深沉，方有得。（从周①）

[注释]

①从周：窦从周，字文卿，丹阳人。

[译文]

圣人的言语中的内涵，一层又一层，必须沉下心去深入阅读。如果只了解个皮毛，就会有差错，必须沉下心去仔细体会，才会有真正的收获。（窦从周）

---

[1] 本条亦见本书"类编"部分3.5.48条。

4.1.12 人看文字，只看得一重，更不去讨他第二重。（僩①）

[注释]

①僩：沈僩，字庄仲，永嘉人。

[译文]

人们读书，常常只是看到第一重字面意思，而不去弄懂其中更深一层的意义。（沈僩）

4.1.13 读书，须是看着他缝罅处，方寻得道理透彻。若不见得缝罅，无由入得。看见缝罅时，脉络自开。（植①）

[注释]

①植：潘植，字立之。

[译文]

读书，需要找到文章脉络的结合处，才能对书中的道理理解透彻。若找不到文章脉络的结合处，便没有办法进入。看见了文章脉络的结合处，文章的脉络自然而然就呈现出来了。（潘植）

4.1.14 文字大节目，痛理会三五处，后当迎刃而解。学者所患，在于轻浮，不沉着痛快。（方子①）

[注释]

①方子：即李方子。参看4.1.1条注释。

[译文]

对于书中的关键之处，只要下定功夫找到三五处去理解思考，随后难以理解的地方都会迎刃而解。求学之人的问题，在于过于轻浮，而不能够深入体会和痛下功夫。（李方子）

4.1.15 学者初看文字,只见得个浑沦物事。久久看作三两片,以至于十数片,方是长进。如庖丁解牛,目视无全牛,是也。(人杰①)

[注释]

①人杰:万人杰,字正淳,兴国人。朱熹弟子。

[译文]

求学之人刚开始看书,只能看到大概的样子。时间长了,才能把书上的内容看成两三个部分,直到十几个部分,这才是有长进。就好像庖丁解牛一样,眼里没有一头完整的牛,看到的都是牛的内在结构,说的就是这个。(万人杰)

4.1.16 读书,须是穷究道理彻底。如人之食,嚼得烂,方可咽下,然后有补。(杞①)

[注释]

①杞:李杞,字良仲,平江人。

[译文]

读书,需要深入彻底地把其中的道理理解透彻。就好像人吃饭一样,只有嚼得烂,才能咽下去,然后才能增加营养。(李杞)

4.1.17 看文字,须逐字看得无去处。譬如前后门塞定,更去不得,方始是。(从周①)

[注释]

①从周:即窦从周。参看4.1.11条注释。

[译文]

看文字,需要把每一个字都看得没有任何疑问。就像把屋子的前后门

都堵死，哪里都去不得，这才开始有收获。（窦从周）

4.1.18 关了门，闭了户，把断了四路头，此正读书时也。[1]（道夫①）

[注释]

①道夫：即杨道夫。参看3.2.58条注释。

[译文]

关上大门，闭上窗户，隔断了四面的路口，这正是读书的好时候啊。（杨道夫）

4.1.19 学者只知观书，都不知有四边，方始有味。（䇓①）

[注释]

①䇓：即黄䇓。参看3.2.85条注释。

[译文]

求学之人只知道看书，都忘却了周围的一切，才能体会到读书的滋味。（黄䇓）

4.1.20 "学者读书，须是于无味处当致思焉。至于群疑并兴，寝食俱废，乃能骤进。"[2] 因叹："'骤进'二字，最下得好，须是如此。若进得些子，或进或退，若存若亡，不济事。如用兵相杀，争得些儿小可一二十里地，也不济事。须大杀一番，方是善胜。为学之要，亦是如此。"（贺孙①）

---

[1] 本条亦见本书"类编"部分3.3.29条。
[2] 本条亦见本书"类编"部分3.3.30条，文字稍有出入。

[注释]

①贺孙：即叶贺孙。参看4.1.8条注释。

[译文]

先生说："求学之人读书，必须在读来无味之处认真思考。疑问越来越多，学习的兴趣越来越高，连睡觉和吃饭都忘记了，才能获得很快的进步。"他又感叹道："'骤进'这两个字，用得最好，做学问必须这样。如果有一点进步，就进进退退，若有若无，办不成事。就像用兵对战，争到小小的一二十里地，也无济于事。需要大批杀敌，才能是大胜。做学问的关键，也是这样。"（叶贺孙）

4.1.21 看文字，须大段着精彩看。耸起精神，树起筋骨，不要困，如有刀剑在后一般！就一段中，须要透。击其首则尾应，击其尾则首应，方始是。不可按册子便在，掩了册子便忘却；看注时便忘了正文，看正文又忘了注。须这一段透了，方看后板。[1]（淳①）

[注释]

①淳：即陈淳。参看3.3.82条注释。

[译文]

看文字，应该努力下功夫看上一大段才精彩。要抖擞精神、端正筋骨、不要犯困，如同刀剑在后背顶着一般！读这一段文字，就一定要理解透彻。击打它的头那尾巴就要反应，击尾巴那头也要反应，如此这样才行。不能打开书本什么都知道，合上书本就全忘了；看注解时忘了正文，看正文时又忘了注解。一定要将这一段弄得透彻明白了，才去看下一段。（陈淳）

---

[1] 本条亦见本书"类编"部分3.3.99条，文字稍有出入。

4.1.22 看文字，须要入在里面猛滚一番。要透彻，方能得脱离。若只略略地看过，恐终久不能得脱离，此心又自不能放下也。[1]（时举①）

[注释]

①时举：即潘时举。参看3.3.5条注释。

[译文]

看书，一定要进入到里面用心思考一番。只有理解透彻了，才能脱离开书本。如果只是大略地看过，恐怕终究也离不开书本，自己内心又不能放下啊！（潘时举）

4.1.23 人言读书当从容玩味，此乃自怠之一说。若是读此书未晓道理，虽不可急迫，亦不放下，犹可也。若徜徉终日，谓之从容，却无做工夫处。譬之煎药，须是以大火煮滚，然后以慢火养之，却不妨。（人杰①）

[注释]

①人杰：即万人杰。参看4.1.15条注释。

[译文]

有人说读书应当从容地玩赏品味，这也是让自己懈怠的一种说法。如果读这本书没弄懂其中的道理，虽然不能着急，但也不能放下，这样才行。但如果每天都慢腾腾，还说是从容，却是没有下功夫。这就好比煎药，必须要用大火先煮开，然后再用文火慢慢养，才不妨事。（万人杰）

4.1.24 须是一棒一条痕，一掴一掌血！看人文字，要当如此，岂可忽略！（僴①）

---

[1] 本条亦见本书"类编"部分3.3.19条，文字稍有出入。

[注释]

①嵩:即黄嵩。参看3.2.85条注释。

[译文]

必须是一棒子下去一条血痕,一巴掌下去一手血印!看书就要这样,怎么能够忽略!(黄嵩)

4.1.25 看文字,须是如猛将用兵,直是鏖战一阵;如酷吏治狱,直是推勘到底,决是不恕他,方得。(夔孙①)

[注释]

①夔孙:即林夔孙。参看3.2.66条注释。

[译文]

看书,必须像猛将用兵一样,一定要好好地厮杀大战一场;也如同酷吏治理诉讼一样,一定要勘察到底,决不能宽恕放松,才能有所收获。(林夔孙)

4.1.26 看文字,正如酷吏之用法深刻,都没人情,直要做到底。若只恁地等闲看过了,有甚滋味![1] 大凡文字有未晓处,须下死工夫,直要见得道理是自家底,方住。[2](赐①)

[注释]

①赐:林赐,字闻一。朱熹弟子。

[译文]

看文字,正如残酷的官吏执行严刑峻法,没有一点人情,一直要执行到底。如果只是这样随随便便地看完,又有什么滋味?凡是文字有不懂的地

---

〔1〕 本条亦见本书"类编"部分3.3.20条,文字稍有出入。
〔2〕 本条亦见本书"类编"部分3.3.22条,文字稍有出入。

方，必须要下死功夫，直到悟出道理是自己的，才能停下来。（林赐）

4.1.27 看文字如捉贼，须知道盗发处，自一文以上赃罪情节，都要勘出。若只描摸个大纲，纵使知道此人是贼，却不知何处做贼。[1]（赐①）

[注释]

①赐：即林赐。参看4.1.26条注释。

[译文]

看文字就像捉贼，必须要知道案发的地方，自一文钱以上的赃物、案子的情节，都要细细地勘查出来。如果只是捉摸一个大概，就算知道了这个人是贼，但却不知道他是怎么作案的。（林赐）

4.1.28 看文字，当如高大艑，顺风张帆，一日千里，方得。如今只才离小港，便着浅了，济甚事！文字不通如此看。（僩①）

[注释]

①僩：即沈僩。参看4.1.12条注释。

[译文]

看文字，就要像开着大船，顺风扬起帆，一日行千里，才能有收获。如今是才离开小小的港湾，就搁浅了，有什么用！书不是这样看的。（沈僩）

4.1.29 读书看义理，须是胸次放开，磊落明快，恁地去。第一不可先责效。才责效，便有忧愁底意。只管如此，胸中便结聚一饼子不散。今且放置闲事，不要闲思量。只专心去玩味义理，便会

---

[1] 本条亦见本书"类编"部分3.3.23条，文字稍有出入。

心精；心精，便会熟。（淳①）

[注释]

①淳：即陈淳。参看3.3.82条注释。

[译文]

读书要读懂道理，必须是放开心胸，磊落而明快，这样去读。开始的时候不能追求效果。一旦有了追求效果的想法，心底就会犯忧愁。这样下去，心情就像凝结成一个饼子一样郁结不散。现在暂且放下别的事，不要有其他闲散的想法。只一心一意去赏玩品味文中的意义和道理，就会心思精密；心思精密，才能做到纯熟。（陈淳）

4.1.30　读书，放宽着心，道理自会出来。若忧愁迫切，道理终无缘得出来。

[译文]

读书，放宽了心，道理自然会从书中出来。如果忧愁迫切，书中的道理终究是没有机会从书中出来的。

4.1.31　读书，须是知贯通处，东边西边，都触着这关捩子，方得。只认下着头去做，莫要思前算后，自有至处。而今说已前不曾做得，又怕迟晚，又怕做不及，又怕那个难，又怕性格迟钝，又怕记不起，都是闲说。只认下着头去做，莫问迟速，少间自有至处。既是已前不曾做得，今便用下工夫去补填。莫要瞻前顾后，思量东西，少间担阁①一生，不知年岁之老！（僩②）

[注释]

①僩：即沈僩。参看4.1.12条注释。

[译文]

读书，要搞清楚哪里是关键的地方，无论从东边还是西边入手，都要接触到关键，才行。只要低下头认真去做，不要思前想后，自然有收获。现在说以前没有做过，又怕自己迟了，又怕自己做不来，又怕难，又怕自己迟钝，又怕自己记不得，都是随便找个理由。只要低下头去做，不管快慢，不久就自然会有所得。既然之前没有做，现在就要下功夫去填补。不要瞻前顾后，想东想西，这样就耽误了一生，不知不觉年华就老去了！（沈僴）

4.1.32 天下书尽多在。只恁地读，几时得了。须大段用着工夫，无一件是合少得底。而今只是那一般合看过底文字也未看，何况其它！（僴①）

[注释]

①僴：即沈僴。参看4.1.12条注释。

[译文]

天底下有这么多书。就这么读，什么时候才能有收获！要下大功夫去读书，没有哪里是可以少花功夫就能有收获的。现在就连那些一般该看的书也没有看过，何况其他呢！（沈僴）

4.1.33 读书，须是遍布周满。某尝以为宁详毋略，宁下毋高，宁拙毋巧，宁近毋远。[1]（方子①）

[注释]

①方子：即李方子。参看4.1.1条注释。

[译文]

读书，就要把书上的内容看完整。我一直认为读书要详细而不要简

---

[1] 本条亦见于本书"类编"部分3.4.60条，文字稍有出入。

略，要夯实基础而不要一味追求高层次，学习的手段要拙朴而不要取巧，内容要贴近自己的生活而不要好高骛远。(李方子)

4.1.34 读书之法，先要熟读。须是正看背看，左看右看。看得是了，未可便说道是，更须反复玩味。(时举①)

[注释]
①时举：即潘时举。参看3.3.5条注释。

[译文]
读书的方法，首先是要熟读。要正看反看，左看右看。看懂点，不能说完全懂了，更要进一步反复思考玩味。(潘时举)

4.1.35 少看熟读，反复体验，不必想象计获。只此三事，守之有常。(夔孙①)

[注释]
①夔孙：即林夔孙。参看3.2.66条注释。

[译文]
少看熟读，反复体会，不要总想着一定要有收获。只这三件事，要坚持下去形成习惯。(林夔孙)

4.1.36 大凡看文字：少看熟读，一也；不要钻研立说，但要反复体验，二也；埋头理会，不要求效，三也。三者，学者当守此。(人杰①)

[注释]
①人杰：即万人杰。参看4.1.15条注释。

[译文]
凡是看书：第一，少看熟读；第二，不要总想着要确立一家之言，而

要反复体会；第三，埋头认真阅读思考，不要老想着有收获。这三点，求学之人要坚持。（万人杰）

4.1.37 书宜少看，要极熟。小儿读书记得，大人多记不得者，只为小儿心专。一日授一百字则只是一百字，二百字则只是二百字。大人一日或看百板，不恁精专。人多看一分之十，今宜看十分之一。宽着期限，紧着课程。[1]（淳①）

[注释]

①淳：即陈淳。参看3.3.82条注释。

[译文]

书适合少看，但要非常熟。小孩子读书都能记住，大人却往往记不住，那是因为小孩子心思专一，一天教给他一百个字他就只记这一百个字，一天教给他两百个字他就只记这两百个字。大人却一天读上百页书，不怎么精心专一，而贪多的能看一分却看十分，而现在只看自己能力之内的十分之一。放宽读书期限，抓紧课程内容。（陈淳）

4.1.38 读书，只逐段逐些子细理会。小儿读书所以记得，是渠不识后面字，只专读一进耳。今人读书，只囫囵读去。假饶读得十遍，是读得十遍不曾理会得底书耳。"得寸，则王之寸也；得尺，则王之尺也。"读书当如此。（璘①）

[注释]

①璘：即滕璘。参看3.2.46条注释。

[译文]

读书，一定要一段段仔细理解领会。小孩子读书之所以记得，是他不

---

[1] 本条亦见本书"类编"部分3.3.101条，文字稍有出入。

认识后面的字，只专心往下读。现在人们读书，只是连续不断地读下去。假如这样读十遍，也只是读了十遍自己不懂的书。"得到一寸，就掌握一寸；得到一尺，就掌握一尺。"读书就应该这样。（滕璘）

4.1.39 读书，小作课程，大施功力。如会读得二百字，只读得一百字，却于百字中，猛施工夫，理会子细，读诵教熟。如此，不会记性人自记得，无识性人亦理会得。若泛泛然念多，只是皆无益耳。读书，不可以兼看未读者，却当兼看已读者。[1]（璘①）

[注释]
　　①璘：即滕璘。参看3.2.46条注释。

[译文]
　　读书时，课程要尽量制订得小些，功夫要尽量下得大点儿。如果觉得自己能读两百个字，那就只读一百个字，在其中狠下功夫，仔细理解，阅读背诵都非常纯熟。这样没记性的人也能记得住，理解能力差的人也能理解。如果只是泛泛地读很多文章，完全没有收益。读书时，不能同时看此前没有读过的，但却应该时时温习已经读过的。（滕璘）

4.1.40 读书不可贪多，且要精熟。如今日看得一板，且看半板，将那精力来更看前半板，两边如此，方看得熟。直须看得古人意思出，方好。（洽①）

[注释]
　　①洽：即张洽。参看3.2.6条注释。

[译文]
　　读书，不能贪多，而要精深纯熟。如果今天只能看一页，那就先看半

---

[1] 本条亦见本书"类编"部分3.3.83条，文字稍有出入。

朱子读书法 | 365

页,把那精力用来看前面已经读过的半页,反复两遍,才能看得熟。直要到能看出古人的意思出来,那才好。(张洽)

4.1.41 读书不要贪多。向见州郡纳税,数万钞总作一结。忽错其数,更无推寻处。其后有一某官乃立法,三二十钞作一结。观此,则读书之法可见。(可学①)

[注释]
①可学:即郑可学。参看3.2.92条注释。

[译文]
读书不要贪求过多。以前我见过州郡纳税,都是数万元钱钞总结清算一次。一次忽然数目错了,一下子不知道从何处查找。此后有一位官员建立制度,三十或者二十的钱钞即总结清算一次。了解了这个,就可以明白读书的方法。(郑可学)

4.1.42 "读书不可贪多,常使自家力量有余。"正淳云:"欲将诸书循环着看。"曰:"不可如此,须看得一书彻了,方再看一书。若杂然并进,却反为所困。如射弓,有五斗力,且用四斗弓,便可挽满,己力欺得他过。今举者不忖自己力量去观书,恐自家照管他不过。"〔1〕(䇓①)

[注释]
①䇓:即黄䇓。参看3.2.85条注释。

[译文]
先生说:"读书不能贪多,要使自己经常学有余力。"正淳说:"我想把各种书循环着看。"先生说:"不能这样,必须先把一书看得透彻了,

---

〔1〕 此条亦见于本书"类编"部分3.2.74条,文字稍有出入。

再去看另一本书。如果看得太杂，反而会让自己为众书所困惑。就好比射箭，自己有五斗的力量，就用四斗的弓箭，便可以拽满，这是因为自己的力量也足以胜任。现在的学者不度量自己的力量而去读书，恐怕他自己未必能照顾过来。"（黄㽦）

4.1.43 "读书，只恁逐段子细看，积累去，则一生读多少书！若务贪多，则反不曾读得。"又曰："须是紧着工夫，不可悠悠，又不须忙。只常抖搜①得此心醒，则看愈有力。"（道夫②）

[注释]

①抖搜：即抖擞精神。②道夫：即杨道夫。参看3.2.58条注释。

[译文]

"读书，只管这样一段一段仔细地看，积累下去，那一辈子能看多少书！如果只是贪多，那么反而跟没读书一样。"又说："必须要抓紧时间、多下功夫，不要慢慢悠悠的，也不需要太匆忙。只需要常常抖擞精神让心思清醒，就会越看越有劲头。"（杨道夫）

4.1.44 不可都要衮去，如人一日只吃得三碗饭，不可将十数日饭都一齐吃了。一日只看得几段，做得多少工夫，亦有限，不可衮去都要了。（淳①）

[注释]

①淳：即陈淳。参看3.3.82条注释。

[译文]

不能什么书都看，好比人一天只能吃三碗饭，不能把十几天的饭一顿都吃了。一天只能看几段，能花多少功夫，也是有限的，不能贪多什么都要。（陈淳）

4.1.45 读书,只看一个册子,每日只读一段,方始是自家底。若看此又看彼,虽从眼边过得一遍,终是不熟。(履孙①)

[注释]

①履孙:即潘履孙,字坦翁,婺源人,居绍兴。朱熹弟子。

[译文]

读书,一时只看一本,每天只读其中一段,这样收获才是自己的。如果看这本又看另一本,虽然从眼前过了一遍,最终还是没有读熟。(潘履孙)

4.1.46 今人读书,看未到这里,心已在后面。才看到这里,便欲舍去了,如此只是不求自家晓解。须是徘徊顾恋,如不欲去,方会认得。[1] (至①)

[注释]

①至:即杨至。参看3.3.62条注释。

[译文]

现在的读书人,还没看到这里,心思已经到了后面。才看到这里,就想丢开去看新的,这样做其实是自己不想做到真正的理解。应该来回徘徊恋恋不舍,好像舍不得离开一样,才能真正理解。(杨至)

4.1.47 某最不要人摘撮。看文字,须是逐一段一句理会。(贺孙①)

[注释]

①贺孙:即叶贺孙。参看4.1.8条注释。

---

[1] 此条亦见于本书"类编"部分3.2.108条、"荟辑"部分4.1.83条。

[译文]

  我最不喜欢读别人摘录出来的文字。看文字,需要一段段、一句句地去理解领会。(叶贺孙)

  4.1.48 读书是格物一事。今且须逐段子细玩味,[1] 反来覆去,或一日或两日,只看一段,则这一段便是我底。脚踏这一段了,又看第二段。如此逐旋捱去,捱得多后,却见头头道理都到。这工夫须用行思坐想,或将已晓得者再三思省,却自有一个晓悟处出,不容安排也。书之句法义理,虽只是如此解说,但一次看,有一次见识。所以某书,一番看,有一番改。亦有已说定,一番看,一番见得稳当,愈加分晓。故某说读书不贵多,只贵熟尔。[2] 然用工亦须是勇做进前去,莫思退转,始得。(大雅①)

[注释]

  ①大雅:即余大雅,字正叔,江西上饶人。朱熹弟子。

[译文]

  读书是探究事物道理的事情。现在需要一段一段地仔细玩味,翻来覆去地看,一天或者两天只看一段,则这一段才能是我的。脚踏实地地理解这一段了,再看下一段。就这样一段段地研读下去,读得多了,各种道理就都能领悟了。这功夫需要走着思坐着想,或者把已经懂得的东西再三思考,才会自己有所领悟,这不是能刻意安排的。书上的语法和道理,虽然只是这样解说,但是每看一次,就会有一分收获。所以我看我写的书,看一遍,就改一遍。也有已经定下来的,每看一遍,就觉得要更稳一点,更明白一点。所以我说读书不在于多,只在于熟罢了。然而读书用功也必须是奋勇地向前做下去,不要去想后退,才能有所得。(余大雅)

---

[1] 本条亦见本书"类编"部分3.2.70条,文字稍有出入。
[2] 本条亦见本书"类编"部分3.3.69条,文字稍有出入。

4.1.49 "读书,且就那一段本文意上看,不必又生枝节。看一段,须反复看来看去,要十分烂熟,方见意味,方快活,令人都不爱去看别段,始得。人多是向前趱去,不曾向后反复,只要去看明日未读底,不曾去绅绎前日已读底。须玩味反复,始得。用力深,便见意味长;意味长,便受用牢固。"又曰:"不可信口依希略绰说过,须是心晓。"(宇①)

[注释]

①宇:即徐宇,字居父,永嘉人。朱熹弟子。

[译文]

"读书,先就那一段文字的意思来看,不要分散精力去做别的。看一段文字,要反复看来看去,要读到烂熟,才能体会到文章的意味,才能有乐趣,让人都不想去读别的段落,才能有收获。人大多是往前赶,不去反复看已经看过的内容,只想着去看明天没读过的,而却未曾去整理之前已经读过的。读书必须反复玩味,才能有收获。功夫下得多,就能够理解得深入;理解得深入,就记得牢靠。"又说:"不能随口依稀大略地说过,必须是在内心真正懂得。"(徐宇)

4.1.50 "大凡读书,须是熟读。熟读了,自精熟;精熟后,理自见得。如吃果子一般,劈头方咬开,未见滋味,便吃了。须是细嚼教烂,则滋味自出,方始识得这个是甜是苦是甘是辛,始为知味。"又云:"园夫灌园,善灌之夫,随其蔬果,株株而灌之。少间灌溉既足,则泥水相和而物得其润,自然生长。不善灌者,忙急而治之,担一担之水,浇满园之蔬。人见其治园矣,而物未尝沾足也。"〔1〕又云:"读书之道,用力愈多,收功愈远。先难而后获,

〔1〕 本条亦见本书"类编"部分3.2.64条,文字稍有出入。

先事而后得，皆是此理。"[1] 又云："读书之法，须是用工去看。先一书费许多工夫，后则无许多矣。始初一书费十分工夫，后一书费八九分，后则费六七分，又后则费四五分矣。"[2]（卓①）

[注释]

①卓：即黄卓，字先之。朱熹弟子。

[译文]

先生说："大体上说，读书必须熟读。熟读之后，自然就能精湛纯熟；精湛纯熟之后，道理自然会明白。就好像吃水果，一口咬下去，没有品出滋味，就下肚了。必须细细嚼烂，则滋味自然出来，才能知道这个是甜是苦，是甘是辣，才能算是知道滋味。"又说："园丁浇园，会灌溉的园丁，顺着果蔬的根部，一株株浇下去，灌溉好了则泥土与水均匀混合而作物就得到滋润，自然生长。不善于灌溉的园丁，匆匆忙忙地干活，担一担水，浇整园的果蔬。人人都看见他在浇园，但实际上果蔬连枝都没有浇湿。"又说："读书的道理是下功夫越多，收效越大。先前艰难而后来才有收获，先前付出而后才有所得，都是这个道理。"又说："读书的方法，必须下功夫去看。开始读一本书要费很多功夫，之后就不必花这么多了。开始读一本书花十分的功夫，后来一本书花八九分功夫，后来花六七分，再之后就花四五分了。"

4.1.51 因说"进德居业""进"字、"居"字。曰："今看文字未熟，所以鹘突，都只见成一片黑淬淬地。须是只管看来看去，认来认去。今日看了，明日又看；早上看了，晚间又看；饭前看了，饭后又看。久之，自见得开，一个字都有一个大缝罅。今常说见得，又岂是悬空见得！亦只是玩味之久，自见得。文字只是旧时

---

[1] 本条亦见本书"类编"部分3.1.22条、3.3.48条。
[2] 本条亦见本书"类编"部分3.3.103条，文字稍有出入。

文字，只是见得开，如织锦上用青丝，用红丝，用白丝。若见不得，只是一片皂布。"（贺孙①）

[注释]

① 贺孙：即叶贺孙。参看4.1.8条注释。

[译文]

先生解释"进德居业"中的"进"字和"居"字。他说："现在读书还没有烂熟于心，所以糊里糊涂的，都看成一片黑漆漆的。必须是只管看来看去，读来读去。今天看了，明天再看；早上看了，晚上又看；饭前看了，饭后又看。时间长了，自然会认识不一样，在每一个字上都能看出文意脉络。而今经常说知道了，又怎么可能是凭空就知道了呢！也只是因为玩味体会的时间长了，所以才能明白。文字还是原来的文字，只是因为见识不同了，如同看见锦缎上用的是青色的丝线，用的是红色的丝线，用的是白色的丝线。如果见识没有提高，看到的也只是一片黑布。"（叶贺孙）

4.1.52 读书须是专一。读这一句且理会这一句，读这一章且理会这一章。须是见得此一章彻了，方可看别章，未要思量别章、别句。[1] 只是平心定气在这边看，亦不可用心思索太过，少间却损了精神。前辈云："读书不可不敬。"敬便精专，不走了这心。[2]

[译文]

读书必须要专一。读这一句就先理解领会这一句，读这章就先理解领会这一章。必须是把这一章理解透彻了，才去看其他的章节。不要思考其他篇章、其他字句。只要平心定气地在这里看，也不可以用心思索太多，

---

[1] 本条亦见于本书"类编"部分3.2.61条。

[2] 本条亦见于本书"类编"部分3.7.11条。

那样没多久就会伤了精神。前辈说："读书不可以不恭敬。"态度恭敬就精神专注，不会走心分神。

4.1.53 其始也，自谓百事能；其终也，一事不能！言人读书不专一，而贪多广阅之弊。（偶①）

[注释]

①偶：即沈偶。参看4.1.12条注释。

[译文]

刚开始读书，自认为什么事都能办到；书读完之后，觉得自己什么都做不好！这说的就是人读书不专心，而贪求过多、广泛阅览的弊端。（沈偶）

4.1.54 泛观博取，不若熟读而精思。[1]（道夫①）

[注释]

①道夫：即杨道夫。参看3.2.58条注释。

[译文]

与其广览而宽博摄取，不如熟读而精进深思。（杨道夫）

4.1.55 大抵观书，先须熟读，使其言皆若出于吾之口。继以精思，使其意皆若出于吾之心，然后可以有得尔。[2] 然熟读精思，既晓得后，又须疑。不止如此，庶几有进。若以为止如此矣，则终不复有进也。[3]

---

[1] 此条亦见于本书"类编"部分3.3.54条，文字稍有出入。
[2] 此条亦见于本书"总纲"部分1.2.1条。
[3] 此条亦见于本书"类编"部分3.3.56条，文字稍有出入。

[译文]

　　大体来说，读书首先需要把书读熟，使书上所写的话都像我自己说出来的一样。接着要深入地思考，使书上所表达的意思都像是我自己内心所要表达的一样，然后才有可能有收获。然而读书纯熟之后还要精进深思，既然已经知道了书的内容，还要不断提出怀疑。这样努力不止，才可能有进步。如果自以为这样就行了，那么最终也不会有进步。

4.1.56　书须熟读。所谓书，只是一般。然读十遍时，与读一遍时终别；读百遍时，与读十遍又自不同也。（履孙①）

[注释]

　　①履孙：即潘履孙。

[译文]

　　书要熟读。所谓书，只是同一本书。但是读十遍时，和读一遍时的理解认识终究不一样；读百遍时，和读十遍时又不相同了。（潘履孙）

4.1.57　为人自是为人，读书自是读书。凡人若读十遍不会，则读二十遍；又不会，则读三十遍。至五十遍，必有见到处。五十遍瞑然不晓，便是气质不好。今人未尝读得十遍，便道不可晓。[1]（力行①）

[注释]

　　①力行：即王力行。参看3.4.92条注释。

[译文]

　　做人是做人的事，读书是读书的事。大体上说，一个人读书，如果读了十遍还不懂，那就再读二十遍。还是不懂，那就继续读三十遍。读到五

[1]　此条亦见于本书"类编"部分3.3.84条，文字稍有出入。

十遍时，必然会有所见解。读到五十遍，仍然迷迷糊糊茫无头绪，那才是真的天生愚笨。但现在的人都没读到十遍，就推说自己理解不了。（王力行）

4.1.58 李敬子说先生教人读书云："既识得了，须更读百十遍，使与自家相乳入，便说得也响。今学者本文尚且未熟，如何会有益！"（方子①）

[注释]

①方子：即李方子。参看4.1.1条注释。

[译文]

李敬子说先生教人读书的时候说："既然已经有所了解了，必须再读百十遍，使书上的内容和自己水乳交融，话说起来也更响亮。现在求学的人书都没有读熟，怎么会有收获！"（李方子）

4.1.59 读书不可记数，数足则止矣。[1]（寿昌①）

[注释]

①寿昌：即吴寿昌，字大年，邵武人。

[译文]

读书不能心里暗记遍数，遍数够了就停下来。（吴寿昌）

4.1.60 "'诵数以贯之。'古人读书，亦必是记遍数，所以贯通也。"又曰："凡读书，且从一条正路直去。四面虽有好看处，不妨一看，然非是要紧。"（佐①）

---

[1] 此条亦见于本书"类编"部分3.3.87条。

[注释]

①佐：即萧佐。参看4.1.3条注释。

[译文]

先生说："'用反复诵读把所学的东西贯穿起来记忆。'古人读书，也必定要记很多遍，才能贯通。"又说："读书，要向着一条正路走下去。四面虽然有好看的地方，不妨看一看，但这不是要紧的。"（萧佐）

4.1.61 温公①答一学者书，说为学之法，举荀子②四句云："诵数以贯之，思索以通之，为其人以处之，除其害以持养之。"[1]荀子此说亦好。"诵数"云者，想是古人诵书亦记遍数。"贯"字训熟，如"习贯如自然"；又训"通"，诵得熟，方能通晓。若诵不熟，亦无可得思索。[2]（广③）

[注释]

①温公：即司马光。参看3.1.17条注释。②荀子：即荀况。参看2.2.1条注释。③广：即辅广。参看3.2.78条注释。

[译文]

"温公给一个求学之人回信，解说做学问的方法，举了《荀子》中的四句话：'诵读一定的遍数以便熟悉它，深入思索以便贯通它，把自己设想成当事人用心体会它，除去书中的糟粕以便保养它。'《荀子》中这句说得很好。'诵读遍数'的话，想来古人读书也要读很多遍。'贯'字的解释是熟练，如"习惯养成也就自然了"；'贯'字的解释是通晓，诵读熟了，自然能够通晓。如果不熟，便没办法去思考。"（辅广）

4.1.62 山谷①《与李几仲②帖》云："不审诸经、诸史，何者

---

[1] 此条亦见于本书"类编"部分3.1.17条。
[2] 此条亦见于本书"类编"部分3.3.7条。

最熟,大率学者喜博,而常病不精。泛滥百书,不若精于一也。有余力,然后及诸书,则涉猎诸篇亦得其精。盖以我观书,则处处得益;以书博我,则释卷而茫然。"[1] 先生深喜之,以为有补于学者。(若海③)

[注释]

①山谷:即黄庭坚。参看3.2.50条注释。②李几仲:即李方。参看3.2.50条注释。③若海:杨道夫之子。朱熹弟子。

[译文]

黄山谷给李几仲的信上说:"不去认真考察自己对于各种经书、各种史书,哪一种最熟悉,现在的求学者喜欢博览,然而问题在于不能精深。泛泛读过一百本书,不如精心熟读一本。如果还有多余精力,再去读其他书,那么涉猎到的篇章也能精通。因此以我为主体去读书,那处处均能受益;以书为主体而使我博观其中,那放下书卷还是茫然无知。"先生非常喜欢这句话,认为对学者有所帮助。(杨若海)

4.1.63 读书,理会一件,便要精这一件;看得不精,其它文字便亦都草草看了。一件看得精,其它亦易看。山谷帖说读书法甚好。(淳①)

[注释]

①淳:即陈淳。参看3.3.82条注释。

[译文]

读书,看这一本,就要对这一本理解精深;看得不精深,其他文字也都看得草率了。一本书看得精深,其他的也就容易看。黄山谷的信里说的读书法很好。(陈淳)

---

[1] 此句亦见于本书"类编"部分3.2.50条,文字稍有出入。

4.1.64 学者贪做工夫,便看得义理不精。读书须是子细,逐句逐字要见着落。若用工粗卤,不务精思,只道无可疑处。非无可疑,理会未到,不知有疑尔。大抵为学老少不同:年少精力有余,须用无书不读,无不究竟其义。若年齿向晚,却须择要用功,读一书,便觉后来难得工夫再去理会;须沉潜玩索,究极至处,可也。盖天下义理只有一个是与非而已,是便是,是非便是非。既有着落,虽不再读,自然道理浃洽,省记不忘。譬如饮食,从容咀嚼,其味必长;大嚼大咽,终不知味也。(谟①)

[注释]

①谟:周谟。参看3.5.30条注释。

[译文]

求学之人读书如果一味贪多,就会对书中的道理理解不透。读书需要仔细,要逐句逐字落实。如果粗略地看书,不深入思考,就会觉得没有什么疑问。可这不是真的没有疑问了,而是没有理解透彻,不知道有疑问。老年人和少年人读书是不一样的:年轻人精力有余,要趁年轻什么书都读,每本书都要深入探究其中的道理。如果年龄大了,就必须有选择地下功夫,每读一本书,就觉得将来可能没有功夫再去读了;要沉下心深入地钻研,穷究其中的道理才行。天下的道理只有对和错而已,对的就是对的,错的就是错的。理解了之后,即使不再读,道理也自然理解贯通了,记在心里不会忘。就好像吃东西,细嚼慢咽,才能有回味;狼吞虎咽,最终也尝不出滋味。(周谟)

4.1.65 书只贵读,读多自然晓。今即思量得,写在纸上底,也不济事,终非我有,只贵乎读。这个不知如何,自然心与气合,舒畅发越,自是记得牢。纵饶熟看过,心里思量过,也不如读。读来读去,少间晓不得底,自然晓得;已晓得者,越有滋味。若是读不熟，都没这般滋味。而今未说读得注，且只熟读正经，行住坐卧，心常在此，自然晓得。尝思之，读便是学。夫子说"学而不思则罔，思而不学则殆"，学便是读。读了又思，思了又读，自然有意。若读而不思，又不知其意味；思而不读，纵使晓得，终是杌陧①不安。一似倩②得人来守屋相似，不是自家人，终不属自家使唤。若读得熟，而又思得精，自然心与理一，永远不忘。某旧苦记文字不得，后来只是读。今之记得者，皆读之功也。老苏只取《孟子》、《论语》、韩子与诸圣人之书，安坐而读之者七八年，后来做出许多文字如此好。他资质固不可及，然亦须着如此读。只是他读时，便只要模写他言语，做文章。若移此心与这样资质去讲究义理，那里得来！是知书只贵熟读，别无方法。（僩③）

[注释]

  ①杌陧：倾危不安的样子。②倩：请，央求。③僩：即沈僩。参看4.1.12条注释。

[译文]

  书最重要的是读，读多了自然通晓了。现在就是对书上的内容心里能想到，写在纸上，也没什么用，最终也不是自己的，关键还是要读。也不知是为什么，自然心意与道理相合，身心舒畅，自然记得牢。即使认真看过，心里思考过，也不如读。读来读去，开始不懂得的，多读之后自然就懂得了；已经懂得的，多读之后就更能体会到滋味了。如果读得不熟，就没法体会到这样的滋味。现在说的不只是读注解，是要认真读经典原文，行住坐卧，都想着书上的内容，自然就理解了。常常想一想，读就是有效的学习了。孔子说："学习而不知道思考，就会罔然无知而没有收获；只空想而不读书学习，就会心中充满疑惑而无定见。"学习就是读书。读之后思考，思考后再读，自然有体会。如果读了不思考，就不知道书中的意味；思考了却不读，就算理解了，心里还是不安。就好像请人来照看房子，不是自家人，终究不能听自己使唤。如果读得熟，又想得精深，自然能把书上的道理和自己的想法融为一体，永远不忘。我过去苦苦记文章记不下来，后来就只是反复读。现在能记下来，都是当时苦读的功劳。苏洵当年只看《孟子》《论语》《韩非子》以及诸位圣人的书，安心坐下来读了七八年，后来写出的文章都这样好。他的资质固然是常人比不上的，但是也要这样去读。只是他读的时候，是模仿书上的语言，学着写文章。如果用这样的心思和这样的天资去研究书上的道理，那不知要好到哪里了！所以知道书贵在熟读，没有其他的方法。

4.1.66 "读书之法：读一遍了，又思量一遍；思量一遍，又读一遍。读诵者，所以助其思量，常教此心在上面流转。若只是口里读，心里不思量，看如何也记不子细。"又云："今缘文字印本多，人不着心读。汉时诸儒以经相授者，只是暗诵，所以记得牢，故其所引书句，多有错字。如《孟子》所引《诗》《书》亦多错，以其无本，但记得耳。"（僴①）

[注释]

①僴：即沈僴。参看4.1.12条注释。

[译文]

先生说："读书的方法：读完一遍，再思考一遍；思考一遍，又再读一遍。诵读，之所以能帮助思考，是因为它能让自己的注意力集中在书上。如果只是嘴上读，心里不思考，怎么看也记不仔细。"又说："只因现在书印刷得多，人们就往往不用心读了。汉朝的时候儒生们互相传授经典时，只是暗自诵读，所以记得牢，因而他们引用的语句，往往有错字。比如《孟子》引用《诗经》《尚书》也有很多错误，因为他没有文本，只是记得罢了。"（沈僴）

4.1.67 今人所以读书苟简者，缘书皆有印本多了。如古人皆用竹简，除非大段有力底人方做得。若一介之士，如何置！所以后汉吴恢欲杀青以写《汉书》，其子吴祐谏曰："此书若成，则载之车两。昔马援以薏苡兴谤，王阳以衣囊徼名，正此谓也。"如黄霸在狱中从夏侯胜受《书》，凡再逾冬而后传。盖古人无本，除非首尾熟背得方得。至于讲诵者，也是都背得，然后从师受学。如东坡①作《李氏山房藏书记》，那时书犹自难得。晁以道尝欲得公、穀传，遍求无之，后得一本，方传写得。今人连写也自厌烦了，所以读书苟简。（铢①）

[注释]

①铢：即董铢。参看3.5.37条注释。

[译文]

现在人读书之所以草率马虎，那是因为印刷的书多了。古时候的书都用竹简，除非是很有实力的人才能拥有书。如果只是一介书生，哪里能购置得起！所以后汉的吴恢想要用竹简写《汉书》，他儿子吴祐进谏说："这本书如果写成，要用车辆来运。当年马援用车运薏米被人说成珍珠，王子阳用车子运衣物被人说是金银财宝。你这样用车子运书，也会被人误会的。"再比如当年黄霸在狱中向夏侯胜学习《尚书》，一个冬天才学完。这是因为古人没有书本，只有把书从头到尾背熟才可以。至于讲授诵读书本，也是都要能背然后再跟着老师学习。苏轼写《李氏山房藏书记》，那个时候书还是难得。晁以道曾经想得到《公羊传》和《穀梁传》，到处寻求也找不到，后来得到一本，抄写流传下来。现在的人连抄书都嫌烦了，所以读书粗略。（董铢）

4.1.68 讲论一篇书，须是理会得透。把这一篇书与自家衮作一片，方是。去了本子，都在心中，皆说得去，方好。（敬仲①）

[注释]

①敬仲：即游敬仲，字连叔，南剑人。朱熹弟子。

[译文]

讲授讨论一篇文章，必须透彻地理解。要把这篇文章的内容和自己的理解相融合才可以。要能做到放下书本，书上的道理都在心里，都能说得出来，才好。（游敬仲）

4.1.69 莫说道见得了便休。而今看一千遍，见得又别；看一万遍，看得又别。须是无这册子时，许多节目次第都恁地历历落落在自家肚里，方好。[1]（方子①）

[注释]

①方子：即李方子。参看4.1.1条注释。

[译文]

不要说知道了就放下。而今看一千遍，见解会不一样；再看一万遍，见解又不一样。必须做到没有书本的时候，书上的章节顺序都这样清清楚楚地记在心里，才好。（李方子）

4.1.70 放下书册，都无书之意义在胸中。（升卿①）

[注释]

①升卿：即黄升卿。朱熹弟子。

[译文]

放下书本，却没有把书里的一点内容放在心里。（黄升卿）

4.1.71 欧公言："作文有三处思量：枕上，路上，厕上。"他只是做文字尚如此，况求道乎！今人对着册子时便思量，册子不

---

[1] 此条亦见于本书"类编"部分3.2.62条，文字稍有出入。

在，心便不在，如此，济得甚事！[1]（义刚①）

[注释]

①义刚：即黄义刚。参看 3.1.24 条注释。

[译文]

欧阳修先生说："做文章有三个地方便于思考：枕上，路上，厕上。"他只是为了写文章就要这样，更何况是为了学习道理！现在人们对着书本还稍加思考，书不在手上，心就不在了，这样能成什么事呢？（黄义刚）

4.1.72 今之学者，看了也似不曾看，不曾看也似看了。（方子①）

[注释]

①方子：即李方子。参看 4.1.1 条注释。

[译文]

现在求学的人，看了书也跟没看一样，没看书倒像看了。（李方子）

4.1.73 看文字，于理会得了处更能看过，尤妙。（过①）

[注释]

①过，即王过。朱熹弟子。参看 3.3.114 条注释。

[译文]

看文字，在理解领会了的地方反复再看，尤其的好。（王过）

4.1.74 看文字须子细。虽是旧曾看过，重温亦须子细。每日

---

[1] 此条亦见于本书"类编"部分 3.6.3 条，文字稍有出入。

可看三两段。不是于那疑处看，正须于那无疑处看，盖工夫都在那上也。（广①）

[注释]

①广：即辅广。参看3.2.78条注释。

[译文]

看书要仔细。虽然过去曾看过，再看也要仔细。每天可以看两三段。不是只在那有疑惑的地方看，还必须在没有疑惑的地方看，因为最后的收获在那上面。（辅广）

4.1.75 圣人言语如千花，远望都见好。须端的真见好处，始得。须着力子细看。工夫只在子细看上，别无术。（淳①）

[注释]

①淳：即陈淳。参看3.3.82条注释。

[译文]

圣人的话就好像大片的花海，远远望去都很美好。可要真正看到它的好处，才有收获。必须下力气仔细看。学习的功夫只在仔细看上，没什么其他的。（陈淳）

4.1.76 圣人言语皆枝枝相对，叶叶相当，不知怎生排得恁地齐整。今人只是心粗，不子细穷究。若子细穷究来，皆字字有着落。（道夫①）

[注释]

①道夫：即杨道夫。参看3.2.58条注释。

[译文]

圣人的话都像树木一样每一枝都对应，每一叶都恰当，不知道他们怎么能做到这么整齐的。现在人只是心粗，不仔细深入研究。如果仔细深入研究，会发现圣人的每个字都是有着落的。（杨道夫）

4.1.77 某自潭州来，其它尽不曾说得，只不住地说得一个教人子细读书。（节①）

[注释]

①节：即甘节。参看4.1.7条注释。

[译文]

我从长沙来，其他的都不曾说，只是不停地教导人要仔细读书。（甘节）

4.1.78 读书不精深，也只是不曾专一子细。[1]（伯羽①）

[注释]

①伯羽：即童蜚卿。参看3.3.38条注释。

[译文]

读书不精深，也仅仅是因为没有做到专一仔细。（童伯羽）

4.1.79 看文字有两般病：有一等性钝底人，向来未曾看，看得生，卒急看不出，固是病；又有一等敏锐底人，多不肯子细，易得有忽略之意，不可不戒。（贺孙①）

---

[1] 此条亦见于本书"类编"部分3.3.115条，文字稍有出入。

[注释]

①贺孙：即叶贺孙。参看4.1.8条注释。

[译文]

看书有两种毛病：有一些生性迟钝的人，从来没看过书，对书本内容生疏，再急也看不出书上的道理，这是一种毛病；又有一些机敏聪明的人，大多是不肯仔细看，因为看得容易所以会忽略书上的意思，这种毛病不可不戒除。（叶贺孙）

4.1.80 为学读书，须是耐烦细意去理会，切不可粗心。若曰何必读书，自有个快捷法，便是误人底深坑也。未见道理时，恰如数重物色包裹在里许，无缘可以便见得。须是今日去了一重，又见得一重；明日又去了一重，又见得一重。去尽皮方见肉，去尽肉方见骨，去尽骨方见髓，使粗心大气不得。[1]（广①）

[注释]

①广：即辅广。参看3.2.78条注释。

[译文]

做学问读书，必须是不怕麻烦细心去理解领会，千万不能粗心。如果说何必读书，自然有一个快捷的办法，那就是耽误人的陷阱了。读书没有理解道理的时候，就好像东西藏在很多层的包裹里，没法直接看到。只有今天去掉一层，才能看到下一层；明天又去掉一层，又看到下一层。去掉了皮才能看见肉，去掉肉才能看见骨头，去尽了骨头才能看见骨髓，粗枝大叶是要不得的。（辅广）

4.1.81 观书初得味，即坐在此处，不复精研。故看义理，则汗漫而不别白；遇事接物，则颓然而无精神。（扬①）

---

[1] 此条亦见于本书"类编"部分3.3.27条，文字稍有出入。

[注释]

①扬：即包扬，字显道，建昌人。朱熹弟子。

[译文]

看书刚刚品出味道来，就坐在这里，不再深入研读。如此再看书中的道理，就觉得如同汗渍斑布而无法辨别；待人接物，也就心思颓废而没有精神。（包扬）

4.1.82 读书只要将理会得处，反复又看。（夔孙①）

[注释]

①夔孙：即林夔孙。参看3.2.66条注释。

[译文]

读书只是将能理解领会的，反反复复地看。（林夔孙）

4.1.83 "今人读书，看未到这里，心已在后面；才看到这里，便欲舍去。如今只是不求自家晓解。须是徘徊顾恋，如不欲舍去，方能体认得。"[1] 又曰："读书者譬如观此屋，若在外面见有此屋，便谓见了，即无缘识得。须是入去里面，逐一看过，是几多间架，几多窗棂。看了一遍，又重重看过，一齐记得，方是。"[2] 讲筵亦云："气象匆匆，常若有所迫逐。"（方子①）

[注释]

①方子：即李方子。参看4.1.1条注释。

[译文]

先生说："现在的读书人，还没看到这里，心思已经到了后面；才看

---

[1] 此句亦见于本书"类编"部分3.2.108条、"荟辑"部分4.1.46条。
[2] 此句亦见于本书"类编"部分3.2.63条，文字稍有出入。

到这里，就想丢开去看新的内容。这样做其实是自己不想做到真正的理解。应该来回徘徊恋恋不舍，像舍不得离开一样，才能真正理解。"又说："读书好像参观房子，如果在外面看见这间房子，就说看过了，那就没有机会了解它了。必须是走进房子里面，一件一件看过，看它有多少间架，多少窗棂。看过一遍后，再重新看一遍，全都记得，才行。"在讲筵上先生还说："做人匆匆忙忙，就像被逼迫追逐一样。"（李方子）

4.1.84 看书，非止看一处便见道理。如服药相似，一服岂能得病便好？须服了又服，服多后，药力自行。[1]（道夫①）

[注释]

①道夫：即杨道夫。参看3.2.58条注释。

[译文]

看书，不是只看一处就能明白道理。就跟吃药相似，只吃一服药哪能把病治好？必须是一服一服地吃，吃多了之后，药效自然就发挥出来了。（杨道夫）

4.1.85 读书着意玩味，方见得义理从文字中迸出。（季札①）

[注释]

①季札：即李季札，字季子，婺源人。朱熹弟子。

[译文]

读书的时候下功夫玩味，才能见到道理从文字中迸发出来。（李季札）

4.1.86 读得通贯后，义理自出。（方子①）

---

〔1〕 此句亦见于本书"类编"部分3.3.53条。

[注释]

①方子：即李方子。参看4.1.1条注释。

[译文]

书读到义理贯通之后，道理自然就能出来。（李方子）

4.1.87 读书，须看他文势语脉。[1]（芝①）

[注释]

①芝：陈芝，字庭秀，朱熹弟子。

[译文]

读书，需要看书中文章的走势和说话的脉络。（陈芝）

4.1.88 看文字，要便有得。

[译文]

读书，要有所收获。

4.1.89 看文字，若便以为晓得，则便住了。须是晓得后，更思量后面尚有也无。且如今有人把一篇文字来看，也未解尽知得他意，况于义理！前辈说得恁地，虽是易晓，但亦未解便得其意。须是看了又看，只管看，只管有。（义刚①）

[注释]

①义刚：即黄义刚。参看3.1.24条注释。

---

[1] 此句亦见于本书"类编"部分3.4.29条，文字稍有出入。

[译文]

看文字，如果以为懂了，那就停住了。必须是明白了以后，继续思考后面还有没有要注意的。而且现在有人来读一篇文章，往往并不能完全理解书中的意思，更何况义理呢！前辈是这样说的，虽然容易了解，但还是没有理解就得到了大意。必须是看了再看，只要坚持认真看，就一定会有收获。（黄义刚）

4.1.90 读者不可有欲了底心，才有此心，便心只在背后白纸处了，无益。（扬①）

[注释]

①扬：即包扬。参看4.1.81条注释。

[译文]

读书人不能有结束的心，只要有这种想法，那心思就转到书背后的白纸上了，没什么好处。（包扬）

4.1.91 大抵学者只在是白纸无字处莫看，有一个字，便与他看一个。如此读书三年，无长进处，则如赵州和尚道："截取老僧头去！"（节①）

[注释]

①节：即甘节。参看4.1.7条注释。

[译文]

大致来说，求学之人只是不去看书中只有白纸没有字的地方，有一个字，就看一个字。就像这样读三年，如果没有长进的话，就像赵州禅师说的："就把老和尚我的头砍了去！"（甘节）

4.1.92 人读书，如人饮酒相似。若是爱饮酒人，一盏了，又

要一盏吃。若不爱吃，勉强一盏便休。（泳①）

[注释]

①泳：朱熹弟子中名泳者二人：汤泳，字叔永，丹阳人；胡泳，字伯量，南康人。此处所指不知为何人，待考。

[译文]

人读书，跟喝酒一样。如果是爱喝酒的人，喝完一杯，又要一杯；如果是不喜欢喝酒的人，勉强喝一杯就算了。（泳）

4.1.93 读书不可不先立程限。政如农功，如农之有畔，为学亦然。[1] 今之始学者不知此理，初时甚锐，渐渐懒去，终至都不理会了。此只是当初不立程限之故。（广①）

[注释]

①广：即辅广。参看3.2.78条注释。

[译文]

读书不可以不先制定日程时限。为政就像务农，就像农田有地畔一样，治学也是如此。现在刚开始求学的人不知道这个道理，起初很努力，慢慢就变懒了，最终都不去理会了，这就是开始的时候没有制定日程期限的缘故。（辅广）

4.1.94 曾裘父《诗话》中载东坡教人读书小简，先生取以示学者，曰："读书要当如是。"（按：《裘父诗话》载东坡《与王郎书》云："少年为学者，每一书皆作数次读之。当如入海，百货皆有。人之精力不能兼收尽取，但得其所欲求者尔。故愿学者每次作一意求之。如欲求古今兴亡治乱圣贤作用，且只作此意求之，勿生

---

[1] 此句亦见于本书"类编"部分3.2.48条。

余念。又别作一次求事迹文物之类,亦如之。他皆放此。若学成,八面受敌①,与慕涉猎者不可同日而语。"(方子②)

[注释]

①八面受敌:谓功力深厚,能应付各种情况。②方子:即李方子。参看4.1.1条注释。

[译文]

曾裘父《诗话》中有记载苏东坡教人读书的小文章,先生把这个拿给学生看,说:"读书就要这样。"(黎靖德所加按语说:曾裘父诗话所载苏东坡《与王郎书》中说:"少年研究学问,对每一本书都要读很多遍。就像下海一样,海里什么货物都有。但人的精力有限不能兼收并取,只要取自己想要的就足够了。所以我期望学者每次读书都抱一个想法去探求。如果要探求古今兴亡治乱的原因和圣贤的作用,就专心就此而探求,不要产生其他的想法。又比如另一次是为了探求历史事迹文化遗物之类,也是按照这个办法。其他都和这一样。如果学成了,就功力深厚,能应付各种情况,一般的粗浅涉猎的读书人无法与之相提并论。")(李方子)

4.1.95 "尹先生门人言尹先生读书云:'耳顺心得,如诵己言。功夫到后,诵圣贤言语,都一似自己言语。'"良久,曰:"佛所谓心印是也。印第一个了,印第二个,只与第一个一般。又印第三个,只与第二个一般。惟尧、舜、孔、颜方能如此。尧老,逊位与舜,教舜做。及舜做出来,只与尧一般,此所谓真同也。孟子曰:'得志行乎中国,若合符节。'不是且恁地说。"(广①)

[注释]

①广:即辅广。参看3.2.78条注释。

[译文]

先生说:"尹先生的门人说尹先生读书:'耳朵听得顺,内心有所得,就像是在说自己的话。功夫到了，通读圣贤的言语，都像是说自己的话。'过了很久，又说："佛家的心印就是这样。印了第一个，再印第二个，就和第一个一样。再印第三个，和第二个也一样。只有尧、舜、孔子、颜回这样的圣人才能这样。尧老了，退位传给舜，让他做王。舜做的就和尧一样好，这真的就是一样了。孟子说：'圣人们治国，做法都是完全一样的。'说的就是这个。"（辅广）

4.1.96 "读书须教首尾贯穿。若一番只草草看过，不济事〔1〕。某记舅氏云，当《新经》行时，有一先生教人极有条理。时既禁了史书，所读者止是《荀》《扬》《老》《庄》《列子》等书，他便将诸书划定次第。初入学，只看一书。读了，理会得都了，方看第二件。每件须要贯穿，从头到尾，皆有次第。既通了许多书，斯为必取科第之计：如刑名度数，也各理会得些；天文地理，也晓得些；五运六气，也晓得些；如《素问》等书，也略理会得。又如读得《圣制经》，便须于诸书都晓得些。《圣制经》者，乃是诸书节略本，是昭武一士人作，将去献梁师成，要觅官爵。及投进，累月不见消息。忽然一日，只见内降一书云：'御制《圣制经》，令天下皆诵读。'方伯谟尚能记此士人姓名。"

又云："是时既禁史学，更无人敢读史。时奉使叔祖教授乡里，只就蒙求①逐事开说本末，时人已相尊敬，谓能通古今。有一士人，以犯法被黥，在都中，因计会在梁师成手里直书院，与之打并书册甚整齐。师成喜之，因问其故，他以情告，遂与之补官，令常直书院。一日，传圣驾将幸师成家，师成遂令此人打并装迭书册。此人以经史次第排，极可观。师成来点检，见诸史亦列桌上，因大骇，急移下去，云：'把这般文字将出来做甚么！'此非独不好此，想只

---

〔1〕 此句亦见于本书"类编"部分3.3.93条。

怕人主取去，看见兴衰治乱之端耳。"（贺孙②）

[注释]

①蒙求：儿童启蒙之类的书。②贺孙：即叶贺孙。参看4.1.8条注释。

[译文]

先生说："读书必须做到首尾贯通。如果只是草草看过，是没有用的。我记得舅父说，当《新经》颁行时，有一位先生教学很有条理。那个时候禁止学史书，可读的书只有《荀子》《扬子》《老子》《庄子》《列子》等书，他就将这些书划定等次。刚入学，只看一本书。读完了，都理解了，才去看第二本。每本都要理解透彻，从头到尾，都有顺序。这样读了很多书，都是为了科举考试打算的：如司法经济上的问题，也能理解一些；天文地理，也懂得一些；五运六气的医学理论，也懂得一些；《素问》这些书，也有一定的了解。又比如读《圣制经》，就应当对很多书都有些了解。《圣制经》，是很多书的缩编本，是昭武年间一位读书人所作。他拿去献给梁师成，想换取官爵。献上去以后，好几个月没有消息。忽然有一天，皇宫里颁出一道旨意：'皇上编制《圣制经》，让天下人都诵读。'方伯谟还能记得这个读书人的姓名。"

又说："当时禁止研究史学，更没有人敢读史书。当时奉使叔祖在乡里教书，他只是就儿童启蒙之类的书来讲解历史事件的始末，当时人们都很尊敬他，说他能够博古通今。有一个读书人，因为犯法受了黥刑，在京城做事，想办法到梁师成手下的书院里做事，为其打点书籍典册，做得很整齐。梁师成很高兴，因此问他原因，他讲述了自己的实际情况，梁师成于是让他填补了官职空缺，让他经常在书院做事。一天，传言皇帝要来梁师成家，梁师成于是让此人打点整理书册。此人按照经史的顺序排列得非常可观。梁师成来检视，看到各类史书摆列在桌子上，大为惊骇，急忙命令移走，说：'把这些书册拿出来做什么！'这并不是不爱好史书，而是担心皇上拿走，从而了解兴衰治乱的端倪啊！"（叶贺孙）

4.1.97　近日真个读书人少，也缘科举时文之弊也。才把书来读，便先立个意思，要讨新奇，都不理会他本意着实。才讨得新奇，便准拟作时文使，下梢弄得熟，只是这个将来使。虽是朝廷甚么大典礼，也胡乱信手捻合出来使，不知一撞百碎〔1〕。前辈也是读书。某曾见大东莱吕居仁之兄，他于六经三传皆通，亲手点注，并用小圈点。注所不足者，并将疏楷书，用朱点。无点画草。某只见他《礼记》如此，他经皆如此。诸吕从来富贵，虽有官，多是不赴铨，亦得安乐读书。他家这法度却是到伯恭打破了。自后既弄时文，少有肯如此读书者。（贺孙①）

[注释]

①贺孙：即叶贺孙。参看4.1.8条注释。

[译文]

　　近年来真正的读书人少了，这也是因为学习科举文章造成的弊端。刚把书拿起来，心里就先有个想法，要追求新奇，都不去理解书上本来的道理。才找到新奇之处，就要去写科举文章，结果弄熟了，就是为了将来作应试文章做准备。虽然是朝廷重大的典礼仪式，也只能胡乱随手凑合拿出来应付，却不知道稍一较真便七零八碎。前人也读书。我曾见到大东莱吕居仁先生的哥哥，他对六经、三传都能通读，亲手点画批注，并且圈点出重点。注解不足之处，用朱笔楷书补充。没有丝毫点画潦草。我只看见他读《礼记》是这样，读其他书也是这样。东莱吕家人世代都富贵，即使有官职，也多是不赴任，为的是能安稳快乐地读书。他们家的规矩被吕伯恭打破了。此后都忙着写应时的文章，很少再有肯这样读书的人了。（叶贺孙）

4.1.98　精神长者，博取之，所得多。精神短者，但以词义简易者涵养。

---

〔1〕　此句亦见于本书"类编"部分3.4.17条，但文字差异较大。

[译文]

精神好的人，广泛地学习，收获会比较大。精神不好的人，就读些文辞意义都简单的文章来提升修养。

4.1.99 中年以后之人，读书不要多，只少少玩索，自见道理。

[译文]

人过中年，读书不需要多，只要少读多玩味，自然能读出其中的道理。

4.1.100 千载而下，读圣人之书，只看得他个影象，大概路脉如此。若边旁四畔，也未易理会得。（焘①）

[注释]

①焘：吕焘，字德昭，南康人。朱熹弟子。

[译文]

相隔千年，读圣人之书，也只能看到个大概的形象，了解总体脉络。至于文章的边旁角落，也不是容易理解的。

4.2 卷 下

4.2.1 人之为学，固是欲得之于心，体之于身，但不读书，则不知心之所得者何事。[1]（道夫①）

[注释]

①道夫：即杨道夫。参看3.2.58条注释。

[译文]

人之所以做学问，固然是要使自己心上有所收获，身上有所体验，但是不读书，就不知道心中所得的是什么。（杨道夫）

4.2.2 读书穷理，当体之于身。凡平日所讲贯穷究者，不知逐日常见得在心目间否？不然，则随文逐义，赶趁期限，不见悦处，恐终无益。

[译文]

读书追寻道理，应当在生活中体验。凡是平日讲解追寻的，不知每天是否也落实到心中眼前？不这样做，就只是随着文章去追逐意思，赶时间奔日程，体会不到其中的喜悦，恐怕最终也没什么收益。

4.2.3 人常读书，庶几可以管摄此心，使之常存。横渠有言："书所以维持此心。一时放下，则一时德性有懈。其何可废！"（盖卿①）

---

[1] 此句亦见于本书"类编"部分3.1.20条。

[注释]

①盖卿：龚盖卿，字梦锡，朱熹弟子。

[译文]

人常常读书，这样才有可能控制自己的本心，让它留住。横渠先生说过："读书可以让人维持自己的本心。什么时候放下书，什么时候就会放松对高尚品德、性情的追求。怎么可以荒废学业！"（龚盖卿）

4.2.4 初学于敬不能无间断，只是才觉间断，便提起此心，只是觉处，便是接续。某要得人只就读书上体认义理。日间常读书，则此心不走作；或只去事物中衮，则此心易得汩没。知得如此，便就读书上体认义理，便可唤转来。（贺孙①）

[注释]

①贺孙：即叶贺孙。参看4.1.8条注释。

[译文]

刚开始学习时尊敬之心就不能间断，只要一感觉到间断了，就要在心中提醒，有觉察，就是接续上了。我要求通过读书来理解体会道理。白天有空常读书，那么本心就不会失去；如果只是沉陷于各种繁杂事务，那么本心就会埋没。知道了这个道理，就要从书上来理解体会道理，那就可以唤回自己的本心。（叶贺孙）

4.2.5 本心陷溺之久，义理浸灌未透，且宜读书穷理。常不间断，则物欲之心自不能胜，而本心之义理自安且固矣。[1]

[译文]

本心浸溺在物欲之中的时间长了，义理对本心的浸灌还没有透彻，那

---

[1] 此条亦见于本书"类编"部分第3.1.23条。

么就适宜用读书的方式来穷究义理。如果能这样长期坚持而不间断,则物欲之心自然不能胜过义理之心,而本心的道理也自然能安稳而且牢固了。

4.2.6 须是存心与读书为一事,方得。(方子①)

[注释]

①方子:即李方子。参看4.1.1条注释。

[译文]

必须把存心养性和读书当做是一回事,方才能有收获。(李方子)

4.2.7 人心不在躯壳里,如何读得圣人之书。只是杜撰凿空说,元与他不相似。(僩①)

[注释]

①僩:即沈僩。参看4.1.12条注释。

[译文]

人心不放在身体里,又怎么能读圣人的书?只不过是杜撰捏造的空话,本来就与圣人不曾相似。(沈僩)

4.2.8 读书须将心贴在书册上,逐句逐字,各有着落,方始好商量。大凡学者须是收拾此心,令专静纯一,日用动静间都无驰走散乱,方始看得文字精审。如此,方是有本领。[1]

[译文]

读书要把心贴在书本上,一字一句,都要认真落实,才好深入探讨。大体来说,求学之人都必须坚守本心,让自己专一安静纯正,日常应用无论

〔1〕 此句亦见于本书"类编"部分3.7.7条,文字稍有出入。

动静心都不会任意游走，如此才能看得文字精细详尽。这样，才算是有本事。

4.2.9 今人看文字，多是以昏怠去看，所以不子细。故学者且于静处收拾教意思在里，然后虚心去看，则其义理未有不明者也。（祖道①）

[注释]

①祖道：即曾祖道。参看4.2.9条注释。

[译文]

现在的人看文字，大多是昏聩懈怠，所以不仔细。因此读书人要在安静的时候收拾住本心在里边，然后虚心地去读书，那么书中的义理就没有弄不明白的。（曾祖道）

4.2.10 昔陈烈先生苦无记性。一日，读《孟子》"学问之道无他，求其放心而已矣"，忽悟曰："我心不曾收得，如何记得书！"遂闭门静坐，不读书百余日，以收放心；却去读书，遂一览无遗。（僩①）

[注释]

①僩：即沈僩。参看4.1.12条注释。

[译文]

昔日陈烈先生苦于自己没有记性。一天，读到《孟子》中说："求学的道理没有什么，只是把自己丢失的善心找回来罢了。"陈烈忽然醒悟道："我的本心没有收回来，怎么会记得书上的内容！"就闭门静坐，一百多天不读书，来收回自己的本心；之后再去读书，就都能看懂了。（沈僩）

4.2.11 学者读书,多缘心不在,故不见道理。圣贤言语本自分晓,只略略加意,自见得。若是专心,岂有不见!(文蔚①)

[注释]

①文蔚:即陈文蔚。参看3.4.141条注释。

[译文]

求学之人读书,大多是因为心不在书上,所以体会不到其中的道理。圣贤的话本来就清楚,只要稍稍留心,自然能理解。如果专心,怎么会不理解!(陈文蔚)

4.2.12 心不定,故见理不得。今且要读书,须先定其心,使之如止水,如明镜。暗镜如何照物?[1](伯羽①)

[注释]

①伯羽:即童蜚卿。参看3.3.38条注释。

[译文]

心思没能定下来,所以无法认清道理。现在要读书,就要先定下心,让自己心如止水,如明镜。暗淡的镜子怎么照物?(童伯羽)

4.2.13 立志不定,如何读书?(芝①)

[注释]

①芝:即陈芝。参看4.1.87条注释。

[译文]

确立的志向不坚定,怎么读书?(陈芝)

---

[1] 此句亦见于本书"类编"部分3.7.3条、3.7.19条,文字稍有出入。

4.2.14 读书有个法，只是刷刮净了那心后去看。若不晓得，又且放下；待他意思好时，又将来看。而今却说要虚心，心如何解虚得。而今正要将心在那上面。（义刚①）

[注释]

①义刚：即黄义刚。参看3.1.24条注释。

[译文]

读书有个方法，只要把自己的心洗净了之后再去读。如果不理解，就暂且放下；等自己状态调整好了，再拿来看。现在有人却说要把自己的心放空了，心怎么能放空？现在就是要把心放在书上才行。（黄义刚）

4.2.15 读书，须是要身心都入在这一段里面，更不问外面有何事，方见得一段道理出。如"博学而笃志，切问而近思"，如何却说个"仁在其中"？盖自家能常常存得此心，莫教走作，则理自然在其中。今人却一边去看文字，一边去思量外事，只是枉费了工夫。不如放下了文字，待打迭教意思静了，却去看。（祖道①）

[注释]

①祖道：即曾祖道。参看4.2.9条注释。

[译文]

读书，必须是把身心都放在所读的文字上，也不去过问外面有什么事，才能理解其中的道理。如"广博地学习而坚守志向，真切地提问而由近及远地思考"，为什么却说"仁在其中"呢？因为自己能常常守住此心，不让心思随意乱动，那么道理自然在其中。现在的人却一边看书，一边思考外面的事，这样只是白费功夫。倒不如放下书，等自己收拾得心神安静了，再去看书。（曾祖道）

4.2.16 "学者观书多走作者,亦恐是根本上功夫未齐整,只是以纷扰杂乱心去看,不曾以湛然凝定心去看。不若先涵养本原,且将已熟底义理玩味,待其浃洽,然后去看书,便自知。只是如此。老苏①自述其学为文处有云:'取古人之文而读之,始觉其出言用意与己大异。及其久也,读之益精,胸中豁然以明,若人之言固当然者。'此是他于学文上功夫有见处,可取以喻今日读书,其功夫亦合如此。又曰:"看得一两段,却且放心胸宽闲,不可贪多。"又曰:"陆子静②尝有'旁人读书'之说,亦可且如此。"

[注释]

①老苏:即苏洵。参见3.3.10条注释。②陆子静:即陆九渊。参看3.4.155条注释。

[译文]

先生说:"求学之人读书常常走神,恐怕是基本的功夫没做好,只是以纷扰杂乱的心境去看,没有用清澈安定的心去读。不如先涵养好自己的心神,暂且把已经熟悉的义理反复玩味,等到道理贯通,然后再去看书,就自然能理解。读书只是这样。苏洵自述他自己学写文章时说道:'拿古人的文章来读,开始觉得他们说的和自己的想法差异很大。等到时间久了,读得更深入了,心中豁然明了,发现他们说的本应就是这样。'这是他在学习写文章时下功夫的见解,也可以拿来比喻读书,下得功夫也是一样的。"又说:"看了一两段,就放宽心胸去体悟,不要贪多。"又说:"陆子静曾经有过'旁人读书'的说法,也是这个道理。"

4.2.17 凡人看文字,初看时心尚要走作,道理尚见得未定,犹没奈他何。到看得定时,方入规矩,又只是在印板上面说相似,都不活。不活,则受用不得。须是玩味反复,到得熟后,方始会活,方始

会动，方有得受用处。若只恁生记去，这道理便死了。[1]（时举①）

[注释]

①时举：即潘时举。参看3.3.5条注释。

[译文]

大凡人看书，刚看的时候容易分神，道理也没有真正入心，还没有办法。等到看书定心的时候，才进入状态，但又只是和印书的刻板上的内容一样，都不能灵活。不能灵活就不能真正应用。必须反复玩味，到纯熟之后，才能灵活，才能运用，才能有受益处。如果只是死记，书上的道理就死了。（潘时举）

4.2.18 不可终日思量文字，恐成硬将心去驰逐了。亦须空闲少顷，养精神，又来看。[2]（淳①）

[注释]

①淳：即陈淳。参看3.3.82条注释。

[译文]

不要整天思考书本，那恐怕就是逼着自己的心去理解了。需要空闲一会儿，养养精神，再来看。（陈淳）

4.2.19 读书闲暇，且静坐，教他心平气定，见得道理渐次分晓。（季札①录云："庶几心平气和，可以思索义理。"）这个却是一身总会处。且如看《大学》"在明明德"一句，须常常提醒在这里，他日长进，亦只在这里。人只是一个心做本，须存得在这里，

---

[1] 此句亦见于本书"类编"部分3.7.20条，文字出入较大。
[2] 此句亦见于本书"类编"部分3.4.80条，文字出入较大。

识得他条理脉络，自有贯通处。[1]（赐②）（季札录云："问：'伊川见人静坐，如何便叹其善学？'曰：'这却是一个总要处。'"又云："《大学》'在明明德'一句，当常常提撕。能如此，便有进步处。盖其原自此发见。人只一心为本。存得此心，于事物方知有脉络贯通处。"）

[注释]
①季札：即李季札。参看 4.1.85 条注释。②赐：即林赐。参看 4.1.26 条注释。

[译文]
读书闲下来的时候，暂且静坐，让自己心态平静神气安定，这样道理也就逐渐清楚明白了。（李季札记录说："大约心态平静气息和顺，才可以思考道理。"）这是全身精神汇聚的地方。比如看《大学》中"在明明德"一句，就要常常提醒自己把心放在这里，以后的长进也就在这里。人只有一个心做根本，一定要把它存在这里，了解了书中的条理脉络，自然能融会贯通。（林赐）（李季札记录说："有人问：'程颐先生看见人静坐，为什么就赞叹他好学？'先生回答说：'因为这是一个关键的地方。'"又说："《大学》中的'在明明德'一句，应该时常提醒自己。能这样做，才会有进步的地方。因为其本来就是从这里发出的。人只有一颗心作为根本。能存养住这个心，对事物才能知道其中脉络贯通的地方。"）

4.2.20 大凡读书，且要读，不可只管思。口中读，则心中闲，而义理自出。某之始学，亦如是尔，更无别法。[2]（节①）

---

[1] 此句亦见于本书"类编"部分 3.7.4 条，文字稍有出入。
[2] 此句亦见于本书"类编"部分 3.3.8 条，文字稍有出入。

[注释]

①节：即甘节。参看4.1.7条注释。

[译文]

凡是读书，一定要诵读，不要只是思考。口中诵读，则心里安闲，道理自然出来。我刚开始学习，也是这样，没有其他的方法。（甘节）

4.2.21 "学者读书，须要敛身正坐，缓视微吟，虚心涵泳，切己省（一作"体"）察。"又云："读一句书，须体察这一句，我将来甚处用得。"又云："文字是底固当看，不是底也当看；精底固当看，粗底也当看。"（震①）

[注释]

①震：即钟震，字春伯，潭州人。朱熹弟子。

[译文]

先生说："求学之人读书，要收敛身体，挺直正坐，慢慢阅读，轻轻吟诵，虚静心神沉浸玩味，结合自身反省察验。"又说："读一句，就要深入体会理解这一句，想想我将来在哪里能用上。"又说："书上是对的要看，不对的也要看；精深的内容要看，粗浅的内容也要看。"（钟震）

4.2.22 读书，须是虚心切己。虚心，方能得圣贤意；切己，则圣贤之言不为虚说。

[译文]

读书，必须是虚静心神切合自身。虚静心神，才能理解圣贤的意思；切合自己，那么圣贤的话才不是空话。

4.2.23 "看文字须是虚心。莫先立己意，少刻多错了。"又

曰："虚心切己。虚心则见道理明；切己，自然体认得出。"（举）

[译文]

先生说："看书一定要虚心。不要确立自己的见解，一会儿就容易理解错误。"又说："虚静心神，切合自身。虚静心神则理解道理透彻，切合自身，自然会体悟出道理。"（潘时举）

4.2.24 圣人言语，皆天理自然，本坦易明白在那里。只被人不虚心去看，只管外面捉摸。及看不得，便将自己身上一般意思说出，把做圣人意思。（淳①）

[注释]

①淳：即陈淳。参看3.3.82条注释。

[译文]

圣人的话，都合乎天理自然，本来就平坦浅易明明白白地放在那里。只是因为人不虚心地去读书，却只在外面捉摸。等到看不懂的时候，就把自己的意思说出来，当成是圣人的意思。（陈淳）

4.2.25 圣贤言语，当虚心看，不可先自立说去撑拄，便喝斜了。不读书者，固不足论；读书者，病又如此。[1]（淳①）

[注释]

①淳：即陈淳。参看3.3.82条注释。

[译文]

圣贤的言语，应当虚心去看，不能先树立自己的成见，两种看法对立了就走偏了。不读书的人当然不必多说什么，读书人的毛病往往是这样

---

[1] 此句亦见于本书"类编"部分3.4.11条。

的。(陈淳)

4.2.26 凡看书，须虚心看，不要先立说。看一段有下落了，然后又看一段。须如人受词讼，听其说尽，然后方可决断。(泳①)

[注释]

①泳：朱熹弟子中名泳者二人：汤泳，字叔永，丹阳人；胡泳，字伯量，南康人。此处所指不知为何人，待考。

[译文]

看书，一定要虚心看，不要先确立自己的观点。把一段看懂了，再看下一段。就像审理诉讼，必须听当事人说完了，之后才能做出决断。(泳)

4.2.27 看前人文字，未得其意，便容易立说，殊害事。盖既不得正理，又枉费心力。不若虚心静看，即涵养、究索之功，一举而两得之也。[1] (时举①)

[注释]

①时举：即潘时举。参看3.3.5条注释。

[译文]

读前人的文章，还没能领会其中的意思，便轻率地确立自己的观点，极其坏事。因为这样做不但得不到正确的义理，还白白浪费心思和精力。不如虚下心来静心细读，那修养心性、寻究探索的功效，就能一举而两得。(潘时举)

---

[1] 此句亦见于本书"类编"部分3.4.13条。

4.2.28　大抵义理，须是且虚心随他本文正意看。[1]（必大①）

[注释]

①必大：即吴必大。参看3.2.47条注释。

[译文]

大致而言，书上的义理，必须是虚心地按照书上本文的意思去理解。（吴必大）

4.2.29　读书遇难处，且须虚心搜讨意思。有时有思绎底事，却去无思量处得。（敬仲①）

[注释]

①敬仲：即游敬仲。参看4.1.68条注释。

[译文]

读书遇到难处，必须要虚心地研究探索其中的意思。有时需要认真思考的事，最终却是在没有思考过的地方得到解决。（游敬仲）

4.2.30　问："如先生所言，推求经义，将来到底还别有见处否？"曰："若说如释氏之言有他心通，则无也。但只见得合如此尔。"再问："所说'求义理，仍须虚心观之'，不知如何是虚心？"曰："须退一步思量。"次日，又问"退一步思量"之旨。曰："从来不曾如此做工夫，后亦是难说。今人观书，先自立了意后方观，尽率古人语言入做自家意思中来。如此，只是推广得自家意思，如何见得古人意思！须得退步者，不要自作意思，只虚此心将古人语

---

[1]　此句亦见于本书"类编"部分3.4.74条，文字稍有出入。

言放前面，看他意思倒杀向何处去。如此玩心，方可得古人意，有长进处。且如《孟子》说《诗》，要'以意逆志，是为得之'。'逆'者，等待之谓也。如前途等待一人，未来时且须耐心等待，将来自有来时候。他未来，其心急切，又要进前寻求，却不是'以意逆志'，是'以意捉志'也。如此，只是牵率古人言语，入做自家意中来，终无进益。"（大雅①）

[注释]

①大雅：即余大雅。参看4.1.48条注释。

[译文]

问："像先生说的那样，认真探索寻求经义，将来还会有其他的见解吗？"先生说："如果你说的是佛家所说的那种可以窥知别人想法的法术，那是没有的。读书是让我们体会到和圣贤想法相合之处。"又问："您所说的'寻求义理，要虚心地读书'，不知道什么才是虚心？"先生说："要退一步去思考。"第二天，又问先生"退一步去思考"的含义。先生说："如果从来都没有这样下过功夫，那后面的事也难解说。现在的人看书，是先有了自己的想法才去读书，全都是用古人的话来印证自己的想法。这样，只是在推广自己的意思，怎么能看出是古人的意思！必须要退一步，是说不要自己预设想法，只虚下心来把古人的意思放到前面，看看他的思路究竟要走到哪里去。这样的心态，才能真正理解古人的意思，才能有进步。就像孟子解说《诗经》，说要'用自己的心灵和精神去等待作者的想法，这样才能真正理解'。'逆'，就是等待的意思。就像在路上等人，他没来的时候只要耐心地等待，自然会有他来的时侯。他没来，你心情急切，又向前走去找他，那就不是'以意逆志'，而是'以意捉志'了。这样，就是把古人的话，放到自己的想法里来，最终没有什么收益。"（余大雅）

4.2.31 某尝见人云："大凡心不公底人，读书不得。"今看来，是如此。如解说圣经，一向都不有自家身己，全然虚心，只把

他道理自看其是非。恁地看文字，犹更自有牵于旧习，失点检处。全然把一己私意去看圣贤之书，如何看得出！（贺孙①）

[注释]

①贺孙：即叶贺孙。参看4.1.8条注释。

[译文]

我曾经听人说："凡是心中没有公正态度的人，读书不会有收获。"现在看来，确实是这样。就比如解说圣人的经典，一定不能带着自己的想法，要虚下心来，只是用他说的道理来判断其中的是非。这样看文字，仍然还受到自己过去的想法的束缚，而有不合理的地方。如今，却全用自己的私意去解读圣人的书，又怎么能看得出其中真正的道理呢！（叶贺孙）

4.2.32 或问："看文字为众说杂乱，如何？"曰："且要虚心，逐一说看去，看得一说，却又看一说。看来看去，是非长短，皆自分明。譬如人欲知一个人是好人，是恶人，且随他去看。随来随去，见他言语动作，便自知他好恶。"又曰："只要虚心。"又云："濯去旧闻，以来新见。"

[译文]

有人问："看书的时候被各种说法干扰，该怎么办？"先生说："只是要虚心，逐一就各种说法看过去，看完一种说法，再看一种说法。看来看去，各种说法的正误好坏，就自然分明了。就好比想知道一个人是好人还是恶人，就随他的表现去观察。看来看去，看他的言行举止，就自然知道他是好是坏了。"又说："只要虚心。"又说："排除心中旧的想法，用来接受新的见解。"

4.2.33 观书，当平心以观之。大抵看书不可穿凿，看从分明处，不可寻从隐僻处去。圣贤之言，多是与人说话。若是峣崎，却

教当时人如何晓！（节①）

[注释]

①节：即甘节。参看4.1.7条注释。

[译文]

看书，要用平常心去看。大致而言，看书不能穿凿附会，要从道理明白处入手，不要专门从冷僻处入手。圣贤的话，都是要说给人听的。如果很艰深晦涩，却让当时的人怎么看得懂！（甘节）

4.2.34 观书，须静着心，宽着意思，沉潜反复，将久自会晓得去。[1]（儒用①）

[注释]

①儒用：即李儒用，字仲秉，岳阳人。

[译文]

看书，要静下心态，宽着思绪，沉潜其中，反复思考，时间长了自然就懂得了。（李儒用）

4.2.35 放宽心，以他说看他说。以物观物，无以己观物。（道夫①）

[注释]

①道夫：即杨道夫。参看3.2.58条注释。

[译文]

放宽心读书，以圣人的话去理解圣人的思想。要以事物本身来研究事物，不要从自己的角度来观察事物。（杨道夫）

---

[1] 此句亦见于本书"类编"部分3.4.22条，文字稍有出入。

4.2.36 以书观书,以物观物,不可先立己见。

[译文]

从书本身出发去读书,以事物本身的状态去研究事物,不能先预设自己的观点。

4.2.37 读书,须要切己体验。不可只作文字看,又不可助长。(方①)

[注释]

①方:即杨方。参看3.3.107条注释。

[译文]

读书,必须要结合自身去体会察验。不能只把书当做文字去看,但也不能拔高增加另外的意思。(杨方)

4.2.38 学者当以圣贤之言反求诸身,一一体察。须是晓然无疑,积日既久,当自有见。但恐用意不精,或贪多务广,或得少为足,则无由明耳。(祖道①)

[注释]

①祖道:即曾祖道。参看4.2.9条注释。

[译文]

读书人应该用圣贤的话来对照自己,一一体会察验。必须是彻底明白没有疑惑,积累的日子长了,自然会有见解。只怕用心不够精专,或者贪多求广,或者小有所得就自我满足,那么就没法搞明白了。(曾祖道)

4.2.39 读书,不可只专就纸上求理义,须反来就自家身上(以手自指)推究。秦汉以后无人说到此,亦只是一向去书册上求,不就自家身上理会。自家见未到,圣人先说在那里。自家只借他言语来就身上推究,始得。[1]（淳①）

[注释]

①淳:即陈淳。参看3.3.82条注释。

[译文]

读书,不能只是专门在书本里探求义理,而是需要反过来往自己身上(先生用手指向自己)推寻研究。秦汉以后再没人说及此道理,读书人也只是一味去书本上探求,不结合自身理解领会。自己没能理解到,而圣人其实早就说过了,自己只需借助圣人的言语,来在自己身上推寻探究,这样才能有所收获。(陈淳)

4.2.40 "今人读书,多不就切己上体察,但于纸上看,文义上说得去便了。如此,济得甚事！'何必读书,然后为学?'子曰:'是故恶夫佞者！'古人亦须读书始得。但古人读书,将以求道。不然,读作何用? 今人不去这上理会道理,皆以涉猎该博为能,所以有道学、俗学之别。"因提案上药囊起,曰:"如合药,便要治病,终不成合在此看? 如此,于病何补！文字浩瀚,难看,亦难记。将已晓得底体在身上,却是自家易晓易做底事。解经已是不得已,若只就注解上说,将来何济！如画那人一般,画底却识那人。别人不识,须因这画去求那人,始得。今便以画唤做那人,不得。"(宇①)

────────

[1] 此句亦见于本书"类编"部分3.5.7条。

[注释]

①宇：即徐宇，字居父，永嘉人。朱熹弟子。

[译文]

先生说："现在人读书，多不结合自己去体悟观察，只从字面上看，文字意思能说得过去也就算了。这样，有什么用！（子路曾经说过）'为什么非得读书，才算是学习呢？'孔子（反驳子路）说：'所以我厌恶巧言强辩的人！'古人也要读书才能有所得。只是古人读书，是为了要寻求道理。不这样，读书有什么用？现在的人不在这上面理解领会道理，却把涉猎广博当做技能，所以学问才有求道和世俗的区别。"先生因而拿起桌上的药囊，说："比如这药，就是拿来治病的，难道是放在这儿看的？如果是这样，对治病有什么用呢？书海浩瀚，不容易读，也不容易记。将自己已经懂得的在自己身上体会，都是自己容易明白、容易做的事。注解经典已经是不得已的了，如果只局限在注解上说话，那有什么用！就像画人一样，只有作画的认识这人，但别人却不认识，用这幅画去找画上的人，才能找到。现在却说这幅画就是那个人，这不行。"（徐宇）

4.2.41 或问读书工夫。曰："这事如今似难说。如世上一等人说道不须就书册上理会，此固是不得。然一向只就书册上理会，不曾体认着自家身己，也不济事。如说仁义礼智，曾认得自家如何是仁？自家如何是义？如何是礼？如何是智？须是着身己体认得。如读'学而时习之'，自家曾如何'学'？自家曾如何'习'？'不亦说乎'！曾见得如何是'说'？须恁地认，始得。若只逐段解过去，解得了便休，也不济事。如世上一等说话，谓不消得读书，不消理会，别自有个觉处，有个悟处，这个是不得。若只恁地读书，只恁地理会，又何益？"（贺孙①）

[注释]

①贺孙：即叶贺孙。参看4.1.8条注释。

[译文]

有人问读书怎么下功夫。先生说:"这个事情现在好像很难说。有一些人说道理不需要从书上理解领会,这当然是不对的。可是一味只从书上理解领会,却不从自己身上去体验认证,也没有用。比如说仁义礼智,要知道自己怎样才是仁,怎样才是义,怎样才是礼,怎样才是智,要从自己身上去体验认证。比如读到'学而时习之',自己是怎么'学'?自己怎么'习'?'不亦说乎',怎么知道什么是'说'?要去体会,才能有所得。如果只是一段段从字面上解释过去,能理解了就停止,也没有用。社会上有一种说法,说不需要读书,不需要理解领会,另外有一个觉醒的办法、开悟的办法。这个也是不可能的。如果只是这样死读,只是这样理解,又有什么收益?"(叶贺孙)

4.2.42 学须做自家底看,便见切己。今人读书,只要科举用;已及第,则为杂文用;其高者,则为古文用,皆做外面看。[1](淳①)

[注释]

①淳:即陈淳。参看3.3.82条注释。

[译文]

做学问要把学得的道理当做自己的看,这样才能切合自己的实际。如今的人读书,只是为应付科举考试而用,等中举后也就是当写写杂文闲章用,层次高一些的人,也不过是写古文用,这些都是做表面工夫给别人看的。(陈淳)

4.2.43 读书之法,有大本大原处,有大纲大目处,又有逐事上理会处,又其次则解释文义。(雉①)

---

[1] 此句亦见于本书"类编"部分3.5.29条,文字稍有出入。

［注释］

①雄：即吴雄，字和中，建阳人。朱熹弟子。

［译文］

读书的方法，有从追寻道理的本源上说的，有从抓住纲目上说的，也有从一步步去理解领会上说的，再低一个层次，则是解释文句的意思了。（吴雄）

4.2.44 玩索、穷究，不可一废。（升卿①）

［注释］

①升卿：即黄升卿。参看4.1.70条注释。

［译文］

轻松地玩味，努力地追索，这两者都不能偏废。（黄升卿）

4.2.45 或问读书未知统要。曰："统要如何便会知得？近来学者，有一种则舍去册子，却欲于一言半句上便要见道理；又有一种，则一向泛滥不知归着处，此皆非知学者。须要熟看熟思，久久之间，自然见个道理四停八当，而所谓统要者自在其中矣。"（履孙①）

［注释］

①履孙：即潘履孙。参看4.1.45条注释。

［译文］

有人问读书不知道怎么抓住要点。先生说："要点怎样才能知道？近来求学之人，有一种人就是舍弃书本，却想在只言片语中追寻道理；又有一种人，则是什么都泛泛读过却不知道目的归宿，这些都不是了解学习的人。必须要阅读纯熟、思考纯熟，时间长了，自然就能稳稳当当地看出道理，而所谓的要点也就在其中了。"（潘履孙）

4.2.46 凡看文字,专看细密处,而遗却缓急之间者,固不可;专看缓急之间,而遗却细密者,亦不可。今日之看,所以为他日之用。须思量所以看者何为,非只是空就言语上理会得多而已也。譬如拭桌子,只拭中心,亦不可;但拭四弦,亦不可。须是切己用功,使将来自得之于心,则视言语诚如糟粕。然今不可便视为糟粕也,但当自期向到彼田地尔。(方子①)

[注释]

①方子:即李方子。参看4.1.1条注释。

[译文]

凡是看文字,专门看细致缜密的地方,而遗漏铺陈叙述转折变化的地方,固然不可取;然而专门看铺陈叙述转折变化的地方,而遗漏细致缜密的地方,也是不可取的。今天看书,是为了以后的应用。要思考自己看书是为了什么,并不是为了在语言文字上理解领会得多一点而已。就好比擦桌子,只擦中心,不行;但只擦四边,也不行。必须是结合自己下大功夫,让将来自己能有所得存之于心,这样来看语言就真的和糟粕一样了。但今天还不能将语言视为糟粕,只是期望有一天能达到那种境界罢了。(李方子)

4.2.47 学者有所闻,须便行,始得。若得一书,须便读便思便行,岂可又安排停待而后下手!且如得一片纸,便来一片纸上道理行之,可也。(履孙①)

[注释]

①履孙:即潘履孙。参看4.1.45条注释。

[译文]

　　求学之人理解了道理，就要拿来指导自己的行动，才能真正有所得。如果得到一本书，就要立刻去读、马上去思考、马上照着书上的道理去做，怎么能等到一切都安排好了之后才行动！读到一张纸的内容，也需要马上按照这张纸上的道理去做，这样才行。（潘履孙）

4.2.48　读书便是做事。凡做事，有是有非，有得有失。善处事者，不过称量其轻重耳。读书而讲究其义理，判别其是非，临事即此理。（可学①）

[注释]

　　①可学：即郑可学。参看3.2.92条注释。

[译文]

　　读书就是做事。凡是做事，就有对有错，有得有失。善于处事的人，不过能权衡事物的轻重罢了。读书是为了讲求其中的义理，判别其中的是非，遇到事情也是这个道理。（郑可学）

4.2.49　真理会得底，便道真理会得；真理会不得底，便道真理会不得。真理会得底固不可忘；真理会不得底，须看那处有碍。须记那紧要处，常勿忘。所谓"智者利仁"，方其求时，心固在此；不求时，心亦在此。（淳①）

[注释]

　　①淳：即陈淳。参看3.3.82条注释。

[译文]

　　真的理解领会了，就说真的理解领会了；真的理解领会不了，就说真的理解领会不了。真的理解领会了固然不能忘，真的理解领会不了的，就必须看哪里有障碍。必须记住那紧要的地方，常常提醒不要忘记。所谓

"智者知道行仁有好处，权衡利害，然后选择行仁"，就是说，寻求仁义的时候，要把心放在上面；不刻意追求时，心也要放在上面。（陈淳）

4.2.50 学得此事了，不可自以为了，恐怠意生。如读得此书，须终身记之。（寿昌①）

［注释］

①寿昌：即吴寿昌。参看4.1.59条注释。

［译文］

学会了这一件事，也不能自以为结束了，否则就会生出懈怠之意。比如读了一本书，就要一辈子都记得它。（吴寿昌）

4.2.51 读书推类反求，固不害为切己，但却又添了一重事。不若且依文看，逐处各自见个道理。久之自然贯通，不须如此费力也。

［译文］

读书的时候推导类比反求自身，固然不会妨碍道理切合自身，但是又多添了一件事。不如先依照文本认真看，逐步在每一处上都能体会到道理。时间长了自然贯通，不再需要这么费劲了。

4.2.52 学者理会文义，只是要先理会难底，遂至于易者亦不能晓。《学记》曰："善问者如攻坚木，先其易者，后其节目。"所谓"攻瑕，则坚者瑕；攻坚，则瑕者坚"，不知道理好处又却多在平易处。（璘①）

[注释]

①璘：即滕璘。参看3.2.46条注释。

[译文]

求学之人理解领会文章中的道理，如果先要理解领会有难度的地方，就会造成容易的地方也不能通晓。《学记》上说："会提问的人就像木工砍木头，先从容易的地方着手，而后再砍坚硬的节疤。"所谓"攻打对方强处，则对方弱点也会变强；攻打对方弱点，则对方强处也会变弱"，人们往往不知道，道理的好处常常就蕴含在平易的地方。（滕璘）

4.2.53 只看自家底。不是自家底，枉了思量。（焘①）

[注释]

①焘：即吕焘。参看4.1.100条注释。

[译文]

只研究属于自己的。不是自己的，看了也是枉费心思。（吕焘）

4.2.54 凡读书，且须从一条正路直去。四面虽有可观，不妨一看，然非是紧要。（方子①）

[注释]

①方子：即李方子。参看4.1.1条注释。

[译文]

读书，必须是沿着一条正路勇往直前。周围虽然有值得观赏的，不妨看一看，但这不是主要的。（李方子）

4.2.55 看书不由直路，只管枝蔓，便于本意不亲切。[1]

---

[1] 此句亦见于本书"类编"部分3.4.73条。

(淳①)

[注释]

①淳：即陈淳。参看 3.3.82 条注释。

[译文]

看书不顺着主旨去看，只着意文中的细枝末节，便不能与圣人的本意贴近。（陈淳）

4.2.56 看文字不可相妨，须各自逐一着地头看他指意。若牵窒着，则件件相碍矣。（端蒙①）

[注释]

①端蒙：即程端蒙。参看 3.1.16 条注释。

[译文]

看书不能让书中的内容相互妨碍，要各自分开一条条地理解书中的道理。如果牵强附会相互抵触，那么每一个部分与其他部分都会相互妨碍了。（程端蒙）

4.2.57 看文字，且逐条看。各是一事，不相牵合。

[译文]

看文字，暂且要一条条去看。各自是一回事，不要把它们勉强牵连在一起。

4.2.58 读书要周遍平正。（夔孙①）

[注释]

①夔孙：即林夔孙。参看 3.2.66 条注释。

[译文]

读书要全面、细致、客观、公正。（林夔孙）

4.2.59 "看文字不可落于偏僻，须是周匝。看得四通八达，无些窒碍，方有进益。"又云："某解《语》《孟》，训诂皆存。学者观书，不可只看紧要处，闲慢处要都周匝。今说'求放心'，未问其它，只此便是'博学而笃志，切问而近思，仁在其中矣'。'博学而笃志，切问而近思'，方是读书，却说'仁在其中'，盖此便是'求放心'也。"（人杰①）

[注释]

①人杰：即万人杰。参看 4.1.15 条注释。

[译文]

"看书不能追求冷僻，要全面地阅读。要读到融会贯通，没有阻碍，才能有进步。"先生又说："我解读《论语》《孟子》，对字句的解释都要研究。求学之人看书，不能只看关键之处，其余部分也要关注到。现在说"找回失去的本心"，不问其他，这就是'广博地学习而坚守志向，真切地提问而由近及远地思考，仁的道理就在其中了'，'广博地学习而坚守志向，真切地提问而由近及远地思考'，才是读书求学的正确方法，又说'仁的道理就在其中'，这也就是'找回失去的本心'了。"（万人杰）

4.2.60 看文字，且依本句，不要添字。那里元有缝罅，如合子相似，自家只去抉开，不是浑沦底物，硬去凿；亦不可先立说，牵古人意来凑。且如"逆诈""亿不信"与"先觉"之辨："逆诈"，是那人不曾诈我，先去揣摩道，那人必是诈我；"亿不信"，是那人未有不信底意，便道那人必是不信；"先觉"，则分明见得那人已诈我，不信我。如高祖知人善任使，亦是分明见其才耳。

[译文]

　　看文字，要抓住原文，不要随意增添文字。那里边原本有缝隙，就像盒子一样，自己只是去把它打开，它不是囫囵的一块，要你硬去凿开；也不可先确立一个说法，牵强地把古人的意思拿来附会。就好比"逆诈""亿不信"与"先觉"的区别："逆诈"，是那人没有欺骗我，我就先去揣摩，认为他一定是在骗我；"亿不信"，是那人没有不可信的意思，而我则认为那人不可信；"先觉"，则是已经明确知道那人欺骗我，我不能信任他。就像高祖知人善任，也是因为他清楚地看到了个人的才能啊。

4.2.61 读书若有所见，未必便是，不可便执着。且放在一边，益更读书，以来新见。若执着一见，则此心便被此见遮蔽了。[1]譬如一片净洁田地，若上面才安一物，便须有遮蔽了处。圣人七通八达，事事说到极致处。学者须是多读书，使互相发明，事事穷到极致处。所谓"本诸身，征诸庶民，考诸三王而不缪，建诸天地而不悖，质诸鬼神而无疑，百世以俟圣人而不惑"，直到这个田地，方是。《语》云："执德不弘。"《易》云："宽以居之。"圣人多说个广大宽洪之意，学者要须体之。（广）

[译文]

　　读书如果有所见解，并不一定就真的正确，不可因此过分执着。不如先把自己的想法放在一边，继续努力读书，以求得新的见解。如果执着于最初的见解，那么这个心就被这一点见解遮蔽了。就好像一片洁净的土地，如果在上面放上一件东西，就一定会有遮蔽了的地方。圣人的智慧无

---

〔1〕　此句亦见于本书"类编"部分3.4.42条，文字稍有出入。

所不到，对每件事都说到了极致。求学之人要多读书，让各种道理相互贯通，每件事都能探究到极致。所谓"以自身为根本，从老百姓那里得到验证，考查夏、商、周三代先王的做法而没有悖谬，立于天地之间而没有悖乱，质询于鬼神而没有疑问，百世以后等到圣人出现也没有什么迷惑"，要到这个地步，才是成功了。《论语》说："执着于美德而不能发扬光大。"《易经》说："让宽厚之心常在于此。"圣人大多教导要心胸广博而宽宏大量，读书人要深刻地体会这一点。（辅广）

4.2.62 看书，不可将自己见硬参入去。须是除了自己所见，看他册子上古人意思如何。如程先生解"直方大"，乃引《孟子》。虽是程先生言，毕竟迫切。（节①）

[注释]

①节：即甘节。参看4.1.7条注释。

[译文]

看书，不能把自己的见解硬掺杂进去。必须是去除自己的见解，看书上古人所说的意思是什么。比如程颐先生解释《易经》里的"直方大"，是引用《孟子》里的话。这虽然是程先生说的话，但却已经很接近古人的原意了。（甘节）

4.2.63 看文字先有意见，恐只是私意。谓如粗厉者观书，必以勇果强毅为主；柔善者观书，必以慈祥宽厚为主。书中何所不有！（人杰①）

[注释]

①人杰：即万人杰。参看4.1.15条注释。

[译文]

看书如果有自己的想法，恐怕也只能是一己之见。就像说粗犷豪迈的

人看书，必然以勇敢、刚毅为主导；柔顺善良的人看书，必然以慈祥、宽厚为主导。然而书里什么没有啊！（万人杰）

4.2.64 凡读书，先须晓得他底言词了，然后看其说于理当否。当于理则是，背于理则非。今人多是心下先有一个意思了，却将他人说话来说自家底意思；其有不合者，则硬穿凿之使合。（广①）

[注释]

①广：即辅广。参看3.2.78条注释。

[译文]

凡是读书，要先明白书里的词句，然后看它说的是否合乎道理。合乎道理就是对的，不合乎道理就是错的。现在人常常是心里先有了自己的想法，却拿别人的话来解释自己的意思；和自己想法不合的地方，就穿凿附会地让它们相合。（辅广）

4.2.65 学者不可用己意迁就圣贤之言。（德明①）

[注释]

①德明：即廖德明。参看3.2.94条注释。

[译文]

求学之人不能用自己的想法去附会圣人的言论。（廖德明）

4.2.66 读书，如问人事一般。欲知彼事，须问彼人。今却不问其人，只以己意料度，谓必是如此。（扬①）

[注释]

①扬：即包扬。参看4.1.81条注释。

[译文]

　　读书，就好像向别人提问。想知道哪件事，就要问哪个人。现在却不去问那个人，却只是以自己的想法去揣测，还说一定就是如此。（包扬）

4.2.67　看人文字，不可随声迁就。我见得是处，方可信。须沉潜玩绎，方有见处。不然，人说沙可做饭，我也说沙可做饭，如何可吃！（谦①）

[注释]

　　①谦：即廖谦。参看4.1.4条注释。

[译文]

　　看别人的书，不能随声附和一味迁就。我自己认为是对的，才能相信。必须要沉浸其中反复玩味，才能有所见解。不然的话，别人说沙子可以做饭吃，我也说沙子可以做饭吃，这怎么能吃！（廖谦）

4.2.68　大凡读书，不要般涉。但温寻旧底不妨，不可将新底来搀。[1]（道夫①）

[注释]

　　①道夫：即杨道夫。参看3.2.58条注释。

[译文]

　　大体上读书，不要随意联系。如果只是温习旧知识还不碍事，不能把新学的、不熟悉的东西掺进来。（杨道夫）

4.2.69　文字不可硬说，但当习熟，渐渐分明。

---

[1]　此句亦见于本书"类编"部分3.2.101条，文字稍有出入。

[译文]

文字不能硬去解说，只能熟悉体会，渐渐就明白了。

4.2.70 凡看圣贤言语，不要迫得太紧。（振①）

[注释]

①振：吴振，朱熹弟子。

[译文]

凡是看圣贤说话，不要逼迫得太紧。（吴振）

4.2.71 大凡看文字，要急迫不得。有疑处，且渐渐思量。若一下便要理会得，也无此理。（广①）

[注释]

①广：即辅广。参看3.2.78条注释。

[译文]

大体来说看文字，太急迫是不行的。有怀疑的地方，就慢慢思考体会。如果想一下子就完全理解领会，也没有这种道理。（辅广）

4.2.72 看文字，须是退步看，方可见得。若一向近前迫看，反为所遮蔽，转不见矣。（力行①）

[注释]

①力行：即王力行。参看3.4.92条注释。

[译文]

看书，必须是退一步看，才能理解。如果只是一味向前赶着去看，反而会被它遮蔽，反而不能理解了。（王力行）

4.2.73 学者观书,病在只要向前,不肯退步看。愈向前,愈看得不分晓。不若退步,却看得审。大概病在执着,不肯放下。正如听讼:心先有主张乙底意思,便只寻甲底不是;先有主张甲底意思,便只见乙底不是。不若姑置甲、乙之说,徐徐观之,方能辨其曲直。横渠云:"濯去旧见,以来新意。"此说甚当。若不濯去旧见,何处得新意来?今学者有二种病,一是主私意,一是旧有先入之说,虽欲摆脱,亦被他自来相寻。[1](䕫①)

[注释]

①䕫:即黄䕫。参看3.2.85条注释。

[译文]

求学之人读书,毛病在只向前赶着看,却不肯退一步看。越往前,越看得不明白。不如退后一步看,却能看得更加详尽。大概这个毛病出在过于执着,不肯放下。这就像审理诉讼:如果心里先肯定乙的主张,那就会去寻甲的不对;如果心里先肯定了甲的主张,就只看到乙的不是。不如先把甲、乙的说法放到一旁,一步一步地详细考察,才能辨别出其中的对错曲直。横渠先生说:"清除心中固有的见解,以之迎接新的意义。"这个说法很好。如果不清除旧有的见解,哪里能接受新的意义?当今求学之人有两个毛病,一个是执着自己的私见,一个是心存旧有的解说,即使要摆脱,这两个毛病也会自己找上门来。(黄䕫)

4.2.74 学者不可只管守从前所见,须除了,方见新意。如去了浊水,然后清者出焉。(力行①)

[注释]

①力行:即王力行。参看3.4.92条注释。

---

〔1〕 此句亦见于本书"类编"部分3.4.78条,文字稍有出入。

[译文]

　　求学之人不能只守着从前旧有的见解，必须除去了，才能见得新意。就好像清除了污浊的水，之后清水才会流出来。（王力行）

4.2.75　到理会不得处，便当"濯去旧见，以来新意"，仍且只就本文看之。（伯羽①）

[注释]

　　①伯羽：即童蜚卿。参看3.3.38条注释。

[译文]

　　看到不能理解领会的地方，就应当"清除心中旧有的想法，以之迎接新的意思"，仍然要抓住文章本身来研读。（童伯羽）

4.2.76　"某向时与朋友说读书，也教他去思索，求所疑。近方见得，读书只是且恁地虚心就上面熟读，久之自有所得，亦自有疑处。盖熟读后，自有窒碍不通处，是自然有疑，方好较量。今若先去寻个疑，便不得。"又曰："这般也有时候。旧日看《论语》，合下便有疑。盖自有一样事，被诸先生说成数样，所以便着疑。今却有《集注》了，且可傍本看，教心熟。少间或有说不通处，自见得疑，只是今未可先去疑着。"（贺孙①）

[注释]

　　①贺孙：即叶贺孙。参看4.1.8条注释。

[译文]

　　"我过去跟朋友谈读书，也让他去思索，去寻疑。近来我才懂得，读书只要这样虚心地在上面熟读，时间长了自然有所得，也自然有了疑问。因为熟读之后，自然会遇到障碍、读不通的地方，这是自然而然产生的疑问,值得真正钻研。现在如果先要去刻意寻找疑问,就不会有所得了。"先生又说:"我这样也有一段时间了。过去看《论语》,合上书就有疑问。因为同一件事,却被不同的先生说成好几个样子,所以有疑问。现在有《论语集注》了,可以依据此书看,让心里熟悉。如果还有看不懂的地方,自然就是疑问,只是不要先去寻找疑问。"(叶贺孙)

4.2.77 看文字,且自用工夫,先已切至,方可举所疑,与朋友讲论。假无朋友,久之自能自见得。盖蓄积多者忽然爆开,便自然通,此所谓"何天之衢亨"也。盖蓄极则通,须是蓄之极,则通。(营①)

[注释]

①营:即黄营。参看3.2.85条注释。

[译文]

看文字,暂且先自己下功夫,先有了贴切的理解,才能发现疑问和朋友讨论。如果没有朋友,时间长了自己也能有所见解。因为积蓄得多了就能忽然爆发,也自然贯通了,这就是《周易·大畜卦》所说的"担负重任已久,道路豁然亨通"啊。因为积蓄到了极点就自然贯通了,但必须积蓄到极点,才能亨通。(黄营)

4.2.78 人杰①录云:"读书须是先看一件了,然后再看一件。若是蓄积处多,忽然爆开来时,自然所得者大,《易》所谓'何天之衢亨',是也。"

[注释]

①人杰:即万人杰。参看4.1.15条注释。

[译文]

万人杰记录下朱熹先生的话说:"读书必须是先看一本书,然后再看另一本书。如果积累得多了，忽然爆开的时候，收获自然也就大。《周易·大畜卦》所说的'担负重任已久，道路豁然亨通'，说的就是这个。"

4.2.79 读书无疑者，须教有疑；有疑者，却要无疑，到这里方是长进。（道夫①）

[注释]

①道夫：即杨道夫。参看3.2.58条注释。

[译文]

读书没有疑问，必须要有疑问；有疑问，却要没有疑问，达到这个程度才是有长进。（杨道夫）

4.2.80 问："看理多有疑处。如百氏之言，或疑其为非，又疑其为是，当如何断之？"曰："不可强断，姑置之可也。"（人杰①）

[注释]

①人杰：即万人杰。参看4.1.15条注释。

[译文]

问："研究道理常常有疑问。比如诸子百家的话，有的怀疑他是错的，有的又怀疑他是对的，应该怎么判断？"先生说："不要勉强判断，暂且放下就可以了。"（万人杰）

4.2.81 人之病，只知他人之说可疑，而不知己说之可疑。试以诘难他人者以自诘难，庶几自见得失。（必大①）

[注释]

①必大：即吴必大。参看3.2.47条注释。

[译文]

世人的问题是，只知道别人的说法可疑，却不知道自己的说法同样可疑。试着用诘问别人的话来诘难自己，差不多就能知道自己的得失了。（吴必大）

4.2.82 因求讲学言论传之。答曰："圣贤之言，明如日月。"又曰："人有欲速之病。旧尝与一人读诗集，每略过题一行。不看题目，却成甚读诗也！又尝见龚实之轿中只着一册文字看，此其专静也。且云：'寻常出外，轿中着三四册书，看一册厌，又看一册。'此是甚功夫也！"（方①）

[注释]

①方：即杨方。参看4.2.3条注释。

[译文]

向先生请教讲学的言论以传授之。先生说："圣贤的话，明亮得像日月一样。"又说："人有想速成的毛病。过去曾经见过一个人读诗集，每次都略过诗的题目不读。不看题目，读的什么诗！我曾经看见龚实之在轿子里只放一本书看，这就是他的专心清净之处。而且说：'平常外出，轿子里放着三四本书，一本书看厌了，又看一本。'这下的是怎样的功夫啊！"（杨方）

4.2.83 因佥出文字，偶失佥字，遂不能记。云："旧有人老不识字，然隔年荣荣出入，皆心记口数之，既为写下，覆之无差。盖其人忠实，又专一无他事，所以记得。今学者不能记，又往往只靠着笔墨文字，所以愈忘之也。"（方）

[译文]

有了想法就记录下来，不小心丢了文字记录，于是记不起来。先生针对这一情况说:"过去有人年纪大了不识字,然而前一年中细碎的生意来往,都用心记口数,即便写下也没有任何差错。因为他为人忠实,又心思专一不想其他的事情,所以能记得。现在求学之人记不住,又往往只靠着笔墨文字记录,所以更容易忘记。"(杨方)

4.2.84 先生戏引禅语云:"一僧与人读碑,云:'贤读着,总是字;某读着,总是禅。'沩山作一书戒僧家整齐。有一川僧最䟽苴①,读此书,云:'似都是说我!'善财五十三处见善知识,问'皆如一',云:'我已发三藐三菩提心,而未知如何行菩萨行,成菩萨道。'"

[注释]

①䟽苴(shū jū):犹邋遢。不整洁,不利落,不端庄。

[译文]

先生开玩笑的时候引用了几段禅话,说:"一个僧人和别人一起读碑文,说:'您读的都是字,我读的都是禅。'沩山灵佑禅师写了一封书信,告诫僧人要修整整齐。有一个四川的僧人最邋遢了,读了这封书信,说:'感觉都是在说我!'善财童子曾参访五十三位善知识,问'皆如一'的问题时说:'我已经生发出慈悲之心,但不知道如何守持菩萨德行,成就菩萨的境界。'"

4.2.85 读诸经之法。问读诸经之法。曰:"亦无法,只是虚心平读去。"(淳①。以下读诸经法。)

[注释]

①淳:即陈淳。参看3.3.82条注释。

[译文]

问先生读各类经书的方法。先生说:"也没有什么方法,只是要虚心平和的阅读就是了。"（陈淳。以下为阅读各种经书的方法。）

4.2.86 学不可躐等，不可草率，徒费心力。须依次序，如法理会。一经通熟，他书亦易看。（闳祖①）

[注释]

①闳祖：即李闳祖。参看3.4.129条注释。

[译文]

学习不能逾越次第，不能马虎草率，否则白费力气。必须按照次序，遵循规律去领会，一本经书理解贯通了，其他的经书也就容易看懂了。（李闳祖）

4.2.87 圣人千言万语，只是说个当然之理。恐人不晓，又笔之于书。自书契以来，二典、三谟、伊尹、武王、箕子、周公、孔、孟都只是如此，可谓尽矣。只就文字间求之，句句皆是。做得一分，便是一分工夫，非茫然不可测也，但患人不子细求索之耳。须要思量圣人之言是说个甚么，要将何用。若只读过便休，何必读！[1]（明作①）

[注释]

①明作：即周明作，字元兴，建阳人。朱熹弟子。

[译文]

圣人千言万语，说的只是当然的道理。怕后人不明白，又写在书上。自从有文字以来，《尚书》中的《尧典》《舜典》《大禹谟》《皋陶谟》《益稷》和伊尹、武王、箕子、周公、孔子、孟子都是这样做的，可以说是完备了。只在文字间寻求，每句中都有道理。付出一分努力，就有一分

---

[1] 此句亦见于本书"类编"部分3.5.19条，文字稍有出入。

收获,这不是茫然不可预测的,只怕人们不去仔细求索罢了。必须要思考圣人的话说的是什么,要做什么用。如果只是读过就算了,那何必要读!(周明作)

4.2.88 读六经时,只如未有六经,只就自家身上讨道理,其理便易晓。[1](敬仲①)

[注释]

①敬仲:即游敬仲。参看4.1.68条注释。

[译文]

读儒家六经的时候,就当做没有这六经,只从自己身上去寻求道理,其中的道理也就容易明白了。(游敬仲)

4.2.89 读书只就一直道理看,剖析自分晓,不必去偏曲处看。《易》有个阴阳,《诗》有个邪正,《书》有个治乱,皆是一直路径,可见别无崤崎①。(宇②)

[注释]

①崤崎:奇特,奇怪。②宇:即徐宇。参看4.2.40条注释。

[译文]

读书只顺着主要的道理去看,仔细剖析之后自然能明白,不必刻意从偏僻狭隘的角度去看。《易经》中有阴阳,《诗经》中有正邪,《尚书》中有治乱,都是书上主要的道理,可见读书没有什么奇怪的方法。(徐宇)

4.2.90 人惟有私意,圣贤所以留千言万语,以扫涤人私意,使人人全得恻隐、羞恶之心。六经不作可也,里面着一点私意不

---

[1] 此句亦见于本书"类编"部分3.5.13条,文字差异较大。

得。(节①)

[注释]

①节：即甘节。参看4.1.7条注释。

[译文]

世人都有私心，圣人之所以留下千言万语，用来扫除人的私心，使人人都能成全其恻隐、羞耻之心。六经并没有加入作者的想法，里面藏一点私心也不行。(甘节)

4.2.91 许多道理，孔子恁地说一番，孟子恁地说一番，子思又恁地说一番，都恁地悬空挂在那里。自家须自去体认，始得。(贺孙①)

[注释]

①贺孙：即叶贺孙。参看4.1.8条注释。

[译文]

很多道理，孔子这样说一番，孟子这样说一番，子思又那样说一番，都这样凭空放在那里。只有自己去体验认证，才能有所得。(叶贺孙)

4.2.92 为学须是先立大本。其初甚约，中间一节甚广大，到末梢又约。孟子曰："博学而详说之，将以反说约也。"故必先观《论》《孟》《大学》《中庸》，以考圣贤之意；读史，以考存亡治乱之迹；读诸子百家，以见其驳杂之病。其节目自有次序，不可逾越。近日学者多喜从约，而不于博求之。不知不求于博，何以考其约？如某人好约，今只做得一僧，了得一身。又有专于博上求之，而不反其约，今日考一制度，明日又考一制度，空于用处作工夫，其病又甚于约而不博者。要之，均是无益。(可学①)

[注释]

①可学：即郑可学。参看3.2.92条注释。

[译文]

做学问必须先确立大的根本。刚开始的时候很简约，到了中间变得很广大，到了最后又变得很简约。孟子说："广博地学习而详尽地解说，目的在于融会贯通后返归于简约。"所以一定要先看《论语》《孟子》《大学》《中庸》，来考察圣贤的想法；读史书，来考察存亡治乱的事迹；读诸子百家，来发现其学问驳杂的毛病。求学自有其次序，不能逾越。近来求学之人大多喜欢简约，而不通过广泛学习来实现。他们不知道，不去广泛地学习，又怎么能考验其中的简约？如果一个人只是喜好简约，现在也就只能像个僧人，孑然一身而已。还有些人专门在广博上探求，却不融会贯通而后返归简约，今天考证一个制度，明天又考证一个制度，都不在有用的地方下功夫，他们的问题比那些只追求简约的人更严重。总而言之，都没有收益。（郑可学）

4.2.93 学者只是要熟，工夫纯一而已。读时熟，看时熟，玩味时熟。如《孟子》《诗》《书》，全在读时工夫。《孟子》每章说了，又自解了。盖他直要说得尽方住。其言一大片，故后来老苏亦拖他来做文章说。须熟读之，便得其味。[1] 今观《诗》，既未写得传，且除了《小序》而读之。亦不要将做好底看，亦不要将做恶底看，只认本文语意，亦须得八九。（蓥①）

[注释]

①蓥：即黄蓥。参看3.2.85条注释。

[译文]

求学之人只是要把书读得纯熟，做到功夫纯粹专一而已。读熟了，看

---

[1] 此句亦见于本书"类编"部分3.3.81条。

熟了，探求意味也就熟了。好比《孟子》《诗经》《尚书》，全都在读的时候下功夫。《孟子》每章说完之后，又自己解说，因为他要说得详尽才算完。他一说就是一大段，所以后来老苏也用它来做文章。这就是说一定要熟读，才能体会其中的意味。现在看《诗经》，既没有解说的文字，而且是去掉了《小序》来读的。不要事先就把它当做好的看，也不要事先就把它当做坏的看，只从文章本身的意思看，也能得到其中的十之八九。（黄㽦）

4.2.94 人做功课若不专一，东看西看，则此心先已散漫了，如何看得道理出！须是看《论语》，专只看《论语》；看《孟子》，专只看《孟子》。读这一章，更不看后一章；读这一句，更不得看后句；这一字理会未得，更不得看下字。如此，则专一而功可成。若所看不一，泛滥无统，虽卒岁穷年，无有透彻之期。某旧时文字，只是守此拙法，以至于今。思之，只有此法，更无他法。（偶①）

[注释]

①偶：即沈偶。参看4.1.12条注释。

[译文]

人学习的时候如果不专一，东看西看，那这个心就先散漫了，怎么能够弄懂道理！必须是看《论语》的时候，就专心只看《论语》；看《孟子》的时候，就专心只看《孟子》。读这一章，就不看后一章；读这一句，就不看后一句；这一个字理解不了，就不看下一个字。这样的话，才能专心一致，达到成功。如果看得不专一，泛览群书而没有统摄，即使成年累月地看下去，也没有能理解的时候。我以前写文章，就是坚持这个笨拙的方法，才有了今天的成就。现在想来，也只有这个方法，再没有其他的方法。（沈偶）

4.2.95 "凡读书，须有次序。且如一章三句，先理会上一句，待通透；次理会第二句、第三句，待分晓；然后将全章反复绎玩味。如未通透，却看前辈讲解，更第二番读过。须见得身分上有长进处，方为有益。如《语》《孟》二书，若便恁地读过，只一二日可了。若要将来做切己事玩味体察，一日多看得数段，或一两段耳。"又云："看讲解，不可专徇他说，不求是非，便道前贤言语皆的当。如《遗书》中语，岂无过当失实处，亦有说不及处。"又云："初看时便先断以己意，前圣之说皆不可入。此正当今学者之病，不可不知。"（宇①）

[注释]

①宇：即徐宇。参见4.2.40条注释。

[译文]

"凡是读书，必须要有次序。比如一章有三句，先理解领会第一句，直至完全贯通透彻；再去研究第二句、第三句，直至完全弄明白；然后把整章反复思考体会。如果没有达到贯通透彻，就去看前人的讲解，再去读第二遍。必须要感到自己有明显的进步，才是真正有收获。比如《论语》《孟子》两本书，如果只是随便地读读，只一两天也可以。如果要将它们应用到自己身上，玩味体察，一天最多也就看上几段，甚至也就一两段而已。"先生又说："看前人对经典的讲解，不能只是完全依从他的想法，而不去思考其中的对错，便说前人说的都是对的。比如《二程遗书》中的话，难免就有说得过分不符合实际的地方，也有说得不到位的地方。"又说："刚看书时就先用自己的想法做了判断，那以前圣贤说的话都没法被接受。这正是现在求学之人的毛病，不可不知道。"（徐宇）

4.2.96 人只读一书不得，谓其旁出多事。《礼记》《左传》最不可不读。（扬①）

[注释]

①扬：即包扬。参看4.1.81条注释。

[译文]

人只读一本书是不会有所得的，要广泛阅读才有收获。《礼记》和《左传》最不能不读。（包扬）

4.2.97 看经书与看史书不同：史是皮外物事，没紧要，可以札记问人。若是经书有疑，这个是切己病痛。如人负痛在身，欲斯须忘去而不可得。岂可比之看史，遇有疑则记之纸邪？（僩①）

[注释]

①僩：即沈僩。参看4.1.12条注释。

[译文]

看儒家经书和读史书是不一样的：史书的内容是道理之外的事迹，看不懂没什么要紧，可以记下来问别人。如果是读经书有疑问，这个就是自己身上的大毛病了。就像人身上受伤了，想要将其忘掉一会也不可能做到。怎么能将之与看史书比做一样，遇到疑问才记在纸上去问呢？（沈僩）

4.2.98 浩曰："赵书记云：'自有见后，只是看六经、《语》、《孟》，其它史书杂学皆不必看。'其说谓买金须问卖金人，杂卖店中那得金银？不必问也。"曰："如此，即不见古今成败，便是荆公之学。书那有不可读者？只怕无许多心力读得。六经是三代以上之书，曾经圣人手，全是天理。三代以下文字有得失，然而天理却在这边自若也。要有主，觑得破，皆是学。"（浩①）

[注释]

①浩：即邵浩。朱熹弟子。

[译文]

邵浩说:"赵书记说:'自从有了见解之后,就只读六经和《论语》《孟子》,其他史书和杂学之书都不必看了。'他说这就好比所谓的买金子就要问卖金子的人,杂货店里哪有金银?不必去问了。"先生说:"如果是这样,就看不见古今成败的经验教训,就是像王安石的学问。书哪有不能读的?只是怕没有那么多精力能读完。六经是夏商周三代以上的书,曾经经过圣人的整理,说的全部都是天理。三代以下的文字固然有得失,然而天理却仍在其列如同它本来一般。读书要有主旨,能看得破,都是学问。"(邵浩)

4.2.99 向时有一截学者,贪多务得,要读《周礼》、诸史、本朝典故,一向尽要理会得许多没紧要底工夫,少刻身己都自恁地颠颠倒倒没顿放处。如吃物事相似:将甚么杂物事,不是时节,一顿都吃了,便被他撑肠拄肚,没奈何他。(贺孙①)

[注释]

①贺孙:即叶贺孙。参看4.1.8条注释。

[译文]

过去有一部分求学之人,贪求过多苛求收获,要读《周礼》、各种史书和本朝历史,一直在理解领会无关紧要的地方下了许多功夫,不多久自己的身心就颠颠倒倒的,无法安顿好。这就和吃东西相似:将许多杂乱食物不按时节一顿都吃了,于是肚子肠子撑破了,真拿他没办法。(叶贺孙)

4.2.100 看经传有不可晓处,且要旁通。待其浃洽,则当触类而可通矣。(人杰①)

[注释]

①人杰：即万人杰。参看4.1.15条注释。

[译文]

看经典书和注解有不能明白的地方，要广泛联系，相互贯通。等到书上各处都融会贯通了，那就能同类触发而相互贯通了。（万人杰）

4.2.101 经旨要子细看上下文义。名数制度之类，略知之便得，不必大段深泥，以妨学问。

[译文]

经典的主旨大意要结合上下文仔细看。至于其中的名词、数目、制度之类，大概知道就可以了，不要在上面下太大功夫，以免对学问有所妨碍。

4.2.102 理明后，便读申韩书，亦有得。（方子①）（以下杂论）

[注释]

①方子：即李方子。参看4.1.1条注释。

[译文]

道理明白了之后，即使是读申不害、韩非的书，也能有所得。（李方子）（以下杂论）

4.2.103 诸先生立言有差处（如横渠、《知言》①），当知其所以差处，不宜一切委之，所以自广其志，自进其知也。

[注释]

①《知言》：宋代胡宏的哲学著作，初稿系论学语录和随笔札记，后经多次校订而成书。朱熹对《知言》虽颇有异议，但也承认其有精到之处，不能因一二瑕疵，尽废其书。

[译文]

各位先辈说的话有不恰当的地方（如同张载所说和胡宏《知言》所说），但应当尽力去理解其中不恰当的地方，不应该将其完全委置一边，这样也能扩充自己的志向，增进自己的学识。

4.2.104 读书理会道理，只是将勤苦捱将去，不解得不成。"文王犹勤，而况寡德乎！"今世上有一般议论，成就后生懒惰。如云不敢轻议前辈，不敢妄立论之类，皆中怠惰者之意。前辈固不敢妄议，然论其行事之是非，何害？固不可凿空立论，然读书有疑，有所见，自不容不立论。其不立论者，只是读书不到疑处耳。将《精义》诸家说相比并，求其是，便自有合辨处。（璘①）

[注释]

①璘：即滕璘。参看3.2.46条注释。

[译文]

读书去理解领会道理，就是要靠勤奋拼过去，不理解就不停下来。"周文王尚且勤奋，更何况寡德的普通人呢？"现在社会上有一些说法，让年轻人有了懒惰的理由。比如说不能轻易议论前辈、不能随便确立观点，这都符合懒惰者的心意。前辈确实不该随便议论，但是讨论他做事的对错，有什么害处？确实不该穿凿附会地确立观点，然而读书有疑问，有见解，当然也不能不确立观点。之所以不确立观点，只是读书还没有到有疑问的地方罢了。将《论孟精义》中各家解说相比较，探求其中正确的道理，自然就有值得讨论之处。（滕璘）

4.2.105 论看注解。因言读书法,曰:"且先读十数过,已得文义四五分;然后看解,又得三二分;又却读正文,又得一二分。"[1]向时不理会得《孟子》,以其章长故也,因如此读。元来他章虽长,意味却自首末相贯。"[2]又问读书心多散乱。曰:"便是心难把捉处。知得此病者,亦早少了。向时举《中庸》'诚者物之终始,不诚无物',说与直卿云:'且如读十句书,上九句有心记得,心不走作,则是心在此九句内,是诚,是有其物,故终始得此九句用。若下一句心不在焉,便是不诚,便无物也。'"[3](明作①)(以下论看注解)

[注释]

①明作:即周明作。参看4.2.87条注释。

[译文]

先生因而谈及读书的方法,说:"暂且先通读十几遍,就已经对文章的意思理解了四五分;之后看注解,又理解了三两分,然后再回头研读正文,又能理解一两分。先前没有理解领会《孟子》,因为他的文章都很长,所以这样读。后来发现他的文章虽然长,但主体意旨却首尾贯穿。"又有学生问读书时心散乱怎么办。先生回答说:"这就是心神难以把握的地方了。但能意识到这样的问题,还算很及时。过去总举《中庸》中'诚,贯穿在万事万物的始终,没有诚心就什么都做不成'的例子说给直卿听:'比如读十句书,前九句用心能记下,心不分神,那是心在这九句里下了功夫,这就是诚,是心里有这件事,所以始终都能运用这九句。如果读下一句的时候心不在焉,便是没有了诚心,心中没有这件事啊。'"(周明作)(以下论看注解)

---

〔1〕 此句亦见于本书"类编"部分3.3.68条,文字稍有出入。
〔2〕 此句亦见于本书"类编"部分3.3.3条。
〔3〕 此句亦见于本书"类编"部分3.7.20条,文字稍有出入。

4.2.106 "大凡人读书，且当虚心一意，将正文熟读，不可便立见解。看正文了，却着深思熟读，便如己说，如此方是。今来学者一般是专要作文字用，一般是要说得新奇，人说得不如我说得较好，此学者之大病。譬如听人说话一般，且从他说尽，不可剿断他说，便以己意见抄说。若如此，全不见得他说是非，只说得自家底，终不济事。"久之，又曰："须是将本文熟读，字字咀嚼，教有味。若有理会不得处，深思之；又不得，然后却将注解看，方有意味。[1] 如人饥而后食，渴而后饮，方有味。不饥不渴而强饮食之，终无益也。"又曰："某所集注《论语》，至于训诂皆子细者，盖要人字字与某着意看，字字思索到，莫要只作等闲看过了。"又曰："读书，第一莫要先立个意去看他底；莫要才领略些大意，不耐烦，便休了。"（祖道①）

[注释]

①祖道：即曾祖道。参看4.2.9条注释。

[译文]

"大体而言，人们读书，应当虚心专一，把正文读熟了，不能随便就定下自己的想法。看正文，必须深入思考、反复阅读，要让书上的话就像自己说出来的，这样才行。现在求学之人读书就是为了写文章，就是要说得新奇，别人说的没有我说的更好，这是读书人的大问题。就好像听别人说话一样，要先让他说完，不能中途打断了他，用自己的意思接着说。如果是这样，完全不去管别人说法的对错，只管说自己的，终究没有用。"许久，先生又说："必须把本文反复读熟了，一个字一个字地咀嚼，体会出其中的滋味。如果有理解不了的地方，就深入思考；还没法理解，然后就拿注解来看，这样才有意味。就像人饿了之后吃饭，渴了之后喝水，才有味道。不饥不渴却勉强去吃喝，最终也没什么用。"又说："我所作的

---

[1] 此句亦见于本书"类编"部分3.3.67条，文字出入较大。

《论语集注》，对于其中的字词解释都很仔细，这就是要人读的时候对每一个字都要留心，对每一个字都要思考，不要当做是等闲的字词看了过去。"又说："读书，第一就是不能先确立自己的意思去读；不要才领略一些大意，就不耐烦，便放弃了。"（曾祖道）

4.2.107 学者观书，先须读得正文，记得注解，成诵精熟。注中训释文意、事物、名义，发明经指相穿纽处，一一认得，如自己做出来底一般，方能玩味反复，向上有透处。若不如此，只是虚设议论，如举业一般，非为己之学也。曾见有人说《诗》，问他《关雎》篇，于其训诂名物全未晓，便说："乐而不淫，哀而不伤。"某因说与他道："公而今说《诗》，只消这八字，更添'思无邪'三字，共成十一字，便是一部《毛诗》了。其它三百篇，皆成渣滓矣！"因忆顷年见汪端明说："沈元用问和靖：'《伊川易传》何处是切要？'尹云：'体用一源，显微无间'，此是切要处。"后举似李先生，先生曰："尹说固好。然须是看得六十四卦、三百八十四爻都有下落，方始说得此话。若学者未曾子细理会，便与他如此说，岂不误他！"某闻之悚然！始知前日空言无实，不济事，自此读书益加详细云。（此一段，系先生亲书，示书堂学者。）[1]

[译文]

　　学者用恭敬之心读书，首先要诵读熟悉正文，也能记得注解，能精准、熟练背诵下来。对于注释中解释文章意义、解释文中所涉及的事物和名词典故的地方，以及语义相互贯穿承接的地方，都能一一认得，就像是自己写出来的一样，只有这样才能反复玩味，才能在理解和领悟上达到通达、透彻。如果不是这样，只是凭空发一通议论，好像做科举文章一样，并非与自己紧密相关的学问。我曾经见过有人讲解《诗经》，便问他《关

---

[1] 此条亦见于本书"类编"部分3.3.44条，文字稍有出入。

睢》篇怎么理解。没想到他对相关训诂、名物全都不知道，只说"乐而不淫，哀而不伤"八个字。所以我对他说："你解读《诗经》，只用八个字，如果更加上'思无邪'三个字，共十一字，足以顶得上一部《毛诗》了。《诗经》中的其他三百篇，都成了渣滓了。"因此想起前几年遇到汪应辰长辈的时候，他说："沈元用曾经问和靖先生：'程颐先生的《易传》哪些话最重要？'"和靖先生说：'体用一源，显微无间'，这句话最重要。"后来我把这话转述给我的老师李侗先生，老师说："和靖说得固然没错，但必须建立在把六十四卦、三百八十四爻都理解透彻的基础上，才有资格说这句话。如果求学之人还没弄清楚六十四卦、三百八十四爻，就告诉他这句话，那只会误导他！"我听后不禁感到后怕。这才知道先前空谈不实在，完全无济于事，从此之后读书时愈发仔细了。（这段话，是朱熹先生亲自书写，挂在书塾里警示学生的。）

4.2.108 凡人读书，若穷得到道理透处，心中也替他（饶本作"替地"）快活。若有疑处，须是参诸家解熟看。看得有差互时，此一段终是不稳在心头，不要放过。[1]（敬仲①）

[注释]

①敬仲：即游敬仲。参看4.1.68条注释。

[译文]

凡是读书，如果考察到彻底明白时，心里也会暗暗地高兴。如果有疑问，就必须多方参考各家的注解详细地看，看到不确定的地方时，这一段在心里终究不安稳，不要轻易放过。（游敬仲）

4.2.109 凡看文字，诸家说有异同处，最可观。谓如甲说如此，且挦扯住甲，穷尽其词；乙说如此，且挦扯住乙，穷尽其词。

---

[1] 此句亦见于本书"类编"部分3.3.33条。

两家之说既尽，又参考而穷究之，必有一真是者出矣。[1]（学蒙①）

[注释]

①学蒙：即林学蒙。参看3.2.97条注释。

[译文]

凡是看文字，各家说法有不同的地方，最值得看。比如说甲是这么说的，那就拉住甲，让他把所有的想法都说出来；如果乙是那么讲的，也把他拉住，让他把所有的想法都说出来。完全了解了两家的观点，再参照对应深入研究，必定有一正确的从中出来。（林学蒙）

4.2.110 经之有解，所以通经。经既通，自无事于解，借经以通乎理耳。理得，则无俟乎经。今意思只滞在此，则何时得脱然会通也。且所贵乎简者，非谓欲语言之少也，乃在中与不中尔。若句句亲切，虽多何害。若不亲切，愈少愈不达矣！某尝说："读书须细看得意思通融后，都不见注解，但见有正经几个字在，方好。"（大雅①）

[注释]

①大雅：即余大雅。参看4.1.48条注释。

[译文]

经书之所以有注解，是用来疏通经书的。经书贯通之后，自然就不必用注解了，而是要借助经书来通晓道理。道理懂得了，就不用再依靠经书了。现在心思只被牵制在书上、注解上，那什么时候才能脱开它而领会贯通道理呢？而且读书之所以贵在简化，并不是说非得要文字少，而在于符合与不符合道理。如果句句都很亲切，即使文字多了也没有什么不好。如果不能亲切理解，文字越少越不容易表达意思。我曾经说过："读书要仔

---

[1] 此句亦见于本书"类编"部分3.3.36条，文字稍有出入。

细看到意思融会贯通之后，都不用再看注解，只看见经书的正文上的几个字，那才好。"（余大雅）

4.2.111 句心。（方子①）

[注释]

①方子：即李方子。参看 4.1.1 条注释。

[译文]

每一句的关键字，就是这一句的核心。（李方子）

4.2.112 看注解时，不可遗了紧要字。盖解中有极散缓者，有缓急之间者，有极紧要者。某下一字时，直是称轻等重，方敢写出！[1] 上言句心，即此意。（方子①）

[注释]

①方子：即李方子。参看 4.1.1 条注释。

[译文]

看注解的时候，不能漏掉紧要的字眼。因为注解中有意思平铺直叙的，有转折变化的，也有至关紧要的。我写下每一个字的时候，都要反复衡量，才敢写出。上一条所说的"句心"，就是这个意思。（李方子）

4.2.113 且寻句内意。（方子①）

[注释]

①方子：即李方子。参看 4.1.1 条注释。

---

[1] 此句亦见于本书"类编"部分 3.3.42 条，文字稍有出入。

[译文]

暂且去探寻语句里边的含义。（李方子）

4.2.114 凡读书，须看上下文意是如何，不可泥着一字。如扬子"于仁也柔，于义也刚"，到《易》中，又将刚来配仁，柔来配义。如《论语》"学不厌，智也；教不倦，仁也"，到《中庸》又谓"成己，仁也；成物，智也"。此等须是各随本文意看，便自不相碍。[1]（淳①）

[注释]

①淳：即陈淳。参看3.3.82条注释。

[译文]

大致上读书，就需弄清上下文之间是什么意思，不可只拘泥于某字。比如扬雄说"于仁也柔，于义也刚"，到《易经》中却拿刚来配仁，柔来配义。又如《论语》里说"学不厌，智也；教不倦，仁也"，而在《中庸》又说"成己，仁也；成物，智也"。这些语句必须是放到各自文本的语境中加以理解，才不会相互妨碍。（陈淳）

4.2.115 问："一般字，却有浅深轻重，如何看？"曰："当看上下文。"（节①）

[注释]

①节：即甘节。参看4.1.7条注释。

[译文]

问："一样的文字，却有深浅轻重不同，该怎么看？"先生说："应该看上下文。"（甘节）

---

[1] 此句亦见于本书"类编"部分3.4.38条，文字稍有出入。

4.2.116 读书，须从文义上寻，次则看注解。今人却于文义外寻索。[1]（盖卿①）

[注释]

①盖卿：即龚盖卿。参看4.2.3条注释。

[译文]

读书，要从文本的意思中寻求道理，其次才看注解。现在的人却在文本意思之外研究。（龚盖卿）

4.2.117 传注，惟古注不作文，却好看。只随经句分说，不离经意，最好。疏亦然。今人解书，且图要作文，又加辨说，百般生疑。故其文虽可读，而经意殊远。程子《易传》亦成作文，说了又说。故今人观者更不看本经，只读传，亦非所以使人思也。（大雅①）（以下附论解经）

[注释]

①大雅：即余大雅。参看4.1.48条注释。

[译文]

经书的各类传注解释，只有古代的注释是不追求文采的，但却容易看。它只是紧随经文语句分别做解说，不离开经文的意思，最好不过了。对注解释的疏也是这样。今天的人解释经典，不但要借此做文章，又要添加辩解说明，令人产生不少疑惑。所以他的文章虽然可以阅读，但离经文的意思却相距太远。程颐先生的《易传》也成了做文章，说了又说。所以现在的人读书更不去读本来的经典，却只读解释经典的传文，也是不能引发人深思的做法。（余大雅）（以下附论解释经书）

---

[1] 此句亦见于本书"类编"部分3.4.30条，文字稍有出入。

4.2.118 "解经"谓之"解"者,只要解释出来。将圣贤之语解开了,庶易读。(泳)

[译文]

"解经"叫做"解",只是要把经书的意思解释出来。把圣贤的话解释清楚,就容易读了。(泳)

4.2.119 圣经字若个主人,解者犹若奴仆。今人不识主人,且因奴仆通名,方识得主人,毕竟不如经字也。(泳)

[译文]

圣贤的经典就像是主人,注解就像是奴仆。现在的人不认识主人,就借助奴仆通报姓名,才能认识主人,可读注解毕竟不如读经书原文。(泳)

4.2.120 随文解义。(方子)

[译文]

根据上下文的内容来确定具体词句的意思。(李方子)

4.2.121 解经当如破的。(方子)

[译文]

解释经书要像射箭靶。(李方子)

4.2.122 经书有不可解处,只得阙。若一向去解,便有不通而谬处。[1]

[译文]

读经时遇到难以理解的地方，只能先放一放。如果强行去理解，就必然有说不通甚至错误的地方。

4.2.123 今之谈经者，往往有四者之病：本卑也，而抗之使高；本浅也，而凿之使深；本近也，而推之使远；本明也，而必使至于晦。此今日谈经之大患也。[2]（盖卿①）

[注释]

①盖卿：即龚盖卿。参看4.2.3条注释。

[译文]

现在的人谈论经书，往往有四个毛病：经书本来立意卑微，却刻意将它拔高；本来浅显易懂，却穿凿附会让它变得高深；本来与自己生活贴近，却人为推开变得遥远莫及；本来清楚明朗，却故意遮蔽使它变得晦涩难懂。这些都是谈论经书常犯的毛病。（龚盖卿）

4.2.124 后世之解经者有三：（一）儒者之经；（一）文人之经，东坡①、陈少南②辈是也；（一）禅者之经，张子韶③辈是也。

[注释]

①东坡：即苏轼。参看3.1.34条注释。②陈少南：即陈浩（1099—1148），字少南，号鹏飞，南宋永嘉县（今浙江温州）人。高宗绍兴十二年（1142）进士，任鄞县尉，除礼部员外郎、太学博士，崇政殿说书，

---

[1] 此句亦见于本书"类编"部分3.4.27条，文字稍有出入。
[2] 此句亦见于本书"类编"部分3.4.36条，文字稍有出入。

经筵讲经。因忤秦桧，谪居惠州舍人巷，绍兴十八年（1148）卒于惠州。所著《罗浮集》十卷、《管见集》十卷以及《书经》《诗传》等，均佚。③张子韶：即张九成（1092—1159），字子韶，号无垢，其先开封人，后迁海宁盐官（今浙江海宁）。南宋官员、理学家。南宋绍兴二年（1132）殿试为状元。授镇东军签判，因与上司意见不合，弃官归乡讲学。后应召为太常博士，历任宗正少卿、侍讲、权礼部侍郎兼刑部侍郎。他为官不附权贵，主张抗金，反对议和，为秦桧所忌，谪守邵州，不久又革职，复以"谤讪朝政"罪名，谪居南安军14年。秦桧死，重新起用，出知温州。因直言上疏，不纳，辞官归故里，不久病卒。后追赠太师，封崇国公，谥文忠。张九成致力经学，杂以佛学。著有《横浦集》等多种，对经学有独创见解。

[译文]

后世解释经书有三个类别：一、儒者的解经方式；二、文人的解经方式，比如苏东坡、陈少南这些人解经；三、禅宗的解经方式，比如张子韶这些人解经。

4.2.125 解书，须先还他成句，次还他文义。添无紧要字却不妨，添重字不得。今人所添者，恰是重字。（端蒙①）

[注释]

①端蒙：即程端蒙。参看3.1.16条注释。

[译文]

解释书上的内容，先要还原它的句子，其次要还原它的意思。增添些无关紧要的字并不要紧，关键字是不能添加的。现在人添加的，恰恰是关键字。（程端蒙）

4.2.126 圣贤说出来底言语，自有语脉，安顿得各有所在，岂似后人胡乱说了也！须玩索其旨，所以学不可以不讲。讲学固要大纲正，然其间子细处，亦不可以不讲。只缘当初讲得不子细，既不得圣贤之意，后来胡乱执得一说，便以为是，只胡乱解将去！[1]（䕫①）

[注释]

①䕫：即黄䕫。参看3.2.85条注释。

[译文]

圣贤说出来的言论，自然有它的内在脉络，篇章字句也都安排在合理的地方，岂是像后人那样胡乱解说的？要用心玩味探索其中的主旨，所以做学问不能不讲解。讲学固然要纲领正确，然而细节之处，也不能不讲。有些人只因为当初研究得不仔细，既没有理解圣贤的意思，后来又胡乱地执着一个说法，就自以为是，只胡乱解释下去。（黄䕫）

4.2.127 必大①录此下云："古人似未尝理会文义。今观其说出底言语，不曾有一字用不当者。"

[注释]

①必大：即吴必大。参看3.2.47条注释。

[译文]

吴必大记录下朱熹所说的下面一段话："古人似乎并没有专门用心领会文章的意义。但今天看他们说出来的话，却不曾有一个字用得不恰当。"

4.2.128 解经，若于旧说一向人情他，改三字不若改两字，改两字不若且改一字，至于甚不得已乃始改，这意思终为害。（升卿①）

---

[1] 此句亦见于本书"类编"部分3.4.76条。

[注释]

①升卿：即黄升卿。参看4.1.70条注释。

[译文]

解释经典，如果对于过去的观点怀有个人情分，认为改动三个字不如改两个字，改动两个字不如改动一个字，甚至在没有办法的时候才改动，这种心思最终是祸害。（黄升卿）

4.2.129 凡学者解书，切不可与他看本。看本，则心死在本子上。只教他恁地说，则他心便活，亦且不解失忘了。（寿昌①）

[注释]

①寿昌：即吴寿昌。参看4.1.59条注释。

[译文]

求学之人理解经书，千万不能先给他看注解。看了注解，想法就被局限在注解上了。只告诉他圣人本来怎么说，那么他的心就活了，而且不会因不理解而忘记。（吴寿昌）

4.2.130 "学者轻于著书，皆是气识浅薄，使作得如此，所谓'圣虽学作兮，所贵者资；便儇皎厉兮，去道远而'！盖此理醲厚，非便儇皎厉不克负荷者所能当。子张谓'执德不弘'，人多以'宽大'训'弘'字，'大'无意味，如何接连得'焉能为有，焉能为亡'，文义相贯，盖'弘'字有深沉重厚之意。横渠谓：'义理深沉方有造，非浅易轻浮所可得也。'此语最佳。"问："《集注》解此，谓'守所得而心不广，则德孤'，如何？"曰："'孤'，只是'孤单'。所得只是这些道理，别无所有，故谓之德孤。"（谟①）（论著书）

[注释]

①谟：即周谟。参看3.5.30条注释。

[译文]

"求学之人在著书上不下功夫，都是心气见识浅薄。假使能这样做，则所谓'学习和实践圣人的话，天资好是很可贵的；越是耍小聪明的，离道义就越远'。因为道理如此醇厚，不是那些耍小聪明的、不能承担压力的人所能承担的。子张说'执德不弘'，很多人用'宽大'来解释'弘'字，'大'字没有意味，怎么能接上'如何才能拥有，如何才能去除'？文章的意思是相互贯通的，'弘'字具有深沉厚重的意味。横渠先生说：'道理只有深沉才能有所成就，并非浅显轻浮就能得到的。'这句话说得最好。"问："《论语集注》解释这一句话，说'守所得而心不广，则德孤'，这句话如何理解？"先生回答说："'孤'，只是'孤单'的意思。所得到的只是这些道理，并没有别的，所以说'德孤'。"（周谟）（论著书）

4.2.131 编次文字，须作草簿，抄记项头。如此，则免得用心去记他。兵法有云："车载糇粮兵仗，以养力也。"编次文字，用簿抄记，此亦养心之法。（广①）（论编次文字）

[注释]

①广：即辅广。参看3.2.78条注释。

[译文]

编辑文稿，要准备草稿本，抄记内容概要。这样，就不用去强记了。兵法上说："用车子装载粮草、兵器、仪仗等物资，来节省士兵的力量。"写文章，用本子抄记内容，这也是涵养心性的方法。（辅广）（论编辑排列文字）

4.2.132 论读史。今人读书未多，义理未至融会处，若便去看史书，考古今治乱，理会制度典章，譬如作陂塘以溉田，须是陂塘中水已满,然后决之,则可以流注滋殖田中禾稼。若是陂塘中水方有一勺之多,遽决之以溉田,则非徒无益于田,而一勺之水亦复无有矣。[1] 读书既多,义理已融会,胸中尺度一一已分明,而不看史书,考治乱,理会制度典章,则是犹陂塘之水已满,而不决以溉田。[2] 若是读书未多,义理未有融会处,而汲汲焉以看史为先务,是犹决陂塘一勺之水以溉田也,其涸也可立而待也。(广①)(以下读史)

[注释]

①广:即辅广。参看3.2.78条注释。

[译文]

今天的人读书还不多,义理还没能融会贯通,如果就要去读史书,考查古今的兴衰成败,研究各朝的典章制度,这就像挖个池塘来灌溉农田,必须等到池塘的水满了,然后决堤放水,这样水才可以流进农田灌溉庄稼。如果池塘里的水只有一勺子那么多,就急于决堤灌溉田地,那么非但对农田无益,就连那一勺子水也没有了。书读得多了,义理自然融会贯通于心中,对事物判断的法度了然分明,这时如果不读史书,考察古今的兴衰成败,研究各朝的典章制度,就好比池塘里的水已经满了,却又不决堤去灌溉农田啊。如果书还读得不多,道理还没有融会贯通,而急切地把阅读史书放在第一要务上,这就像打开池塘里那一勺水来浇地,其干涸是马上就能看到的。(辅广)(以下论读史书)

4.2.133 先看《语》《孟》《中庸》,更看一经,却看史,方易看。先读《史记》,《史记》与《左传》相包。次看《左传》,次看《通鉴》,有余力则看全史。[3] 只是看史,不如今之看史有许多

---

[1] 此句亦见于本书"类编"部分第3.2.12条,文字稍有出入。

[2] 此句亦见于本书"类编"部分3.2.12条,文字稍有出入。

[3] 此句亦见于本书"类编"部分3.2.42条。

崎岖，看治乱如此，成败如此，"与治同道罔不兴，与乱同事罔不亡"，知得次第。（节^①）

[注释]

①节：即甘节。参看4.1.7条注释。

[译文]

先看《论语》《孟子》《中庸》，再看六经中的一部经书，然后再去读史书，才容易看懂。读史书要先读《史记》，《史记》与《左传》的内容相互包含。再看《左传》，再看《资治通鉴》，有余力就再去看全部的史书。只是看史书，不像当今看史书有不少奇特，看社会治乱是这样，看事情成败也是这样，"与治世的道理相同没有不兴盛的，依乱世的做法行事没有不灭亡的"，要知道读书的次序。（甘节）

4.2.134　今人只为不曾读书，只是读得粗书。凡读书，先读《语》《孟》，然后观史，则如明鉴在此，而妍丑不可逃。若未读彻《语》《孟》《中庸》《大学》便去看史，胸中无一个权衡，多为所惑。又有一般人都不曾读书，便言我已悟得道理，如此便是恻隐之心，如此便是羞恶之心，如此便是是非之心，浑是一个私意，如近时祧庙可见。（杞^①）

[注释]

①杞：即李杞。参看4.1.16条注释。

[译文]

现在很多人没有真正读过圣贤的书，只是读了些粗浅的书。读书，要先读《论语》《孟子》，然后再看史书，就像明镜放在这里，是美是丑没法逃出。如果没有读懂《论语》《孟子》《中庸》《大学》，便去看史书，那心中就没有一个衡量的准则，大多会为其所惑。又有一种人根本没有读过书，就说我已经悟到了道理，说这个就是恻隐之心，这个就是羞耻之

心,这个就是是非之心,完全是自己的想法,看现在的"祧庙之议"中一些人的言行就是这样。(李杞)

4.2.135 问读史之法。曰:"先读《史记》及左氏,却看西汉、东汉,及《三国志》,次看《通鉴》。温公初作编年,起于威烈王;后又添至共和后,又作《稽古录》,始自上古。然共和以上之年,已不能推矣。独邵康节却推至尧元年,《皇极经世》书中可见。编年难得好者,前日周德华所寄来者亦不好。温公于本朝又作《大事记》。若欲看本朝事,当看《长编》。若精力不及,其次则当看《国纪》。《国纪》只有《长编》十分之二耳。"(时举①)

[注释]

①时举:即潘时举。参看3.3.5条注释。

[译文]

有人询问读史书的方法。先生回答说:"先读《史记》和《左传》,再看《前汉书》《后汉书》和《三国志》,之后看《资治通鉴》。温公刚刚开始做编年史,从周威烈王开始,后来又添补到共和年间,又写了《稽古录》,从上古开始。然而共和之前的事,已经不能推知了。唯独邵康节却上推到尧元年,这在他的著作《皇极经世》中就能看出。编年难得有好的,前天周德华寄来的也不好。温公对本朝还做了《大事记》,如果要了解本朝历史,应当看《资治通鉴长编》。如果精力不够,就退一步看《国纪》,《国纪》只有《长编》的十分之二。"(潘时举)

4.2.136 史亦不可不看。看《通鉴》固好,然须看正史一部,却看《通鉴》。一代帝纪,更逐件大事立个纲目,其间节目疏之于下,恐可记得。(人杰①)

[注释]

①人杰：即万人杰。参看4.1.15条注释。

[译文]

史书也不能不读。看《资治通鉴》确实好，但是一定要看过一部正史，再去看《资治通鉴》。对于帝纪，更要把一件一件大事列出一个纲目，把其中的细节事项分列在下面，这样才有可能记得。（万人杰）

4.2.137 饶宰①问看《通鉴》。曰："《通鉴》难看，不如看《史记》《汉书》。《史记》《汉书》事多贯穿，纪里也有，传里也有，表里也有，志里也有。《通鉴》是逐年事，逐年过了，更无讨头处。"（道夫②录云："更无踪迹。"）饶廷老③曰："《通鉴》历代具备。看得大概，且未免求速耳。"曰："求速，却依旧不曾看得。须用大段有记性者，方可。且如东晋以后，有许多小国夷狄姓名，头项最多。若是看正史后，却看《通鉴》，见他姓名，却便知得他是某国人。某旧读《通鉴》，亦是如此。且草草看正史一上，然后却来看他。"[1]（芝④）

[注释]

①饶宰：朱熹弟子。其余事不详。②道夫：即杨道夫，参看3.2.58条注释。③饶廷老：即饶干，字廷老，邵武（今属福建）人，淳熙二年（1175）登进士第，调吉水尉，转知长沙。当时朱熹守长沙，故受业为朱熹弟子。后知怀安军，卒。④芝：即陈芝。参看4.1.87条注释。

[译文]

饶宰问看《资治通鉴》的方法。先生说："《资治通鉴》难读，不像《史记》《汉书》。《史记》《汉书》中的史事多能贯穿始终，本纪里有，列传里有，表里也有，志里也有。《资治通鉴》是按年份逐年记事的，年

---

[1] 此句亦见于本书"类编"部分3.2.40条，文字差异较大，此处较详。

份一过，就没法找史事的头绪。"（杨道夫记录说："更无踪迹。"）饶廷老说："《资治通鉴》每个朝代的事都记载，能看出个大概，这么读就是求快罢了。"先生说："只求快，就跟仍然没看一样。要能大段地记在心里，才可以。再比如说东晋以后，有许多小国和少数民族的名字，数量最多。如果看正史之后再去看《资治通鉴》，看见他的名字，就知道他是哪个国家的人。我以前看《资治通鉴》，就是这样。暂且简单地把正史看一遍，然后再来看它。"（陈芝）

4.2.138 问："读《通鉴》与正史如何？"曰："好且看正史，盖正史每一事关涉处多，只如高祖鸿门一事，本纪与张良、灌婴诸传互载，又却意思详尽，读之使人心地欢洽，便记得起。《通鉴》则一处说便休，直是无法，有记性人方看得。"又问："《致堂管见》①，初得之甚喜。后见《南轩集》②中云：'病败不可言。'又以为专为桧设。岂有言天下之理而专为一人者！"曰："尽有好处，但好恶不相掩尔。"曰："只如头一章论三晋事，人多不以为然。自今观之，只是祖温公尔。"曰："诚是祖。但如周王不分封，也无个出场。"（道夫①）

[注释]

①《致堂管见》：即《致堂读史管见》，是南宋理学家胡寅的著作。胡寅字明仲，号致堂，崇安人，官至礼部侍郎，谥文忠。是编乃其谪居之时读司马光《资治通鉴》而作。②《南轩集》：宋代理学家张栻的著作。共四十四卷，因张栻号南轩，故以为集名。③道夫：即杨道夫。参看3.2.58条注释。

[译文]

学生问："读《资治通鉴》和正史相比怎么样？"先生回答："还是看正史好，正史里每一件事关联牵涉的地方多，比如汉高祖赴鸿门宴这件事，本纪和张良、灌婴等人的列传都有记载，又说得很详细，读来让人身心愉悦，就容易记得。《资治通鉴》说完一次就不再说了，很难读，要有记性的人读了才有用。"又问："胡寅先生的《致堂管见》，我刚得到的时候非常高兴。后来看张栻先生的《南轩集》中有'病败不可言'这句话，认为这是专门为秦桧而言的。难道有说天下之理却专就一个人说吗？"先生回答说："都有好处，但各自的优点和缺点也不相互掩饰。"又问说："只拿开头论三晋这一段来说，人们多数不以为然。从当今来看，只是效法司马光而已。"先生回答说："确实是效法司马光。但就像先不说周王分封的事，其他的人物也就没办法出场了。"（杨道夫）

4.2.139 读史，当观大伦理、大机会、大治乱得失。（节①）

[注释]

①节：即甘节。参看4.1.7条注释。

[译文]

读史书，要看重大的伦理、重大的机会、重大的治乱得失。（甘节）

4.2.140 凡观书史，只有个是与不是。观其是，求其不是；观其不是，求其是，然后便见得义理。（寿昌①）

[注释]

①寿昌：即吴寿昌。参看4.1.59条注释。

[译文]

凡是看史书，只要关注事情的对和错。研究对的事，找到其中不对的地方；研究不对的事，寻求其中对的地方，然后就能读出其中的义理了。（吴寿昌）

4.2.141 史且如此看读去，待知首尾稍熟后，却下手理会。读书皆然。

[译文]

史书就先这样看过去，等到对来龙去脉都有个了解，再深入理解领会。读书都要这样。

4.2.142 读史有不可晓处，札出待去问人，便且读过。有时读别处，撞着有文义与此相关，便自晓得。[1]（义刚①）

[注释]

①义刚：即黄义刚。参看3.1.24条注释。

[译文]

读史书有不能明白的地方，先记录下来等机会再去问别人，如此先读过去。有时读别的地方，撞见了和这里文句意思相关的，便自然会理解。（黄义刚）

4.2.143 问读史。曰："只是以自家义理断之。大概自汉以来，只是私意，其间有偶合处尔。只如此看他，已得大概。范《唐鉴》①亦是此法，然稍疏。更看得密如他，尤好。然得似他，亦得了。"（端蒙②）

[注释]

①范《唐鉴》：指范祖禹的《唐鉴》一书。②端蒙：即程端蒙。参看3.1.16条注释。

[译文]

问怎样读史书。先生说："只不过是用自己心中的道理来判断。大概汉代以后的史书，大多是史家个人意思，其中只有偶尔和道理相符合的。只管这样去读，就已经能得到大概。范祖禹的《唐鉴》也是这种方法，

---

[1] 此句亦见于本书"类编"部分3.4.62条，文字稍有出入。

但稍微粗略。要比他看得更加细致,就更好了。然而如果能像他那样,也是有收获了。"(程端蒙)

4.2.144 读史亦易见作史者意思,后面成败处,他都说得意思在前面了。如陈蕃杀宦者,但读前面,许多疏脱都可见了。"甘露"事亦然。(贺孙①)

[注释]

①贺孙:即叶贺孙。参看4.1.8条注释。

[译文]

读史书其实很容易读出作史者的意思,后面记载的成败结果,他在前面其实已经说了。如陈蕃杀宦官事件,只要读前面的内容,在许多不经意的地方已经可以发现了。"甘露"事件也是如此。(叶贺孙)

4.2.145 问芝:"史书记得熟否?苏丞相颂看史,都在手上轮得。他那资性直是会记。"芝曰:"亦缘多忘。"曰:"正缘如此,也须大约记得某年有甚么事。某年有甚么事才记不起,无缘会得浃洽。"芝云:"正缘是不浃洽。"曰:"合看两件,且看一件。若两件是四百字,且二百字,有何不可。"(芝①)

[注释]

①芝:即陈芝。参看4.1.87条注释。

[译文]

先生问陈芝说:"史书记得熟不熟?苏颂丞相读史书,总是手上不离书。他的天资出众,记性特别好。"陈芝回答:"我读史书容易遗忘。"先生说:"就算这样,也要大概记得某年有什么事。某年有什么事记不得,就不能融会贯通。"陈芝回答:"正因为这样才不能贯通。"先生说:"能看两件事,就先看一件。如果两件事是四百字,先看二百字,有什么不行的!"

(陈芝)

4.2.146 "人读史书,节目处须要背得,始得。如读《汉书》,高祖辞沛公处,义帝遣沛公入关处,韩信初说汉王处,与史赞、《过秦论》之类,皆用背得,方是。若只是略绰看过,心下似有似无,济得甚事!读一件书,须心心念念只在这书上,令彻头彻尾,读教精熟。这说是如何,那说是如何,这说同处是如何,不同处是如何,安有不长进!而今人只办得十日读书,下着头不与闲事,管取便别。莫说十日,只读得一日,便有功验。[1] 人若办得十来年读书,世间甚书读不了![2] 今公们自正月至腊月三十日,管取无一日专心致志在书上。"又云:"人做事,须是专一。且如张旭学草书,见公孙大娘舞剑器而悟。若不是他专心致志,如何会悟!"

[译文]

"读史书,关键之处要背诵下来,才行。比如读《汉书》,其中高祖推辞不做沛县令、义帝遣沛公入关、韩信初说汉王以及史赞、《过秦论》之类,都要背下来才行。如果只是粗略地看完,心里若有若无,有什么用!读一本书,必须心心念念都在这本书上,把它从头到尾都读得精湛纯熟。这里说的是什么,那里说的是什么,相同的是什么,不同的是什么,又怎么能不长进!现在的人只要能坚持读十天书,每天埋头苦读不理其他闲事,包管会有不同。别说十天,就算这样读一天,也有效果。人如果用十几年读书,世上什么书读不了!现在各位从正月到腊月三十日,没有一天在专心致志读书。"又说:"人做事,必须专一。就像张旭学草书,他看见公孙大娘舞剑就能有所领悟。如果不是他专心致志,又如何领悟得到!"

---

[1] 此句亦见于本书"类编"部分3.3.86条。
[2] 此句亦见于本书"类编"部分3.3.18条。

4.2.147 杨志之①患读史无记性，须三五遍方记得，而后又忘了。曰："只是一遍读时，须用功，作相别计，止此更不再读，便记得。有一士人，读《周礼疏》，读第一板讫，则焚了；读第二板，则又焚了；便作焚舟计。若初且草读一遍，准拟三四遍读，便记不牢。"又曰："读书须是有精力。"至之曰："亦须是聪明。"曰："虽是聪明，亦须是静，方运得精神。昔见延平说：'罗先生解《春秋》也浅，不似胡文定。后来随人入广，在罗浮山住三两年，去那里心静，须看得较透。'（淳录云："那里静，必做得工夫有长进处。只是归来道死，不及叩之。"）某初疑解《春秋》，于心静甚事？后来方晓。盖静则心虚，道理方看得出。"义刚曰："前辈也多是在背后处做几年，方成。"曰："也有不恁地底。如明道自二十岁及第，一向出来做官，自恁地便好了。"（义刚①）

[注释]

①杨志之：即杨至。参看3.3.62条注释。②义刚：即黄义刚。参看3.1.24条注释。

[译文]

杨志之担心读史书记不住，要看过三五遍才能记得，之后又忘了。先生说："只是第一遍读的时候，必须用功，要像就此跟这本书告别，从此不再读一样，就能记得了。有一位读书人，他读《周礼疏》，读完第一页就烧了；读完第二页，又烧了；用的是渡河烧船一去不回头的方法。如果一开始就草读一遍，又准备读三四遍，就记不牢。"先生又说："读书要有精力。"杨志之说："也得聪明才行。"先生说："就算聪明，也得静下心来，才能调动精神。以前见到延平先生说：'罗先生解读《春秋》比较粗浅，不像胡文定解读得精湛。后来同别人一道去广东，在罗浮山住了两三年，在那里把心静了下来，就看得比较通透了。'（陈淳记录说："那里安静，他一定下了功夫才有所长进。只是归来就去世了，来不及叩问了。"）我当初很疑惑解读《春秋》，关静心什么事？后来才明白各种原由。原来心只有静下来才能虚，道理也能从中看出来了。"黄义刚说："前辈们也大多是在背后下了很多年功夫，方才成功。"先生说："也有不是这样的。比如程颢先生，他从二十岁科举及第，一向出来做官，就自己是那样的好。"（黄义刚）

附　录

重要人名索引

编者按：

《朱子读书法》所涉及朱熹师友门人为数甚多，不便考索。今将本书正文条目中所出现的重要人物名称以汉语拼音为序排列，列其所出现条目编号于后，以便读者查考。

B

包显道（包扬）：4.1.81、4.1.90、4.2.66、4.2.96

包详道（包约）：3.1.34

C

蔡季通（蔡元定、西山先生）：3.4.136、3.5.52

蔡仲默（蔡沉、蔡九峰）：3.4.46、3.4.47

陈才卿（陈文蔚）：3.4.141、3.6.35、4.2.11

陈超宗：3.6.30

陈淳（陈安卿）：3.3.82、3.4.6、3.4.61、4.1.6、4.1.21、4.1.29、4.1.37、4.1.44、4.1.63、4.1.75、4.2.18、4.2.24、4.2.25、4.2.39、4.2.42、4.2.49、4.2.55、4.2.85、4.2.114

陈肤仲（陈孔硕）：3.3.108、3.6.26、3.6.32、3.7.24

陈福公（陈俊卿、陈丞相）：3.1.13、3.2.15、3.2.30

陈公直：3.2.56

陈晋之(陈旸):3.3.5

陈明仲(陈旦):3.1.27、3.2.35、3.2.68、3.3.63、3.4.97

陈蓍:3.2.114

陈少南(陈浩、陈鹏飞):4.2.124

陈师道(后山、陈履常):3.2.44

陈师德(陈定):3.2.91

陈希周:3.1.1

陈与义(简斋):3.2.45

陈芝(陈庭秀):4.1.87、4.2.13、4.2.137、4.2.145

程颢(明道):3.2.55、3.4.84

程颐(程先生、程子、程夫子、程伊川):2.6.1、3.2.1、3.2.2、3.2.39、3.2.83、3.2.91、3.3.18、3.3.38、3.3.44、3.4.24、3.4.51、3.4.59、3.5.26、3.7.2、3.7.17

程允夫(程洵):3.2.44、3.4.96、3.4.137

程正思(程端蒙):3.1.16、3.2.104、3.6.14、4.2.56、4.2.125、4.2.143

D

戴明伯:3.4.71

丁宾臣(丁硕):3.4.160

董叔仲(董铢):3.5.37、4.1.67

窦从周(文卿):4.1.11、4.1.17

杜甫(杜子美):3.3.2

杜贯道:3.4.144

杜预(杜元凯):3.3.105、3.4.44

度周卿(度正):3.6.37

E

二程(伊洛、程氏、二先生):3.2.15、3.2.69、3.3.58、3.4.59

F

范伯崇(范念德):3.3.104

范文叔(范仲黼):3.4.86

方宾王(方谊):3.2.34、3.5.41

符复仲(符初):3.2.33

辅广:3.2.78、4.1.61、4.1.74、4.1.80、4.1.93、4.1.95、4.2.61、4.2.64、4.2.71、4.2.131、4.2.132

傅诚(傅至叔):3.5.6

傅子渊(傅梦泉、曾潭先生):3.4.134

G

甘节(甘吉父):4.1.7、4.1.77、4.1.91、4.2.20、4.2.33、4.2.62、4.2.90、4.2.115、4.2.133、4.2.139

龚盖卿(龚梦锡):4.2.3、4.2.116、4.2.123

郭希吕(郭津):3.2.88、3.6.31

郭元德:3.6.2

H

韩愈(韩文公、韩退之、韩昌黎):3.3.18、3.4.20、3.6.1

洪刍(洪驹父):3.5.47

胡安国(胡迪、胡文定公、武夷先生):3.7.14

胡安之(胡叔器、自斋先生):3.2.111、3.4.61

胡伯逢(胡大原):3.4.3

胡澹庵(胡铨):3.5.46

胡广仲(胡实):3.4.98

胡宏(胡五峰、五峰先生):3.3.79

胡季随(胡大时):3.2.86、3.3.60、3.4.123、3.4.153、3.6.28

胡平一(胡元衡):3.5.45

黄冕仲(黄裳):3.4.128

黄仁卿(黄东):3.4.103

黄升卿:4.1.70、4.2.44、4.2.128

黄嵩老(黄景申):3.6.34

黄庭坚(山谷、黄鲁直、涪翁):3.2.50、4.1.62

黄义刚(黄毅然):3.1.24、4.1.71、4.1.89、4.2.14、4.2.142、4.2.147

黄直卿(黄榦、勉斋):3.2.9、3.3.43、3.3.79、3.3.94、3.4.2、3.4.104、3.7.20

黄卓(黄先之):4.1.50

黄子耕(黄㽦):3.2.85、3.3.96、3.3.112、3.5.38、4.1.19、4.1.24、4.1.42、4.2.73、4.2.77、4.2.93、4.2.126

J

贾岛:3.6.4

江德功(江默):3.2.31、3.4.99

江端伯:3.1.14

K

柯国材(柯翰):3.4.88、3.4.159

L

李伯谏(李宗思):3.5.43

李侗(延平先生、李先生):3.3.25、3.3.44、3.5.16、3.7.5、3.7.14

李方子(方子):4.1.1、4.1.9、4.1.14、4.1.33、4.1.58、4.1.69、4.1.72、4.1.83、4.1.86、4.1.94、4.2.6、4.2.46、4.2.54、4.2.102、4.2.111、4.2.112、4.2.113、4.2.120、4.2.121

李贯之(李道传):3.5.51

李晦叔(李辉):3.4.145、3.7.26

李几仲(李方):3.2.50、4.1.62

李季札(李季子):4.1.85、4.2.19

李杞(李良仲):4.1.16、4.2.134

李儒用(李仲秉):4.2.34

李守约(李闳祖):3.4.129、3.6.29、4.2.86

连嵩卿(连崧):3.3.106

梁文叔(梁琢):3.2.10

廖晋卿:3.7.1

廖谦(益仲):4.1.4、4.2.67

廖子晦(德明):3.2.94、3.3.64、4.2.65

林伯和(林鼐):3.3.58、3.5.49

林充之(林允中):3.5.35

林赐(林闻一):4.1.26、4.1.27、4.2.19

林共父:3.2.65

林夔孙(林子武):3.2.66、4.1.25、4.1.35、4.1.82、4.2.58

林汝器:3.4.149

林叔和(林鼒):3.4.158

林退思(林补):3.2.112

林易简(林一之):3.2.53

林正卿(林学蒙、林羽):3.2.97、3.4.139、4.2.109

刘定夫(刘止):3.1.29

刘刚中(刘德言):3.2.21

刘公度(刘孟容):3.4.116

刘季章:3.4.118、3.6.27

刘叔文(刘叔光):3.4.102

刘晏(刘士安):3.3.47

刘仲升:3.4.117、3.5.39

刘仲则(刘桀):3.1.33、3.2.89

刘子翚(彦冲、屏山、病翁):3.2.45

柳宗元(柳子厚):3.6.1

陆梭山(陆九韶):3.4.154

陆象山(陆九渊、陆子静、象山先生):3.4.155、4.2.16

陆子寿(陆九龄、复斋先生):3.4.138

路季章(路德章、路苊):3.3.61

罗参议(罗博文):3.3.90

罗先生(罗从彦、豫章先生):3.7.14

吕伯恭(吕祖谦、东莱先生):3.2.38、3.4.31、3.4.46、3.4.53、3.4.84、3.6.28

吕居仁(吕本中):3.3.45

吕焘(吕德昭):4.1.100、4.2.53

吕子约(吕祖俭):3.1.28、3.3.105、3.4.106、3.4.156、3.4.161

O

欧阳庆似(欧阳光祖):3.5.36

欧阳修(欧阳永叔、醉翁、六一居士、欧阳文忠公):3.3.18、3.6.3

P

潘恭叔(潘友恭):3.4.115

潘履孙(潘坦翁):4.1.45、4.1.56、4.2.45、4.2.47

潘时举(潘子善):3.2.8、3.3.5、3.4.6、3.4.33、3.4.34、4.1.22、4.1.34、4.2.17、4.2.23、4.2.27、4.2.135

潘叔昌(潘景愈):3.2.41、3.2.93

潘文叔(潘友文):3.4.114、3.4.135

潘植(潘立之):4.1.13

Q

漆雕开:3.6.7

邱子野:3.3.111

R

饶廷老(饶干):4.2.137

饶宰:4.2.137

S

邵叔义(邵浩):3.2.90、4.2.98

沈叔晦(沈焕):3.3.54、3.4.124

沈僴(沈庄仲):4.1.12、4.1.28、4.1.31、4.1.32、4.1.53、4.1.65、4.1.66、4.2.7、4.2.10、4.2.94、4.2.97

沈元用(沈晦):3.3.44

司马温公(司马光):3.1.17、4.1.61

宋容之(宋之汪):3.2.105

宋深之(宋之源):3.3.113

苏晋叟(苏溱):3.4.151

苏轼(东坡):3.1.34、4.2.124

苏洵(老苏、老泉):3.3.10、3.3.18、3.3.45、3.3.81、3.6.1、4.2.16

孙敬父(孙自修):3.4.146

孙仁甫(孙自任):3.2.113

T

滕德粹(滕璘):3.2.46、3.6.13、4.1.38、4.1.39、4.2.52、4.2.104

童蜚卿(童伯羽、敬义先生):3.3.38、4.1.78、4.2.12、4.2.75

W

万人杰(万正淳):4.1.15、4.1.23、4.1.36、4.2.59、4.2.63、4.2.78、4.2.80、4.2.100、4.2.136

汪叔耕(汪莘):3.2.98、3.4.140

汪应辰(汪端明、玉山先生):3.3.44、3.4.82

汪长孺(汪德辅):3.7.22

王过(王幼观、拙斋):3.3.114、4.1.73

王季和:3.2.87、3.4.127

王近思(王力行):3.4.92、4.1.57、4.2.72、4.2.74

王晋辅(王岘):3.4.143

王钦之:3.2.96

王通:3.2.21

王子充:3.5.29

韦应物(韦苏州):3.2.45

卫仆:3.1.34

魏元履(魏掞之、魏子实、艮斋、锦江):3.4.94

魏元寿(魏椿):3.4.12、4.1.5

吴伯丰(必大):3.2.47、3.3.16、3.4.1、3.5.23、4.2.28、4.2.81、4.2.127

吴伯英(吴雄、阳坪先生):3.3.27

吴寿昌(吴大年):4.1.59、4.2.50、4.2.129、4.2.140

吴振:4.2.70

吴雄(吴和中):4.2.43

X

项平父(项安世):3.1.35、3.4.125

萧佐(萧定夫):4.1.3、4.1.60

谢良佐(谢上蔡、显道):3.2.55、3.3.37、3.4.52、3.4.84

徐居厚(徐元德):3.4.133

徐宇(徐居父):4.1.49、4.2.40、4.2.89、4.2.95

许顺之(许升、存斋):3.4.89、3.6.33

许中应(许生):3.3.65

荀子(荀况):2.2.1、3.1.17、3.3.7、3.3.51、4.1.61

Y

严居厚(严士敦):3.4.101

颜子(颜回):3.5.11、3.6.17

颜子坚:3.1.36

扬雄(扬子):3.3.51、3.4.38

杨道夫(字仲思):3.2.58、3.2.110、4.1.18、4.1.43、4.1.54、4.1.76、4.1.84、4.2.1、4.2.35、4.2.68、4.2.79、4.2.137、4.2.138

杨方(杨子直):3.3.107、4.2.37、4.2.82、4.2.83

杨若海:4.1.62、4.2.1

杨时(杨龟山、龟山先生):3.3.37、3.3.79、3.5.16

杨至之(杨至、杨志之):3.3.62、3.7.14、4.1.2、4.1.46、4.2.147

杨子直(杨方、澹轩先生):3.3.107

叶贺孙(叶味道):4.1.8、4.1.20、4.1.47、4.1.51、4.1.79、4.1.96、4.1.97、4.2.4、4.2.31、4.2.41、4.2.76、4.2.91、4.2.99、4.2.144

叶适(叶正则、水心居士、水心先生):3.4.14

尹和靖(尹焞、尹彦明、尹德充、尹先生、和靖处士):3.3.44、3.4.5、3.4.86

游诚之(游九言、默斋):3.4.87

游和之(游倪):3.7.2

游敬仲(游连叔):4.1.68、4.2.29、4.2.88、4.2.108

余大雅(余正叔):4.1.48、4.2.30、4.2.110、4.2.117

余占之(余隅):3.3.59

俞寿翁(俞庭椿):3.5.42

袁机仲(袁枢):3.2.95、3.4.85

Z

曾参:3.3.18、3.6.17

曾点(曾晳):3.6.7

曾景建(曾极):3.4.152

曾泰之(曾秘):3.5.40

曾元择:3.5.12

曾祖道:4.1.10、4.2.9、4.2.15、4.2.38、4.2.106

詹体仁(詹元善):3.5.44、3.7.27

张敬夫(张栻、南轩先生、张宣公):3.3.110、3.4.81

张巨山(张嵲):3.2.45

张仁叟:3.7.6

张元德(张洽):3.2.6、3.3.12、3.3.66、3.4.142、4.1.40

张载(横渠、张子):2.2.1、3.1.9、3.3.4、3.3.12、3.3.13、3.3.15、3.3.34、3.4.41、3.4.124、3.4.161、3.6.19

张子韶(张九成):4.2.124

赵概(赵叔平、赵康靖公):3.7.6

赵履常(赵崇宪):3.3.63

赵子钦(赵彦肃):3.4.130

赵佐卿(赵善佐):3.2.11

郑仲礼:3.7.25

郑子上(可学):3.2.92、4.1.41、4.2.48、4.2.92

钟震(钟春伯):4.2.21

周贵卿(周良):3.5.3

周明作(周元兴):4.2.87、4.2.105

周谟(周舜弼):3.5.30、3.5.31、4.1.64、4.2.130

周南仲(周南):3.6.36

周元卿(周景仁):3.7.10

朱朋孙:3.2.99

庄子(庄周):2.3.1、3.4.9

子贡:3.6.17

子路(仲由):3.1.33

子思(孔伋):3.4.109

祖元择(择之):3.2.77

家藏文库书目（持续更新中）

大学　中庸
三国志选注译（上、中、下）
水经注
唐才子传
商君书
孔子家语
法言
随园食单
板桥杂记
抱朴子内篇
大唐西域记（上、下）
洛阳伽蓝记
地藏经　药师经
东坡志林
朱子读书法
武林旧事　附《增补武林旧事》
扬州画舫录（上、下）
徐霞客游记（上、下）
曾国藩家书
梁启超家书
郑板桥家书
古诗十九首　乐府诗选
阮籍诗选
庾信选集
孟浩然诗选

李杜诗选（上、下）
韩愈诗选
柳宗元诗选
杜牧诗选
苏轼诗文选
黄庭坚诗选
陆游诗文选
王阳明诗文选（上、下）
花间集（上、下）
晏殊　晏几道词选
欧阳修词选
苏轼词选
秦观词
周邦彦词
姜夔词
豪放词
婉约词
先秦散文选
唐宋散文选
晚明散文选
古文辞类纂（上、下）
唐人小说选
牡丹亭　窦娥冤
西厢记　桃花扇
喻世明言

警世通言　　　　　　帝鉴图说
聊斋志异　　　　　　四字鉴略
镜花缘　　　　　　　声律启蒙　笠翁对韵
儒林外史　　　　　　重订增广贤文　名贤集
千家诗